Dictionnaire *amoureux* de l'espionnage

Du même auteur

L'Amérique contre de Gaulle, histoire secrète (1961-1969), Seuil, 2000.

La Face cachée du Quai d'Orsay, enquête sur un ministère à la dérive, Robert Laffont, 2016.

Les Intouchables d'État, bienvenue en Macronie, Robert Laffont, 2018.

Les Voraces. Les élites et l'argent sous Macron, Robert Laffont, 2020.

La Mafia d'État, Seuil, 2021.

Vincent Jauvert

Dictionnaire *amoureux* de l'espionnage

Dessins d'Alain Bouldouyre

PLON
www.plon.fr

Collection créée par Jean-Claude Simoën
et
dirigée par Grégory Berthier-Saudrais

REPORT!
TOP SECRET
CLASSIFIED

92, avenue de France
75013 Paris
Tél. : 01 44 16 09 00
Fax : 01 44 16 09 01
www.plon.fr
www.lisez.com

Mise en pages : Nord Compo (Villeneuve-d'Ascq)
Dépôt légal : mars 2023
ISBN : 978-2-259-31597-5

Avant-propos

Il y a deux visions de l'espionnage et des espions : la rose et la noire.

Alexandre de Marenches, le légendaire patron du SDECE dans les années 1970, avait coutume de dire que l'espionnage était « un métier de voyou exercé par des seigneurs ». C'est la légende dorée. Celle de James Bond.

Ce mythe, John le Carré, qui fut lui-même officier du MI6 britannique, a consacré sa vie d'écrivain à le briser. « Nous, les espions, ne sommes que des escrocs légaux, répétait-il. Nous mettons notre nature de malfaiteur au service de l'État. » Il ajoutait en se flagellant : « Les espions sont des minables, des hommes petits, ivrognes, pédés, dominés par l'adversité, des fonctionnaires qui jouent aux cow-boys et aux Indiens pour donner du piment à leur vie. »

Évidemment, Marenches et le Carré ont tous les deux raison. C'est justement cette tension permanente entre les aspirations les plus nobles et les motivations les plus sordides qui transforme les officiers de renseignement en héros universels. Et c'est pourquoi, en littérature comme en géopolitique, de James Bond à Vladimir Poutine, les espions occupent, depuis le début de la guerre froide jusqu'à aujourd'hui, une place majeure dans l'imaginaire et dans la réalité.

Pour *Le Nouvel Observateur* puis *L'Obs*, j'enquête sur les grands dossiers d'espionnage depuis plus de trente ans. Je n'ai jamais cessé parce que chaque affaire de renseignement est singulière, c'est toujours une histoire originale de trahison, de manipulation et de secret d'État – un mélange fascinant d'intime et de politique.

Ce dictionnaire amoureux est une balade personnelle dans cet univers palpitant et inquiétant. Elle commence dans les années 1930 pour s'achever aujourd'hui ; elle s'étend donc sur les cent dernières années – le siècle de l'espionnage.

Je raconte, par exemple, le recrutement des célèbres « Cinq de Cambridge », mon entretien en prison avec le plus grand traître de l'histoire américaine, Aldrich Ames, et celui avec Colin Powell, l'ancien secrétaire d'État, qui m'a expliqué comment il a été berné par la CIA au moment de la guerre en Irak.

Je relate aussi comment la CIA espionnait de Gaulle ; pourquoi Ian Fleming, le créateur de James Bond, est beaucoup plus intéressant que son héros planétaire ; les tourments sexuels de Guy Burgess à Moscou ; l'héroïsme de ce colonel de l'armée polonaise qui a livré à Washington les secrets du pacte de Varsovie.

Je dis aussi comment j'ai découvert un espion de la StB (Statna bezpecnost) tchécoslovaque au sein de la rédaction du *Canard enchaîné* ou comment la DGSE a bâti clandestinement un réseau mondial d'interception.

Je rapporte des dizaines d'autres histoires d'espions, dont certains ont joué un rôle décisif dans l'histoire du monde, comme Richard Sorge, l'agent de Staline au Japon, ou Oleg Penkovsky, qui a permis à John Kennedy d'éviter le déclenchement de l'apocalypse nucléaire.

Toutes semblent sorties d'un roman de John le Carré ou de Graham Greene. Pourtant, elles sont toutes vraies.

Vincent Jauvert

A

Américains, Les (série)

La scène se déroule à Moscou, en 2018, dans le grand amphithéâtre du MGIMO, l'université qui forme les futurs diplomates et officiers russes de renseignement.

Un étudiant lève timidement la main. Il rêve de poser une question au professeur du jour. « Mon colonel, ose enfin le jeune homme, quel effet cela fait-il d'être un espion ? »

L'enseignant, Andreï Bezrukov, sourit. « Eh bien, regardez la série *Les Américains* ! », répond-il. La salle éclate de rire. Ici, chacun le sait : le professeur est ce colonel du SVR (ex-KGB) dont la carrière clandestine aux États-Unis avec sa femme, Elena Vavilova, a inspiré le créateur de la série. « Je ne plaisante pas, insiste l'officier de renseignement. Sans les meurtres et les postiches, le résultat serait très proche de la réalité. »

Parole d'officier, pour avoir une idée de la vie des espions, il faut donc voir *The Americans*, le titre original de la série. Les six saisons racontent la vie de Philip et Elizabeth Jennings, un couple d'Américains apparemment sans histoires, durant la présidence de Ronald Reagan. Patrons d'une petite agence de voyages, ils élèvent leurs deux enfants, Paige et Henry, dans une confortable maison à Falls Church, banlieue bourgeoise de Washington.

Mais ce n'est qu'une façade. Philip se prénomme en réalité Micha ; et Elizabeth Nadejda. Ce sont des « illégaux », comme on dit dans le jargon. Officiers du KGB, ils ont été infiltrés aux États-Unis via le Canada, avec de faux certificats de naissance, il y a une quinzaine d'années. À l'insu de leurs voisins et de leurs enfants, ils mènent depuis des opérations clandestines pour le service de renseignement russe.

Au fil des soixante-quinze épisodes, on découvre la double vie de ces quadras dont le mariage a été arrangé par le KGB et qui ont juré fidélité à l'Union soviétique. Avant d'aller chercher le petit Henry à l'école, ils kidnappent un transfuge ou installent un système d'écoutes chez le secrétaire à la Défense. Sitôt le dîner avec des voisins achevé, Philip file faire l'amour avec l'une de ses sources, secrétaire au FBI, ou assassiner un leader afghan de passage tandis qu'Elizabeth va flirter avec un opposant polonais pour pouvoir l'empoisonner ou va porter secours à une autre espionne russe…

THE
AMERICANS

Le créateur de la série, Joe Weisberg, un ancien de la CIA, s'est donc inspiré d'une histoire vraie, celle des dix « illégaux » russes arrêtés en 2010 aux États-Unis, dont la célèbre Anna Chapman. Plus précisément, il a emprunté quelques éléments biographiques de l'un des couples démasqués : Bezrukov-Vavilova, alias

Heathfield-Foley, entré aux États-Unis au début des années 1990, après une période de rodage au Canada. Ces vrais « illégaux » vivaient à Cambridge, une banlieue chic de Boston. Lui était agent immobilier, elle consultante. Leurs deux enfants ignoraient que leurs parents travaillaient pour le KGB. Dénoncés par un transfuge, ils ont été arrêtés, comme les huit autres, à la suite d'une opération du FBI baptisée « Ghost Stories », puis échangés en août 2010.

Joe Weisberg a préféré situer l'histoire non pas dans les années 2000, mais durant la présidence Reagan. Au moment de la sortie de la série, il a expliqué que, les « Russes [n'étant] plus des ennemis », il valait mieux que l'action se déroule vingt ans plus tôt, durant l'un des moments les plus chauds de la guerre froide. Pour pimenter le scénario, il a décidé que le couple Jennings avait été formé par le KGB, alors que, dans la réalité, Bezrukov et Vavilova se sont rencontrés avant de décider ensemble de devenir des « illégaux ».

Le résultat est saisissant. La plupart des anciens officiers de renseignement interrogés sur *Les Américains* vantent le réalisme de la série sur les techniques de l'espionnage : le recrutement d'une source, sa manipulation, l'interception et le déchiffrement des communications, l'intoxication du service adverse...

La façon dont Micha, alias Philip, et Nadejda, alias Elizabeth, gèrent leurs conflits intérieurs sonne également juste. Les questions sont pertinentes : comment inculquer l'amour de l'Union soviétique et du marxisme à des enfants nés aux États-Unis ? Peut-on aimer un conjoint qui a été choisi par un service secret ? Comment résister à l'attrait de l'*American way of life* ? Qu'est-ce que le patriotisme ? La loyauté ?... Le plus passionnant dans la série est la façon dont Philip et

Elizabeth répondent à ces interrogations morales, eux, espions pris entre deux cultures, deux systèmes idéologiques.

« Ma femme et moi ne nous attendions pas à ce que les créateurs américains [de la série] aient envie et soient capables de présenter les caractères des espions de façon si profonde, si impartiale, et même avec sympathie », se réjouit Andreï Bezrukov. L'épouse, Elena Vavilova, nuance un peu. À l'occasion de la sortie de ses Mémoires, en 2019, elle a été interrogée par la presse canadienne sur le réalisme du couple Jennings. « À l'exception du sexe, des déguisements et des assassinats, [la série] rend assez bien la réalité humaine de notre travail », répond-elle avant de préciser : « Nous n'étions pas des James Bond. Notre travail était monotone, et pas toujours très intéressant. » Heureusement donc, aussi réaliste soit-elle, l'excellente série n'est que librement inspirée de la réalité...

Voir : Bond, James ; Chapman, Anna ; « Ghost Stories ».

Ames, Aldrich

Aldrich « Rick » Ames est à l'Amérique ce que « Kim » Philby est au Royaume-Uni : le pire traître que le pays ait jamais produit. Comme son homologue britannique, les dégâts qu'il a commis sont considérables. Pendant douze ans, cet officier supérieur de la CIA a vendu au KGB soviétique, puis au SVR russe, tout ce qu'il savait de la Compagnie. Il a livré les noms des « sources » de l'Agence au sein des services secrets ennemis, dont une vingtaine ont été exécutées. En échange de sa trahison, « Rick la taupe » a reçu 1,8 million de dollars de juin 1985 à son arrestation, en février 1994.

Aujourd'hui, Ames a 82 ans. Il est le prisonnier 40 087-083 au pénitencier fédéral de Terre Haute, dans l'Indiana, où il purge une peine de prison à vie. Il portait le même matricule quand je l'ai rencontré en 1995, quelques mois après son arrestation, au pénitencier d'Allenwood, en Pennsylvanie, une prison de haute sécurité. Grand, avec une épaisse moustache et de petits yeux aux aguets derrière de grosses lunettes, l'homme en imposait.

Pour *Le Nouvel Observateur*, il m'a accordé, en 1995, un entretien[1] de deux heures organisé dans le réfectoire, fermé à ce moment-là. Un garde armé et un officier de la CIA, Carol Davis, y assistaient. Cette dernière interrompait Ames dès qu'il allait, selon elle, dévoiler des

1. « Pourquoi je me suis vendu au KGB », propos recueillis par Vincent Jauvert, *Le Nouvel Observateur*, 16 février 1995.

informations secrètes. Cette censure était la condition expresse de l'Agence pour autoriser l'interview.

En voici un extrait :

On dit, lui ai-je d'abord demandé, *que vous êtes la taupe du KGB [puis du SVR, le service d'espionnage russe] la plus importante que l'on ait jamais découverte au sein de la CIA. C'est aussi votre point de vue ?*

Je dirais les choses ainsi : j'ai été l'espion américain au service du KGB qui a eu l'accès le plus large aux meilleures informations pendant la période la plus longue.

Vous êtes un salaud, n'est-ce pas ?

Oui, bien sûr, j'ai été un salaud. Moralement et légalement, mon cas est clair.

Que s'est-il passé dans votre tête en avril 1985 ? Pourquoi avez-vous décidé, à 44 ans, de trahir votre pays et la CIA ?

J'avais besoin d'argent. À l'époque, ma vie était extrêmement bousculée. Je venais de rentrer du Mexique, où j'avais passé deux ans. J'étais en train de divorcer, j'allais me remarier et j'avais contracté pas mal de dettes. J'ai cru ma situation financière désespérée. En réalité, elle ne l'était pas, mais à ce moment-là j'étais incapable de raisonner. J'avais beaucoup d'idées très confuses. J'ai choisi celle qui me paraissait la plus facile à réaliser.

C'est-à-dire vendre des informations aux Soviétiques. Vous veniez d'être nommé chef du contre-espionnage de la division chargée des opérations clandestines dans le bloc soviétique. Vous connaissiez donc beaucoup de choses qui intéressaient énormément le KGB.

Oui. Dans la guerre des espions, nous [les Américains] étions les plus forts. Le score était de 100 à 1 ! Imaginez : une quarantaine d'officiers du KGB avaient fait défection dans les années précédentes ; ils avaient décrit précisément leur organisation. Nous en connaissions très bien les forces et les faiblesses. Le KGB, en revanche, avait eu très peu de succès contre l'Agence. Il attendait désespérément qu'un officier de la CIA leur propose ses services. Et je le savais.

Dans la guerre des espions, le contre-espionnage, la CIA était très forte, dites-vous. En espionnage aussi ?

Au contraire. À cette époque, Gorbatchev venait d'arriver au pouvoir, un changement radical s'annonçait, et nous n'avions pas une seule source politique de haut niveau. Nous étions aveugles. C'est la triste vérité. L'URSS était la première cible de la CIA, et nous n'étions pas parvenus à infiltrer correctement le Kremlin. Nous dépensions des fortunes pour le renseignement technique, par satellite notamment. Mais presque rien pour obtenir de bons informateurs sur la situation politique.

Le 16 avril 1985, vous êtes donc entré dans l'ambassade soviétique à Washington. Vous avez demandé qu'une enveloppe soit remise au responsable du KGB, dont vous saviez qu'il était habilité à traiter des cas comme le vôtre, les taupes volontaires.

Oui, grâce à mon poste à la CIA, j'étais parfaitement au courant du fonctionnement de la résidence du KGB à l'ambassade, de ses procédures, des noms. Nous y avions deux taupes [le lieutenant-colonel Valeri Martinov et le major Sergueï Motorine, qui seront exécutés à Moscou quelques mois plus tard, dénoncés par Ames]. Je savais donc précisément à qui m'adresser [il s'agit vraisemblablement du colonel Victor Cherkashin, le chef du contre-espionnage extérieur, qui, l'année suivante, a reçu la décoration soviétique la plus élevée, l'ordre de Lénine].

Dans l'enveloppe que vous avez fait remettre au KGB, il y avait plusieurs feuilles. Sur l'une, vous aviez écrit trois noms d'officiels soviétiques qui avaient proposé de travailler pour la CIA, mais dont la Compagnie savait qu'ils étaient en réalité des agents doubles au service du KGB. Sur une autre, vous indiquiez très clairement votre identité et le poste que vous occupiez à la CIA. Et, enfin, vous demandiez pour ces informations 50 000 dollars. Vous étiez sûr qu'ils allaient payer ?

Oui, 100 % sûr.

Pourtant vous ne leur donniez pas grand-chose.

C'est vrai. Juste des noms de leurs propres agents et mon identité. Et je ne pensais pas leur en révéler plus dans l'avenir. Je croyais faire un coup, simple comme un braquage et sans grande conséquence : je ne trahissais pas nos vraies sources.

Alors pourquoi cette certitude ?

Je me suis dit, voilà ce qu'ils vont penser en ouvrant l'enveloppe : « Regardez qui est ce type, il sait beaucoup de choses. Alors, même s'il a recopié l'annuaire téléphonique, il faut lui donner les 50 000 dollars. Il sera reconnaissant et, un jour, il reviendra nous voir spontanément… » C'était, je crois, leur pari. Mais j'ignorais qu'ils allaient le gagner.

Vous ne craigniez pas qu'ils vous fassent chanter ?

Non, pas dans ce cas-là.

Pourquoi ?

Je ne peux pas en dire plus.

Le KGB a, en effet, gagné son pari : un mois après avoir touché les 50 000 dollars, en liquide, vous êtes revenu à l'ambassade soviétique. Mais, cette fois, avec les noms de vraies sources. Pourquoi avoir radicalement changé d'avis ?

Pourquoi j'ai plongé dans l'abîme ? Neuf ans après, je ne le sais toujours pas exactement.

Vous buviez beaucoup à l'époque.

Oui, et c'est peut-être une des raisons de mon incapacité à me souvenir. Mais ce n'est pas l'explication de mon geste. En fait, j'avais franchi une ligne, je ne pouvais plus revenir en arrière. J'étais moins sûr de moi. J'ai eu peur. Oui, c'est ça, un mélange de peur et d'appât du gain.

Et vous avez livré dix noms au KGB, ceux des taupes de la CIA dans l'appareil soviétique. Dix personnes que vous condamniez à l'exil, à la prison ou à la mort...

Je voulais me protéger. Je craignais qu'une de ces taupes ne me dénonce.

Les dix auraient pu connaître votre défection ?

Non, seulement cinq ou six. Les autres ne pouvaient pas savoir.

Alors, pourquoi les avoir aussi livrés ?

Je voulais être pris en charge par le KGB. Pourquoi ? Je me poserai toujours cette folle question théologique : pourquoi me suis-je donné au diable ? Quant aux exécutions des agents que j'ai trahis, je ne m'y attendais pas. Je pensais, sans en faire une condition de ma collaboration, que leur disparition, d'une manière ou d'une autre, se ferait lentement, pour ne pas éveiller les soupçons. Aussi, quand j'ai appris que plusieurs avaient été exécutés très peu de temps après ma dénonciation, j'ai été extrêmement inquiet.

Pourquoi, à votre avis, le KGB a-t-il décidé de les supprimer si vite ?

C'est le Politburo qui a pris la décision. Mes informations leur révélaient que la pénétration des services occidentaux dans le KGB et le GRU était considérable. Ils ne pouvaient pas rester inertes.

En échange des dix noms, vous n'avez pas, cette fois, demandé d'argent.

Non, ce n'était pas la peine. Je savais qu'ils m'en donneraient beaucoup. Pourtant, lorsque, quelques mois plus tard, ils m'ont dit qu'ils avaient mis de côté pour moi 2 millions de dollars, j'étais abasourdi de leur, comment dire… générosité.

Et ainsi vous êtes devenu une taupe active du KGB dans la CIA. Et vous l'êtes resté jusqu'à votre arrestation, en février 1994. Pendant ces neuf ans, comment travailliez-vous à l'Agence ?

Tout à fait normalement.

Pourtant, votre job, jusqu'en décembre 1991, était de lutter contre le KGB.

Oui, je montais des opérations contre eux et avec le plus grand soin. Mais chaque fois je les prévenais de ce que je faisais pour qu'ils se protègent.

Par exemple ?

J'ai mis en place des agents doubles et…

Carol Davis (CIA) : N'allons pas plus loin, s'il vous plaît.

… Ou, lorsque nous organisions des opérations techniques contre l'ambassade soviétique, le KGB était au courant. Autrement dit, je leur donnais tout ce que je pouvais.

Et, de fait, en neuf ans, vous avez livré une vingtaine de sources occidentales dans le KGB, le GRU, le ministère des Affaires étrangères et le complexe militaro-industriel. De plus, vous avez fait échouer plus d'une centaine d'opérations dans le bloc de l'Est et en Europe de l'Ouest. En France aussi ?

Oui. En 1986, j'ai été nommé à Rome, où je suis resté jusqu'en 1989. Là j'ai pu voir ce qui se passait à Paris et, tout ce que j'ai appris, j'en ai, comme d'habitude, informé le KGB.

Mais de quoi s'agissait-il ?

Cela aurait pu être, par exemple, le nom d'un officiel français travaillant pour la CIA ou celui d'un membre de l'ambassade soviétique à Paris, taupe de la DST... Mais je ne peux en dire plus, n'est-ce pas ?

C. Davis (CIA) : En effet.

Puis vint la fin de l'URSS. Que s'est-il passé ?

Après la tentative de coup d'État à Moscou, en août 1991, je m'occupais, au siège de la CIA, d'un groupe spécial sur le KGB. Et on m'a demandé de l'achever.

De l'achever ? Qui ? Le KGB ?

Oui, de le détruire. Nous pensions qu'à ce moment-là il était très vulnérable politiquement et financièrement. Nous voulions que le budget de sa première direction principale [NDLR : l'espionnage extérieur] soit réduit de 90 % par le Parlement russe. Pour cela, il nous fallait le discréditer en tant qu'institution, lancer des informations contre lui en Russie. Nous avons essayé, j'ai essayé.

Et vous avez réussi ?

C. Davis (CIA) : Je ne crois pas que vous devriez répondre.

Comment a réagi votre officier traitant du KGB quand vous lui avez dit que vous étiez chargé d'achever son organisation ?

Il a pris la nouvelle avec amusement et scepticisme. Il ne croyait pas que nous allions agir sérieusement, et d'ailleurs nous ne l'avons pas fait.

C'est-à-dire ?

C. Davis (CIA) : Il est temps de changer de sujet.

Comment se passaient vos rencontres avec vos officiers traitants ?

C'était décontracté, amical. Nous avions surtout des discussions professionnelles. Pas de bavardages. Ils me disaient ce qu'ils voulaient que j'obtienne. C'est tout. Ils n'ont jamais cherché à m'impressionner, à me promettre des félicitations de Gorbatchev ou d'Eltsine. J'avais et j'ai toujours confiance en eux. Après les exécutions, ils ont tout fait pour éloigner de moi les soupçons de la CIA et du FBI.

Par exemple, en manipulant les taupes que vous aviez dénoncées. Avant de les arrêter, le KGB leur donnait de fausses informations sur les raisons des exécutions, et bien entendu ces agents les répétaient à la CIA. Étiez-vous au courant des détails des opérations pour vous protéger ?

Non, mais j'étais sûr qu'ils feraient tout ce qu'ils pourraient. D'ailleurs, ils m'ont demandé de réfléchir à des initiatives dans ce sens. Mais je n'ai rien trouvé. Parce que… cela devient trop technique, je n'ai pas le droit.

Le KGB vous a-t-il aidé dans votre carrière à la CIA ? Vous a-t-il donné des informations ?

Non. Pourtant, plusieurs fois, je leur ai demandé d'organiser une opération sexy que je « découvrirais ». Comme nous le faisions à la CIA pour nos taupes au KGB. Mais ils me répondaient : nous allons y réfléchir. Ils ne voulaient pas. Il y avait trop de risques : il fallait impliquer plusieurs personnes qui auraient pu me dénoncer. Et puis ils ont peut-être surestimé mes chances d'être promu sans leur aide…

Et peut-être aussi se méfiaient-ils de vous, de votre imprudence. Vous dépensiez beaucoup d'argent, vous rouliez, vous, un fonctionnaire, en Jaguar, vous aviez acheté une maison cash 500 000 dollars…

Ils ne le savaient pas, sinon, c'est vrai, ils auraient été très inquiets.

Ils ne vous demandaient pas d'être prudent avec l'argent ?

Si, souvent. Mais comme on le fait avec n'importe quel agent rémunéré. Je les rassurais et ils me croyaient. Ils devaient se dire qu'un pro comme moi ne prendrait pas ce genre de risques. Ils ont dû faire une drôle de tête en apprenant la réalité.

Régulièrement, vous leur demandiez de l'argent en urgence.

Oui, c'est fou comme ça file vite ! Ils me donnaient ce qu'ils m'avaient promis, mais petit à petit. Et moi, j'aurais voulu qu'ils m'octroient une grosse somme, 1 million, 1,5 million de dollars. Je les aurais blanchis, puis les aurais fait fructifier légalement. Ils n'ont pas voulu. Ils avaient de bonnes raisons, la sécurité, et des mauvaises.

Ils devaient craindre qu'avec cette somme je ne prenne ma retraite. Ils savaient que je voulais arrêter.

C'est à cause de ces extravagances financières que vous avez été démasqué par le FBI et la CIA. Quand vous êtes-vous aperçu que vous étiez suspecté ?

Jamais. Il y avait des signes, mais je refusais de les voir. Jusqu'au dernier jour, j'ai cru que les recherches n'arriveraient pas jusqu'à moi.

Avez-vous envisagé de fuir à Moscou ?

Avec le KGB puis le SVR russe, nous avions mis au point un plan pour, en cas de menaces précises, me faire quitter le pays. À Moscou ou ailleurs… Mais nous n'avions rien prévu si j'étais arrêté.

Être échangé contre un autre espion ?

Il n'en a jamais été question. Je ne l'envisage donc pas. Mais je ne peux pas, non plus, me dire que je vais mourir ici. Alors qui sait ? Qui peut dire aussi ce qu'il adviendra du reste de l'argent que le KGB avait mis de côté pour moi ?

Votre femme sortira de prison dans quatre ans. Le KGB lui donnera peut-être ces 900 000 dollars à ce moment-là.

Ce sont des spéculations.

Natalia Martinova, la veuve d'un agent que vous avez dénoncé au KGB et qui a été exécuté, demande aujourd'hui l'assistance du gouvernement américain pour elle et ses enfants.

Elle a raison. Et si l'Amérique ne le fait pas, ce serait bien triste. Quant à moi, s'il y avait un moyen de réparer…

À l'époque de l'entretien, on ignorait comment Ames avait été découvert. On le sait désormais. Il a été dénoncé par un colonel du SVR, Alexander Zapororzhsky nom de code « Max », qui travaillait au département Amérique du Nord du service secret russe. Il a, à son tour, été arrêté à Moscou et condamné en 2001 à dix-huit ans de prison. Il est l'un des quatre hommes échangés contre les dix « illégaux » russes arrêtés en 2010 aux États-Unis dans le cadre de l'opération « Ghost Stories ».

Malgré ses espoirs, Ames, lui, n'a jamais été échangé. De Bill Clinton à Joe Biden, tous les présidents américains ont refusé que « Rick la taupe » soit libéré.

Voir : « Ghost Stories » ; Philby, Harold « Kim ».

Angleton, James Jesus

À la CIA des années 1960 et 1970, chacun connaissait sa silhouette et redoutait de la croiser. Grand, mince, presque décharné, cet homme inquiétant portait invariablement de grosses lunettes et un chapeau à large bord. Personne n'ignorait non plus ses trois hobbies : la culture des orchidées, la poésie et la pêche à la mouche. Surnommé par dérision « le poète », James Jesus Angleton était déjà de son vivant une légende. Noire.

Pendant vingt ans, de 1954 à 1974, ce diplômé en littérature de Yale a dirigé le service de contre-espionnage de la CIA de manière si paranoïaque qu'il a totalement désorganisé la Compagnie dans son ensemble. Sa mission était de démasquer les complots des services étrangers, principalement le KGB, contre l'agence de renseignement américaine. Mais, obsédé par la menace d'une infiltration soviétique qu'il croyait inévitable et profonde, il a gelé toute l'action de l'agence américaine contre l'URSS. Et cela en pleine guerre froide !

« À cause du zèle excessif d'Angleton et de son service de contre-espionnage, nous avons eu, durant cette période [de la fin des années 1960 au milieu des années 1970], très peu d'agents dignes de ce nom en Union soviétique », se souvient dans ses Mémoires (*From the Shadows*, Simon and Schuster, 2007) Robert Gates, ancien directeur de la CIA, où il est entré en 1968 comme analyste au département URSS.

Angleton est parvenu à se constituer un fief à l'intérieur de la Compagnie grâce à la protection du légendaire Allen Dulles, qui dirigea la CIA de 1953 à 1961. Il le doit aussi à quelques exploits. Très lié aux services secrets israéliens, qu'il a beaucoup aidés durant les premières années de l'État d'Israël, Angleton obtient de l'un des agents soviétiques du Mossad un document historique : l'intégralité du rapport secret du numéro un soviétique Nikita Khrouchtchev au 20e congrès du Parti communiste d'URSS en 1956 – premier document officiel qui accable Staline, mort trois ans plus tôt.

Mais « le poète » construit sa légende et son pouvoir avant tout grâce au contre-espionnage, domaine dans lequel il a commencé sa carrière en Italie durant la guerre. Au tout début des années 1960, il est saisi d'une idée fixe : il est convaincu que le KGB a imaginé et mis en œuvre avec succès un plan grandiose visant à manipuler la CIA. Pour le décrire, il utilise une expression du poète T. S. Eliot : « une jungle de miroirs » (*a wilderness of mirrors*). Une manière de décrire les différentes strates de mensonges et de désinformation mises en place, selon lui, par le service soviétique afin de brouiller les pistes et de contrôler l'Agence.

Cette obsession du complot chez Angleton s'explique par une succession d'événements qui le change à jamais. En décembre 1961 arrive à Washington un major du KGB, Anatoliy Golitsyn qui a fait défection à Helsinki. L'officier soviétique est débriefé par Angleton lui-même, qui le considère vite comme « le plus important transfuge à l'Ouest ». Le Russe révèle l'identité d'une grande quantité d'espions soviétiques sous couverture diplomatique. Il fournit des indices cruciaux qui permettent de démasquer plusieurs agents du KGB au sein de l'OTAN, dont le Français Georges Pâques et le Canadien Hugh Hambleton. Et, surtout, le réseau des « Cinq de Cambridge ».

Golitsyn élabore aussi des théories farfelues. Il affirme que le divorce entre la Chine et l'URSS n'est qu'un jeu de dupes, cherchant à tromper l'Occident. Et que le KGB a développé un grand plan visant à manipuler la CIA et les services occidentaux. L'une des techniques, assure-t-il, sera d'envoyer de faux transfuges.

Golitsyn a une emprise considérable sur Angleton, parce que ce dernier a longtemps été un proche et un admirateur de « Kim » Philby, le plus célèbre agent double britannique. Pendant la Seconde Guerre mondiale, le Britannique, un peu plus âgé que lui, lui sert de mentor, auquel il demande conseils et avis. Alors qu'il est un agent du KGB infiltré, Philby lui apprend les techniques de base du contre-espionnage. Angleton a tellement confiance en lui qu'il lui révèle plusieurs secrets sur les opérations à venir de la CIA contre l'URSS et ses satellites, opérations que Philby s'empresse de rapporter à ses traitants du KGB. Si bien que, lorsqu'en 1963 il apprend que « Kim » a fui à Moscou, le choc est particulièrement rude. Angleton est si profondément blessé par l'invraisemblable trahison de « Kim » qu'il se convainc que Golitsyn a raison sur toute la ligne, y compris dans ses délires.

Or, le transfuge assure avoir entendu à la Loubianka que le KGB dispose d'au moins un agent double à Langley. Il connaîtrait même le nom de code de l'un d'eux : « Sasha ». Si bien que, juste après la fuite de Philby, Angleton, certain de l'existence non pas d'une mais de plusieurs taupes soviétiques très haut placées à la CIA, lance une gigantesque opération de contre-espionnage consistant à identifier ces traîtres. Pour mener cette chasse aux sorcières, nom de code « Honetol », il dispose d'une équipe de soixante personnes, de bureaux isolés des autres départements de l'Agence et d'un fichier de suspects qu'il ne partage avec personne, même au sein de la CIA.

Très vite, Angleton se met à la recherche de « Sasha ». La taupe, a dit Golitsyn, a des origines slaves, son patronyme commence par la lettre K et pourrait se terminer en « ski », et il a été en poste en Allemagne. Plusieurs officiers de l'Agence sont soupçonnés. Selon David Wise, auteur du livre *Molehunt* (Random House, 1992) sur cette enquête, soixante font l'objet d'une enquête poussée et seize sont traités comme des suspects. Pour certains, l'opération « Honetol » va détruire leur carrière et une partie de leur vie.

Serge « Peter » Karlow correspond parfaitement au portrait de « Sasha ». Son nom commence par K, il dit que la famille de son père vient probablement de Russie. À sa naissance, son patronyme était Klibanski, un nom qui se termine donc par « ski ». Et il a été six ans en poste en Allemagne de l'Ouest. Il y a autre chose. Karlow occupe à la CIA le poste qui ressemble le plus à celui de « Q » dans les films de James Bond : il met au point toutes sortes d'équipements pour l'espionnage. Or, grâce aux documents livrés par Golitsyn, Angleton découvre que le KGB sait que la CIA a mis au point un type d'appareil parmi les plus secrets. Angleton est sûr que Karlow a trahi. Qu'il est « Sasha ».

Après cinq jours d'interrogatoires très durs, il est formellement accusé d'espionnage au profit des Soviétiques, mais, faute de preuves, n'est pas poursuivi. Il doit démissionner. Il a 42 ans et, déjà, son avenir professionnel est bien sombre. Karlow ne se décourage pas, il clame son innocence, explique en détail qu'aux dates auxquelles il est censé avoir rencontré ses officiers traitants du KGB à Berlin il était ailleurs.

Le FBI finit par le croire, mais personne ne l'en informe. Pas plus lorsque Angleton apprend des Britanniques que le KGB a découvert le système si secret de la CIA par l'un de ses agents doubles au MI6, George Blake. Mais, là encore, on ne dit rien à Karlow, qui continue de se battre. Ce n'est qu'en 1989, vingt-six ans après le début de sa descente aux Enfers et quinze après le départ d'Angleton, qu'il finit par obtenir réparation de la CIA : une médaille et un chèque de 500 000 dollars.

Paul Garbler aussi a souffert de la paranoïa d'Angleton, nourrie par les délires de Golitsyn. Héros de la Seconde Guerre mondiale, il a été, au début des années 1960, le premier chef de station de la CIA à Moscou. C'est lui qui a été l'officier traitant d'Oleg Penkovsky, cet officier du

GRU dont les renseignements ont joué un rôle crucial pendant la crise des missiles de Cuba, en 1962. Quand il revient à Washington en 1966, il est auréolé de cet exploit. Il est sûr d'obtenir un avancement important. Mais il est nommé chef de station à Trinidad, un placard. Il ne comprend pas ce qui lui arrive. Un copain de l'Agence finit par lui expliquer pourquoi on le suspecte : son père a émigré de Russie, sa mère de Pologne, et, certes, son patronyme ne commence pas par K, mais l'un de ses employés contractuels quand il était chef de station à Berlin avait un nom de code qui commençait par K et on le surnommait « Sasha ». Une mésaventure similaire arrive à l'officier Richard Kovich, dont la carrière à la CIA est, elle aussi, brisée sans preuves.

En 1973, le patron de la CIA, William Colby, commence à comprendre que l'obsession d'Angleton fait des dégâts injustifiés. Il demande à un officier de mener une contre-enquête discrète. Dans son rapport, celui-ci établit que, du fait de la chasse aux sorcières lancée par « le poète », la CIA a coupé tous ses liens avec la plupart de ses agents en URSS et rejeté toutes les propositions de Soviétiques de travailler pour l'agence américaine, alors qu'à l'évidence elles étaient sincères.

Ce n'est pourtant pas pour ces raisons-là qu'Angleton finit par démissionner. En 1974, le journaliste d'investigation du magazine le *New Yorker* Seymour Hersh révèle l'existence d'une opération secrète de la CIA, nom de code « Chaos », visant à espionner les leaders des mouvements contre la guerre au Vietnam, soit plus de sept mille personnes. Lancée sous Eisenhower, « Chaos » aurait été élargie par Richard Nixon. Angleton en est désigné le responsable principal. Il doit quitter l'Agence. Quelques mois après son départ, le département du contre-espionnage est réduit massivement de trois cents à soixante collaborateurs. Au grand soulagement de Langley.

Après la démission d'Angleton, Paul Garbler et Richard Kovich finissent par obtenir du Congrès une loi de compensation en faveur des officiers de la CIA injustement désignés comme taupes du KGB et contraints de démissionner. La plupart recevront, dans les années 1980, des sommes conséquentes.

La paranoïa d'Angleton a un autre effet désastreux à long terme sur la Compagnie. Dans les années qui suivent son départ, le service de contre-espionnage est à ce point décrédibilisé et inaudible qu'un haut gradé de la CIA saisit l'occasion pour se vendre au KGB : de 1985 à 1994, Aldrich Ames, la pire taupe depuis la création de l'Agence, sort tranquillement des centaines de documents top secret de Langley sans être inquiété le moins du monde.

Pendant qu'Ames trahit la CIA comme personne avant lui, « le poète » consacre les dernières années de sa vie à ses hobbies si célèbres, notamment la culture des orchidées, dont une variété appelée « lady slipper », sa préférée. Il meurt en 1987 sans avoir vu la chute de l'Empire soviétique, le but de sa vie.

Voir : Ames, Aldrich ; « Cinq de Cambridge », Les ; Langley ; Pâques, Georges ; Penkovsky, Oleg ; Philby, Harold « Kim ».

B

Bakatine, Vadim

Puisqu'il en fallait un, ce fut lui. Vadim Bakatine a été le dernier patron du KGB, celui qui l'a démantelé en décembre 1991. Un homme remarquable, qui a tenté de mettre un terme à la guerre secrète entre Russes et Américains – en vain, bien sûr.

Sibérien, ingénieur en construction et membre du Parti communiste depuis l'âge de 27 ans, Vadim Bakatine ressemble a priori à tous les apparatchiks soviétiques des années 1970 et 1980. Mais, à l'instar de son mentor Mikhaïl Gorbatchev, il est différent des autres, une « anomalie » du système, ainsi que se qualifiait lui-même l'ancien numéro un soviétique. Quand il prend la tête du ministère de l'Intérieur soviétique, en 1988, Bakatine refuse de réprimer les révoltes nationalistes qui bouillonnent dans le Caucase et les pays baltes. Ce « centriste radical », comme il aime à se définir, devient rapidement la bête noire des conservateurs, qui l'attaquent pour son « humanisme excessif » et obtiennent son limogeage en 1990.

Il est de retour juste après le putsch manqué contre Gorbatchev, fin août 1991, tentative de coup d'État montée avant tout par le patron du KGB. Le président de l'URSS finissante décide de dissoudre cette institution terrifiante et toute-puissante. Pour mener à bien cette tâche si délicate, il fait appel au modéré Bakatine, lequel, quelques jours après sa nomination, entreprend un geste extraordinaire, symbole d'une ère radicalement nouvelle. Pour la première fois dans l'histoire tourmentée des relations entre les deux superpuissances, Bakatine invite le secrétaire d'État américain James Baker à la Loubianka, le sinistre quartier général du KGB, là où furent emprisonnés et torturés tant de prisonniers politiques. Là aussi où furent conduites les grandes opérations d'espionnage contre les États-Unis, comme le vol des secrets de la bombe atomique.

« Votre visite est fantastique », lance Bakatine en recevant Baker. Selon lui, il est temps de réduire massivement les opérations des uns contre les autres. « Je pense que, sur la base de la réciprocité, nous ferons cela, assure-t-il, avant d'ajouter : Au KGB, on a toujours posé cette question majeure : qui est notre adversaire ? Et, désormais, le KGB a perdu cet adversaire. Donc, nous avons beaucoup de travail à faire pour nous forger une autre vision du monde dans laquelle nous n'avons plus d'ennemi du tout. »

Il en donne une preuve sans précédent peu après en recevant, dans son bureau, le nouvel ambassadeur des États-Unis à Moscou, Robert Strauss. À peine lui a-t-il serré la main qu'il se dirige vers son coffre, l'ouvre et en sort une valise bourrée d'équipements électroniques et un classeur de documents secrets. Il tend le tout à Strauss et déclare : « Monsieur l'ambassadeur, voici les plans qui révèlent comment les systèmes d'écoutes ont été posés dans votre nouvelle ambassade, et voici les instruments qui ont été utilisés pour ce faire. Je les remets à votre gouvernement, sans condition. » Robert Strauss, qui relatera l'anecdote à sa biographe Kathryn McGarr, est stupéfait.

Par ce geste hors du commun, Bakatine reconnaît officiellement une vaste opération d'espionnage dont la révélation empoisonne les relations entre la Maison-Blanche et le Kremlin depuis des années. Débutée en 1979, la construction d'une nouvelle ambassade des États-Unis à Moscou a été stoppée net en 1985, suite à une alerte du contre-espionnage. Celui-ci a découvert que des ouvriers du chantier, tous soviétiques, avaient glissé dans le béton des instruments d'interception, mais aussi des diodes, des clés à molette ou des tuyaux, autant d'objets qui brouillent la détection de métaux et les scanners électroniques. Les inspecteurs américains avaient aussi déniché à l'intérieur d'un mur une drôle de batterie en forme de nœud papillon, un modèle qu'ils n'avaient jamais vu. Ils se sont également rendu compte que plusieurs barres d'acier du bâtiment avaient été modifiées afin de servir de transmetteurs.

Ayant remarqué que les lumières d'un monastère tout proche étaient allumées à des heures étranges, ils se demandaient si le lieu de culte n'était pas en réalité un centre de réception des écoutes réalisées dans l'ambassade. C'est pourquoi ils l'ont baptisé « Notre-Dame-de-la-Télémétrie », selon le magazine *Air & Space Forces*, qui relève un dernier détail très humiliant pour les États-Unis : sur la façade de l'ambassade américaine, les ouvriers ont inséré des pierres un peu plus foncées que les autres qui formaient un discret « CCCP » visible de loin et qui, en cyrillique, veut dire « URSS ».

Le département d'État avait été négligent. Les services secrets soviétiques avaient déjà installé des systèmes d'écoutes à l'intérieur de ses locaux à Moscou. En 1946, des enfants d'une école avaient remis au nouvel ambassadeur des États-Unis en URSS, Averell Harriman, une réplique en bois sculpté du grand sceau des États-Unis. Celle-ci est restée des années dans la maison Spaso, la résidence officielle de l'ambassadeur américain à Moscou, et même quelque temps dans son bureau. Or, bien plus tard, les services de sécurité ont découvert des micros cachés à l'intérieur de la sculpture.

Après des années d'études diverses, la construction de l'ambassade reprend en 1997. Les quatre étages du haut, destinés aux activités les plus sensibles, sont démolis et reconstruits par du personnel entièrement américain. Le bas du bâtiment, accessible au public, n'est pas modifié. L'ensemble est inauguré en 2000, plus de vingt ans après le début des travaux.

Cette année-là, un nouveau président s'installe au Kremlin, un ancien du KGB, Vladimir Poutine, qui revendique haut et fort l'héritage de la Tchéka, le premier service secret soviétique. La parenthèse Bakatine, qui répétait « Les traditions du tchéquisme doivent être éradiquées et cesser d'exister en tant qu'idéologie », est définitivement fermée. Lui-même décède en juillet 2022.

Biométrie

Autrefois, les officiers de renseignement partaient en mission, comme dans les romans de John le Carré, avec plusieurs passeports, parfois de pays différents. Ils voyageaient sous une identité fictive, s'enregistraient dans un hôtel sous une autre et s'envolaient pour leur mission suivante avec une troisième.

Ce n'est plus possible. La diffusion des techniques de biométrie, c'est-à-dire la reconnaissance d'une personne par ses empreintes digitales, son ADN, la forme de son visage, sa voix ou son iris, et la multiplication des bases de données électroniques rendent très difficile, voire impossible, la protection des légendes. Au milieu des années 2000, le MI6 a fait un test : combien de temps une couverture traditionnelle résistera à la vigilance d'un policier aux frontières suspicieux, armé seulement de Google. « La réponse est environ une minute », répond Gordon Corera dans *Russians Among Us* (William Collins), son livre sur les dix « illégaux » russes arrêtés en 2010.

Pour avoir négligé ce type de risque, des officiers de deux services secrets, pourtant parmi les meilleurs au monde, se sont fait prendre la main dans le sac. Plusieurs officiers de la CIA impliqués dans l'enlèvement, en 2003, d'un imam à Milan ont été identifiés après que les autorités italiennes ont simplement croisé les données concernant les achats récents de téléphones et des réservations de vols et d'hôtels.

De même, en 2010, un commando du Mossad est dépêché dans un hôtel de Dubaï, où réside l'un des fondateurs de la branche armée du Hamas. Sa mission : le tuer. Il y parvient, mais toute l'équipe est démasquée grâce à une analyse de données automatisée : celle des photos de passeports stockées dans les ordinateurs de la police des frontières de l'émirat et celle des images des caméras de surveillance de l'hôtel.

Pour les « illégaux » russes traditionnels, c'est-à-dire ceux qui reprennent l'identité d'un enfant mort dans un pays étranger, le développement des bases de données informatiques et leur mondialisation sonnent peut-être le glas de leur métier. Dans de plus en plus de pays, les certificats de naissance sont immédiatement modifiés après le décès de leur titulaire et accessibles en ligne.

La CIA a mis au point plusieurs parades à l'explosion de la biométrie et des bases de données. Elle demande à ses officiers de rencontrer leurs sources dans des pays faiblement numérisés, comme le Pérou. Elle pratique aussi une technique inventée par le KGB soviétique dite du « recrutement dans le pays » : il s'agit de repérer les potentiels informateurs étrangers lorsqu'ils sont aux États-Unis, en voyage d'affaires ou en congé, et de tenter d'obtenir leur collaboration sur le sol américain avant qu'ils ne rentrent chez eux.

Et puis, le SVR comme son homologue américaine font désormais voyager la plupart de leurs officiers sous leur identité réelle. Seuls 10 % d'entre eux continueraient de disposer de faux papiers. Pour protéger ces derniers, les cyberespions de la CIA et du SVR tentent de désactiver, dans les ordinateurs des aéroports, les alarmes informatiques sur les identités suspectes. Ils dépensent du temps et de l'énergie pour faire vivre les légendes sur les réseaux sociaux, via des comptes Facebook, Twitter ou TikTok bidon. Pour faire échec aux contre-espions ennemis, ils demandent même aux sites de généalogie de modifier certaines lignées familiales, en ajoutant ou en retirant des noms.

Bientôt, le Graal des espions sera donc de recruter un gestionnaire de banques de données biométriques qui pourra attribuer l'ADN, le visage, la voix ou l'iris d'une personne à une autre. Peut-être est-ce déjà possible.

Voir : Le Carré, John.

Blake, George

Dans la hiérarchie des traîtres les plus célèbres au Royaume-Uni, George Blake devrait occuper la première place. Cet ancien du service secret britannique a, dans les années 1950, dénoncé au KGB davantage d'agents du SIS infiltrés au sein du pouvoir soviétique que les légendaires « Cinq de Cambridge ». Mais la révélation de sa trahison n'a pas bouleversé l'élite anglaise autant que celles de Philby, Burgess, Maclean et les autres, parce que lui, George Behar, alias George Blake, n'était pas un rejeton de la haute société britannique.

George Behar n'est ni un aristocrate ni un fils de famille. Il est né en 1922 à Rotterdam, d'une mère néerlandaise et d'un père égyptien naturalisé britannique, lui-même issu d'une lignée juive sépharade. Dès sa plus tendre enfance, George, qui a été prénommé ainsi en l'honneur du roi George V, parle tour à tour néerlandais, anglais et français. À la mort de son père, en 1936, il est envoyé chez une riche tante au Caire. Là, il se rapproche de son cousin plus âgé, Henri Curiel, futur fondateur du Parti communiste égyptien. Le jeune révolutionnaire fait grande impression sur l'adolescent grâce à « son immense charme et son sourire éblouissant qui le rendait attirant non seulement pour les hommes, mais sur tous ceux qui le rencontraient », écrira Blake dans ses Mémoires intitulés en français *Une vie d'espion*. Mais, lorsqu'il intégrera les services secrets britanniques, George prendra soin de ne jamais révéler ses liens avec le sulfureux Curiel (qui sera assassiné à Paris en 1978).

Quand la Seconde Guerre mondiale éclate, George Behar n'a que 17 ans. Il se considère comme néerlandais mais, du fait de la nationalité de son père, possède un passeport britannique. Il est arrêté par les nazis. Libéré, il décide de rejoindre la résistance néerlandaise. Il prend le nom de guerre Max De Vries et reçoit pour tâche de distribuer le journal d'un mouvement clandestin. Puis, après un périple en France et en Espagne, il rejoint sa mère à Londres, où tous les deux adoptent un nom de famille qui sonne plus *british* que Behar. Ils optent pour « Blake ».

En août 1944, le jeune homme est recruté au MI6 par le responsable du bureau Pays-Bas, impressionné par ses actions secrètes en Hollande. George, qui n'a que 22 ans, est enthousiaste : « J'allais devenir vraiment un officier du service secret britannique, ce centre légendaire du pouvoir caché, dont on croit en général qu'il détient une influence décisive sur les événements mondiaux. Cela dépassait mes espoirs les plus fous », confie-t-il dans ses Mémoires.

Juste après son embauche, il tombe amoureux d'une secrétaire du même âge, Iris. Mais le père de la dulcinée, député conservateur, et sa mère, fille du duc d'Essex, s'opposent à leur union. Ils ne trouvent pas convenable que leur fille se marie en dehors de l'establishment, à « un homme n'appartenant à aucune classe sociale », ainsi que se définit lui-même Blake. George est désespéré. Dix-sept ans plus tard, juste avant son procès pour trahison, sa première épouse, Gillian, écrira à l'avocat de George. Elle plaidera qu'à son avis ce rejet par la famille de sa fiancée a bouleversé le jeune Blake et explique, en partie, sa trahison.

Il y a une autre raison, plus importante. Après avoir étudié le russe à Cambridge, l'officier de renseignement Blake est envoyé en Corée comme chef de poste, sous la couverture de vice-consul du Royaume-Uni à Séoul. Quelques mois plus tard, alors que la guerre de Corée vient de commencer, il est arrêté par des soldats du Nord. Avec d'autres diplomates, des journalistes et des intellectuels, il est embarqué dans « une marche de la mort » vers un camp de prisonniers. Un tiers seulement s'en sortiront, dont Blake. Il se retrouve dans une ferme destinée à la « rééducation ». On le prévient qu'il y restera aussi longtemps qu'il « puera » idéologiquement, des années s'il le faut. Il doit lire Marx, Lénine, Staline et des journaux soviétiques.

Syndrome de Stockholm ? Le jeune Blake, qui n'a pas encore 30 ans, est séduit par le communisme. Malgré ses crimes, il représente, pour lui, « le but le plus noble de l'humanité », écrit-il dans ses Mémoires. Et il décide « de consacrer le reste de sa vie à cette cause ». Les bombardements américains, qui rasent « des villages entiers sans défense » et auxquels il assiste, finissent de le convaincre de changer de camp. « J'ai senti que j'étais du mauvais côté. »

Il remet à son instructeur coréen une lettre en russe à l'attention de l'ambassade soviétique à Pyongyang, dans laquelle il affirme qu'il a « quelque chose d'important à communiquer ». Quelques jours après, un officier du KGB, Nikolaï Loenko, vient le voir dans le camp et le recrute officiellement. Telle est en tout cas la version romantique que Blake est autorisé à livrer dans *Une vie d'espion*.

Plusieurs historiens, dont l'un des biographes de Blake, Roger Hermiston, estiment que les choses ne se sont probablement pas déroulées ainsi. Au début des années 1950, le KGB a perdu trois de ses agents principaux au sein du pouvoir britannique, Burgess et Maclean, qui ont fui à Moscou, et Philby, qui, soupçonné de trahison, a été exclu du MI6. Les Soviétiques sont donc à la recherche de nouvelles recrues. Le jeune officier du KGB dont parle Blake, Nikolaï Loenko, est en réalité mandaté par le Centre pour dénicher ces taupes. Il fait le tour des camps de prisonniers. Et tombe sur un George Blake désillusionné. Il le recrute, et l'officier britannique devient pour la Loubianka l'agent « Diomid ».

À son retour au Royaume-Uni en 1953 dans un avion de la Royal Air Force, Blake est accueilli en héros. On le réintègre au SIS et on lui donne un bureau au numéro 2, Carlton Gardens, le siège du service secret. Mais pour lui tout a changé. « Je considérais [alors] toujours mes collègues comme des compagnons de travail, mais mon processus mental évoluait désormais sur deux niveaux – celui du contact humain normal, mais aussi l'autre, le niveau impersonnel, dans lequel je faisais mon possible pour faire échouer toute opération dirigée contre l'URSS. »

Comme il parle le russe, il est affecté à une nouvelle section du SIS, la Y, chargée de traduire les communications interceptées sur le sol soviétique. Sa carrière de taupe commence quelques semaines après. En décembre 1953, il participe à une conférence de quatre jours à Carlton

Gardens réunissant de hauts responsables de la CIA et du SIS. Comme il est le plus jeune, il est désigné preneur de notes. Au menu de la réunion : une opération top secret baptisée « Gold » par les Américains, et « Stopwatch » par les Britanniques.

Il s'agit de creuser un tunnel de 500 mètres entre les secteurs américain et russe de Berlin, alors centre névralgique de la guerre froide. Grâce à une telle galerie souterraine, les Occidentaux pourront installer un système d'écoutes sous le haut commandement de l'Armée rouge et sous le QG des services secrets soviétiques, tous deux installés dans le quartier de Karlshorst, et écouter toutes leurs communications, y compris celles avec la Loubianka et le Kremlin. Grâce à cette spectaculaire opération, les alliés occidentaux connaîtront tous les mouvements de troupes soviétiques, les éventuels plans d'attaque de Moscou et les agissements des espions du KGB et du GRU en Allemagne.

La réunion terminée, George Blake fait une copie de ses notes. Puis il retrouve son officier traitant du KGB, Sergueï Kondrashev, sur le toit d'un bus à impériale londonien. Il lui remet la copie. À Moscou, on jubile. On décide de ne rien entreprendre contre l'opération « Gold », de laisser le projet aller à son terme. Trop peu de monde est au courant. Dénoncer publiquement « Gold », ce serait dénoncer l'agent « Diomid ». Or, il est au cœur du service secret ennemi, bientôt il sera mis au courant d'un grand nombre d'actions clandestines et de l'identité des agents doubles qui travaillent contre l'URSS. Il faut le protéger à tout prix.

Il n'est même pas question d'utiliser le tunnel pour faire passer de fausses informations aux Occidentaux. Car, si une telle opération d'intoxication est découverte, le contre-espionnage britannique comprendra que le KGB est au courant de l'existence du tunnel et Blake deviendra rapidement suspect.

Donc, Moscou attend un an après la mise en place du système d'écoutes pour lancer une prétendue inspection de routine à Karlshorst. Le tunnel est ainsi découvert « par hasard ». Les Soviétiques et les Allemands de l'Est crient au scandale. Les alliés occidentaux rebouchent le trou, sans comprendre que « Gold » a été découverte avant même le début de sa réalisation ! Entre-temps, ils auront eu accès à un grand nombre de conversations confidentielles, mais les dégâts subis par les Soviétiques sont moins importants que ceux infligés par Blake à l'Ouest.

Celui-ci est nommé à Berlin. Il est chargé de recruter des agents dans la partie est de la ville. Pour lui permettre de passer la ligne de démarcation sans être repéré, le SIS lui fabrique de faux papiers allemands. Muni de ces sésames, il peut, en fait, rencontrer son officier traitant dans le secteur soviétique et lui livrer sans difficulté des paquets de documents.

« J'ai passé [au KGB] un grand nombre d'informations sur la structure de l'antenne du MI6 à Berlin, ses buts, son ordre de bataille, confie Blake dans ses Mémoires. Je leur ai aussi donné beaucoup de renseignements sur ce que le service voulait savoir à propos de la politique, de l'économie et de l'armée en Allemagne de l'Est et en Union soviétique. » Après son arrestation, la CIA calculera qu'il a donné quatre mille sept cent vingt documents top secret.

Il y a pire. Le chef de l'antenne de Berlin a mis au point un système de fiches sur chacun des agents du SIS employés en Allemagne. Blake les recopie et les livre au KGB. Dans ses Mémoires publiés en 1990, il reconnaît avoir trahi quatre cents de ces agents. Son officier traitant, Sergueï Kondrashev, dit que, grâce à lui, et à quelques autres, « l'ensemble du réseau ennemi en RDA a été éliminé de 1953 à 1955 ».

Blake affirme que très peu d'agents dénoncés ont été exécutés. Et même que, des décennies plus tard, certains « [ont pris] une part active dans les mouvements démocratiques en cours dans leur pays d'Europe de l'Est respectif ». En réalité, beaucoup sont morts dans les geôles du KGB. Combien exactement ? Les archives soviétiques étant fermées, on l'ignore.

« Diomid » aurait pu être arrêté dès 1954. Un des messages, parmi les quatre cent quarante mille interceptés dans le tunnel, a, en effet, révélé l'existence d'un agent soviétique parmi les officiers de renseignement britannique à Berlin. Pourtant, Blake n'est démasqué que sept ans plus tard. En mars 1961, un lieutenant-colonel du service secret polonais, Michal Goleniewski, fait défection à Berlin. C'est un homme extravagant, pas toujours sérieux. Il jurera même être le tsarévitch Alexis. Mais parfois il détient des pépites. Il affirme qu'il y a une taupe soviétique au sein du MI6. Et il apporte des preuves : les copies de trois documents que cet agent double aurait remis à son traitant soviétique. À Londres, on estime qu'à Berlin et Varsovie, seulement dix personnes ont eu accès à ces trois documents, dont George Blake. Quelques semaines plus tard, on est sûr à « 90 % » qu'il s'agit de lui.

Prétextant une réunion sur sa future affectation, on le rappelle de Beyrouth, où il est en mission. À Londres, on le cuisine gentiment. « Les Coréens vous ont sans doute torturé pour que vous changiez de camp », lui lance son interrogateur, pas encore certain de sa trahison. « Non, personne ne m'a torturé, rétorque Blake, personne ne m'a fait chanter. C'est moi qui ai approché les Soviétiques et leur ai proposé mes services de mon propre chef. » Un aveu inespéré. Quelques minutes après, le MI6 envoie deux télégrammes à ses stations à travers le monde. Le premier, en clair, dit : « Le nom suivant est celui d'un traître » ; et le second, crypté : « GEORGE BLAKE ».

« Votre cas est l'un des pires qui puissent être imaginés », lui dit le juge qui le condamne à quarante-deux ans de prison, la peine la plus lourde jamais infligée à un traître en Grande-Bretagne. Il est envoyé à la prison de Wormwood Scrubs. Mais son aventure n'est pas terminée. Il se lie d'amitié avec un terroriste irlandais, Sean Bourke, et à deux manifestants pacifistes. Et, cinq ans après le début de son incarcération, ses trois anciens compagnons de cellule, aidés par le KGB, selon l'ancien officier Cherkashin, parviennent à le faire fuir par le toit du pénitencier.

Caché dans un camping-car, il est conduit à Berlin-Est. Bourke l'accompagne jusqu'à Moscou. Les deux hommes sont fêtés par le KGB. On les installe dans un magnifique appartement et on leur donne suffisamment d'argent pour aller, chaque jour, dans les meilleurs restaurants de la capitale soviétique. Mais Bourke est déçu par la vie en URSS et les deux hommes se querellent. Alors, « on s'est arrangés pour qu'il retourne en Irlande », écrit Blake, en omettant de préciser qu'avant le départ de Bourke le KGB lui a fait boire une drogue. La substance va lui infliger des dommages cérébraux tels qu'à son retour il aura du mal à dire ce qu'il sait au SIS.

Blake reste seul dans le somptueux appartement de quatre pièces, avec plafonds hauts, chandeliers en cristal et tapis orientaux, raconte en 2013 Roger Hermiston dans sa biographie de la taupe publiée en anglais sous le titre *The Greatest Traitor*. Une gouvernante s'occupe du foyer et lui prépare ses plats préférés. Mais, pendant de longs mois, il lui est interdit de se rendre seul dans de grands hôtels, des restaurants et des théâtres, de peur qu'il ne soit kidnappé par les services britanniques.

Lui non plus n'aime pas la vie moscovite, sa noirceur, sa rudesse. Mais ses six ans passés en prison l'aident à supporter le changement. « Après la prison, écrit-il, il était tellement agréable de se lever le matin et de disposer d'une journée entière comme bon me semblait que cela rendait moins difficile d'accepter le niveau de vie inférieur et les autres désavantages inhérents à l'Union soviétique. »

Au début, le KGB l'interroge très souvent sur le SIS. Blake écrit de multiples notes sur son ancien employeur. Mais il doit attendre trois ans avant qu'on ne lui fournisse un vrai job. En 1969, une maison d'édition l'embauche comme traducteur du néerlandais. Il s'ennuie. Jusqu'à ce que l'année suivante sa femme présente l'une de ses amies à « Kim » Philby, Rufina, de vingt ans sa cadette. C'est le coup de foudre. Les Blake et les Philby ne se quittent plus, et la vie s'éclaire.

La même année, le pouvoir le fait sortir définitivement de l'ombre : le quotidien officiel du Parti communiste d'URSS, *Izvestia*, l'interroge longuement sur sa vie et son travail au MI6. Le Kremlin veut aussi le récompenser. Il est nommé expert du Moyen-Orient au prestigieux MGIMO, l'institut de formation des diplomates. Il reçoit les deux plus hautes distinctions d'URSS : l'ordre de Lénine et celui du Drapeau rouge. Et on lui permet d'acquérir une belle datcha près de Moscou dans le secteur réservé aux officiers du KGB.

Après son arrivée au pouvoir, Vladimir Poutine en fait l'un des héros de son régime. En 2007, pour son 85e anniversaire, Blake reçoit la médaille de l'ordre de l'Amitié. À cette occasion, le patron de l'époque du SVR, Sergueï Ivanov, déclare : « C'est grâce à Blake que l'Union soviétique a évité les sérieux dommages militaires et politiques que les États-Unis et la Grande-Bretagne pouvaient lui infliger. » Interrogé par la télévision d'État, Blake affirme, lui, qu'il est « heureux, et très chanceux, exceptionnellement chanceux ». « Ces années à Moscou ont été les plus calmes de ma vie, ajoute-t-il. Quand je travaillais à l'Ouest, la menace d'être démasqué planait sans cesse au-dessus de moi. Ici, je me sens libre. »

En 2012, à l'occasion de ses 90 ans, Poutine lui adresse un télégramme particulièrement chaleureux. « Vous et vos collègues avez apporté une contribution considérable à la préservation de la paix, de la sécurité et de la parité stratégique. Cela n'est pas visible aux yeux des gens extérieurs, mais votre travail très important mérite la reconnaissance la plus élevée. » Une manière de motiver les taupes russes infiltrées de nos jours en Occident.

George Blake meurt le 26 décembre 2020, à 98 ans. Il est enterré, avec les honneurs militaires, dans l'allée des Héros au cimetière de Troïekourovskoïe, là où reposent beaucoup de grandes figures de la Russie et de l'Union soviétique.

Voir : « Cinq de Cambridge », Les.

Blunt, Anthony

La famille royale britannique a toujours mis les scandales la concernant sous le tapis. Surtout celui-là.

Quand il rejoint le NKVD, Anthony Blunt est le plus âgé des « Cinq de Cambridge », ces étudiants britanniques recrutés dans les années 1930 par l'ancêtre du KGB. Il est aussi un cousin de l'épouse du roi George VI, la mère de la future Élisabeth II, un lien qui le sauvera de la prison.

Fils du vicaire de l'ambassade du Royaume-Uni à Paris, le jeune Anthony passe les quinze premières années de sa vie en France, dont il connaît parfaitement la langue et la culture. Il fait des études d'art à Cambridge, où il rejoint le groupe dit « des Apôtres », animé par Maurice Dobb, l'un des premiers professeurs membres du Parti communiste britannique. Là, il rencontre « Kim » Philby et Guy Burgess. Il n'est pas un marxiste viscéral, mais il est fasciné par ces deux hommes, par Guy en particulier, avec lequel il noue une amitié amoureuse. Ses deux nouveaux amis le présentent à leur officier traitant du NKVD soviétique, Arnold Deutsch, alias Otto, pour lequel il accepte de travailler, sous le nom de code « Yan ».

En 2009, les archives nationales britanniques ont rendu public le long mémoire qu'Anthony Blunt a écrit à la fin de sa vie pour expliquer – et si possible justifier – sa trahison. « L'atmosphère à Cambridge était si intense, raconte-t-il, l'enthousiasme pour toute activité antifasciste était si grand que j'ai commis la plus grande erreur de ma vie. » Un euphémisme.

Au début de la Seconde Guerre mondiale, alors qu'il est déjà un agent du NKVD, l'un des Apôtres, Victor Rothschild, le présente à Guy Liddell, le numéro deux du service de contre-espionnage britannique, le MI5. Et le voilà embauché. À Moscou, on exulte. Il y a de quoi. Anthony Blunt, alias Yan, va vite nouer une relation de grande confiance avec Liddell, qui lui parle de toutes les activités du service. Il lui confie même la tâche de revoir les méthodes de filature du MI5 et d'en proposer d'autres. Son rapport est approuvé et mis en œuvre. Sans aucun succès côté soviétique, puisque « Yan » a transmis ses recommandations à son officier traitant.

« Durant toute cette période, l'ambassade soviétique à Londres était toujours informée très à l'avance des actions que le service de contre-espionnage britannique envisageait de lancer contre elle, écrit dans ses Mémoires Youri Modine, l'un des officiers traitants des "Cinq de Cambridge". Nous savions quels fonctionnaires de l'ambassade [l'intéressaient], quand et comment ils allaient être approchés. Nous avions les noms de ceux qui, selon les Anglais, étaient susceptibles de craquer et de faire défection. » On peut imaginer le sort qui leur a été réservé...

Ce n'est pas tout. « Le travail de "Yan", poursuit Modine, lui valut plusieurs fois les félicitations du KGB, notamment lorsqu'il nous communiqua l'organigramme détaillé du contre-espionnage britannique et la liste de ses agents à l'étranger. » Là encore, on sait que le NKVD exécutait d'une balle dans la nuque ses officiers retournés par les services occidentaux.

Autrement dit, l'« erreur » de Blunt était, en réalité, un crime qui aurait dû lui valoir des décennies de prison. Or, lorsqu'en 1963 l'un des agents qu'il a recrutés trente ans plus tôt, un Américain, révèle au MI5 la trahison de Blunt – qui a cessé de travailler pour les Soviétiques dix ans auparavant –, il ne lui arrive rien. Il accepte de révéler tout ce qu'il sait, notamment les noms des anciens de Cambridge passés au NKVD. En échange, sa trahison est gardée secrète, même le Premier Ministre de l'époque, Anthony Eden, n'est pas mis dans la confidence.

La vie de Blunt continue, donc, comme si de rien n'était. Bien qu'Élisabeth II soit informée de son sordide passé, Blunt – qui est devenu, après guerre, l'un des plus grands historiens d'art de son époque, spécialiste du Français Poussin – est maintenu à son poste de conservateur des collections de la reine ! Il garde aussi son titre de noblesse, qui lui a été attribué en 1956, notamment pour avoir discrètement récupéré, à la fin de la guerre, les lettres du duc de Windsor à Hitler, conservées dans un palais allemand.

La reine est contrainte de lui retirer ce titre en 1979, quand la Première Ministre Margaret Thatcher confirme, devant le Parlement, qu'il y a bien un espion dans l'entourage de la reine, ainsi qu'un journaliste réputé vient de l'écrire, et que cette taupe s'appelle Anthony Blunt. « Le professeur Blunt a dit [lors de sa confession de 1964] que, lorsqu'il travaillait au MI6 de 1940 à 1945, il passait régulièrement aux services de renseignement russes tout ce à quoi il avait accès et qui pouvait les intéresser », explique la Dame de fer.

Blunt, abasourdi, convoque une conférence de presse. Il reconnaît les faits mais insiste sur ses multiples circonstances atténuantes. « Guy Burgess m'a persuadé que la meilleure façon de servir la cause de l'antifascisme était de le rejoindre dans son travail pour les Russes », dit-il, sans évoquer le moindre regret à propos des agents du MI5 qu'il a trahis et qui ont probablement été exécutés.

Il passe les quatre années suivantes cloîtré chez lui, pendant lesquelles il écrit sa version des faits, son recrutement et son travail pour le NKVD. Il meurt en 1983 en exigeant que ce long texte ne soit rendu public que vingt-cinq ans plus tard.

Voir : Burgess, Guy ; « Cinq de Cambridge », Les ; Philby, Harold « Kim ».

Boîte aux lettres morte

Dans l'univers glacial de l'espionnage, une expression technique est particulièrement poétique : « boîte aux lettres morte ». On la dirait sortie tout droit de l'imagination de Jacques Prévert.

Une boîte aux lettres morte est un petit endroit dissimulé où agents et officiers traitants échangent des documents ou des objets sans se croiser. Le choix de ces emplacements est très varié. Les espions consacrent beaucoup de temps à les trouver et à évaluer leur sécurité.

Ce peut être un trou dans un arbre ou dans un mur, le réservoir d'une chasse d'eau, une encoche dans un meuble, le dessous d'un banc dans un parc... En général, l'agent et son officier traitant en emploient beaucoup afin de ne pas être repérés. Utiliser une boîte aux lettres morte est une technique d'échange simple et peu risquée. L'espion qui vient d'y déposer des documents secrets fait savoir par un signe convenu que son officier traitant peut venir la vider.

Dimitri Poliakov, une taupe de la CIA au sein du GRU, utilisait un trou dans un arbre de Central Park, à New York. Après l'avoir rempli, il se rendait à l'entrée d'un restaurant proche choisi à l'avance, Tavern on the Green, et faisait semblant de lire le menu affiché à l'extérieur sur un poteau. Il sortait alors une craie de couleur, dessinait une petite marque sous le menu et s'en allait. Quand l'officier traitant avait vidé cette boîte aux lettres morte, il l'indiquait en faisant un autre trait à la craie sous le même menu du même restaurant.

D'après les spécialistes, cette technique d'échange présente plusieurs avantages : l'officier traitant et l'espion ne se croisent pas et peuvent même ne jamais se rencontrer. Ainsi, le KGB n'a vraiment découvert l'identité de sa principale taupe au sein du FBI depuis quinze ans, Robert Hanssen, que le jour de son arrestation, en 2001 ! C'est aussi une technique souple, puisque la personne qui vient y déposer ou chercher un document peut changer au dernier moment.

Dans plusieurs dictatures, certains quartiers, voire certaines villes, sont tellement surveillés qu'il est trop risqué d'échanger des documents via une boîte aux lettres morte.

On peut alors faire appel à la technique que les services secrets anglo-saxons désignent par l'expression *brush pass*, qui signifie « contact rapide ». L'officier et son agent se croisent rapidement tandis que, sans s'arrêter, l'un glisse discrètement à l'autre une enveloppe ou un paquet.

Il semble qu'à la CIA l'inventeur de cette technique soit un certain Haviland Smith, qui a dirigé l'antenne de l'Agence à Prague de 1958 à 1960. Dans la capitale tchécoslovaque, il était constamment suivi par la police secrète locale, la StB. Il a d'abord essayé de semer ses anges gardiens en marchant à vive allure dans les ruelles de la ville, mais ce n'était pas suffisant pour être sûr de pouvoir entrer en contact avec un agent.

Il a fini par faire l'inverse : installer une routine dans ses déplacements pédestres. Le but était de conférer un sentiment de sécurité aux quatre officiers de la StB qui le suivaient sans arrêt, deux derrière lui et deux sur le trottoir d'en face. En empruntant les mêmes chemins, à la même heure, tous les jours, les contre-espions étaient moins sur le qui-vive. Or, Smith avait remarqué que, lorsqu'il tournait toujours dans une même rue, les officiers de la StB n'accéléraient pas. Si bien que, pendant quelques secondes, ils ne voyaient plus l'officier de la CIA, qui pouvait donc, pendant ce laps de temps très court, recevoir un paquet en toute sécurité, lors d'un bref contact avec un agent positionné là à l'avance.

Évidemment, la multiplication des caméras de surveillance en ville contraint agents et traitants à trouver des boîtes aux lettres mortes ou à effectuer un *brush pass* loin des centres urbains. Ou à utiliser Internet. On assure qu'aujourd'hui la boîte aux lettres la plus sûre est une adresse e-mail dont les deux interlocuteurs connaissent le mot de passe et qu'ils utilisent uniquement en mode brouillon. Cela vaut aussi, dit-on, pour les amants.

Voir : Hanssen, Robert ; Poliakov, Dmitri.

Bond, James

David Cornwell, alias John le Carré, avait l'habitude d'affirmer que les services de renseignement sont l'inconscient du monde occidental. On ne pourrait mieux dire de James Bond, l'espion le plus célèbre de la planète. Quelques mois avant sa mort, en 1964, son créateur, Ian Fleming, confessa : « James Bond est le fantasme sur oreiller de son auteur, issu de ses rêves fiévreux. Bref, ce que l'on peut attendre d'un esprit adolescent – ce qui est [mon] cas. » Des fantasmes de toute-puissance face au mal et face aux femmes.

Pour inventer la vie de 007 – l'espion qui, la nuit, n'utilise que la veste de son pyjama –, Fleming emprunte à la fois à ses propres expériences, celles d'un membre de la haute société britannique devenu officier de renseignement, et à plusieurs clichés machistes et parfois racistes en vogue, à l'époque, outre-Manche (du moins dans les romans, cet aspect-là ayant été atténué dans les films).

James Bond est donc né, semble-t-il, en 1921. Il est le fils d'un marchand d'armes écossais des Highlands. Les origines de sa famille remonteraient au XIIe siècle et à un certain Norman Le Bond, dont la devise était : *Le monde ne suffit pas*. Sa mère, Monique Delacroix, vient, elle, du canton de Vaud. C'est d'ailleurs en Suisse que le jeune James apprend l'allemand et le français, qu'il parle suffisamment couramment pour utiliser l'expression « N'enculons pas les mouches », ainsi que le note le spécialiste de 007 Francis Lacassin dans la préface des œuvres complètes de Fleming, publiées dans la collection « Bouquins ».

Après la mort de sa mère dans un accident de montagne à Chamonix, le petit James est envoyé dans le Kent chez sa tante paternelle, Charmian Bond. À 12 ans, il entre, comme Fleming, à Eton, le collège de l'aristocratie britannique, où son père l'a inscrit « dès sa naissance ». Il en est vite exclu pour avoir eu des relations trop intimes avec une femme de chambre, à l'instar de son créateur, lui aussi écarté d'Eton pour un comportement trop tapageur.

James est alors envoyé au pensionnat de Fettes, en Écosse, où, comme son créateur, il brille par ses résultats sportifs. À défaut de versions latines, il pratique le golf à haute dose, jusqu'à deux parcours par jour. Si bien que son handicap, c'est-à-dire son classement parmi les golfeurs amateurs, est excellent.

Devenu adulte et espion de Sa Majesté, James Bond s'installe à Londres dans un hôtel particulier situé à Chelsea Square, l'un des quartiers les plus huppés de la capitale. Comme il se doit dans la haute société britannique, il a des goûts de luxe : caviar au jaune d'œuf, gratin de queues de langouste (la spécialité de l'Oustau de Baumanière, un restaurant trois étoiles aux Baux-de-Provence, l'un de ses préférés) et foie gras au goûter. Et il roule dans une Bentley 4,5 litres avec compresseur Amherst Villiers, achetée en 1939. Bond la conduit « avec un plaisir presque sensuel » en la poussant parfois jusqu'à 195 kilomètres par heure.

Comme chacun le sait, son cocktail favori est le vodka Martini « *shaken, not stirred* » (mélangé au shaker et non à la cuillère), composé d'une mesure de vodka pour six de Martini et d'une olive verte. Dans les romans, il fume, beaucoup, des Morland Specials, des cigarettes fabriquées avec un tabac macédonien, et, quand il est fatigué, il se dope à la benzédrine, une amphétamine utilisée pendant la Seconde Guerre mondiale pour améliorer l'endurance des soldats et qui sera interdite en 1971.

Il se marie deux fois avec de jeunes femmes sublimes et volcaniques. D'abord Teresa Draco, comtesse Di Vincenzo et fille du chef de la mafia corse, Marc-Ange Draco. Elle est tuée par l'ennemi de Bond, Blofeld, le chef du Spectre, la redoutable organisation criminelle, dont le siège est à Paris. Remis difficilement de son veuvage, Bond épouse ensuite, dans *On ne vit que deux fois*, une jeune Japonaise, Kissy Suzuki, ex-star d'Hollywood devenue pêcheuse de perles. Elle lui donne un fils, James Suzuki, dont on parlera très peu. Les autres femmes, une ou deux créatures de rêve par livre, sont avant tout des instruments de plaisir, sortes de récompenses érotiques, prises dans des lieux glamour, tels l'Orient-Express ou le rapide Miami-New York.

Il est impossible de résumer les missions de Bond, tant elles sont diverses. Une fiche du KGB le décrit ainsi : « Cet homme est un dangereux tueur professionnel et un espion. Il travaille pour le service secret britannique depuis 1938 et porte maintenant le numéro 007. Le premier 0 indique qu'il est autorisé à tuer, le second 0 qu'il l'a déjà fait. » Le plus étonnant est qu'en réalité « l'espion le plus célèbre de la planète » n'en est pas un, il mène, dans les faits, très peu d'opérations d'espionnage. Il ne traite jamais aucune source, ou pas vraiment. En fait, il est plutôt un Superman ou, pour utiliser le langage militaire, un officier des forces spéciales aux talents exceptionnels, chargé de mener avec ses poings et des gadgets sophistiqués fournis par « Q » la bataille suprême du bien contre le mal, incarné par des personnages sadiques et souvent pervers sexuels, tels le Dr No ou Goldfinger. Un affrontement sur grand écran qui conduit le lecteur puis le spectateur ébahis dans des lieux d'ordinaire réservés à l'élite mondiale de l'argent : des îles sublimes, des appartements, des maisons gigantesques et des yachts pour milliardaires.

Pourtant, la lecture des romans de Fleming provoque souvent un sentiment désagréable. À la différence des films, on découvre, dans la série littéraire, un Bond non seulement sexiste, mais aussi xénophobe, si ce n'est antisémite. Le spécialiste de Fleming Francis Lacassin a repéré plusieurs passages sans ambiguïté à ce sujet. Dans *Opération Tonnerre*, par exemple, James Bond regrette que « trop de propriétaires de l'avenue d'Iéna aient des noms qui se terminent en "escu", "ovitch", "ski" et "stein" »... Dans *Bons Baisers de Paris*, il ne reconnaît plus la capitale française : « C'était le cœur de Paris qui s'en était allé, car il s'était prostitué aux touristes, aux Russes, aux Roumains et aux Bulgares, à toute la lie du monde qui en avait progressivement pris possession. » Et dans la même série de nouvelles, xénophobie et sexisme ne font plus qu'un lorsque Bond hésite à aborder une Parisienne : « Le contenu ne pourrait soutenir la comparaison avec l'emballage. En l'examinant de plus près, il constaterait même probablement qu'elle aurait la peau moite aux pores dilatés de la bourgeoisie française. La pastille de menthe ne réussirait pas à dissimuler l'ail du déjeuner. » Cette prose nauséabonde est sans doute l'une des raisons pour lesquelles les livres de Fleming ne se vendent plus beaucoup.

Voir : Fleming, Ian.

Boursicot, Bernard

« Et, au lit, ça se passait comment ? » Lorsqu'en ce mois de mai 1986 le président du tribunal pose cette question grivoise à l'un des accusés, la salle éclate de rire. Il s'agit pourtant d'une affaire grave : le premier procès en France – et le seul à ce jour – concernant un cas d'espionnage chinois. Une histoire qui inspirera (un peu) le réalisateur de cinéma David Cronenberg. Il en tirera un beau film, *M. Butterfly*, avec Jeremy Irons dans le rôle de l'espion français, le diplomate Boursicot.

La question pratique des relations sexuelles entre la source, Bernard Boursicot, et la personne qui l'a recruté pour le Diaochabu, le service chinois de renseignement, se pose, en effet. Même pendant leurs ébats, le jeune Français croyait avoir affaire à « Mme Shi », alors qu'après analyse médicale il est apparu qu'il s'agissait de « M. Shi », Peipu de son prénom. Une extraordinaire supercherie qui conduira Bernard Boursicot à travailler pour la Chine pendant plus de dix ans et à en passer plusieurs autres derrière les barreaux.

L'histoire – admirablement racontée par Roger Faligot dans sa somme sur *Les Services secrets chinois* (Nouveau Monde, 2008) – commence fin 1964 à Pékin. Bernard Boursicot vient d'arriver à l'ambassade de France en Chine comme comptable. C'est son premier poste, après sa réussite au concours du Quai d'Orsay. Il a à peine 20 ans. Issu d'une famille modeste, il est passionné par le pays et son peuple. Ému par cette curiosité juvénile, le consul de France l'invite à ses réceptions. Au cours de l'une d'elles, il rencontre Shi Peipu, un artiste lyrique de six ans son aîné, écrivain et librettiste, au charme troublant.

Au bout de quelques semaines d'une amitié naissante, Peipu révèle à Bernard qu'il est en réalité une femme. Sa mère l'aurait élevée comme un garçon afin d'éviter que son mari ne prenne une troisième épouse, capable, elle, de lui donner un fils. Elle le supplie de garder le secret. « À ce moment-là, confiera plus tard le diplomate à Roger Faligot, il m'est devenu impossible de concevoir la vie sans Peipu. » Le piège du Diaochabu se referme sur l'ingénu.

Quelques semaines plus tard, les deux hommes deviennent amants. Par un jeu de lumière et de plis dans ses recoins intimes, en dissimulant son sexe entre ses jambes serrées, Peipu parvient à faire croire au jeune inexpérimenté qu'il a fait l'amour avec une femme ; et, quelques mois plus tard, qu'il réussit même à la mettre enceinte. « Ce sera un fils et nous l'appellerons Bertrand », lance Bernard, naïf et fou de joie.

Le diplomate est muté à Paris puis à Riyad, mais il revient en 1969 à Pékin comme archiviste et préposé à la valise diplomatique. Le poste est subalterne mais sensible, puisqu'il lui permet d'avoir accès à la correspondance diplomatique confidentielle entre Pékin et Paris. À peine arrivé, il demande à voir son fils. Peipu lui répond que, pour sa protection, il a été mis en nourrice chez des paysans du Xinjiang. En réalité, le service secret a « fourni » à Bernard un « fils » ouïgour, dont la physionomie peut laisser croire qu'il est un métis aux origines asiatiques et européennes.

Pour que les deux amants puissent se voir, Peipu dit qu'il a obtenu d'être officiellement son professeur de chinois. Mais, un jour, il disparaît, et un certain Kang se présente comme le nouvel instructeur. « Kang a été mon officier traitant de 1970 à 1981, révélera Bernard Boursicot à Roger Faligot. En 1981, il m'a dit : "Heureusement qu'on t'a recruté, car on n'avait plus grand-chose comme service de renseignement après la Révolution culturelle..." » Pendant ses deux ans en poste à Pékin, le préposé à la valise diplomatique remet plusieurs dizaines de documents diplomatiques à Kang. Il continue quand il est envoyé à Oulan-Bator, capitale de la Mongolie. Parfois, il recopie des articles de journaux français sur une machine à écrire, appose un tampon « secret » et donne le tout à Kang, qui n'y voit que du feu.

Bernard Boursicot est de retour en France avec « femme » et enfant en 1981. Mais Peipu et lui sont trahis, semble-t-il, par un transfuge chinois et arrêtés à Paris en juin 1983. Après examen médical de l'agent chinois, la presse titre : « La Mata Hari chinoise est un homme. » Le jeune diplomate est sidéré, humilié, et tente de se trancher la gorge en prison.

Comme il n'a jamais transmis de documents classés « secret », il n'est pas poursuivi pour « trahison », mais seulement pour « intelligence avec des agents d'une puissance étrangère », ce qui est moins grave. Au cours de son procès, le commissaire de la DST qui l'a interrogé, Raymond Nart, lui trouve d'autres circonstances atténuantes et accuse durement le Quai d'Orsay. « Personnage fragile, Boursicot n'aurait jamais dû être affecté à Pékin, lance le policier à la barre. Le drame de cette affaire, c'est que vous n'avez pas à juger les instigateurs ni à juger les inconscients qui ont envoyé Boursicot en Chine. » Peine perdue : les deux hommes sont condamnés à six ans de prison.

À la demande insistante de Pékin, le président Mitterrand gracie Peipu dès 1987 et l'autorise même à rester en France. C'est la première fois qu'un espion étranger condamné n'est pas déclaré persona non grata. Bernard Boursicot sort quelques années plus tard. Lorsqu'il apprendra la mort de son amant chinois en 2009 à Paris, il dira au *New York Times* : « Il a fait tellement de choses contre moi qu'il serait stupide de dire que je suis triste. Mon assiette est propre, maintenant. Je suis libre... » Il vit toujours quelque part en France.

Brzezinski, Zbigniew

L'ancien conseiller à la sécurité du président Carter, Zbigniew Brzezinski, était considéré comme une sorte de Kissinger démocrate, un grand spécialiste de géopolitique de gauche « sauce américaine ». J'ai rencontré pour la première fois cet homme au visage anguleux et à la voix perchée en 1997, à l'occasion de la publication de son livre de géopolitique *Le Grand Échiquier* (Bayard). Lui, le Polonais naturalisé, affichait une confiance absolue dans l'hégémonie américaine, telle qu'elle existait à l'époque. Il considérait que son maintien, si bénéfique, pensait-il, à la diffusion de la démocratie dans le monde, justifiait l'utilisation de pratiques jugées immorales par d'autres. Il en était ainsi de l'espionnage, y compris vis-à-vis des alliés de l'Amérique. Au cours de notre premier entretien[1],

1. « Nous avons fait le choix de tout savoir », propos recueillis par Vincent Jauvert, *Le Nouvel Observateur*, 10 décembre 1988.

qui sera publié en 1998 dans *Le Nouvel Observateur*, il m'a expliqué, sans fard, pourquoi il était bon que l'Amérique cherche à tout savoir, un point de vue partagé par tout l'establishment politico-militaire à Washington.

Pourquoi, dix ans après la fin de la guerre froide, lui demandai-je d'abord, les États-Unis veulent-ils être la superpuissance du renseignement ?

Pour les mêmes raisons qu'il y a dix ou vingt ans, quand l'Union soviétique existait encore. Comme à cette époque, et peut-être davantage, l'Amérique a des responsabilités et des intérêts globaux, mondiaux. Toute nouvelle tendance, tout mouvement imprévu sur la planète peuvent avoir un impact sur son bien-être et sa sécurité. Elle doit donc avoir la capacité d'être renseignée partout non seulement sur ses ennemis, mais aussi sur ses amis.

Même ses amis ?

Attention, renseignement ne veut pas forcément dire espionnage, au sens classique du terme : le recrutement d'agents. Cette forme de renseignement est risquée, et peut conduire à des scandales très dommageables pour les relations avec le pays ami en question. Mais les écoutes ou l'imagerie spatiale sont, pour ainsi dire, ouvertes, libres et relativement peu risquées. Ces moyens techniques permettent un recueil systématique – et non compromettant – de renseignements. Ils sont plus ou moins à la portée de tout le monde. Chaque pays, selon ses moyens et ses objectifs, décide ou non de les mettre en œuvre. L'Amérique a fait ce choix.

N'y a-t-il pas une limite morale, notamment lorsqu'il s'agit de pays amis ?

Je pense que le débat éthique sur le renseignement ne se pose vraiment que dans le cas de l'espionnage classique. On peut, en effet, se demander : le recrutement d'agents est-il une forme appropriée de renseignement à Bonn ou à Paris ? Mais, en matière d'écoutes ou de photos, quelle est la question éthique ? Est-ce immoral de photographier le monde ?

Mais s'il s'agit de prendre des photos très précises d'un site secret, par exemple la base des sous-marins nucléaires français à l'île Longue ?

Je suppose que, dans ce cas, la France a pris des mesures pour protéger ce site des regards indiscrets, même venus du ciel ! Et si la France se sent suffisamment mal à l'aise avec les activités de cette base pour la recouvrir, pourquoi serait-ce immoral de la regarder ? La morale ne doit pas être unidimensionnelle. Si je cache quelque chose à un ami, pourquoi est-ce immoral de la part de cet ami de chercher de quoi il s'agit ?

Soyons plus précis encore. Si la NSA peut intercepter une discussion entre, par exemple, Jacques Chirac et Gerhard Schröder, est-ce, selon vous, moral de le faire ?

Si la conversation est telle que ceux-ci ne veulent pas que nous en connaissions le contenu, n'est-ce pas immoral de leur part de tenir cette discussion ? Prenons la question dans l'autre sens. Supposez que l'Allemagne et les États-Unis discutent d'intérêts français, et que la nature de la conversation est telle que nous serions très embarrassés que la France soit au courant. Les Français auraient-ils tort de chercher à savoir de quoi il retourne, serait-ce immoral de leur part ?

Certains disent que oui, que des alliés ne doivent pas s'espionner.

Cela me rappelle la fameuse remarque d'un ancien ministre américain de la Guerre à propos de ce type d'opérations. C'était dans les années 1920 et l'homme s'appelait Henry Stimson. Pour justifier la fermeture de l'organisation chargée d'intercepter les communications, il a dit : « Les gentlemen ne lisent pas le courrier des autres. » Cela me semble un exemple parfait de naïveté. Je ne veux pas être désagréable, mais ce débat sur la moralité des activités de renseignement m'apparaît un peu naïf et artificiel. En fait, c'est plutôt le bon sens qui devrait servir de limite, et non la morale. Quel genre d'activité de renseignement va à l'encontre du bon sens quand il s'agit d'amis ? Je pense que le recrutement d'agents est la limite. Je crois, par exemple, qu'il ne faut pas tenter de pénétrer l'entourage du président, ou du Premier ministre, d'un pays très ami.

Pas parce que c'est immoral, mais parce que c'est trop risqué...

On n'entreprend pas certaines choses dont la révélation aurait un coût supérieur à la valeur de ce que l'on espère découvrir. Et dans le cas de pays amis, des alliés, il y a très peu de chances que la valeur de la découverte soit très élevée, que les amis soient en train de préparer en secret des actions qui risquent d'être très dommageables pour nous, Américains. Et puis, avec les amis, c'est tellement simple de tout savoir : les gens parlent facilement, il y a beaucoup d'indiscrétions...

Il y a eu récemment un grand débat au Parlement européen à propos des révélations d'un journaliste néo-zélandais, Nicky Hager. Celui-ci affirme que la NSA organise, avec la complicité de pays anglo-saxons, l'écoute systématique de toutes les conversations relayées par les satellites commerciaux. Qu'en pensez-vous ?

Vous savez, la connaissance scientifique ne se fixe pas de limites. Quand vous avez la capacité d'avoir des informations, il est très dur d'imposer des barrières arbitraires à leur acquisition. Imaginez qu'une ambassade d'un pays ami à Washington envoie ses rapports ouvertement par fax. Devons-nous refuser de lire ? Non, bien sûr. Imaginez, cette fois, que ces rapports soient cryptés et que nous ayons les capacités de décrypter, devons-nous refuser ? Quelle différence ? Devons-nous dire : ces gens-là sont si sympathiques que nous ne devons pas le faire ? Bien sûr que non. Toutes ces hésitations n'ont rien à voir avec la réalité des affaires internationales. Pensez-vous vraiment que, si la France avait les moyens d'écouter les délibérations du Conseil national de sécurité à la Maison-Blanche, elle se refuserait à le faire, à cause de La Fayette, de Jefferson et des cimetières américains de Normandie ?

À ma connaissance, elle ne dépense pas suffisamment d'argent en matière d'écoutes pour ce faire.

Mais si elle avait les moyens financiers dont nous disposons, pensez-vous qu'elle s'en priverait ? Quand vous avez une capacité, il est naturel de l'utiliser. Supposez que le gouvernement français publie ses plans secrets dans *Le Monde* ou *Le Nouvel Observateur*, ne devrions-nous pas lire ces journaux ? Quelle est la différence avec les écoutes ? Si les moyens techniques mis en œuvre pour écouter de vrais ennemis peuvent apporter automatiquement ou presque des informations sur nos amis, pourquoi détournerions-nous les yeux ? À cause de je ne sais quels principes moraux abstraits ?

Dans vos fonctions de conseiller du président Carter pour les questions de sécurité, vous lui transmettiez régulièrement des écoutes et des images de satellites espions.

Et, dès mon arrivée à la Maison-Blanche, j'ai été surpris, fasciné même, par les capacités de ce type de moyens. C'était de la science-fiction.

Pouvez-vous être plus précis ?

Malheureusement non. Ces choses-là sont toujours classifiées. Je peux simplement dire que j'étais fier, impressionné.

Vous êtes la première personne à la Maison-Blanche à avoir vu les photos du supersatellite espion KH11 en 1977. On dit qu'elles ont une précision de quelques centimètres. Vous vous en souvenez ?

Oui, bien sûr. Elles étaient excellentes, incroyablement excellentes. Mais, là encore, je ne peux pas en dire plus.

Y a-t-il eu des moments où ces photos ont été décisives ?

Très importantes, oui, mais pas décisives à elles seules. N'oubliez pas que, dans la plupart des crises internationales, c'est la combinaison de renseignements (les images, les écoutes, les rapports d'espions...) qui donne une image complète. Il ne faut jamais se contenter d'un seul élément.

Prenez un cas précis très éclairant : les préparatifs d'invasion de la Pologne par l'Union soviétique fin 1980. Comment avons-nous découvert ces plans secrets ? Nous disposions de toutes sortes de données. Nous avions des sources humaines qui nous renseignaient sur les projets.

Le fameux colonel polonais Kuklinski, mais aussi, et c'est moins connu, des officiers à l'état-major soviétique. Les photos satellite, elles, montraient des déploiements de tentes et d'hôpitaux de campagne à la frontière soviéto-polonaise. Enfin, les écoutes révélaient l'intensification des communications entre différentes unités de l'armée soviétique. Ces éléments étaient tous fragmentaires, mais, assemblés, ils nous ont permis d'avoir la certitude que l'URSS préparait quelque chose.

Et de faire savoir au Kremlin que vous le saviez, ce qui a peut-être empêché cette invasion. Passons de l'autre côté du Mur. Vous souvenez-vous d'avoir lu des écoutes de leaders politiques ouest-européens ?

Je ne ferai pas de commentaires directs. Je dirai simplement que nous étions toujours en contact très proche avec eux.

Jusqu'à quel point pouviez-vous communiquer des comptes rendus d'écoutes ou des images de satellites espions à Bonn ou à Paris ?

La difficulté était de ne pas compromettre les sources et les méthodes de renseignement. Nous savions que certains alliés étaient pénétrés par les Soviétiques. Il y avait notamment de gros problèmes de cet ordre en RFA, et probablement beaucoup plus que nous ne l'imaginions à l'époque et que nous ne saurons jamais. Quant à la France, le risque était beaucoup moins élevé que dans le passé.

La Chine, enfin. Un ancien directeur de la CIA a écrit que vous avez vous-même négocié avec Deng l'implantation d'une base ultrasecrète dans le nord de la Chine pour écouter l'Union soviétique. Est-ce vrai ?

Oui. J'ai proposé à Deng, dans le cadre des relations stratégiques que nous établissions, qu'il y ait aussi une coopération en matière de renseignement. Et, bien sûr, les préparatifs stratégiques soviétiques intéressaient nos deux pays. Nous manquions terriblement de renseignements électroniques. C'est dans ce cadre-là que nous avons discuté de cette base. Je ne suis pas autorisé à en dire plus.

Aujourd'hui, vingt ans après votre passage à la Maison-Blanche, le problème de la CIA et de la NSA, n'est-ce pas le trop-plein d'écoutes et d'images ?

C'est vrai, il y a un risque de saturation. Il y en a un autre : les pays cibles sont aujourd'hui très au courant de ce que peut faire le renseignement spatial et s'emploient à de très grands efforts de camouflage. Comme vous le savez, les Nord-Coréens construisent désormais leurs usines secrètes dans des tunnels. Et l'Inde a réussi à cacher ses préparatifs nucléaires et à faire exploser ses bombes atomiques en mai [1998] à la surprise générale. Cette affaire a été un échec très sérieux pour la CIA et pas seulement du point de vue de l'imagerie spatiale. Je trouve, en effet, absolument incroyable que nous n'ayons pas eu de sources indiennes capables de nous prévenir, alors que ce genre d'essai mobilise des centaines de gens ! De mon temps, le plus grand échec a été aussi dû à un manque de sources bien placées. C'était en Iran. Nous n'avons pas prévu la faiblesse du chah et de son régime, et particulièrement la démoralisation de l'armée. Pourquoi ? Parce que, délibérément, nous avions décidé de ne pas multiplier les recrutements dans l'armée, puisque l'Iran était un allié, un ami. Et, dans ce cas, nous avons eu tort !

Au cours du même entretien, qui se déroulait dans le bar d'un hôtel du centre de Paris, j'ai aussi interrogé Zbigniew Brzezinski sur l'Afghanistan, la responsabilité de la CIA dans l'invasion soviétique et la fabrication des talibans. L'échange a fait l'objet d'une publication séparée dans un supplément du *Nouvel Observateur* consacré à l'islamisme politique.

Quand cette interview est parue, en 1998, elle a été très peu reprise par les médias. Et puis, trois ans plus tard, il y a eu le 11-Septembre, et quelqu'un a reproduit l'entretien, qui est devenu viral pendant des années – il est encore souvent cité aujourd'hui, un quart de siècle après sa publication. Malheureusement, certains ont tronqué les réponses, d'autres ont changé le titre de l'article, dans le but d'impliquer la CIA davantage que Brzezinski ne l'avait fait dans notre échange. Interrogé sans cesse sur cet entretien, parfois de manière très agressive, Zbigniew Brzezinski a fini par me reprocher ces altérations, dont je n'étais en rien responsable.

Voici la retranscription exacte de cet entretien[1], publié le 15 janvier 1998.

L'ancien directeur de la CIA Robert Gates l'affirme dans ses Mémoires From the Shadows *(Simon and Schuster) : « Les services secrets américains ont commencé à aider les moudjahidine afghans six mois avant l'intervention soviétique. » À l'époque, vous étiez le conseiller du président Carter pour les affaires de sécurité ; vous avez donc joué un rôle clé dans cette affaire. Vous confirmez ?*

Oui. Selon la version officielle de l'histoire, l'aide de la CIA aux moudjahidine a débuté courant 1980, c'est-à-dire après que l'armée soviétique a envahi l'Afghanistan, le 24 décembre 1979. Mais la réalité, gardée secrète jusqu'à présent, est tout autre : c'est en effet le 3 juillet 1979 que le président Carter a signé la première directive

1. « Oui, la CIA est entrée en Afghanistan avant les Russes », propos recueillis par Vincent Jauvert, *Le Nouvel Observateur*, 1er janvier 1998.

sur l'assistance clandestine aux opposants du régime prosoviétique de Kaboul. Et, ce jour-là, j'ai écrit une note au Président dans laquelle je lui expliquais qu'à mon avis cette aide allait entraîner une intervention militaire des Soviétiques.

Malgré ce risque, vous étiez partisan de cette covert action *[opération clandestine]. Mais peut-être même souhaitiez-vous cette entrée en guerre des Soviétiques et cherchiez-vous à la provoquer ?*

Ce n'est pas tout à fait cela. Nous n'avons pas poussé les Russes à intervenir, mais nous avons sciemment augmenté la probabilité qu'ils le fassent.

Lorsque les Soviétiques ont justifié leur intervention en affirmant qu'ils entendaient lutter contre une ingérence secrète des États-Unis en Afghanistan, personne ne les a crus. Pourtant, il y avait un fond de vérité... Vous ne regrettez rien aujourd'hui ?

Regretter quoi ? Cette opération secrète était une excellente idée. Elle a eu pour effet d'attirer les Russes dans le piège afghan, et vous voulez que je le regrette ? Le jour où les Soviétiques ont officiellement franchi la frontière, j'ai écrit au président Carter, en substance : « Nous avons maintenant l'occasion de donner à l'URSS sa guerre du Vietnam. » De fait, Moscou a dû mener pendant presque dix ans une guerre insupportable pour le régime, un conflit qui a entraîné la démoralisation et finalement l'éclatement de l'Empire soviétique.

Vous ne regrettez pas non plus d'avoir favorisé l'intégrisme islamiste, d'avoir donné des armes, des conseils à de futurs terroristes ?

Qu'est-ce qui est le plus important au regard de l'histoire du monde ? Les talibans ou la chute de l'Empire soviétique ? Quelques excités islamistes ou la libération de l'Europe centrale et la fin de la guerre froide ?

« Quelques excités » ? Mais on le dit et on le répète : le fondamentalisme islamique représente aujourd'hui une menace mondiale !

Sottises ! Il faudrait, dit-on, que l'Occident ait une politique globale à l'égard de l'islamisme. C'est stupide : il n'y a pas d'islamisme global. Regardons l'islam de manière rationnelle et non démagogique ou émotionnelle. C'est la première religion du monde avec 1,5 milliard de fidèles. Mais qu'y a-t-il de commun entre l'Arabie saoudite fondamentaliste, le Maroc modéré, le Pakistan militariste, l'Égypte pro-occidentale ou l'Asie centrale sécularisée ? Rien de plus que ce qui unit les pays de la chrétienté...

Après le 11-Septembre, certains ont jugé certaines réponses de Brzezinski désinvoltes, idiotes ou irresponsables. Il me semble qu'elles étaient parfaitement en phase avec l'esprit du temps qui était à l'hubris stratégique et morale de l'Amérique et qui conduira au désastre moral et stratégique de l'invasion américaine de l'Irak, cinq ans plus tard.

Voir : Kuklinski, Ryszard.

Bulgare, parapluie

Bien qu'il ne s'agisse pas d'une affaire d'espionnage proprement dite, il me semble important d'évoquer l'empoisonnement en 1978, à Londres, de l'opposant bulgare Georgi Markov, à l'aide d'une pointe de parapluie.

Cette action meurtrière demeure le symbole des *mokroye delo*, « opération humide » en russe, une expression née au XIXe siècle dans les prisons tsaristes pour désigner les vols avec violence, c'est-à-dire « humides » du sang des autres. Le KGB et ses successeurs sont particulièrement friands de ces méthodes expéditives, notamment lorsqu'ils veulent faire taire à tout jamais les opposants au régime en place, surtout si les rebelles sont issus des services secrets. On se souvient de l'empoisonnement au polonium de l'ancien officier du FSB Alexandre Litvinenko, en 2006, et de l'attentat raté au Novichok contre l'ex du GRU Sergueï Skripal, en 2018.

Les services occidentaux pratiquent évidemment eux aussi l'assassinat d'État, mais plus contre des opposants, comme cela fut le cas du SDECE pendant la guerre d'Algérie. Pour désigner ces liquidations, les Anglo-Saxons ont traduit l'expression russe *mokroye delo* en anglais et parlent de « *wet job* » (« job humide »). Les Français préfèrent dire « opération homo », comme « homicide ». Si l'on en croit *Les Tueurs de la République* (Fayard, 2020) du journaliste Vincent Nouzille, c'est une cellule ultrasecrète de la DGSE baptisée « Alpha » qui est chargée de ces éliminations physiques à l'étranger.

Revenons au sinistre parapluie et à Georgi Markov. En 1962, cet ingénieur bulgare reçoit le prix de l'Union des écrivains de son pays pour son roman *Hommes*. À 33 ans, il devient l'un des écrivains les plus en vue de Bulgarie. Bien qu'il interdise certaines de ses pièces, le leader du pays, Todor Zivkov, cherche à le séduire afin qu'il mette son talent à son service. Flatté, le jeune artiste accepte de se rapprocher de l'autocrate et entre dans son cercle d'intimes.

Mais, après la répression du printemps de Prague, en 1968, la censure interdit toutes ses œuvres. Il décide d'émigrer. Il s'installe à Londres et, en 1971, la BBC l'embauche à plein temps dans sa section bulgare. Markov travaille aussi pour la radio allemande Deutsche Welle. Et, en 1975, Radio Free Europe, la radio américaine à destination des pays de l'Est, commence à diffuser chaque semaine ses « reportages *in absentia* », sorte de journal « intime » qui relate, avec nostalgie et sévérité, la vie en Bulgarie. Ses chroniques deviennent de plus en plus acerbes contre le régime à partir de fin 1977, quand Markov décide de relater ses rencontres avec le dictateur, qu'il accuse d'être un vulgaire laquais de Moscou.

Excédé, Zivkov ordonne sa liquidation. Mais cette exécution ne doit pas laisser de trace. Les services secrets bulgares sont tétanisés : ils ne savent pas comment s'y prendre. Si bien que, début 1978, le ministre de l'Intérieur bulgare adresse, penaud, un télégramme au patron de la direction espionnage du KGB, le général Krioutchkov (qui, treize ans plus tard, sera l'un des putschistes contre Gorbatchev). Le ministre sollicite l'aide du grand frère soviétique pour exécuter cette « opération humide » indétectable que Zivkov a décrétée.

Selon l'ancien général du KGB Oleg Kalouguine, qui s'est exilé aux États-Unis en 1995, Krioutchkov fait appel à Sergeï Galubev, le patron de la direction opérationnelle et technique. Au sein de cette entité, le laboratoire 12 met au point de nouvelles façons de tuer, du simple poison à introduire dans une boisson aux substances gélatineuses que l'on colle sur une personne et qui provoque des crises cardiaques. « Au début des années 1970, un agent du KGB a appliqué cette gelée sur Alexandre Soljenitsyne, qui faisait des achats dans un magasin en Russie, ce qui l'a rendu très malade mais ne l'a pas tué », confie Kalouguine dans *The First Directorate* (Saint Martin's Press).

Galubev se rend à Sofia et présente trois solutions aux responsables bulgares : la gelée empoisonnée, l'empoisonnement de la nourriture et le tir d'une pastille de poison. « Au début, les Bulgares aimaient bien l'idée de la gelée et ont commencé à imaginer d'en déposer sur la poignée de la porte de la voiture de Markov, mais ils l'ont abandonnée quand ils se sont rendu compte qu'ils pouvaient tout aussi bien tuer la petite amie de Markov. » Alerté, l'opposant se serait protégé.

Apprenant que l'écrivain allait se rendre en vacances en Italie au bord de la Méditerranée, ils décident d'envoyer un agent qui le bousculerait « par inadvertance » sur la place et profiterait de l'incident pour l'enduire d'un peu de cette gelée. Mais l'opération est abandonnée parce que le temps est mauvais et que, de ce fait, Markov ne se déshabille pas.

Galubev revient à Sofia avec une autre idée : utiliser une sorte de parapluie-carabine dont la pointe très fine peut faire un petit trou dans la peau de la cible ; dans cette minuscule cavité, l'agent peut, grâce à une gâchette dissimulée dans la poignée du parapluie, injecter une boule d'1,5 millimètre de diamètre contenant une dose de ricine, un poison extrêmement violent. Dans le projectile de la taille d'une tête d'épingle, deux trous sont bouchés par un enrobage qui fond à trente-sept degrés. La ricine est donc libérée quand la boule entre dans le corps. Selon Oleg Kalouguine, les Bulgares testent le procédé sur un condamné à mort qui en réchappe probablement parce que la substance choisie pour recouvrir les trous ne se dissout pas.

Les Soviétiques peaufinent l'enrobage et rapportent le parapluie et les projectiles à Sofia, assurant que, cette fois, l'arme est au point. Muni du pébroc de la mort, un agent bulgare part, en septembre 1978, à Londres, à la recherche de Markov. Le 7, jour de l'anniversaire de Zivkov, il s'approche du Bulgare à un arrêt de bus proche du pont Waterloo, pique son mollet droit, se confond en excuses et s'en va. Le dissident meurt quatre jours plus tard. Avant de décéder, Markov dit à ses médecins qu'il a reçu une petite piqûre, mais Scotland Yard ne comprend pas ce qui s'est passé.

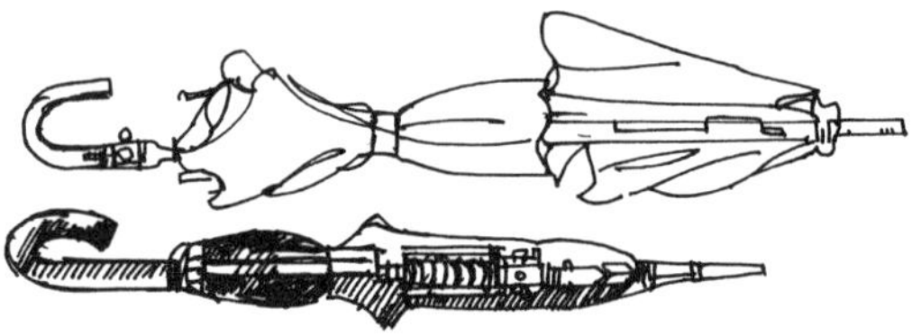

Jusqu'au moment où, la nouvelle se diffusant, la communauté bulgare reconstitue le puzzle. Quelques semaines avant le décès de Markov, dans le métro parisien, un transfuge bulgare, Vladimir Kostov, a, lui aussi, ressenti une piqûre et remarqué un homme à côté de lui tenant un parapluie. Alertés, des médecins français parviennent à extraire de sa jambe une minuscule boule remplie de ricine, dont l'enrobage n'a pas fondu. Le corps de Markov est exhumé et son autopsie permet d'extraire de sa cuisse une même petite bille, mais vide.

Les archives de l'opération détenues par les services bulgares sont détruites en 1990. On ne connaîtra donc sans doute jamais l'identité de tous les responsables de ce *wet job* odieux. En 2005, cependant, le *Times* désigne un certain Francesco Gullino, un Danois d'origine italienne, comme l'agent au parapluie. Selon le journaliste bulgare Hristov, Gullino est un petit trafiquant, arrêté deux fois à Sofia, auquel les services secrets bulgares ont proposé de travailler pour eux en échange de l'immunité. Il aurait accepté et se serait installé à Copenhague sous une couverture de marchand d'art. C'est de là qu'il aurait été sollicité pour empoisonner Markov. Interrogé en 1993 par les polices britanniques et danoises, il a admis qu'il était présent à Londres le jour de la mort de Markov. Mais il a nié avoir participé à l'assassinat. Puis il a disparu.

En 2014, le président bulgare inaugure à Sofia un monument à la mémoire de Georgi Markov, auquel, en 2000, a été attribuée la plus haute distinction du pays pour sa contribution à la littérature bulgare et « pour sa confrontation contre le régime communiste ». Six ans plus tard, en août 2021, son probable assassin, l'homme au parapluie bulgare, Gullino, est retrouvé mort dans un appartement en Autriche. On ne sait s'il a été, à son tour, victime d'une « opération humide ».

Voir : Skripal, Sergueï.

Bureau des légendes, Le

Le succès du *Bureau des légendes*, la série qui a fait découvrir la DGSE au grand public, repose sur un paradoxe. Elle plaît parce qu'elle est considérée comme extrêmement réaliste. Le *New York Times* la classe même parmi les trois meilleures séries internationales des années 2010, loin devant *The Queen*, et justifie ce classement flatteur par le fait qu'il s'agit, selon lui, de la série sur l'espionnage « probablement la plus intelligente et crédible au monde ». Pourtant, le scénario du *Bureau des légendes* est parfois invraisemblable – ce qui ne gâche en rien le plaisir que l'on prend à regarder les cinquante épisodes et n'empêche pas la DGSE de soutenir la série ni de s'en servir pour sa promotion.

La première entorse à la réalité est un détail terminologique : il n'y a pas de bureau des légendes à la DGSE – du moins, à ce que l'on sait. Il existe bien un service dédié aux clandestins, ces officiers de renseignement infiltrés dans un pays étranger sous une fausse identité et sans couverture diplomatique. Il a été créé en 1989 par le général Heinrich, alors directeur des opérations du service secret. Mais son nom est secret, ainsi qu'en témoignent les officiers de la DGSE interrogés par Jean-Christophe Notin dans *Les Guerriers de l'ombre* (Tallandier, 2017).

Il y a d'autres anomalies. Dans son *Histoire secrète de la DGSE* (Robert Laffont, 2019), Jean Guisnel interroge un ancien chef de poste à Beyrouth et à Damas, Alain Chouet, sur la légende de Guillaume Debailly, alias Malotru, le héros de la série, interprété par l'excellent Mathieu Kassovitz. Il juge cette légende invraisemblable : « Le fait qu'un homme comme Malotru puisse vivre sous couverture clandestine pendant sept ans, en couchant avec la femme d'un ponte du régime syrien, sans jamais éveiller l'attention ou les soupçons... À Damas, ça ne marche pas ! assure l'ancien espion. Dans les pays à forte censure sociale où tout le monde se connaît, c'est impossible ! La capitale syrienne, c'est comme un petit village : un étranger ne peut pas agir en clandestin pendant sept ans sans soulever des questions, des doutes, voire pire. »

Pourtant, même les spécialistes s'accordent sur le caractère réaliste de la série non pas dans les détails, mais dans la manière d'aborder la fonction d'officier de renseignement. « La proportion d'actions violentes et même de meurtres dans le monde du renseignement est minime, déclare le réalisateur du *Bureau des légendes*, Éric Rochant, à la sortie de son premier épisode, en 2015. Il repose sur la manipulation, le mensonge et le double jeu. Dans la lignée de John le Carré, je voulais montrer le côté ordinaire des agents secrets, qui ne sont pas des James Bond mais font juste leur job. »

Éric Rochant est fasciné par l'espionnage. « Quand j'ai lu John le Carré, j'ai découvert un univers et une ambiance qui m'ont beaucoup intéressé, explique-t-il dans une interview à *Ciné Télé & Co* de 2015. J'aime cette tension narrative, cette tension du policier mêlée à la politique et en particulier à la politique internationale. L'espionnage, c'est aussi la guerre froide, les rapports entre les pays. C'est la géostratégie. » Il ajoute : « Le métier [de metteur en scène] est de manipuler les acteurs. Comme un espion. »

Il a réalisé probablement le meilleur film français sur ce thème, *Les Patriotes*, même si les héros sont des agents du Mossad israélien et que le scénario s'inspire de l'affaire Pollard. Cette œuvre-là, sous-titrée « la manipulation est notre métier », est si juste qu'elle est projetée à toutes les nouvelles recrues de la DGSE lors de leur stage initial ! C'est pourquoi le patron du service, Erard Corbin de Mangoux, accepte, en 2012, de recevoir le metteur en scène dans son bureau pour parler de son projet de série, le futur *Bureau des légendes*. Ce sera « *The West Wing* à la DGSE », plaide Rochant, faisant référence à la série culte sur la machinerie de la Maison-Blanche.

Le successeur de Corbin, le diplomate Bernard Bajolet, donne son feu vert. Il a plusieurs raisons de se laisser convaincre. Rochant ne cache pas son admiration pour le service ou, en tout cas, il juge ce type d'organisation clandestine nécessaire à la défense des États démocratiques. « À l'heure du rejet des élites, les meilleurs sont à la DGSE, du moins je l'espère », dit-il avec conviction. Il s'est entouré de scénaristes qui, par tradition familiale, connaissent très bien les arcanes du pouvoir français. L'un, Raphaël Chevènement, est le fils d'un ancien ministre de l'Intérieur et de la Défense, l'autre, Emmanuel Bourdieu, celui du grand sociologue des élites.

La série pourra donc peut-être améliorer l'image d'une institution qui n'a pas bonne presse et qui a du mal à recruter. Et puis, de toute façon, le chef de l'État,

François Hollande, a déjà acquiescé sous l'aimable pression de sa compagne, la comédienne et productrice Julie Gayet. Bajolet, le patron de la DGSE, ne demande qu'une seule chose : que le scénario soit soumis au service. En échange, Rochant pourra rencontrer plusieurs officiers de renseignement, utiliser le logo officiel de la DGSE et filmer quelques plans extérieurs de ses locaux, boulevard Mortier. Le reste sera tourné essentiellement à la Cité du cinéma, à Saint-Denis.

Comme on le sait, *Le Bureau des légendes* connaîtra un immense succès. De la première saison, en 2015, à la cinquième, en 2020, son budget passe de 15 à 20 millions d'euros. Le successeur de Bernard Bajolet, Bernard Émié, est ravi : « L'image est bonne et la série a été pour nous un formidable vecteur d'influence, de réputation et de recrutement », admet-il en 2019 dans *Politique internationale*. La preuve : si l'on en croit Jean Guisnel, le service reçoit désormais plus de trente mille candidatures par an.

Ce n'est donc pas un hasard si, en 2017, juste avant la diffusion des premiers épisodes de la troisième saison dans la salle de cinéma du service secret, Éric Rochant et son coproducteur, Axel Berger, ont reçu une médaille des mains du directeur général. Eux-mêmes lui ont remis un « blouson siglé BdL ».

Il y a une dernière preuve de la popularité de la série au sein de la DGSE. Le siège du service secret se situe des deux côtés du boulevard Mortier, dans le nord-est de Paris. Pour passer de l'un à l'autre, il faut prendre des Escalator et un souterrain qui sont décorés de grands portraits de Mathieu Kassovitz, Sara Giraudeau et Jean-Pierre Darroussin, entre autres, les principaux comédiens du *Bureau des légendes*.

Au total, outre la notoriété qu'elle a conférée au service français de renseignement, la série fait œuvre utile pour l'ensemble de notre société démocratique, si l'on en croit la chercheuse Pauline Blistène. « C'est [la] capacité du [*Bureau des légendes*] à générer un discours sur une dimension cachée du politique, et non sa ressemblance avec les véritables activités de la DGSE, qui importe », écrit-elle en 2018 dans la revue *A contrario*. Elle ajoute : « Sa dimension pédagogique réside surtout dans sa capacité à dévoiler l'élément principiel des services de renseignement : la permanence d'une certaine violence politique, qui s'exprime et se résout par la nécessité d'une dimension secrète de l'État, et ce, en dépit des principes de transparence et de publicité que les démocraties occidentales ont elles-mêmes érigés. » Une thèse intéressante.

Voir : Bond, James ; Le Carré, John ; Mortier ; Pollard, Jonathan.

Burgess, Guy

Brillant, beau et follement homosexuel, Guy Burgess était le plus flamboyant – le plus torturé aussi – des « Cinq de Cambridge », ces enfants de la haute société britannique, étudiants à la prestigieuse université londonienne, qui, fascinés par le marxisme, ont été recrutés par les services secrets soviétiques dans les années 1930 dans le but de former plus tard un puissant réseau d'espionnage à l'intérieur du pouvoir anglais.

Guy Burgess était le leader des « Cinq ». « Il tenait le groupe uni, lui insufflait son énergie et le menait au combat », écrira l'un de ses officiers traitants au KGB, Youri Modine, dans *Mes camarades de Cambridge* (Robert Laffont, 1994). Pourtant, il mourra, en 1963, à Moscou, seul et désespéré.

À Cambridge, Burgess est à la fois un jeune intellectuel marxiste très affûté, un dragueur impénitent et un activiste intrépide. Et un alcoolique sans limites. Premier des cinq à prendre la carte du Parti communiste de Grande-Bretagne, Guy Burgess ne cache aucune de ses orientations sexuelles ou politiques. Au contraire. Le matin, il travaille à sa thèse sur « La révolution bourgeoise au XVIIe siècle ». L'après-midi, il milite, notamment au profit du personnel de cantine, qu'il parvient à mettre en grève. Et, la nuit, il couche avec des hommes de tous les milieux.

Provocateur, il le reste après son recrutement par l'agent du Komintern Arnold Deutsch, alias Otto. Du jour au lendemain, il renie bruyamment sa foi communiste et, en 1935, s'engage publiquement dans la Confrérie anglo-germanique, qui promeut l'amitié avec l'Allemagne hitlérienne. Il dit pencher désormais pour Mussolini et devient, un temps, conseiller financier d'une veuve fortunée. Tout cela évidemment pour mieux cacher ses activités subversives.

D'abord à la BBC. La multitude de ses contacts et son brio le conduisent, en 1936, à la « Beeb », où il réussit à récolter quelques ragots auprès du personnel politique, qu'il retransmet immédiatement à son officier traitant. Deux ans plus tard, il devient, lui, l'agent soviétique, un collaborateur occasionnel du MI6. Le service secret de Sa Majesté a besoin de sa connaissance de l'establishment britannique et de son aisance en français. Il lui demande de servir d'intermédiaire discret entre les Premiers ministres Daladier et Chamberlain, qui préparent leur négociation de paix avec Hitler. Burgess informe évidemment son traitant de ces discussions franco-britanniques qui précèdent le sinistre arrangement de Munich.

À la BBC, son arrogance et son mode de vie aristocratique exaspèrent. Noblesse oblige, il exige de voyager en première et d'être remboursé intégralement de ses extravagantes notes de restaurant et de tailleur. Mais il reste à la « Beeb » jusqu'en juin 1944, quand il rejoint le Foreign Office. Le voilà assistant personnel du ministre adjoint, un poste de l'ombre mais stratégique. Tous les télégrammes diplomatiques arrivent sur son bureau. Il copie les plus importants pour le KGB : par exemple, les documents préparatoires à la conférence de Yalta, dont la lecture permet à Staline de connaître par avance les lignes rouges de Churchill et Roosevelt sur le partage de l'Europe. Guy Burgess copie aussi une note sur l'opération « Unthinkable » (« impensable »), qui détaille le plan de bataille de l'armée britannique en cas de guerre avec l'Union soviétique.

Malgré un comportement de plus en plus erratique et un alcoolisme incontrôlable, Burgess est muté dans le saint des saints de la diplomatie britannique, l'ambassade du Royaume-Uni à Washington. De là, il peut révéler au

KGB certains plans de l'US Army dans la guerre de Corée. En mai 1951, c'est le branle-bas. Les spécialistes américains de l'opération ultrasecrète « Venona » ont enfin réussi à décrypter plusieurs télégrammes soviétiques parmi ceux qu'ils interceptent depuis 1943. Certains font mention d'une importante taupe du KGB au sein du Foreign Office, nom de code « Homer ». « Kim » Philby, qui est, lui aussi, en poste à Washington, chargé des relations avec les services secrets américains, l'apprend. Il comprend que « Homer » est Donald Maclean, l'un des « Cinq de Cambridge », ami proche de Burgess.

Philby implore Guy – qui habite chez lui à Washington – d'aller voir secrètement Maclean à Londres. Il devra l'encourager à fuir à Moscou avant d'être pris et de risquer de livrer tout le réseau. Il lui demande de l'accompagner jusqu'à Prague, où un officier du KGB prendra la relève. Mais il l'adjure de ne pas le suivre en Union soviétique, car, alors, lui, Philby, qui est un ami des deux diplomates, sera aussi démasqué.

Burgess doit inventer un motif pour rentrer en Grande-Bretagne sans éveiller les soupçons. Il trouve une idée brillante. Il se soûle, se met au volant d'une voiture et fonce volontairement sur un autre véhicule. Furieux de son comportement, l'ambassadeur britannique le renvoie sur-le-champ à Londres. Le plan fonctionne. Dès sa descente d'avion, Burgess informe Maclean. Puis les deux hommes disparaissent. Pour ne reparaître que cinq ans plus tard, en 1956, à Moscou, pour une très brève conférence de presse organisée par le KGB, à l'hôtel National, à deux pas du Kremlin. La réunion ne dure que cinq minutes devant quatre journalistes, deux britanniques et deux soviétiques. Burgess et Maclean remettent un communiqué dans lequel ils affirment être venus de leur plein gré à Moscou pour participer au renforcement de l'amitié russo-britannique. Rien de plus. Puis ils quittent la salle.

Trois ans plus tard, Burgess réapparaît une dernière fois. Il est interrogé par la télévision canadienne. Ce sera sa seule interview sur une chaîne occidentale. Longtemps perdu, l'entretien a été retrouvé en 2015. Il est fascinant. Guy a conservé ses manières aristocratiques. Certes, pour l'état civil soviétique, il est désormais Jim Andreïevitch Eliot, le nom qu'il s'est choisi en référence à la romancière britannique du XIXe siècle George Eliot. Mais, à l'écran, sur fond de neige moscovite, il est toujours un Etonian, un ancien élève de l'école la plus huppée du Royaume, pouponnière de la famille royale.

Face caméra, Guy – nom de code « Mädchen » (« fille » en allemand), puis « Hicks » au KGB – s'exprime sans bouger la lèvre supérieure, en « posh », la langue de la haute société britannique. Il porte sa cravate d'Eton et un manteau en poil de chameau beige, le vêtement favori des joueurs de polo en hiver. Il affirme qu'il n'est pas communiste, seulement un « bolchevique sans parti ». Il jure qu'il n'a jamais été « un espion ». Il est venu en Union soviétique, parce qu'il y a été invité. Il s'y trouve d'ailleurs très bien. Depuis qu'il vit de l'autre côté du rideau de fer, il reçoit même le magazine automobile auquel il est abonné depuis qu'il a 9 ans.

Mais sa voix est pâteuse, comme celle des alcooliques qui, à force de boire, ne parviennent jamais à être complètement soûls. À 48 ans, Guy est pathétique. Il ne dit rien de l'essentiel. En réalité, il n'a pas choisi de s'installer en Union soviétique. Il devait seulement accompagner Donald Maclean à Prague et rentrer à Londres. Mais Guy est un bon gars. Son officier traitant l'a convaincu de ne pas abandonner le fragile Maclean à Prague et d'aller avec lui jusqu'à Moscou. Après, bien sûr, il serait libre de rentrer chez lui. Évidemment, une fois en Union soviétique, on lui a retiré son passeport et interdit de quitter le paradis rouge.

Certes, le KGB, pourtant officiellement très pudibond, ferme les yeux sur ses vadrouilles nocturnes dans Moscou à la recherche de partenaires masculins. Le pouvoir lui a donné une datcha cossue de cinq pièces, près de l'aéroport de Cheremetievo, qu'on a remplie, à sa demande, de meubles datant d'avant la révolution. On l'autorise à lire le *Times* tous les jours. Et, régulièrement, le KGB lui fait apporter de Londres des costumes coupés à sa taille par son tailleur habituel.

Mais, même privilégié, Guy ne s'habitue pas à la vie misérable de Moscou, la capitale est aussi affriolante, raille-t-il, qu'« un samedi soir à Glasgow du temps de la reine Victoria ». Il refuse d'apprendre le russe et ressasse sans cesse la manipulation dont il a été l'objet. Il souffre d'autant plus que Philby, chez lequel il logeait juste avant son arrestation et qui a finalement rejoint l'Union soviétique en 1963, refuse de le voir. L'ami « Kim » estime qu'il a été démasqué à cause de la négligence de Burgess. Si bien que, malade du foie et du cœur, Guy meurt l'année suivante, en 1964, seul et désespéré. « Kim » ne se rendra pas à ses funérailles. Ses cendres seront envoyées à sa famille en Angleterre.

Voir : « Cinq de Cambridge », Les ; Maclean, Donald ; Philby, Harold « Kim ».

C

Cairncross, John

On a longtemps cru que, tel le monstre du loch Ness, il n'existait pas, qu'il n'était qu'une sorte d'animal légendaire. Et puis la vérité est apparue juste avant le démembrement de l'Union soviétique, quand les anciens du KGB se sont mis à parler. Il y avait bien un cinquième homme : un cinquième étudiant à la prestigieuse université de Cambridge a bien été recruté dans les années 1930 comme agent au service de l'Union soviétique.

John Cairncross est le dernier de ces « Cinq de Cambridge ». Mais, à la différence d'Anthony Blunt, de Guy Burgess et même de « Kim » Philby, il n'est pas un fils de famille : son père est un modeste employé écossais. Excellent élève, notamment en français, John est contraint de demander une bourse pour aller étudier un an à la Sorbonne. Il y parvient in extremis et se trouve à Paris durant les émeutes d'extrême droite le 6 février 1934. Cette vision d'une possible prise du pouvoir par les fascistes le terrifie. Il s'engage au Parti communiste. Mais, à en croire l'un de ses anciens officiers traitants, Youri Modine, c'est son entrée au Trinity College de Cambridge qui le convainc de devenir un agent des services secrets soviétiques.

Malgré ce qui a été écrit, aucun des amis de « Kim » Philby ne recrute Cairncross, et cela pour une raison simple : ils considèrent tous que le jeune Écossais n'est pas de leur monde. « John Cairncross ne sait pas se conduire dans la société, il ne s'entend pas avec les gens », dit un rapport du NKVD synthétisant les appréciations de Philby et des autres sur leur cadet. En fait, c'est justement ce rejet des fils de famille qui pousse le jeune Cairncross à devenir un agent soviétique, à la demande du chef du Parti communiste de Grande-Bretagne, lui aussi étudiant de Cambridge.

« Je crois franchement que la cause principale de la collaboration [de Cairncross] avec le NKVD [un ancêtre du KGB], ce ne sont ni ses convictions communistes ni son antifascisme, c'est sa haine envers ses supérieurs, ces aristocrates qui se moquaient ouvertement de lui », témoigne son ancien officier traitant, Youri Modine, dans son livre *Mes camarades de Cambridge*.

À la Loubianka, on donne à Cairncross un nom de code, « le Carélien ». Au début de sa carrière, au Foreign Office, il n'est pas en position de livrer beaucoup de secrets. Mais, en 1940, il est nommé secrétaire particulier de lord Hankey, auquel le gouvernement confie plusieurs missions sur des sujets très sensibles. C'est grâce à son travail auprès de lui que Cairncross devient le premier agent à faire savoir au NKVD que « les Anglais et les Américains [ont] entrepris, depuis l'automne 1940, la fabrication en commun d'une bombe atomique », révèle Youri Modine.

Deux ans plus tard, l'ancien de Cambridge, qui parle allemand, est affecté à Bletchley Park, là où, dans le plus grand secret, se déroule l'opération « Enigma », le décryptage des messages codés nazis. Il est chargé d'analyser les communications de la Luftwaffe, qu'il s'empresse de copier pour son traitant soviétique, ainsi que tous les messages qui pourraient les aider à gagner la guerre.

« C'est ainsi, écrit Modine, qu'à la fin de l'année 1942 et au début de 1943 il eut accès à une série de textes capitaux qui permirent de sauver plusieurs dizaines de milliers de soldats soviétiques. » D'abord, il livre des données techniques sur le nouveau char allemand Tigre, qui sera utilisé pour la première fois en grand nombre lors de la bataille décisive de Koursk. « Ce char se distinguait par l'épaisseur de son blindage, explique Modine. Nos obus perforants ne pouvaient pas le traverser. Les Allemands étaient persuadés que, lors de l'attaque, les canons russes ne seraient d'aucune efficacité devant ce nouveau char. Il se trouve que, grâce aux documents envoyés par Cairncross, les services techniques de l'Armée rouge ont pu analyser l'épaisseur du blindage et la qualité de l'acier. Ainsi, ils eurent le temps de préparer des obus perforants qui pouvaient traverser les Tigre. Le succès soviétique dans la bataille de chars de Koursk, en juillet 1943, au cours de laquelle deux mille chars s'affrontèrent dans une boucherie sans nom qui dura deux jours et deux nuits, est dû évidemment au talent des militaires mais aussi aux informations du "Carélien". »

Les autres documents qu'il fait parvenir à Moscou traitent de l'offensive allemande elle-même. Au printemps 1943, le gouvernement britannique informe l'état-major soviétique de l'imminence d'une attaque sur le saillant de Koursk et lui fait savoir que les Allemands connaissent avec précision les emplacements des unités soviétiques. Cairncross, lui, va plus loin : il donne à son officier traitant le texte des messages captés qui précisent les effectifs des unités soviétiques et, surtout, l'endroit exact où elles se trouvent. Le commandement de l'Armée rouge peut donc déplacer les régiments au dernier moment pour tromper l'ennemi.

Après la capitulation allemande, à laquelle Cairncross a pris une part non négligeable en livrant près de six mille documents au NKVD, le Kremlin décore le Britannique de l'ordre du Drapeau rouge, l'une des plus hautes distinctions soviétiques attribuée pour faits de guerre exceptionnels.

Le haut fonctionnaire assurera plus tard qu'il a seulement aidé l'URSS à gagner la guerre – ce qui est vrai –, mais qu'il n'a jamais livré d'informations secrètes sur son propre pays – ce qui est faux. À la fin des années 1940, il est nommé dans un service qui assure le financement de l'industrie de l'armement britannique. « J'étais étonné par la qualité des informations qu'il me communiquait, confie Youri Modine. Nous savions quelles sommes étaient affectées à la construction des chars, à l'aviation et à la recherche en matière d'armement nucléaire. »

En 1951, Cairncross est fortement soupçonné par le MI5, le contre-espionnage britannique, d'être un agent à la solde de Moscou, pour avoir livré notamment des informations secrètes sur le programme nucléaire militaire du Royaume-Uni. Il avoue et dit tout ce qu'il sait de l'activité des services soviétiques. En échange, il n'est pas poursuivi. Il est seulement licencié de la fonction publique.

Grâce à son talent pour les langues, il devient interprète pour la FAO et la banque d'Italie à Rome, puis journaliste à l'hebdomadaire *The Economist*. Il écrit aussi des livres sur des auteurs français du XVIIe siècle, en particulier Molière, dont il est considéré comme l'un des bons spécialistes. En 1976, il prend sa retraite dans le sud de la France, non loin de chez son ami l'écrivain Graham Greene, qui fut son supérieur hiérarchique au MI6 pendant quelques mois à la fin de la guerre.

Il est donc en France lorsqu'il apprend que son ancien traitant Youri Modine le désigne, dans un article de la presse moscovite, comme le cinquième de Cambridge. Cairncross ne nie plus. « Oui, j'ai aidé les Russes », reconnaît-il dans le *Mail on Sunday* en septembre 1991, un demi-siècle après les faits. « J'ai été promu comme l'un des Cinq [de Cambridge] après la bataille de Koursk, en 1943, [quand j'ai] fourni des informations qui ont aidé les Soviétiques à gagner cette bataille contre les Allemands. » Il confie aussi avoir, dans les années 1950, avoué sa trahison aux autorités en échange d'une immunité totale. Il s'éteint à 82 ans, en 1995, quelques mois seulement après la publication du livre dans lequel Modine livre tous les détails de sa collaboration avec les Soviétiques.

Voir : Blunt, Anthony ; Burgess, Guy ; « Cinq de Cambridge », Les ; Philby, Harold « Kim ».

Canard enchaîné, L'espion du

C'est par hasard que j'ai découvert l'existence, durant la guerre froide, d'une taupe des services secrets tchécoslovaques, la StB, au sein de la rédaction du *Canard enchaîné*.

Une révélation publiée dans *L'Obs* en février 2022 qui a fait pas mal de bruit.

L'espion n'était autre que Jean Clémentin, qui avait été, dans les années 1960 et 1970, une plume éminente de l'hebdomadaire satirique, chef du service politique puis même rédacteur en chef. Le grand public le connaissait sous le pseudonyme de « Jean Manan ». Pour la StB, il était aussi « Pipa », nom de code qui signifie « robinet » en tchèque. Pendant douze ans, de 1957 à 1969, ce journaliste redouté par toute la classe politique française a été stipendié comme agent de renseignement et d'influence pour le bloc de l'Est.

Mon enquête sur « Pipa » est déclenchée par la lecture d'un article de la revue *Intelligence and National Security* de novembre 2020 que m'avait recommandé un ancien de la DST. Il est signé par un jeune historien tchèque, Jan Koura. À la suite de ses recherches dans les archives de la StB récemment déclassifiées, Koura raconte par le menu la collaboration clandestine du célèbre opposant marocain Mehdi Ben Barka avec les services secrets de Prague. Un détail retient particulièrement mon attention. Jan Koura raconte qu'à la suite du kidnapping en plein Paris de Ben Barka, la StB a lancé une opération de manipulation des médias occidentaux. Son but était de faire croire à une implication directe de la CIA et de hauts responsables français dans cette barbouzerie. Et, selon l'historien, la StB a ordonné à un certain agent « Pipa » de publier ces fausses informations dans *Le Canard enchaîné*. Ce qui fut fait dans un article du 17 novembre 1965. Qui était donc ce « Pipa » ?

Pour le savoir, l'historien Koura me permet d'accéder moi aussi aux archives du service secret tchèque. Et voilà que, dans le registre de tous les agents de la StB dans le monde, au numéro 13185 apparaît le véritable nom de « Pipa » : Jean Clémentin, né en 1924. Le prestigieux journaliste était donc l'espion du *Canard*.

Au fil des rapports autrefois classés « secret », je découvre qu'en douze ans Clémentin, alias Manan, alias Pipa, a participé à deux cent soixante-dix rencontres clandestines avec ses officiers traitants successifs, tous sous couverture diplomatique. Leur tête-à-tête a lieu dans des bars et des restaurants parisiens, jamais le même. Suivant les règles de l'art, le traitant arrive dans les parages deux heures avant l'heure fixée, afin de s'assurer que ni lui ni Clémentin ne sont suivis et que l'établissement n'est pas surveillé par la DST.

Au début, Clémentin trahit par idéologie. Fils d'un officier, élève chez les Jésuites, le jeune Clémentin professait dans sa jeunesse des idées de droite, voire d'extrême droite. Mais, au début des années 1950, il revient d'Indochine dégoûté par les méthodes de l'armée et des colons français. Il épouse la lutte anticolonialiste et devient partisan de l'URSS. Il entre au quotidien *Libération*, qui est alors un quotidien compagnon de route du Parti communiste français. C'est là qu'en 1954 il rencontre un jeune « diplomate » tchécoslovaque qui deviendra son premier officier traitant. Les deux hommes sympathisent. À son nouvel ami Clémentin livre quelques informations sur l'armée française et la situation en Algérie. Il le fait par conviction et refuse d'être rémunéré.

Bien que l'Armée rouge mate le soulèvement de Budapest dans le sang en 1956, le journaliste change d'avis l'année suivante et accepte de devenir un agent stipendié du bloc soviétique. Le trentenaire a besoin d'argent. À son traitant, il se vante d'entretenir « six maîtresses ». Il intéresse la StB pour ses contacts au Quai d'Orsay et au ministère des Armées. Un réseau qu'il doit notamment à sa famille et à son métier. « Il a interviewé Nehru », explique une note de la StB, et « connaît personnellement l'ex-empereur du Vietnam Bao Dai ». Grâce à son père, il entretient aussi de bonnes relations avec « le fils de l'ancien président du Conseil, Joseph Laniel ».

En douze ans, Clémentin va livrer plus de trois cents notes à la StB. Beaucoup ne sont que des collections de rumeurs ou des reprises d'articles. Mais « Pipa » donne parfois des informations utiles, comme des révélations « compromettantes » sur des ministres. Il fournit aussi des renseignements sur la santé de De Gaulle obtenus via « le fils du médecin qui a opéré le chef de l'État de la prostate ».

Clémentin-« Pipa » est surtout utile à la StB pour sa capacité à manipuler l'opinion publique française et européenne via ses articles dans *Le Canard*. La première « mesure active » (c'est l'expression utilisée par les services de l'Est) à laquelle il participe se déroule fin 1963. Elle a pour nom de code « Opération Narcis ». Son objectif est d'enfoncer un coin au sein de la CDU, le parti au pouvoir en Allemagne de l'Ouest, déjà très divisé.

Le vieux chancelier Konrad Adenauer vient de démissionner. Ces opposants lui reprochent d'avoir trop cédé à de Gaulle dans le traité franco-allemand. Dans l'officine de Prague, on décide de rédiger un faux testament politique d'Adenauer aux accents très profrançais, puis de le faire « fuiter » dans les presses allemande et française. La pseudo-révélation d'un tel document secret devrait enrager un peu plus encore la faction antifrançaise du parti conservateur allemand, provoquant peut-être une division telle qu'elle pourrait lui faire perdre les élections à venir au profit du SPD, un parti plus ouvert à un rapprochement avec le bloc soviétique.

Pour faire croire à ses chefs au *Canard* que « Pipa » a mis la main sur ce document exceptionnel grâce à ses contacts en Allemagne, la StB lui offre un voyage à Bonn, d'où il rapporte ce pseudo-testament, écrit en réalité dans un bureau du service secret à Prague. À son retour, Clémentin-« Manan » publie, en octobre 1963, dans *Le Canard enchaîné*, un article entièrement revu par son officier traitant. Il est intitulé « Le testament de mon Conrad » et fait état d'un prétendu « long mémorandum, sorte de testament politique » de l'ex-chancelier Adenauer. Mais l'opération fait long feu. L'article ne provoque pas la crise espérée. Pas plus que la seconde opération, nom de code « Nota », à laquelle Clémentin participe aussi. Il s'agit de faire croire à des menées antifrançaises de la part des États-Unis en Éthiopie.

La StB met un terme à la collaboration de Clémentin en août 1969. Après la répression du printemps de Prague par les troupes du pacte de Varsovie un an plus tôt, plusieurs cadres du service secret tchèque ont fait défection à l'Ouest. En particulier, l'un des hauts responsables des « mesures actives », Ladislav Bittman, qui connaît la trahison du journaliste et qui a demandé asile aux États-Unis. Le livre-t-il aux services américains ? Si oui, certains derniers ont-ils hésité à transmettre l'information à leurs homologues français ? En tout cas, Clémentin, qui va devenir rédacteur en chef de l'hebdomadaire, n'est jamais inquiété. « Bien sûr, que nous nous doutions que Clémentin était un agent de la StB, mais nous n'avions pas assez de preuves », peste aujourd'hui Raymond Nart, ancien directeur adjoint de la DST.

En 1985, Bittman publie un livre en anglais intitulé *The KGB and Soviet Disinformation*, dans lequel il désigne presque nommément Jean Clémentin. « Dans les années 1960, écrit l'ex-grand manitou des “mesures actives” à Prague, le service tchèque de renseignement a recruté l'une des plumes les plus expérimentées du journal et l'a utilisée comme agent d'influence. » Mais « Pipa » n'est toujours pas inquiété. Sans doute à cause de l'affaire dite « des micros du *Canard* ». En 1973, des officiers de la DST ont été pris en flagrant délit alors qu'ils tentaient de poser des systèmes d'écoutes dans la rédaction de l'hebdomadaire. Le scandale fut considérable. Si bien qu'en 1985, huit ans après, « la DST ne se sentait pas encore assez forte vis-à-vis du *Canard* pour désigner Clémentin », révèle Raymond Nart.

Jean Clémentin quitte « le volatile » en 1989. L'année de ses 65 ans. Et de la chute du mur de Berlin. La StB sera dissoute l'année suivante. En 2022, quand j'ai enquêté sur sa collaboration avec le service secret tchèque, l'ancien journaliste était toujours en vie, à 98 ans. Mais, via son fils, il m'a fait savoir qu'il refusait de répondre à mes questions. Ni lui ni aucun membre de sa famille n'ont jamais témoigné sur cette affaire unique dans les annales de la presse française.

Pipa est mort le 5 janvier 2023.

Chalet, Marcel

Le coup de fil a lieu en 2000 alors que Vladimir Poutine vient de s'installer au Kremlin, avec toute sa clique. Un matin, Marcel Chalet, qui a dirigé la DST un quart de siècle auparavant (de 1976 à 1982), me téléphone de Dinard, où il possède une maison de campagne. Il sait que je m'intéresse de près au profil de l'élite qui prend les rênes de la nouvelle Russie. « Ils sont de retour », me lance-t-il tout de go. Pas besoin de demander qui sont ces « ils ». Cet homme de 80 ans a consacré sa carrière à lutter contre les services secrets soviétiques. « Vous n'exagérez pas un peu ? lui rétorqué-je. Par déformation professionnelle, ne voyez-vous pas des espions russes partout ? — Vous verrez, me répond-il sans hésiter, Poutine a déjà placé des anciens du KGB à beaucoup de postes clés. Et cela va continuer… » Il n'était pas nombreux, à l'époque, à tenir un tel discours si prophétique.

Dans l'univers du contre-espionnage, Marcel Chalet est un monstre sacré. En 1945, alors qu'il a à peine 23 ans, il est engagé à la DST, que le jeune Roger Wybot vient de créer à la demande du général de Gaulle. Dans *Les Visiteurs de l'ombre*, son livre d'entretien avec le journaliste Thierry Wolton, il raconte que tout le prédestinait plutôt à enseigner la langue de Shakespeare. « Fils d'enseignants, issus eux-mêmes de plusieurs générations de travailleurs de la terre, en Auvergne, je m'acheminais vers une agrégation d'anglais, raconte-t-il. Mais j'appartenais à la maudite classe 42, qui, selon les décisions du gouvernement de Vichy, était condamnée à fournir tous ses enfants aux usines du IIIe Reich. » Réfractaire au Service du travail obligatoire, le STO, il entre en clandestinité, puis est arrêté et envoyé dans un camp de prisonniers en Allemagne, dont il revient si fatigué qu'il ne se sent pas le courage de reprendre ses études. Il passe le concours de commissaire, le réussit et entre à la direction de la Surveillance du territoire, où il restera pendant trente-trois ans.

« Très fin et très observateur », selon Roger Wybot, l'inspecteur Chalet se frotte à un premier grand dossier d'espionnage en 1954. C'est l'affaire dite « des fuites », qui voit certains ministres, dont le garde des Sceaux François Mitterrand, soupçonnés de livrer au Parti communiste des informations sur le déploiement militaire français en Indochine. L'Auvergnat n'apprécie pas particulièrement celui que l'on qualifie déjà de « Florentin », mais il comprend que ce dernier n'a pas trahi et le défend, malgré la campagne de presse contre le ministre de la Justice.

En 1962, il entre dans le grand jeu de la guerre secrète contre le KGB. Comme il parle parfaitement anglais, le patron de la DST l'envoie en catimini à Washington interroger un transfuge venu d'Union soviétique, le major Anatoliy Golitsyn. Marcel Chalet lui donne un étrange nom de code, « Viru ». Il s'agit de l'acronyme de *very important Russian*, « mais, à l'époque, personne ne l'a compris », confiera-t-il bien plus tard.

« Viru » affirme, entre autres, que le KGB a réussi à implanter un réseau de taupes, nom de code « Saphir », au sein du SDECE. Il dit aussi avoir vu un document de l'OTAN sur la guerre psychologique destiné à l'état-major de la Défense nationale en France. Le commissaire Chalet enquête sur cette seconde piste, bien mince. Après un long travail, il arrête, en 1964, le normalien Georges Pâques, alors directeur adjoint du service de presse de l'OTAN, et obtient ses aveux écrits, dans lesquels il révèle qu'il travaille pour les Soviétiques depuis vingt ans. C'est la plus grande affaire de contre-espionnage français pendant la guerre froide.

Promu patron de la DST en 1973, premier policier à occuper ce poste, Chalet va aussi traiter de la plus grande affaire française... d'espionnage. La loi et la pratique prévoient que le renseignement extérieur français soit opéré par le SDECE, renommé DGSE en 1982. Mais c'est bien à la DST et uniquement à elle qu'un certain colonel Vetrov du KGB souhaite livrer tout ce qu'il sait et tout ce qu'il peut glaner sur le service secret soviétique, particulièrement sur son pillage systématique des technologies de pointe en Occident. Il choisit la DST, parce qu'il n'a pas confiance dans le SDECE.

Bien qu'il soit le patron du service, Marcel Chalet ne souhaite pas connaître l'identité de la taupe, puisque ce n'est pas nécessaire à sa manipulation. Mais c'est lui qui invente son nom de code, celui qui restera dans l'histoire mondiale du renseignement : « Farewell ». Lui aussi qui ira informer le nouveau président de la République française, François Mitterrand, de cette prise hors du commun. Lui enfin qui se rendra à Washington rencontrer le vice-président George Bush, qu'il connaît depuis le temps où ce dernier dirigeait la CIA, pour l'informer en détail de toute l'opération et pour mettre au point les modalités de collaboration entre la DST et l'agence américaine sur ce dossier hors du commun.

Ayant atteint la limite d'âge de 60 ans, Marcel Chalet quitte son poste, l'année suivante, en 1982. Huit ans plus tard, il publie *Les Visiteurs de l'ombre*, dans lequel il peste contre le désintérêt de l'élite française, des années 1950 aux années 1980, concernant l'infiltration du KGB en France. Cette indifférence a, selon lui, permis à plusieurs taupes d'échapper à la justice. « Si l'on avait mis en France le même acharnement à comprendre certains comportements anciens et à mettre bout à bout des faits dont l'enchaînement ne sautait pas aux yeux, on aurait pu déboucher sur des résultats analogues » à la découverte des « Cinq de Cambridge », ces étudiants recrutés par les services soviétiques dans les années 1930, qui ont infiltré le pouvoir britannique jusqu'au sommet. De ce fait, ajoute-t-il, il y aurait eu, selon lui, au moins « une dizaine » de taupes non déterrées en France « pour s'en tenir aux cas les plus significatifs ». Mais il n'en dit pas plus. « Dans la dure bataille que se livrent les services secrets, explique-t-il, la vérité ne peut s'écrire que quand tous les acteurs ont quitté la scène. »

Marcel Chalet décède en 2011, au moment où, comme il l'avait prévu, Vladimir Poutine, bousculé par une opposition démocratique de plus en plus puissante, installe définitivement un pouvoir KGB à la tête de la Russie.

Voir : « Cinq de Cambridge », Les ; Dejean, Maurice ; « Farewell » ; Pâques, Georges.

Chapman, Anna

La plus célèbre espionne de ces dernières décennies fait partie de cette nouvelle sorte d'agents secrets russes qui agissent sous leur véritable identité.

Anna Kushchenko débarque à Londres en 2001, comme un ouragan d'à peine 19 ans. Elle est sexy, rousse et diplômée en économie. Dans une rave-party, elle rencontre Alex Chapman. C'est un citoyen britannique et fils de bonne famille. Anna aussi : son père est colonel au SVR, le service de renseignement russe, un poste très en vue dans la Russie de Poutine. Elle devient Mme Chapman un an plus tard, en 2002. Et sujette de Sa Majesté, avec le passeport qui va avec.

Mais le mariage ne tient pas. En 2006, Anna divorce mais garde son nom de femme mariée. Elle rentre à Moscou. Sans doute pour suivre quelques cours dans l'école des « illégaux ». Mais pas toute la filière. Elle n'en a pas besoin. Elle n'aura pas de légende, pas de multiples passeports. Seulement une couverture.

En 2009, elle s'installe à Manhattan, près de Wall Street, dans un superbe duplex au 48e étage d'un immeuble flambant neuf, où elle reçoit des figures de l'establishment américain. Elle crée un site de vente en ligne de propriétés. Au début, elle galère. Mais, selon son ex-mari, elle embauche d'un seul coup cinquante personnes. Selon différentes sources, le SVR lui a donné plusieurs millions de dollars pour faire fructifier cette entreprise qui lui permet d'élargir son réseau au sein de l'élite américaine.

S'est-elle trop approchée d'un conseiller du président Obama ? Les versions diffèrent. Peu importe. Aucune de ses conquêtes ne lui aurait révélé de secrets. Depuis son installation à Manhattan, une équipe du FBI la surveille en permanence. Comme les neuf autres « illégaux » russes infiltrés aux États-Unis, elle a été dénoncée dès le début par une taupe de la CIA au sein du SVR, Alexander Poteyev, qui n'est autre que le numéro deux du département... des « illégaux » infiltrés aux États-Unis. Les policiers new-yorkais suivent donc ses allées et venues et ses communications avec le Centre. C'est l'opération « Ghost Stories ».

Pour produire des rapports et recevoir ses ordres, Anna Chapman se rend tous les quinze jours dans un café de Manhattan. Elle allume son ordinateur et attend. Dix minutes après, une camionnette banalisée de l'ambassade russe aux États-Unis se gare non loin. Un signal indique qu'un autre ordinateur a été mis en marche dans le véhicule. L'appareil sert de relais à celui de l'espionne. Ainsi, la communication entre Chapman et Moscou ne passe pas par Internet, au risque d'être interceptée.

La jeune femme est arrêtée le 27 juin 2010, en même temps que les neuf autres. Dix jours plus tard, tous les dix sont échangés contre quatre agents des services occidentaux emprisonnés à Moscou. Le lendemain du troc, un animateur de télévision demande au vice-président Biden : « Avons-nous, nous aussi, des espions aussi sexy ?

— Soyons clair : ce n'est pas moi qui ai eu l'idée de la renvoyer chez elle », répond le futur président, hilare.

Après avoir été débriefée par le SVR, la jeune femme de 28 ans entreprend une carrière de vedette – une sorte de James Bond féminine, version russe. Dès octobre 2010, elle participe à la cérémonie de lancement d'une fusée. Quelques jours plus tard, elle pose très dénudée avec un pistolet dans la main pour le magazine pour hommes *Maxim*. Puis elle tâte un peu de politique. Elle est nommée au comité directeur de la Jeune Garde, un mouvement de jeunes pro-Poutine. Enfin elle trouve sa vraie reconversion : elle est embauchée à la télévision pour animer un talk-show intitulé « Les mystères du monde par Anna Chapman ». Elle est désormais une figure médiatique du régime. Comme le dit le politologue Edward Lucas, Anna Chapman est même devenue le symbole parfait de cette nouvelle Russie aux « paillettes sordides », où sexe, espionnage, business et politique s'entremêlent.

Voir : « Ghost Stories ».

Chevilly-Larue

Cette enquête sur les « grandes oreilles » de la Chine ne m'a pas emmené à l'autre bout du monde, seulement de l'autre côté du périphérique.

C'est une source dans le milieu du renseignement qui m'a mis sur la voie. L'informateur ne comprenait pas pourquoi les pouvoirs publics français n'agissaient pas contre une opération d'espionnage mondial menée par un service secret étranger à partir du territoire français. Plus précisément à partir de Chevilly-Larue, ville pavillonnaire de banlieue, au sud de la capitale

En novembre 2014, mon camarade de reportage, le photographe Bruno Coutier, et moi-même nous rendons à l'adresse indiquée, rue du Lieutenant-Petit-le-Roy, une rue étroite et paisible. Comme la source me l'avait dit, nous découvrons une annexe discrète de l'ambassade de Chine en France, un territoire inviolable de plus de 1 hectare, où, selon les conventions internationales, la police française n'a pas le droit de pénétrer, sauf autorisation expresse de l'ambassadeur. Le lieu où cette annexe est installée depuis quarante ans abrite un court de tennis, un parking et deux immeubles de trois étages. Et, lors de notre visite de 2015, trois immenses antennes paraboliques trônent sur l'un des toits. La dernière, qui fait plus de 5 mètres de haut, est flambant neuve – un cadeau pour Bruno, qui s'en donne à cœur joie.

Mme Li, porte-parole de l'ambassade de Chine en France, a beau m'assurer que ces antennes ne servent qu'aux communications diplomatiques avec le ministère des Affaires étrangères à Pékin, les services de renseignement français, et les spécialistes auxquels je montre les photos des paraboles, n'en croient pas un mot : selon eux, l'annexe de Chevilly-Larue héberge un centre secret d'écoutes satellitaires. Il dépendrait de l'équivalent chinois de la NSA américaine, l'APL-3, c'est-à-dire le troisième département de l'état-major de l'Armée populaire de libération, dont le siège est dans la banlieue de

Pékin. Il est probablement rattaché à l'unité 61046 de l'APL-3, chargée de l'Europe.

En 2014, la Chine investit encore massivement dans les écoutes, considérées comme un outil majeur de son ascension géopolitique. Le développement des capacités d'interception fait l'objet d'une attention au plus haut niveau. D'après Roger Faligot, dans sa somme sur les services secrets chinois publiée aux éditions Nouveau Monde, « les présidents Deng Xiaoping [...] puis Jiang Zemin ont encouragé dans leur pays [dans les années 1990] la mise en place du plus puissant dispositif d'espionnage électronique [...], deuxième derrière les seuls Américains ».

L'APL-3 a d'abord installé de « grandes oreilles » sur le territoire chinois (les plus importantes sont sur l'île de Hainan et dans le Xinjiang). Puis à l'étranger, notamment au Laos, en Birmanie et surtout, en 1999, à Cuba, pour écouter l'Amérique. L'installation de Chevilly-Larue est, à ma connaissance, le premier centre de cette sorte mis au jour en Europe.

En novembre 2014, je sollicite les conseils d'un spécialiste des interceptions satellitaires, ancien cadre technique d'un service occidental. Il étudie le dispositif des trois antennes déjà opérationnelles à Chevilly-Larue. Il estime que, probablement, deux servent à écouter et la troisième à transmettre vers la Chine la « production » (comme on dit dans le jargon) ainsi récoltée. Selon cet expert, les deux antennes « écoutantes » sont orientées vers l'Afrique et le Moyen-Orient. Normal : ce sont les deux zones prioritaires dans la guerre économique qui oppose la Chine à l'Occident, la France en particulier.

Pourquoi avoir choisi cet emplacement près de Paris ? Depuis qu'ils ont décidé que leurs « grandes oreilles » devaient couvrir l'ensemble du globe, les Chinois ont besoin d'installations au-delà de leurs frontières. Or, ils n'ont pas à leur disposition des DOM-TOM, comme la France, ni des bases militaires sur tous les continents, comme les États-Unis. Pour étendre son réseau d'écoutes, Pékin doit donc utiliser ses ambassades et leurs... annexes. « Celle de Chevilly-Larue présente plusieurs avantages, m'explique un spécialiste. Elle est vaste, discrète et assez loin de Paris pour ne pas subir trop d'interférences électromagnétiques. Et puis les techniciens en écoutes peuvent loger sur place. » Sans oublier que les toits des bâtiments de type HLM peuvent supporter le poids des antennes et de leurs soubassements en béton, c'est-à-dire plusieurs tonnes. Ce n'est sans doute pas le cas de l'immeuble de l'ambassade à Paris.

Comment les services chinois ont-ils légalement pu implanter un tel centre à moins de 10 kilomètres de Paris ? Selon la convention de Vienne de 1961, les territoires d'une mission diplomatique sont inviolables, mais on « ne peut [y] installer et utiliser un poste émetteur de radio qu'avec l'assentiment de l'État accréditaire ». Paris a-t-il autorisé l'implantation des trois antennes géantes à Chevilly-Larue ? « Oui », m'assure Mme Li. « Pas de commentaires », répond, de son côté, le cabinet du ministre des Affaires étrangères qu'à l'époque j'ai sollicité à plusieurs reprises à ce sujet.

En fait, les autorités françaises sont mal à l'aise avec cette affaire. Car, selon mes sources, Paris a effectivement donné son accord en toute connaissance de cause pour la pose des antennes en question. « C'était vers 2010 sous Sarkozy, me confie un ancien haut responsable. Évidemment, la demande officielle chinoise concernait des moyens de transmission et non d'écoutes. C'était d'autant plus facile à faire passer que les paraboles pour les deux utilisations sont identiques. Mais personne n'a été dupe. La DGSI a râlé, mais on lui a répondu que la France était en train de négocier de gros contrats, il fallait se montrer coulant... »

L'enquête sort dans *L'Obs* en décembre 2014. Elle est reprise dans la plupart des médias. Mais elle fait plus sourire qu'elle n'inquiète les Français. Après tout, il n'y a pas de quoi paniquer. La DGSE n'a-t-elle pas installé le même type de paraboles sur les toits de certaines ambassades de France et de plusieurs consulats français à l'étranger ?

Les diplomates chinois à Paris, eux, ne sont pas du tout contents. L'ambassadeur vient, en personne, se plaindre au journal. Ce n'est pas tant les révélations sur Chevilly-Larue qui le dérangent vraiment que la couverture, humoristique, du journal : Xi Jinping portant un casque. Le ministre plénipotentiaire, qui vient alors juste d'arriver à Paris, ne l'a pas du tout aimée. Elle lui a sans doute valu un savon de Pékin. Il est parti en 2019.

Selon des images satellite de Google, les trois paraboles étaient, elles, toujours sur les toits de l'annexe en 2022.

« Cinq de Cambridge », Les

L'idée de recruter, dans les meilleures universités, de jeunes gens brillants mais rebelles et d'attendre qu'ils occupent des postes stratégiques dans le gouvernement britannique pour en faire des espions au service de l'Union soviétique a d'abord été portée par le ministre des Affaires étrangères de Staline, Litvinov, dont la femme était anglaise et qui a été ambassadeur à Londres. Mais, d'après Rémi Kauffer (dans *Les Espions de Cambridge*, Perrin), il n'a pas été suivi. Manque de personnel qualifié à Londres, lui aurait-on répliqué.

Et puis Arnold Deutsch a débarqué dans la capitale anglaise. Est-il tchèque, autrichien ou hongrois ?

Polyglotte, docteur en chimie de l'université de Vienne, ce passionné des théories sexuelles de Wilhelm Reich devient, dans les années 1920, un agent secret du Komintern, le bras armé de la révolution mondiale, comme le qualifiait Lénine. En 1933, il s'installe à Londres. Sa couverture : étudiant en psychologie à l'université. L'une de ses agentes lui présente un certain « Kim » Philby, qui revient de Berlin, où il a fait le coup de poing du côté des révolutionnaires. Et, grâce à cette rencontre, l'idée de Litvinov va devenir réalité.

« Kim » Philby va l'aider à recruter certains de ses amis. Ce sont de jeunes gens brillants, qui étudient, au début des années 1930, à la prestigieuse université de Cambridge, près de Londres, et qui se retrouvent régulièrement chez le professeur Maurice Dobb, dans Chesterton Alley. On surnomme le lieu « la maison rouge ». En pleine crise économique, on y parle marxisme, révolution, lutte des classes. Et on enrage contre la montée du fascisme et du nazisme en Europe.

Malgré ce que l'on dira plus tard, les futurs espions, qui écoutent Maurice Dobb et deviendront des agents soviétiques, n'appartiennent pas tous à la haute société britannique. John Cairncross vient de la classe moyenne écossaise. Le père de « Kim » Philby, qui est né en Inde, est une sorte de diplomate aventurier. Celui de Donald Maclean est, lui, ministre de l'Éducation, il vient du Parti libéral. Et puis il y a le plus brillant, le plus fantasque, Guy Francis de Moncy Burgess, qui vient d'une famille de banquier d'affaires et d'officiers supérieurs. Et le cousin de l'épouse du roi George VI, Anthony Blunt. Guy et Anthony sont amants et appartiennent aussi tous les deux à une société secrète intellectuelle, aux mœurs très ouvertes pour l'époque, fondée en 1820, « les Apôtres de Cambridge ».

Tous ont, à partir de la fin des années 1930, occupé des postes leur donnant accès à des informations confidentielles diplomatiques, militaires ou de services de renseignement. Ils ont pu fournir à leurs officiers traitants une grande quantité de documents top secret, notamment pendant la Seconde Guerre mondiale et au début de la guerre froide. « Les “Cinq de Cambridge” est à l'origine une dénomination interne du KGB, révèle leur officier traitant à partir de 1944, Youri Modine, dans ses Mémoires, *Mes camarades de Cambridge*. Cela ne veut pas dire qu'ils formaient un groupe homogène. Chacun d'entre eux était différent, bien qu'ils se connussent presque tous, je dis bien presque tous. » Il ajoute : « Les informations qu'ils donnaient étaient si denses et précises que la première direction a pris la décision d'affecter un traducteur exclusivement à ces cinq personnages. Ce fut moi. Nous étions au début de 1944, je n'avais que 22 ans. »

Démasqués, notamment grâce à l'opération « Venona », aucun des cinq ne fut jugé. Trois – Burgess, Maclean et Philby – ont fini leurs jours à Moscou. Les deux autres n'ont jamais été inquiétés. Blunt et Cairncross ont passé un accord d'immunité avec le MI5 en échange de leur collaboration. Cairncross, alias le Carélien, qui avait été décoré du Drapeau rouge pour avoir fait passer des informations britanniques sur l'armée allemande, finit tranquillement ses jours dans le sud de la France. Pour seule punition, Anthony Blunt, qui était lié à la maison Windsor, a perdu son titre de chevalier.

Le régime Poutine ne manque pas une occasion de leur rendre hommage. En 2010, une plaque en l'honneur de « Kim » Philby a été inaugurée à Iassenevo, le siège du SVR, le service d'espionnage russe. Et, en 2018, une autre plaque en l'honneur de Guy Burgess et de Donald Maclean a été installée sur le bâtiment où les deux taupes ont vécu à Samara, autrefois appelée « Kouibychev », une ville sur les bords de la Volga.

Dans un communiqué, le patron du SVR, Sergueï Narychkine, a déclaré : « En fournissant aux services de renseignement soviétiques des informations très importantes pendant plus de vingt ans, les “Cinq de Cambridge” ont apporté une importante contribution à la victoire contre le fascisme, la protection de nos intérêts stratégiques et pour assurer la sécurité de notre pays. »

Beaucoup d'historiens du renseignement pensent qu'ils n'étaient pas les seuls, que d'autres étudiants de Cambridge ou d'autres grandes universités au Royaume-Uni ont été recrutés dans les années 1930. Des noms ont circulé, et circulent toujours. Mais, à ce jour, les « Cinq » restent cinq.

Les mêmes historiens débattent des dégâts réels causés par ces espions hors normes à la sécurité du Royaume-Uni et des puissances occidentales. Pour le grand écrivain britannique, ex-officier de renseignement, Graham Greene, la cause est entendue : « Aucun mal commis par Philby, Burgess et Maclean n'excède le divertissement qu'ils nous ont apporté. »

Voir : Blunt, Anthony ; Burgess, Guy ; Cairncross, John ; Iassenevo ; Maclean, Donald ; Philby, Harold « Kim » ; Poutine, Vladimir.

« Curveball »

De cette histoire stupéfiante j'aurais aimé écrire un roman. Je l'aurais intitulé : *Le Menteur de Bagdad*.

Rafid al-Janabi débarque à l'aéroport Richard-Strauss de Munich un jour de novembre 1999 avec un petit sac, quelques mots d'anglais et un bagout de vendeur de bazar. Aux officiers de l'immigration, cet Irakien de 28 ans jure qu'il est un ingénieur chimiste spécialisé dans les engrais qui a été torturé par le régime de Saddam Hussein. Il a fait, assure-t-il, un long périple pour demander l'asile politique ici, en Allemagne.

Envoyé dans un camp de transit, Rafid comprend très vite qu'il n'a que très peu chances – une sur vingt-cinq exactement, selon les statistiques – d'être accepté comme réfugié. Il décide de jouer le tout pour le tout. Il demande à voir des gens du service de renseignement allemand, le BND.

Juste avant Noël, le voici dans une petite salle, devant deux officiers de renseignement confirmés. Il leur raconte qu'il n'a pas dit toute la vérité aux hommes de l'immigration : il était effectivement ingénieur chimiste, mais il travaillait avec « Dr Germ », le microbiologiste Rihab Taha, dans un programme ultrasecret d'armes de destruction massive. Sur le site clandestin de Djerf al-Nadaf, il dirigeait, assure-t-il, une équipe dont la mission était la fabrication de laboratoires biologiques mobiles. Ainsi que le raconte le journaliste Bob Drogin dans son livre consacré à l'affaire « Curveball », le jeune Irakien donne des détails très précis : diamètres des pompes, taux de fermentation, températures, réactifs… Les hommes du BND sont sidérés. Ils sont presque sûrs d'avoir affaire à une source de première importance, un « joyau », dit l'un d'entre eux, comme il ne s'en présente que rarement.

Et voilà Rafid pris en main par le BND, qui lui fournit un logement, une pension, une carte de crédit, de nouveaux papiers d'identité, une assurance médicale, des litres de

Coca-Cola, sa boisson favorite, et cinq « baby-sitters », des retraités du service qui acceptent de s'occuper de lui, à tour de rôle, de l'aider dans ses démarches administratives, pour apprendre l'allemand, la vie en Occident, pour tout.

Le BND décide tout de suite d'informer la CIA et la DIA (Defense Intelligence Agency), le service de renseignement militaire des États-Unis, qui lui donne un nom de code : « Curveball ». Mais les relations entre les espions allemands et américains sont si mauvaises que les responsables du service allemand refusent les demandes répétées des Américains d'interroger l'Irakien. Ils devront se satisfaire des comptes rendus détaillés des multiples interrogatoires de Rafid. Les Allemands leur demandent néanmoins de dire si, à leur avis, ses renseignements sont crédibles. Leur réponse est évasive.

« Curveball » devient erratique, il boit trop, fume trop. Il se contredit, s'énerve, hurle parfois. Certaines fois, il ne se présente pas aux interrogatoires. Si bien qu'au bout d'un an le BND le considère comme « psychologiquement et émotionnellement instable ». Ses officiers traitants tentent de le convaincre de partir loin : ils pourraient l'aider à refaire sa vie en Turquie, par exemple. Mais il ne veut pas.

Au bout de près de deux ans, incapable de gérer l'Irakien et de confirmer ses dires, Pullach se résout, début septembre 2001, à fermer le dossier « Curveball ». Pas pour longtemps. Après le 11-Septembre, quand George W. Bush décide d'aller s'en prendre, le moment venu, à Saddam Hussein, les élucubrations de Rafid al-Janabi vont de nouveau intéresser tous les services de renseignement occidentaux.

La CIA, surtout. L'administration Bush, qui veut renverser Saddam Hussein, la pousse à récolter des renseignements sur les armes de destruction massive en Irak prouvant la dangerosité du régime. Jusqu'à la fin de l'été 2002, les équipes de la Maison-Blanche entendent surtout agiter la menace nucléaire. Mais les preuves sont à l'évidence trop minces. Alors, pourquoi pas les laboratoires mobiles de « Curveball » ?

En septembre 2002, le patron de la CIA, George Tenet, témoigne devant le Sénat. Citant « un déflecteur crédible qui a travaillé dans ce programme », il dit : « Nous savons que l'Irak a développé une capacité importante de production d'armes biologiques grâce à des unités de production mobiles », qui pourraient fabriquer « plusieurs tonnes d'agents biologiques par an ». Quelques jours plus tard, le gouvernement Blair publie un document officiel qui certifie la même chose.

En février 2003, George W. Bush demande à Colin Powell d'aller faire le pitch d'une invasion de l'Irak au siège des Nations unies. Pour cela, le secrétaire d'État devra présenter les meilleures preuves récoltées par la CIA sur les stocks d'armes de destruction massive détenus illégalement par Saddam Hussein. Et sa meilleure preuve, pense-t-on à la Maison-Blanche, ce sont les laboratoires clandestins de « Curveball ».

La veille de l'intervention, le directeur de la division Europe de la CIA téléphone à George Tenet pour l'adjurer de faire retirer du discours de Powell tout ce qui concerne « Curveball », auquel les Allemands ne font plus confiance et qu'aucun Américain n'a interrogé. Tenet bredouille. Et le lendemain, devant l'ONU, Powell présente un croquis de ces prétendus labos mobiles stylisé par un illustrateur de la CIA. « La source [de cette information] est un témoin oculaire, un ingénieur chimique irakien, qui a supervisé une de ces installations, assure-t-il, faisant référence à “Curveball”. Il était présent lors d’activités de production d’agents biologiques. » Puis, dans une scène connue du monde entier, il brandit un flacon contenant une poudre blanche et affirme qu’avec la quantité d’anthrax contenu dans ce flacon, l’Irak pourrait massacrer des centaines de milliers de personnes.

Quelques semaines après, quand Saddam est renversé, un groupe de la CIA et un autre des Nations unies analysent les sols des lieux désignés par « Curveball ». Rien. Nulle part. Ni pipettes, ni flacon, ni trace d’anthrax, ni laboratoire clandestin. « Curveball » a menti de A à Z. Comment est-il parvenu à faire illusion ? Quand il a compris qu’il ne pourrait pas obtenir en Allemagne le statut de réfugié, il a inventé un stratagème. Ingénieur chimiste, il étudie de près les volumineux rapports des inspecteurs de l’ONU, dépêchés en Irak dans les années 1990. Il y apprend tout ou presque sur la fabrication d’un laboratoire clandestin, idée que Saddam Hussein a caressée dans les années 1990. Et imagine que cette idée a fait son chemin. Brillante mystification.

En 2011, sur une grande chaîne américaine, « Curveball » avoue qu’il a menti. C’était si facile de duper les officiers du BND ! Mais il assure ne rien regretter. « Ils me posaient des questions sur des pompes à filtration, sur la façon d’agir quand la réaction a commencé, dit-il. N’importe quel ingénieur qui a étudié dans ce domaine peut expliquer ou répondre. » Il ajoute : « J’avais la chance d’inventer quelque chose qui ferait tomber le régime, alors je l’ai fait. » Même si, fort probablement, il a monté la supercherie avant tout pour obtenir le statut de réfugié.

Sa dernière apparition publique date de 2011. Depuis, seuls les services secrets allemands savent peut-être où il se trouve.

Voir : Powell, Colin.

D

De Gaulle et la CIA

Tout au long de sa présidence, le Général a été une cible constante de la CIA. J'ai découvert à quel point en 1995, après que le président Clinton a décidé d'ouvrir largement les archives de la Compagnie. J'en ai tiré un livre intitulé *L'Amérique contre de Gaulle* (Seuil, 2000).

Juste avant son voyage à Paris fin mai 1961, le président Kennedy reçoit un volumineux dossier de la CIA sur de Gaulle, qu'il s'apprête à rencontrer en compagnie de sa jeune épouse, Jackie. Plusieurs sources dans l'entourage du chef de l'État ont secrètement informé des officiers de la Compagnie à Paris sur la personnalité du Général.

« De Gaulle ne lit plus de romans, stipule l'un des rapports de la CIA. Ses lectures se limitent essentiellement à l'histoire, aux essais, en particulier les travaux scientifiques sur le nucléaire, croit savoir l'un d'entre eux. Il lit et écrit tous les jours. Écrire lui sert essentiellement à clarifier ses idées sur un sujet précis. » Il ajoute : « Sa santé est excellente, en fait meilleure que lorsqu'il était en retrait de la politique. Mais sa journée de travail est courte – de 8 h 30 à 19 heures, y compris le temps de lecture – et il ne reçoit plus de coups de téléphone après une certaine heure, sauf en cas de crise. »

Dix-huit mois plus tard, Kennedy demande que la CIA réponde à différentes questions sur de Gaulle, qu'il commence à juger insupportable. Il veut savoir comment l'influencer, par quel proche, quel réseau. Les espions lui laissent peu d'espoir. « Le Général, écrivent-ils dans un premier rapport, a réussi depuis longtemps à persuader tout le monde qu'il était capable d'accomplir sa mission dans un voile de mystère et en s'appuyant sur très peu d'aide ou de conseil extérieur. » Un deuxième rapport est plus explicite encore : « D'une manière unique parmi les chefs d'État démocratique moderne, les décisions du Général sont presque toutes prises sans l'assistance de ses ministres. » Seuls quelques-uns ont voix au chapitre : « Trois ministres, rapporte la CIA à Kennedy, ont le plus facilement accès à de Gaulle : André Malraux [le ministre de la Culture], Louis Joxe, le ministre des Réformes administratives, et Gaston Palewski, le ministre de la Recherche scientifique et des Questions atomiques et spatiales. » En fait, selon les espions américains, « les membres du cabinet personnel [du chef de l'État] ont les meilleures occasions de l'influencer ». Qui, en particulier ? Étienne Burin des Roziers, le secrétaire général de l'Élysée, et Jacques Foccart, l'homme chargé auprès de lui de l'Afrique et du SDECE.

En 1963, les rapports entre l'administration américaine et l'Élysée deviennent exécrables. Rappelé à Paris, le chef de poste du SDECE à Washington, Philippe Thyraud de Vosjoli, refuse de rentrer et démissionne. À la Centrale, on est convaincu qu'il a été retourné par le chef du contre-espionnage de la CIA, James Angleton, dont il serait devenu la taupe au sein du service secret français. Plus grave, selon un rapport du MI6 britannique qui circule à Washington, de Gaulle s'apprêterait – si ce n'est déjà fait – à signer un accord secret avec Moscou.

Branle-bas de combat à la Maison-Blanche. Kennedy ordonne à la CIA d'y voir plus clair et lance une vaste opération d'espionnage à Paris. Mais, après enquête, la station de l'Agence à Paris calme les esprits. Dans un rapport de synthèse du 19 février, elle écrit : « Il y a peu de chances que de Gaulle ait pris, ou ait l'intention de prendre, une initiative majeure avec l'Union soviétique dans le but de neutraliser l'Europe centrale. » Elle ajoute : « Mais la grande publicité donnée, souvent avec la bénédiction de De Gaulle, au concept de "l'Europe de l'Atlantique jusqu'à l'Oural" est probablement la première étape d'une campagne visant à installer dans l'opinion publique l'idée d'une Europe indépendante, et pourrait présager d'initiatives mineures destinées à améliorer les relations de la France avec le bloc soviétique. » Bien vu…

La CIA ne relâche pas son attention sur les initiatives du bouillant Général. En mars 1964, il part pour Mexico. Alors qu'à Paris on doute de l'effet de ce voyage, l'Agence, elle, pronostique, avec raison, une grande réussite : « Cette visite, écrit-elle au successeur de Kennedy, Johnson, a toutes les chances d'être un succès de propagande considérable pour de Gaulle. » Elle ajoute : « Il n'y a pas de doute que ses discours, présentant la France comme une troisième voie face aux deux blocs, plairont aux Mexicains. »

Il faut dire que, ces discours, la CIA les connaît déjà, avant même qu'ils ne soient prononcés. Un mois avant de s'envoler pour le Mexique, de Gaulle a envoyé à l'ambassade de France à Mexico le texte de sa principale allocution. La CIA a intercepté le câble, fait traduire le discours en anglais et l'a fait passer à la Maison-Blanche. Là, un responsable du Conseil national de sécurité l'a lu avec attention et a découvert un texte magnifique qui se conclut par le fameux « *Francia y México marchamos mano en la mano* »... Et si le président américain s'en inspirait ?... Sans vergogne, le haut fonctionnaire écrit au conseiller de Johnson, McBundy : « Le président devrait inclure dans ses remarques publiques, pendant le voyage de López Mateos [le président mexicain doit se rendre à Washington], un peu de ce parfum latin que de Gaulle exploite si magnifiquement dans ce projet de discours... »

Sous le mandat de Johnson, la tension entre la France et les États-Unis ne cesse de croître. Les deux côtés jettent de l'huile sur le feu. En mars 1964, le numéro deux de la CIA, Richard Helms, rédige à l'attention du président américain une note très dure contre le Général : « [Des informateurs] rapportent que de Gaulle a dit en privé que la France [était] violemment opposée à l'impérialisme américain éhonté qui progresse dans le monde. La France continuera, a-t-il dit, d'“attaquer” et de s'opposer aux États-Unis, en Amérique latine, en Asie et en Afrique. » La source en question est probablement la taupe de la CIA au Quai d'Orsay que j'ai découverte lors de cette enquête dans les archives américaines : Jean de La Grandville, qui renseignera l'Agence sur tous les projets de De Gaulle vis-à-vis de l'OTAN jusqu'à la sortie de la France du commandement intégré, en 1966.

On comprend pourquoi les officiers de la CIA à Paris accueillent Mai 68 avec bonheur. Ils espèrent que de Gaulle va être contraint de quitter, enfin, le pouvoir. Mais il ne le fait pas. Le 30 mai, juste après le fameux discours du « je ne me retirerai pas », dans lequel le chef de l'État annonce la dissolution de l'Assemblée nationale, le patron de l'Agence, Richard Helms, câble à Lyndon Johnson un mémo d'une incroyable violence contre le vieux président et sa reprise en main des affaires publiques. « Les événements des dernières vingt-quatre heures, écrit-il, ont jeté la France au bord du désastre. En refusant de démissionner, de Gaulle a attaqué les étudiants et les ouvriers de front. Il est devenu l'archétype de l'autocrate tout-puissant et provocateur. Il a menacé d'utiliser les pouvoirs spéciaux. Il a demandé la résurgence des comités d'action civique – son système de protection rapprochée. » Aveuglé par sa haine du Général, le maître-espion ajoute : « Quelle que soit l'issue à court terme, la France a devant elle une période de troubles et même, en fin de compte, de guerre civile. » Erreur magistrale de la Compagnie !

Tout change avec l'arrivée de Richard Nixon à la Maison-Blanche, en janvier 1969. Nixon et de Gaulle se respectent et s'apprécient. Le nouveau président américain accepte d'aider à la constitution d'une force de frappe française, à laquelle ses deux prédécesseurs étaient farouchement hostiles. Il demande même à la CIA de fournir à Paris des « informations sur le système ABM [les missiles antimissiles] soviétique ». Le Connétable démissionne quelques semaines plus tard, en avril. Évidemment, la Compagnie espionnera ses successeurs. Mais probablement avec moins d'animosité.

Voir : Angleton, James Jesus ; La Grandville, Jean de La Chevardière de ; Thyraud, dit « de Vosjoli », Philippe.

De Gaulle et les missiles de Cuba

C'est une légende colportée par l'ancien secrétaire d'État Henry Kissinger. Elle commence par une histoire vraie. La scène se déroule à l'Élysée dans le bureau du fondateur de la Ve République, le 20 octobre 1962. Le Général reçoit le secrétaire d'État de John Kennedy, Dean Acheson. Le président des États-Unis l'a dépêché secrètement et de toute urgence à Paris pour informer son homologue français de la découverte, par la CIA, de missiles nucléaires soviétiques à Cuba, à quelques encablures de la Floride. Il veut le prévenir du discours très ferme qu'il entend prononcer le soir même, dans lequel il annoncera l'instauration d'un embargo naval autour de l'île dans le but d'empêcher tout nouveau déchargement de navires soviétiques sur l'île. Kennedy veut savoir si, en cas d'affrontement avec les Soviétiques, de Gaulle soutiendra la Maison-Blanche. La réponse de De Gaulle est sans ambiguïté. « Le président de Gaulle, rapporte le télégramme top secret envoyé à Kennedy, dit qu'il ne pensait pas que nous aurions la guerre, mais que, si les Soviétiques poussaient les USA dans des endroits comme Berlin, la France serait du côté des États-Unis. » Puis le numéro trois de la CIA, Sherman Kent, est convié dans une salle jouxtant le bureau présidentiel. Il est chargé de briefer de Gaulle en détail quant aux découvertes de l'agence de renseignement, photos à l'appui.

Or, selon Kissinger, et avec lui beaucoup de hauts responsables et d'historiens français et américains, le Général refuse obstinément de voir ces clichés top secret, arguant qu'« il n'a pas besoin de telle preuve, que le président Kennedy n'aurait pas envoyé un homme tel Acheson pour le désinformer ». Ce refus serait la preuve définitive de l'amitié indéfectible de De Gaulle – et par là, la France – envers l'Amérique.

Mais c'est une légende. Si le Général a bien dit cela, et si, effectivement, il était un partisan résolu de l'alliance franco-américaine, il a accepté de voir les photos prises par les avions espions U2 au-dessus de Cuba. Sherman Kent racontera cet exceptionnel briefing du Général dans la revue interne de la CIA, *Studies in Intelligence*, dans un article de 1972 qui sera déclassifié en 1994. J'en reprendrai l'essentiel dans *L'Amérique contre de Gaulle*.

« Quand je suis entré, raconte Sherman Kent, [de Gaulle] s'est levé de son petit bureau – pas beaucoup plus grand que nos photos – et gravement nous a serré la main. [...] Puis je lui ai montré les photos d'un site de missiles sol-air qu'il a semblé reconnaître tout de suite [...]. Il a pris la loupe spéciale, la mise lui-même dans le bon sens et, après avoir regardé, a dit que c'était là une photo remarquable. » Kent explique ensuite au Général que ses hommes n'ont pas encore formellement repéré les têtes nucléaires, mais qu'ils estiment que certaines sont déjà cachées quelque part dans l'île (ce qui se révélera exact des années plus tard). Enfin, il lui explique que ce déploiement atomique augmente de 50 % les capacités soviétiques de première frappe contre l'Amérique. De Gaulle est visiblement impressionné par la présentation de l'homme de la CIA. Selon Acheson, ce briefing lui a enlevé ses derniers doutes, « s'il en avait ». Quand Kent a remballé ses photos secrètes, le général-président déclare, solennel : « Vous pouvez dire à votre président que la France le soutiendra dans tous les cas. »

Dejean, Maurice

« Alors, Dejean, on aime les femmes ? » C'est, dit-on, par cette grivoiserie que de Gaulle a reçu l'ex-ambassadeur de France en Russie Maurice Dejean, rappelé à Paris après les révélations d'un transfuge soviétique, selon lequel le diplomate aurait été piégé par une « hirondelle » du KGB. Une histoire de coucherie qui aurait dérapé. Rien de grave, en somme. Voire…

Dejean a rejoint de Gaulle à Londres dès 1941 pour devenir le commissaire aux Affaires étrangères de la France libre, puis directeur politique du Quai d'Orsay à la Libération. En poste à Moscou depuis huit ans, il a noué d'excellentes relations avec le Kremlin – et quelques belles demoiselles, une en particulier. Un mari volage ? Certes. Un espion à la solde de Moscou ? Pensez donc !

Le 14 janvier 1964, alors que le diplomate est encore en Union soviétique, de Gaulle confie à Alain Peyrefitte (qui le rapporte dans *C'était de Gaulle*) : « Encore une histoire lamentable. Ce pauvre Dejean a trouvé le moyen de se faire faire aux pattes. Les Soviets l'ont fait tomber dans les griffes d'une bonne femme. » Et il ajoute, confiant : « Un peu plus, et les collections de nos télégrammes passaient au Kremlin. » Il ne sait pas encore tout. Et, quand il l'apprendra, il interdira aux rares dans la confidence d'en piper mot. Après avoir lu le rapport classé « très secret » du commissaire de la DST qui a interrogé le diplomate à deux reprises fin mai 1964 (rapport de Marcel Chalet, qui sera déclassifié seulement dans les années 2010), le chef de l'État écrit en marge du document, de sa main : « Il serait inadmissible qu'un de nos services fasse connaître à un service étranger quoi que ce soit qui concerne une affaire touchant un ambassadeur de France. » Bref, fini la rigolade. D'ordinaire considérée comme une simple gaudriole sans conséquence, la manipulation de Dejean par le KGB fut, en réalité, l'une des affaires d'espionnage les plus graves de l'après-guerre.

Elle est le fruit d'un plan conçu en 1957 par les deux plus hauts responsables soviétiques de l'époque, Khrouchtchev et Boulganine. Une machination réalisée par le patron de la deuxième direction principale du KGB, le général Gribanov. Ses détails ont été révélés par un transfuge mêlé de près à la confection du piège, un certain Youri Krotkov, passé aux États-Unis en 1963.

Le complot a pour but de compromettre l'ambassadeur de France, Maurice Dejean, afin qu'il soit contraint d'espionner pour le KGB. L'opération devient une priorité absolue en 1958, quand de Gaulle, dont les services soviétiques connaissent la proximité avec Dejean, accède au pouvoir. Elle est d'une rare complexité. Il s'agit d'abord d'installer les Dejean sous la coupe du général Gribanov, sans qu'ils s'en doutent. Pour ce faire, l'officier supérieur du KGB devient Oleg Gorbounov, « important membre du Conseil des ministres ». Il est prétendument marié à une certaine Vera, en réalité major du KGB.

Pour que les deux couples se rencontrent « par hasard », les Dejean sont conviés à une réception diplomatique. Deux éminentes personnalités soviétiques, qui sont aussi deux « contractuels » du KGB, ont été aussi priées d'y assister : l'écrivain Sergueï Mikhalkov, coauteur de l'hymne national soviétique, et sa femme, Natalia, auteure populaire d'histoires pour enfants (ils sont aussi les parents du comédien et réalisateur Nikita Mikhalkov, futur soutien indéfectible de Vladimir Poutine).

Le duo de célébrités a pour mission de présenter au couple Dejean la major Vera, alias Mme Gorbounov, « traductrice au ministère de la Culture et épouse d'un membre important du Conseil des ministres ». Celle-ci parle évidemment parfaitement français et ses souvenirs de Paris, où elle a été en poste pour le KGB, charment l'ambassadeur et son épouse. Les Dejean acceptent l'invitation à dîner des « Gorbounov » dans leur somptueux domicile moscovite ; en fait, un appartement réquisitionné et meublé par le KGB. Le piège se referme.

La soirée dans l'appartement se déroule à merveille et les Dejean sont invités à plusieurs reprises dans la datcha des « Gorbounov », près de Moscou. Il s'agit en réalité de celle du patron du KGB, Ivan Serov, qui accepte de la prêter pour cette opération si importante. Petit à petit, l'ambassadeur et sa femme sont happés par le cercle fort sympathique des amis de leurs hôtes, des artistes, des écrivains, des officiels, des actrices, tous en réalité officiers du KGB ou « hirondelles ».

L'ambassadeur en confiance, Gribanov, alias « Gorbounov », lui présente une « actrice », une certaine Larissa (Lora) Kronberg-Sobolevskaya. Celle-ci est censée être l'épouse malheureuse d'un géologue qui arpente la Sibérie plusieurs mois par an. Comme il se doit, Dejean séduit l'épouse délaissée et la retrouve « chez elle », dans un appartement truffé de micros qui enregistrent tout. Comme de bien entendu, le faux cocu rentre plus tôt que prévu et casse violemment la figure à l'amant français.

L'ambassadeur est désespéré par le scandale qui pointe. Il demande de l'aide à l'ami « Gorbounov », alias le général Gribanov, qui n'attend que cela. L'obligeant « Gorbounov » obtient que le prétendu mari retire sa plainte. Mais, en échange, il demande à son ami français de lui transmettre quelques renseignements confidentiels... Et c'est ainsi que la gaudriole devient une trahison de première importance.

Selon le rapport du 4 juin 1964 du commissaire Chalet, l'ambassadeur Dejean a fait connaître au général Gribanov le contenu de plusieurs télégrammes diplomatiques français et américains parmi les plus secrets, dont ceux concernant la guerre du détroit de Taïwan en 1958 et surtout la crise des missiles de Cuba d'octobre 1962, « des informations très précieuses », note Chalet.

Pour l'Élysée, il est inconcevable que la gravité de l'affaire soit ébruitée. Suite aux révélations d'un autre transfuge, Anatoliy Golitsyn, la France est d'ores et déjà considérée comme un nid d'espions soviétiques. Au moment où le Général s'apprête à opérer un rapprochement avec Moscou, de nouvelles révélations accréditant cette thèse mettraient sa politique extérieure en grande difficulté. Si bien que l'ambassadeur

Dejean n'est pas inquiété. Il est seulement contraint de démissionner.

En remerciement pour sa collaboration, Moscou confie à l'ancien diplomate la direction d'une petite fabrique de montres, Slava, à Besançon, créée vingt ans plus tôt avec des capitaux entièrement soviétiques, ainsi que la présidence de l'association France-URSS, relais de la propagande de Moscou à Paris. Il la conservera jusqu'à sa mort, en 1982, à 83 ans. Il n'a jamais été inquiété.

Voir : Chalet, Marcel ; Hirondelle ; Poutine, Vladimir.

DGSE, Stations d'écoute de la (1)

Ce fut mon premier scoop sur la DGSE. Je suis tombé dessus par hasard. Ou, plus précisément, je l'ai survolé par hasard.

Début 2001, je dois me rendre en Dordogne pour une raison que j'ai oubliée. À l'époque, *Le Nouvel Observateur* est encore riche et le service des reportages me prend un billet d'avion. Destination : l'aérodrome Sarlat-Domme. Je somnole pendant une bonne heure, quand, juste avant d'atterrir, je jette un coup d'œil au hublot. Je suis saisi, fasciné par un spectacle que je n'avais jamais vu : en pleine campagne, une sorte de décor de film de science-fiction, une superproduction genre *Rencontres du troisième type* – un champ de paraboles géantes.

« Nous aussi, donc ! », me dis-je. À l'époque, la presse parle beaucoup d'Echelon, les dizaines de bases d'écoutes de la NSA, l'agence américaine d'interception. Associées à celles des services secrets britanniques, néo-zélandais, australiens et canadiens, elles forment les « Five Eyes ». Révélé par le journaliste néo-zélandais Nicky Hager, ce complexe de centaines de paraboles sur tous les continents permet d'intercepter les communications internationales satellitaires, c'est-à-dire presque toutes (les câbles sous-marins prendront progressivement le relais quelques années plus tard).

« La France aussi, donc, écoute le monde ! », me dis-je en atterrissant. Et cela, à partir de Domme, en Dordogne, où elle a installé, en pleine nature, l'une des plus grandes bases du monde ! Est-ce la seule ? Où sont les autres ? Je me lance dans une enquête sur ce que l'on appellera plus tard « Frenchelon » : le réseau des centres d'écoute satellitaire de la DGSE, dont l'existence est alors secrète. Elle me conduira jusqu'à l'autre côté du globe, en Nouvelle-Calédonie.

Je commence par revenir à Domme, où je demande à rencontrer un élu, comme ça, sans idée particulière. Or, voilà que je tombe sur un ancien cadre du « centre radio-électrique », nom officiel de ce lieu ultraprotégé par des miradors, des barbelés électrifiés et des chiens. Dans un bureau de la mairie, cet ex de la direction technique de la DGSE, qui a pris sa retraite dans la région après avoir dirigé la base, m'en raconte l'histoire.

C'est en 1974, me dit-il, que le SDECE (l'ancêtre de la DGSE) installe à Domme sa première parabole sur l'emplacement d'un petit centre d'interception radio. « Au début, il n'y avait que quelques satellites, les Intelsat, explique-t-il. Nous pouvions "aspirer" une bonne partie du trafic international. » Mais, dès 1980, la téléphonie mondiale explose, les mises sur orbite se multiplient : Eutelsat,

Molniya, Inmarsat, PanAmSat, Arabsat. « Nous avons vite été débordés, se souvient-il. Le centre de Domme s'est retrouvé sous-équipé, ridicule ; et nous, la risée de nos collègues américains et britanniques. »

En 1984, le patron de la DGSE, l'amiral Lacoste, celui-là même qui, l'année suivante, ordonnera la destruction du bateau de Greenpeace, le *Rainbow Warrior*, exhorte François Mitterrand : « Il nous faut une autre station d'interception. » La France, assure-t-il, dispose d'un site idéal : le centre spatial de Kourou, qui est situé tout près de l'équateur, c'est-à-dire au meilleur endroit pour écouter les satellites de communication, presque tous géostationnaires. La base sera à quelques kilomètres du pas de tir d'Ariane, ses antennes passeront donc inaperçues, argumente-t-il. Et puis l'espionnage économique est la nouvelle priorité du service secret français ; et l'Amérique, la cible principale. Or, les satellites qui « arrosent » les États-Unis sont justement en orbite au-dessus de la Guyane.

Pour partager les frais, et consolider l'alliance franco-allemande, Lacoste propose de faire équipe avec le BND, le service secret de la RFA. Le président de la République donne son feu vert fin 1984. Le scandale du *Rainbow Warrior*, qui survient quelques mois plus tard, retarde l'opération. La base « Frégate » est secrètement inaugurée en 1990 par Claude Silberzahn, le nouveau patron de la DGSE, et son homologue allemand.

Le préfet Silberzahn veut aller plus loin. Selon lui, pour revenir dans le club des grands, la DGSE a besoin de nouvelles stations. La première guerre du Golfe lui donne des arguments. En Irak, les prouesses techniques des espions américains sont époustouflantes. François Mitterrand et Michel Rocard, le Premier ministre, se laissent convaincre. Silberzahn peut lancer un vaste plan d'investissement sur dix ans. Il modernise le centre de Domme, achète un super-ordinateur Cray et fait installer les premières antennes paraboliques aux Alluets-le-Roi, dans une base jusque-là réservée à l'interception des ondes radio.

Enfin, avec le BND, il lance le chantier de Mayotte. Ce territoire français de l'archipel des Comores est, lui aussi, proche de l'équateur. Le site choisi sera sur Petite-Terre, une minuscule île où la Légion étrangère dispose déjà d'une base. De Mayotte, la direction technique de la DGSE pourra mieux « couvrir » l'Afrique, le Moyen-Orient et le continent qui monte, l'Asie. Cinq ans seront nécessaires pour achever le projet.

Reste l'immense Pacifique. Un ancien de la DGSE me laisse entendre qu'une base serait peut-être envisagée près de Nouméa, sur l'aéroport de La Tontouta. Après une journée d'avion, je débarque en Nouvelle-Calédonie. Allez savoir pourquoi, dès le lendemain, je reçois un coup de fil d'un conseiller du haut-commissaire de l'île. Il me demande pourquoi je suis là. Je le lui dis. Il n'a pas l'air surpris et m'invite à déjeuner. Après quelques verres et mon serment de ne jamais révéler son nom, il me dit qu'une base d'écoute est effectivement en projet, un vague projet dont personne ne sait s'il aboutira. Je l'évoque comme tel dans mon article qui sera à la une du *Nouvel Observateur*. Sur le moment, il ne sera pas beaucoup repris. Mais, au fil des années, il est devenu l'un des documents de référence sur le sujet et j'en suis fier.

Reste que la DGSE m'a berné. Des années plus tard, je croise de nouveau le « conseiller » du haut-commissaire. Il fait tout autre chose, dans une mairie d'Île-de-France. Il me sourit et dit qu'à l'époque il avait reçu l'ordre de me raconter un joli mensonge. En réalité, me confie-t-il, la station de Tontouta n'était plus un vague projet, comme il le prétendait, elle fonctionnait déjà...

Il faut dire que, sur le sujet des écoutes internationales, le service secret français avait tout intérêt à faire profil bas.

Car elles représentaient une menace pour la vie privée des Français. Rien, en effet, n'interdisait à la DGSE d'intercepter vos conversations ou vos e-mails de citoyens français, pour peu que ceux-ci passent par un satellite. Cet espionnage était même implicitement autorisé par la loi de 1991 qui institue la commission de contrôle des écoutes. Son article 20 disposait, en effet, qu'il n'était pas dans le pouvoir de cette nouvelle commission de contrôler les « mesures prises par les pouvoirs publics pour assurer la surveillance des transmissions empruntant la voie hertzienne [NDLR : c'est-à-dire les airs] ». En d'autres termes, l'instance pourra tout surveiller, sauf les écoutes « satellitaires ».

« Cette dérogation a été exigée par les plus hautes autorités de l'État, me confiait un ancien conseiller du ministre de la Défense de l'époque, Pierre Joxe. Pourquoi ? Souvenez-vous, la DGSE lançait un vaste plan de modernisation de ses "grandes oreilles". Il était hors de question de le compromettre. » Il faudra attendre vingt ans, oui, vingt ans ! pour qu'enfin le législateur ne décide de mettre le nez dans ces affaires et ne prenne quelques dispositions protectrices (voir « DGSE, Stations d'écoute de la (2) »).

Une dernière chose. Si l'article principal n'a pas fait beaucoup de remous quand il est sorti, un petit encadré, comme on dit dans le jargon journalistique, a mis le feu à l'Algérie. J'y révélais que la DGSE disposait, depuis 1997, d'une base d'interception au bord de la Méditerranée, près de Narbonne, à Saint-Laurent-de-la-Salanque. Claude Silberzahn avait d'abord pensé l'installer en Camargue, mais le maire d'Arles, le puissant Michel Vauzelle, s'y était opposé.

Comme la mer propage très bien certaines ondes, ce centre intercepte des communications radio en provenance du Maghreb et plus particulièrement de l'Algérie, alors en proie à une guerre civile sanguinaire. Or, une source haut placée à la DGSE m'a indiqué que les espions français écoutaient les échanges entre officiers de l'armée algérienne, et qu'ainsi Paris pouvait savoir qui étaient les vrais responsables de tel ou tel massacre. L'information a fait scandale à Alger, où elle s'est retrouvée à la une d'*El Watan* et de la *Liberté*. De ça aussi je ne suis pas peu fier.

DGSE, Stations d'écoute de la (2)

Étrangement, mon second scoop sur la DGSE (après celui raconté ci-dessus) est passé inaperçu dans la presse. Mais pas au sein du pouvoir. D'après ce qu'une source bien informée m'a raconté plus tard, la DGSI, le contre-espionnage français, a sérieusement envisagé de m'attaquer pour compromission du secret de la Défense nationale – avec, au bout de la procédure, le risque de me retrouver en prison ! Heureusement, elle y a renoncé. Peut-être quand elle a découvert qui était ma principale source...

L'histoire – le scandale, en fait – était d'importance : dans cette enquête de 2016 pour *L'Obs*, je révélais que la DGSE avait, sur ordre de Nicolas Sarkozy puis de François Hollande, posé des « bretelles » en catimini sur tous les câbles sous-marins arrivant en France. Et cela, dans le but de pouvoir écouter secrètement le maximum de communications internationales (voix, e-mails, WhatsApp...).

L'histoire débute en janvier 2008, à l'Élysée. Le président Sarkozy a organisé une réunion sur l'avenir des services spéciaux français. Leur problème ? Ils sont devenus presque sourds. Pendant les années 1980 et 1990, la DGSE a massivement investi dans des systèmes d'interception satellitaires (voir entrée précédente). Mais, désormais, 90 % des échanges mondiaux passent par des câbles sous-marins de fibre optique, tirés entre les continents.

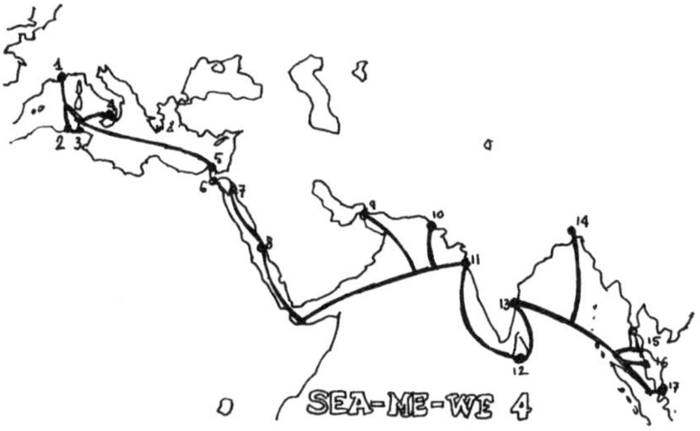

Nicolas Sarkozy est aiguillonné par Jean-Claude Mallet, le secrétaire général de la Défense et de la Sécurité nationale. Ce conseiller d'État est convaincu que, si elle veut continuer à jouer dans la cour des grands du renseignement, la France doit moderniser dare-dare ses « grandes oreilles ». Une autre personnalité joue un rôle clé en coulisses : le nouveau directeur technique de la DGSE, le centralien Bernard Barbier. Ces deux spécialistes du renseignement le répètent : il serait stupide que les services spéciaux français ne profitent pas de la situation géographique exceptionnelle de l'Hexagone. Via l'Atlantique et la Méditerranée, une vingtaine de câbles hautement stratégiques arrivent sur nos côtes. Il suffirait de s'y « brancher » pour que nos espions retrouvent leur ouïe.

Lors de cette réunion secrète à l'Élysée de janvier 2008, Sarkozy donne son feu vert au premier plan d'interception des câbles sous-marins en France. Durée : cinq ans, de 2008 à 2013. Budget d'investissement : 700 millions d'euros. Embauches : six cents personnes. Le président pose une condition : les services du Premier ministre doivent trouver une astuce pour « couvrir » légalement l'opération. Pas question, dit-il, de passer par le Parlement. Légiférer sur ce sujet reviendrait à avouer au monde que la France a l'intention de mettre les câbles sur écoute ! Personne ne doit savoir. On décide que le

Premier ministre prendra un décret dont le contenu et même l'existence resteront secrets. Ce sera chose faite en avril 2008.

Les travaux de « branchement » commencent dans la foulée. Pour tous les câbles, le plan de travail est le même. D'abord, les services du Premier ministre adressent une réquisition à Orange, qui gère la vingtaine de points d'arrivée des câbles en France. Ensuite, des techniciens de la DGSE s'introduisent dans la station d'arrivée et dédoublent les fibres optiques. Puis ils tirent cette « bretelle » vers un local clandestin, situé un peu plus loin, dans les terres. Là, des équipements spécialement construits par Alcatel isolent les communications qui proviennent des pays dont l'espionnage est autorisé par la Commission nationale de contrôle des interceptions de sécurité. Ainsi allégé, le trafic est envoyé par une fibre jusqu'à Paris.

Une première station clandestine d'interception est mise en service à Marseille en 2008. Le câble visé est le SEA-ME-WE 4. Posé par Alcatel trois ans auparavant, il relie la cité phocéenne à Singapour en passant par Annaba, Le Caire et Djeddah. La DGSE pose ensuite des « bretelles » en France sur au moins cinq autres câbles majeurs. Une station clandestine est aussi installée à Penmarch, en Bretagne, pour écouter le câble ACE, qui relie l'Europe à l'Afrique de l'Ouest. Le support idéal pour espionner les anciennes colonies... Le « branchement » le plus important concerne le I-ME-WE qui, depuis 2010, va de Marseille à Bombay. Il passe par le port de Tripoli au Liban, situé à quelques dizaines de kilomètres de Damas.

Pour analyser ces interceptions, la DGSE installe, de 2008 à 2010, des supercalculateurs Bull et Hewlett-Packard dans des caissons réfrigérés, 40 mètres sous terre, boulevard Mortier. Dans cet immense espace, qui est aujourd'hui le deuxième centre informatique en

Europe, derrière son équivalent britannique, ces ordinateurs géants trient tous les jours des dizaines de millions d'e-mails, de SMS, d'échanges par Skype, WhatsApp, Facebook… Ils isolent automatiquement, par numéro de téléphone ou adresse IP, les échanges des individus visés. Un logiciel reconnaît les voix, un autre traduit.

L'ensemble du trafic est aussi passé à la moulinette, pays par pays. Des logiciels fouillent par mots clés toutes les discussions par e-mails, Facebook ou Skype ; d'autres analysent les millions de métadonnées. Dans quel but ? Lors d'un colloque public en 2010, le directeur technique de la DGSE, Bernard Barbier, expliquait : « Toutes ces métadonnées, on les stocke, sur des années et des années, et, quand on s'intéresse à une adresse IP ou à un numéro de téléphone, on va chercher dans nos bases de données, et on retrouve la liste de ses correspondants, pendant des années, et on arrive à reconstituer tout son réseau. »

Dès les premiers mois, les progrès sont si spectaculaires que la NSA, pourtant vingt fois plus grande que la direction technique de la DGSE, veut se rapprocher d'elle. En 2009, les Américains proposent aux Français de faire partie des « Five Eyes », qui deviendraient les « Six Eyes ». Il s'agit du club très secret formé par les États-Unis et leurs alliés en matière d'interception (Royaume-Uni, Nouvelle-Zélande, Australie et Canada). La NSA fournirait à la France ses équipements dernier cri et les brancherait au réseau commun que, en échange, la DGSE alimenterait avec ses propres écoutes.

Nicolas Sarkozy, qui vient tout juste de faire rentrer la France dans le commandement intégré de l'OTAN, est tenté. Et si la France devenait le « sixième œil » de l'Occident ? Il demande à son coordinateur du renseignement, l'ancien ambassadeur de France en Afghanistan Bernard Bajolet, de mener les négociations avec Washington. Il pose une condition : la France doit bénéficier du même statut que les autres alliés, et notamment du *no-spy agreement*, qui interdit aux membres du club de s'espionner mutuellement. « Le patron de la NSA était d'accord, dit un ancien haut responsable, mais pas celui de la CIA, qui voulait continuer à fouiner en France. » Obama tranche : pas de *no-spy agreement* avec Paris. Début 2010, Sarkozy refuse donc l'accord proposé par la NSA. Un autre, plus modeste, sera signé quelques mois plus tard.

C'est avec Londres qu'une véritable alliance va se nouer. Les équipes techniques de la DGSE ont beaucoup à apprendre du GCHQ, qui, pendant la Seconde Guerre mondiale, a réussi à « casser » les codes de la célèbre machine de chiffrement allemande Enigma. Les Britanniques voudraient, eux, avoir accès aux câbles méditerranéens. Un grand accord est conclu le 2 novembre 2010. Ce jour-là, dans le manoir de Lancaster House, Nicolas Sarkozy et David Cameron signent un important traité militaire. Une partie est publique. On y parle de collaboration en matière d'achat d'équipement, de déploiement de troupes et de recherche nucléaire. Une autre est secrète. Elle comporte un accord majeur en matière d'interceptions par lequel la DGSE et le GCHQ décident d'échanger massivement leurs données et leurs techniques. Jusqu'à quel point ? Mystère. Une chose est établie : le boulevard Mortier et le siège du GCHQ, à Cheltenham, sont désormais reliés directement par plusieurs lignes informatiques ultrasécurisées.

Arrivé au pouvoir, François Hollande ne remet pas en question cet édifice. Au contraire. Il donne son accord pour le second plan câble (2014-2019), qui prévoit le « branchement » d'autres stations d'arrivée en France. Il lance aussi la rédaction de la loi sur le renseignement. Il veut aller vite. Depuis le scandale Snowden, qui éclate en juin 2013, les patrons des services redoutent une fuite identique en France. Des révélations qui pourraient mettre au jour la légalité douteuse de certaines opérations des services spéciaux – dont la surveillance des câbles. Devant la commission de la Défense de l'Assemblée le 24 mars 2015, le nouveau patron de la DGSE, Bernard Bajolet, celui-là même qui a tenté de négocier l'entrée de la France dans les « Five Eyes », l'avoue : « C'est grâce à la jurisprudence, que l'on peut qualifier de créative, de la Commission nationale des interceptions de sécurité, que nous avons pu combler le fossé qui s'est progressivement élargi entre les dispositions légales et l'évolution des techniques, dit-il. Nous sentions bien, ajoute le patron de la DGSE, la nécessité de consolider ce cadre, surtout depuis l'affaire Snowden. »

C'est chose faite, depuis l'adoption, en juin 2015, de la loi sur le renseignement. L'activité des « grandes oreilles » de la DGSE est désormais régie par son chapitre IV, pudiquement intitulé « Des mesures de surveillance internationale ». Le texte est on ne peut plus flou. Il n'y est question ni de satellites ni de câbles, mais seulement de l'espionnage des communications « émises ou reçues à l'étranger ». Celles-ci peuvent être interceptées sous contrôle d'une nouvelle commission (la CNCTR). Mais « les modalités de mise en œuvre de la surveillance des communications », autrement dit les « bretelles » sur les câbles, la complicité technique d'Orange et d'Alcatel, les stations clandestines d'interception à Marseille, Penmarch ou Saint-Valery-en-Caux et les accords avec le GCHQ et la NSA, toutes ces « modalités » ne sont toujours pas portées à la connaissance des citoyens français. « Nous ne souhaitons pas révéler publiquement certaines dispositions », a répondu, le 24 mars 2016, le patron du service secret aux députés qui ont accepté ce diktat sans broncher.

E

Espion, lève-toi

On ne se lasse jamais du classique d'Yves Boisset *Espion, lève-toi*, l'un des films français d'espionnage les plus intelligents, avec les œuvres d'Éric Rochant, *Les Patriotes* et, bien entendu, la série *Le Bureau des légendes*.

Sorti en 1982 avec des dialogues de Michel Audiard, le film est tiré du roman de l'écrivain britannique George Markstein (publié en français chez Gallimard). L'intrigue est particulièrement bien ficelée – Markstein a appartenu aux services secrets de Sa Majesté et a été coscénariste de la célèbre série *Le Prisonnier*.

Le scénario s'appuie sur une croyance encore très vivace (et probablement justifiée) à la fin des années 1970, selon laquelle le SDECE est infesté de taupes soviétiques. Lino Ventura, alias de Sébastien Grenier, est un officier du service secret, en sommeil depuis huit ans. Comme couverture, il gère une société financière à Zurich. Un matin, il apprend qu'un agent avec lequel il a rendez-vous, un certain Alfred Zimmer, a été abattu par un commando de terroristes d'extrême gauche. L'après-midi, il reçoit un exemplaire du livre *Vingt Ans après* d'Alexandre Dumas, marqué à la page 138. C'est le code déterminé avant sa mise en sommeil par lequel la Centrale est censée le « réveiller ».

Ventura-Grenier se présente au rendez-vous convenu en cas d'urgence. C'est un inconnu, un homme puissant de la Confédération helvétique, le conseiller fédéral Jean-Paul Chance, interprété par Michel Piccoli, qui l'attend. Il affirme travailler lui aussi pour le SDECE et être son nouvel officier traitant. On l'a réveillé, dit-il à Grenier, pour qu'il retrouve les assassins de Zimmer. Mais, quelques jours plus tard, Alain Richard (interprété par Bruno Cremer), qui se présente lui aussi comme officier du SDECE, affirme à Grenier que la Centrale ne l'a jamais réveillé et que Chance-Piccoli est en réalité une huile du service secret soviétique qui tente de le retourner. Qui dit vrai ? Réponse à la fin du film dans le funiculaire de Zurich.

Espion qui venait du froid, L'

C'est l'œuvre qui a révolutionné le roman d'espionnage. Le choc littéraire se produit en 1963. Cette année-là, le monde entier se précipite au cinéma voir le premier *James Bond*, adaptation du livre de Ian Fleming *James Bond 007 contre Dr No*. On applaudit aux exploits sur grand écran de l'espion de Sa Majesté incarné par l'impeccable Sean Connery, qui, entre deux vodka Martini et deux sublimes conquêtes aux « cuisses galbées », échappe à ses ennemis au volant d'une Alpine préparée spécialement pour lui. Au même moment, un jeune inconnu, David Cornwell, alias John le Carré, publie une fiction de deux cents pages au titre énigmatique *L'espion qui venait du froid*, que Graham Greene va bientôt qualifier de « meilleure histoire d'espionnage [qu'il ait] jamais lue ». Markus Wolf, le légendaire patron du service secret est-allemand, dira, quant à lui : « Il se dégageait de ce roman un climat très proche de la réalité. »

Et pour cause. David Cornwell, dont on sait aujourd'hui qu'il était alors officier du MI6, ce qu'il n'avouera que bien plus tard, y expose une vision du monde du renseignement radicalement différente de celle de son compatriote Ian Fleming. Certes, comme Bond, Alec Leamas, son héros, est un homme du renseignement britannique. Mais il n'a absolument rien de flamboyant, au contraire.

Dans sa tirade la plus célèbre, Leamas lance : « Que croyez-vous que les espions soient ? Des philosophes moralistes qui jugent ce qu'ils font par rapport à Dieu ou à Karl Marx ? Ce sont des minables comme moi, des hommes petits, ivrognes, pédés, dominés par l'adversité, des fonctionnaires qui jouent aux cow-boys et aux Indiens pour donner du piment à leur vie. »

Dans l'esprit de le Carré, cette critique féroce, qui sera sa marque de fabrique, vaut aussi bien pour l'Est que l'Ouest. Des deux côtés du rideau de fer, les services secrets ont une même morale – qui est de n'en avoir aucune. Pour Langley comme pour la Loubianka, les êtres, quels qu'ils soient, ne sont que des pions, sacrifiables à merci. Dans *L'espion qui venait du froid*, Control, le chef du service britannique, utilise comme appât la petite amie de Leamas, Liz, une modeste bibliothécaire londonienne. Et comme à la fin de l'opération elle en sait beaucoup trop, il décide de la faire abattre. Par l'ennemi.

L'histoire du roman est celle d'une taupe britannique au sein du service secret est-allemand en passe d'être démasquée et que Control veut protéger à tout prix. Pour l'écrire, John le Carré s'est inspiré d'une affaire réelle qui a fait grand bruit à l'époque. Celle de Heinz Felfe, un ancien officier SS devenu chef du contre-espionnage soviétique dans l'organisation Gehlen (l'ancêtre du BND ouest-allemand). Il a été arrêté en novembre 1961 comme un agent double du KGB. Ce scandale sert de trame générale à l'intrigue de Cornwell, alias le Carré.

1961, c'est aussi l'année de la construction du mur de Berlin. Avec « ce symbole parfait de la folie humaine », le Carré tient son décor. Mais pas encore son héros. Et puis, un jour, à l'aéroport d'Heathrow, un homme sans âge qui porte un imper sale s'assoit au bar à côté de lui. Il est las, le regard mort. « Il semblait voir l'enfer », raconte le Carré, qui poursuit : « Il a sorti une énorme quantité de pièces de sa poche, des monnaies de pays différents. Il a tout mis sur le comptoir et a commandé un large scotch. Je tenais mon personnage. » Alec Leamas, l'espion alcoolique prêt à basculer.

Cornwell écrit le livre en cinq semaines. Le manuscrit fait six cents pages, il le réduit à deux cents et l'envoie à sa maison d'édition sous le titre *La Carcasse du lion*.

Mais l'éditeur a repéré, au début du livre, une expression de Control qui le séduit. Le patron du service demande à Leamas de continuer à jouer le rôle d'un ex-espion alcoolique, prêt à se vendre à l'ennemi pour se venger de sa mise à l'écart. Lui préférait sortir enfin de ce personnage si lourd, qui sert d'appât au service secret soviétique. Mais Control lui dit qu'il n'est pas encore temps de « *come in from the cold* », ce qui, en anglais, signifie quelque chose comme « revenir après un exil dans la société, dans son groupe d'appartenance ». Et voilà comment, en pleine guerre froide, est né le meilleur titre de la littérature d'espionnage.

Avant de le publier, David Cornwell fait relire le manuscrit à son employeur, le MI6. C'est la loi. La censure est des plus légères. On lui demande seulement de modifier légèrement le portrait du conseiller du Premier Ministre aux Affaires de renseignement, qui ressemble un peu trop au vrai, celui d'Harold Macmillan. L'écrivain s'exécute d'autant plus facilement qu'il redoutait des caviardages bien plus importants.

L'ouvrage s'arrache. Au fil des années, il se vendra, dans le monde entier, à plus de 20 millions d'exemplaires, faisant la fortune de son auteur. Les droits sont rachetés par un producteur américain. Il fait tourner le film à Dublin, en Irlande, capitale presque aussi lugubre à l'époque que Berlin-Est. C'est le grand comédien Richard Burton qui joue le rôle-titre. Il remplace Burt Lancaster, qui s'est désisté au dernier moment. Claire Bloom interprète la bibliothécaire sacrifiée. Dans le roman, son prénom est Liz, mais Burton demande et obtient qu'on le change. Il a eu, dans le passé, une aventure avec Claire, dont la bouillante comédienne Elizabeth « Liz » Taylor, avec laquelle il vient juste de se marier, est très jalouse. Elle ferait sans doute une scène de ménage si l'ex-maîtresse de son mari était affublée du même prénom qu'elle. La bibliothécaire au grand cœur sera donc Nan.

Le film est un grand succès. En 1967, la British Academy lui décerne le prix du meilleur film, et celui du meilleur acteur est attribué à Richard Burton. Le couple mythique, lui, divorcera dix ans plus tard.

Voir : Felfe, Heinz ; Langley ; Le Carré, John ; Pullach.

F

Fair game

« C'est de bonne guerre » : en anglais, *it's fair game*.

Le 21 juillet 2003, le diplomate américain Joe Wilson reçoit un coup de fil de Chris Matthews, animateur vedette de l'émission d'actualité « Hardball » sur la chaîne MSNBC, proche du Parti démocrate. Il l'appelle, raconte Wilson dans son livre *The Politics of Truth*, pour lui dire que la Maison-Blanche a décidé de lâcher les chiens contre sa famille et lui.

Le diplomate est devenu un ennemi irréductible du clan Bush, alors au pouvoir, parce que deux semaines auparavant, le 6 juillet 2003, il a publié dans le *New York Times* une tribune démontant un gigantesque mensonge de l'administration. Intitulé « Ce que nous n'avons pas trouvé en Afrique », l'article fait référence au discours sur l'état de l'Union, prononcé par le président américain devant le Congrès, le 28 janvier 2003, quelques semaines avant l'invasion de l'Irak. Le chef de la Maison-Blanche assurait que la Grande-Bretagne possédait des documents prouvant que l'Irak avait récemment tenté d'acheter de grandes quantités d'uranium au Niger. À l'en croire, ces différentes démarches signifiaient que Saddam Hussein n'avait pas arrêté son programme nucléaire militaire, comme il le prétendait, mais qu'il cherchait toujours à se doter de l'arme atomique. Et implicitement qu'il était légitime de le renverser. Ce qui sera fait deux mois plus tard.

Or, dans le *New York Times* du 6 juillet 2003, Wilson expliquait que, connaissant bien la région et parlant français, il avait été envoyé au Niger en 2002 par la CIA, justement pour enquêter sur cette affaire, et qu'il lui était très vite apparu que les documents en question étaient des faux grossiers et que toute cette affaire ne tenait pas debout – assertions qui se révéleront exactes. Publié au moment même où, trois mois après l'invasion de l'Irak, l'armée américaine et la CIA n'avaient toujours pas trouvé sur place la moindre trace d'un programme nucléaire, l'article ne pouvait être bien accueilli par l'entourage de George Bush. Mais l'un des proches du Président a franchi la ligne rouge.

Dans une chronique du 14 juillet 2003, le journaliste Robert Novak révèle que la femme de Wilson s'appelle Valerie Plame et qu'elle est employée par la CIA en tant qu'experte en armes de destruction massive. Quelque temps plus tard, on apprend qu'en réalité Valerie Plame est une NOC (*non-official cover*), un officier qui opère sans immunité diplomatique. Autrement dit, qu'elle est une espionne sans immunité et que la révélation qu'elle travaille pour la CIA peut la mettre en grave danger.

Joe Wilson reçoit l'appel de Chris Matthews une semaine après la chronique de Novak. Le journaliste de MSNBC l'informe de la colère de la Maison-Blanche contre lui. Pour preuve, il assure que, le matin même, lors d'un échange téléphonique, le conseiller politique de George Bush Karl Rove lui aurait dit : « La femme de Wilson, c'est *fair game* », « c'est de bonne guerre ». Autrement dit, la fuite sur Valerie Plame provient de la Maison-Blanche.

Les Wilson décident de porter plainte. La CIA aussi. Ils veulent connaître l'origine des divulgations et poursuivre leur(s) auteur(s). Une commission d'enquête est saisie. Elle identifie trois hauts responsables au sein de l'administration Bush : Lewis « Scooter » Libby, chef de cabinet du vice-président Cheney, Richard Armitage, secrétaire d'État adjoint, et Karl Rove. Mais, en dépit de toutes les poursuites engagées contre eux par la CIA et par les Wilson, aucun ne sera condamné pour avoir divulgué le nom d'un officier de la CIA non couvert par l'immunité diplomatique. Les juges estiment que les responsables de la fuite ignoraient que Valerie Plame était une NOC. Refusant d'étudier leur recours, la Cour suprême dit la même chose en 2009. L'avocate des victimes en conclut que « des citoyens tels que les Wilson, qui voient leur carrière détruite et leurs vies mises en danger par des officiels de l'administration cherchant à marquer des points politiques et à faire taire l'opposition, n'ont pas de recours ».

« Scooter » Libby sera condamné dans cette affaire, mais seulement pour obstruction à la justice et parjure. En 2007, il écope de trente mois de prison et de 250 000 dollars d'amende. Juste avant de quitter la

Maison-Blanche, George Bush annule la peine de prison. Et, en 2018, Donald Trump lève les dernières charges.

Valerie Plame, elle, quitte la CIA en 2006. Son livre ainsi que celui de son mari sont adaptés en 2010 au cinéma dans un film de Doug Liman, *Fair Game*, dans lequel Naomi Watts interprète son personnage, et Sean Penn celui de Joe Wilson. Elle signe désormais des romans d'espionnage avec une auteure à succès. Et, en 2019, elle s'est présentée, sous la bannière démocrate, à l'élection pour l'un des postes de représentant du Nouveau-Mexique au Congrès, mais elle a été battue à la primaire. *Fair game* ?

« Farewell »

En Union soviétique, les services de renseignement français n'ont jamais brillé par leur efficacité. Sauf une fois.

Le 19 juillet 1981, au sommet du G7 à Ottawa, François Mitterrand, qui vient tout juste d'être élu, demande à rencontrer son homologue américain, Ronald Reagan. Il souhaite l'entretenir d'une affaire de la plus haute importance. Accompagnés de leurs ministres des Affaires étrangères respectifs, Claude Cheysson et Alexander Haig, les deux chefs d'État se retrouvent en fin d'après-midi. François Mitterrand révèle à ses interlocuteurs médusés que la DST, le service français de contre-espionnage, a recruté une source très haut placée au sein du KGB soviétique. Il assure que Paris est prêt à partager avec la CIA la moisson de renseignements que cette taupe lui fournit, en échange d'une aide logistique à Moscou.

Reagan le remercie. Il comprend que le leader socialiste, qui vient de nommer quatre communistes, veut lui prouver que, sous sa présidence, la France demeurera solidement arrimée au camp occidental et une alliée indéfectible des États-Unis. Il entrevoit aussi que, pour gérer cette affaire au mieux, la DST a besoin de l'aide de la CIA à Moscou. Il accepte de collaborer à cette opération majeure de renseignement, qui sera bientôt considérée, des deux côtés de l'Atlantique, comme l'un des événements qui ont précipité l'effondrement de l'Union soviétique.

À la demande de Reagan, le vice-président George H. Bush, ancien patron de la CIA, reçoit, le 31 août suivant, dans sa résidence de Washington, le directeur de la DST, le très anglophone Marcel Chalet, qu'il connaît bien. Le Français lui apporte une cinquantaine de photocopies de documents top secret soviétiques fournis par la taupe. Ils prouvent que, depuis une dizaine d'années, le KGB s'est lancé, avec succès, dans une entreprise sans précédent de pillage des technologies militaires occidentales.

Les espions de la ligne X du KGB ont volé des données cruciales concernant, notamment, les têtes nucléaires du missile M4 équipant les sous-marins français, le moteur des missiles de croisière américains et le radar qui équipe les avions de combat F16, radar que les Soviétiques se sont empressés de copier et d'installer sur leurs MiG et leurs Soukhoï. Bush est estomaqué. L'opération française « est la première percée significative de l'Ouest derrière le rideau de fer », dit-il à Chalet.

Celle-ci commence à bas bruit une douzaine d'années plus tôt, par une histoire d'amitié. À la fin des années 1960, le responsable de l'URSS à la direction commerciale de Thomson-CSF, Jacques Prévost, entretient d'excellentes relations avec son principal interlocuteur soviétique, un certain Vladimir Vetrov, ingénieur au Comité d'État pour l'électronique. Volodia, le petit nom de Vetrov, est un bon vivant qui adore la France, sa langue, qu'il a apprise, assure-t-il, grâce à une nounou française, son vin et ses cabarets. Un jour, l'inspecteur à la section URSS de la DST Raymond Nart va voir Prévost. Il lui explique que Vetrov est évidemment un officier du KGB dont il suit discrètement la carrière depuis qu'il a été en poste à Paris, quelques années plus tôt. Il demande au responsable de Thomson de bien vouloir le tenir informé de ce que Vetrov lui dit. Prévost accepte, à condition que cela n'ait aucune conséquence fâcheuse sur ses affaires à Moscou, où, en partie grâce à l'officier du KGB, il a réussi à convaincre les autorités soviétiques d'adopter le standard français de télévision SECAM.

Nart a une bonne intuition. Vetrov, qui a alors une trentaine d'années, confie à Prévost de plus en plus ouvertement ses déceptions vis-à-vis du système soviétique. En 1970, un incident les rapproche encore. Le Russe vient voir Jacques à son bureau, en pleurs. Il le supplie de l'aider. En sortant un peu ivre d'une boîte de nuit parisienne, il a fait une fausse manœuvre avec la 404 qu'il conduisait et heurté un poteau. Or, il s'agit d'une voiture de l'ambassade soviétique et il n'a pas demandé l'autorisation de s'en servir. Il risque d'être rappelé à Moscou et sévèrement sanctionné. Prévost arrange l'affaire de Volodia grâce à un copain garagiste qui redresse discrètement la carrosserie. Le lien de confiance entre Jacques et Volodia est scellé. Il sera très utile à la DST.

Les couples Vetrov et Prévost deviennent intimes. De 1971 à 1973, ils dînent régulièrement ensemble à Paris et à Moscou, y compris dans l'appartement privé du prétendu ingénieur. Un jour, après une autre soirée bien arrosée, le Russe sort sa carte du KGB, l'exhibe à son ami français et lance : « Je suis lieutenant-colonel du KGB et je ne gagne que 600 roubles par mois. » Prévost rapporte cette complainte à Raymond Nart, qui la note soigneusement dans le dossier qu'il a ouvert sur Vetrov, en ajoutant que cet officier du KGB a un « goût prononcé pour le mode de vie occidental ».

Puis Jacques et Volodia se perdent de vue. Après un passage éclair à Montréal, Volodia se retrouve en 1975 à Moscou, à Iassenevo, le QG de l'espionnage extérieur, à la section « avions et espace » de la direction T (sciences et technologie) du KGB. Il est chargé de la documentation – un placard. On l'a mis là, parce qu'au Canada il a eu la mauvaise idée de mettre en dépôt des bijoux de sa femme dans une bijouterie. La boutique a été cambriolée. Et les services secrets canadiens ont sauté sur l'occasion. Ils ont grassement indemnisé Vetrov pour les bijoux volés, puis lui ont demandé de leur fournir quelques documents secrets. Le Soviétique a pris l'argent mais refusé de collaborer. Un collègue l'a su et l'a dénoncé. Vetrov a été immédiatement rappelé à Moscou. Là, on l'interroge, on le file, puis on le jette aux oubliettes au service de documentation de la direction T, comme technologie.

Or, le lieu n'est certes pas glamour, mais il est stratégique : c'est le « point d'aboutissement du pillage réalisé par les Soviétiques en Occident », écrivent Raymond Nart et Jacky Debain dans l'ouvrage qu'ils lui ont consacré, *L'Affaire Farewell* (Nouveau Monde, 2013).

Fin 1980, alors qu'il s'ennuie ferme depuis cinq ans et enrage de ne pas être employé à sa juste valeur, Vetrov décide de passer à l'action. Il écrit une carte postale à son ami Jacques Prévost, qu'il n'a pas vu depuis sept ans. Il sollicite un contact téléphonique. C'est un proche de sa femme, un chanteur d'opéra, qui poste la missive de Budapest, ville du bloc soviétique beaucoup moins surveillée que Moscou, où l'artiste va se produire. Après tant d'années, le Français est perplexe et laisse traîner. Volodia lui écrit une seconde carte, toujours postée de Budapest. Cette fois, il assure qu'il s'agit d'« une question de vie ou de mort ».

Prévost prévient Raymond Nart, qui, entre-temps, a pris la direction de la division URSS de la DST. Le contre-espion ouvre son dossier Vetrov, qu'il a peu oublié, et retrouve la mention : « goût prononcé pour le mode de vie occidental ». Et si l'officier du KGB voulait faire défection ? Il faut le rencontrer. Mais comment ? Prévost conseille de faire appel à son successeur à la direction URSS de Thomson, Xavier Amiel, qui accepte de prendre contact avec Vetrov. L'opération est à ce point risquée que les rares personnes mises dans la confidence à Paris surnomment Amiel « le trapéziste », puisqu'à Moscou il ne bénéficie d'aucune protection diplomatique, d'aucun filet susceptibles de le protéger. Il peut donc être arrêté et jeté en prison. Mais le jeu en vaut la chandelle.

Dès qu'il arrive à Moscou, Amiel appelle le numéro écrit sur la carte postale et fixe rendez-vous à Vetrov pour le lendemain, 5 mars 1981, dans un magasin Beriozka. À peine arrivé, Vetrov dit qu'il n'en peut plus du système, qu'il ne veut pas faire défection, pas maintenant en tout cas, mais se venger du KGB, qui a ruiné sa carrière. Pour le prouver, il donne à Amiel un classeur ultrasecret de deux cents pages. Il s'agit du plan de recherche de la VPK, la commission centrale du complexe militaro-industriel soviétique, autrement dit la liste de tous les objectifs fixés aux espions du KGB concernant les systèmes d'armes occidentaux, et les résultats. Il livre ainsi à la fois les cibles et, en creux, les déficiences de l'industrie soviétique de l'armement.

Vetrov demande à Amiel de photocopier le document et de le lui rendre au même endroit dans vingt-quatre heures. « La prochaine fois, dit-il, vous en aurez plus... on peut faire beaucoup plus. » Et, de fait, au cours des six rencontres suivantes, Vetrov remet à Amiel une grande quantité de documents secrets que le Français devra photocopier le soir même à son bureau après le départ du personnel.

À Paris, on n'en revient pas. Jamais un service secret français n'avait récolté une telle moisson à Moscou. Marcel Chalet, le patron de la DST, est ravi. Il donne lui-même un nom de code à la taupe. Il choisit « Farewell ». Il explique longuement ce choix dans *Les Visiteurs de l'ombre*, un livre d'entretien avec Thierry Wolton.

« Il m'est immédiatement venu à l'esprit de donner à notre source et, à travers elle, à notre opération un nom de code qui n'évoque pas la France, raconte-t-il. J'ai pensé à *farewell*, un mot anglais qui, selon la manière dont on l'écrit, peut avoir deux significations. En deux mots (*fare well*), cela veut dire "portez-vous bien" ou même, dans un sens poétique ancien, "faites un bon voyage". C'est bien ce que nous souhaitions à notre homme à Moscou, du fond du cœur. Mais si on l'écrit sans trait d'union (*farewell*), cela signifie "adieu", c'est le mot qui évoque le passé. » Chalet ajoute : « Vu par un service de contre-espionnage adverse, inquiet de percer l'identité de cette source mystérieuse dont il aurait par malheur appris l'existence, il pouvait alors s'agir d'une affaire achevée, ce qui pouvait freiner ses ardeurs à décrypter le pseudonyme. Dans mon esprit, il ne pouvait s'agir que de *fare well*, mais nous l'avons écrit "*farewell*" afin de désigner aux yeux de nos adversaires une source probablement britannique ou américaine, ayant cessé de produire. Cela peut paraître naïf, mais pourquoi ne pas mettre un peu de candeur dans le monde glacé du contre-espionnage ? »

Jugeant la position d'Amiel trop risquée, Chalet demande au chef des armées de le remplacer par un officier en poste à Moscou, qui jouit de la couverture diplomatique. Ce sera l'attaché militaire adjoint à Moscou Patrick Ferrant, « Pierre », pour Vetrov. Les deux hommes se rencontrent pour la première fois le 29 mai 1981. Entre eux, le courant passe bien. Mais l'opération ne peut continuer ainsi, de façon si peu professionnelle. Faire sortir du KGB des documents hautement classifiés, les remettre à un officier étranger pour les replacer le lendemain est un jeu qui ne peut pas durer très longtemps. Après la rencontre Bush-Chalet, la CIA propose une solution.

Les hommes de Langley ont mis au point un appareil photo miniature de la taille d'une petite gomme. Il est doté d'un microfilm spécial qui peut prendre cent clichés, même sans beaucoup de lumière. Vetrov en reçoit un avec lequel il photographiera des centaines de documents ultrasecrets. Tous ne proviennent pas de son unité. Il est l'amant de la chef du département traduction de la même division T, Ludmilla Otchkina, qui a accès à d'autres documents que lui. Elle accepte de l'aider et de lui sortir certains dossiers top secret pour lesquels il n'est pas habilité. La CIA fournit aussi des planques à Moscou pour les rencontres entre le Russe et Patrick Ferrant, dont elle assurera la sécurité en veillant à ce que ni Vetrov ni son traitant n'aient été suivis par le KGB.

C'est ainsi que, selon Marcel Chalet, « Farewell » donnera à la DST 2 997 documents du KGB et l'identité de 215 officiers du KGB chargés de l'espionnage technologique dans le monde. Il révélera aussi que, rien que pour l'année 1980, la commission soviétique de l'armement a fixé pas moins de 3 617 tâches d'acquisition au KGB !

Et puis, un jour, le 23 février 1982, Vetrov ne se rend pas au rendez-vous fixé à l'avance avec « Pierre », ni aux suivants. Il disparaît. Plus tard, les hommes de la DST apprendront que la veille du 23 février un drame est survenu. Le soir, « Farewell » et sa maîtresse, Ludmilla, à laquelle la DST a offert un manteau de fourrure synthétique, se disputent dans sa voiture. Un officier du KGB frappe à la fenêtre du véhicule. Alors, pour une raison qui ne sera jamais clairement élucidée, « Farewell » sort un couteau, poignarde à mort le guébiste, blesse sévèrement Ludmilla et s'enfuit. Puis il revient sur les lieux et est arrêté par la police. Le juge ignorant tout de sa trahison, il est condamné à « seulement » douze ans de prison pour meurtre. Il se retrouve dans un camp pour détenus de droit commun à Irkoutsk. Mais, au bout de quelques semaines, il est rapatrié à Moscou et jeté dans une cellule de Lefortovo, la prison du KGB.

La suite sera racontée aux Américains, plusieurs années plus tard, par le vrai-faux transfuge du KGB Vitaly Iourtchenko, qui a été un temps chargé de l'enquête sur Vetrov. Selon lui, le KGB aurait appris la collaboration de Vetrov avec les services français grâce à une lettre à sa femme dans laquelle il se serait trahi. Pour d'autres, il aurait été donné par une taupe du KGB au sein de la CIA. Quoi qu'il en soit, il est exécuté d'une balle dans la tête le 23 janvier 1985.

L'opération « Farewell » aura des conséquences considérables. Grâce aux renseignements qu'il a fournis, la CIA découvre les circuits d'approvisionnement de l'industrie gazière soviétique. Elle décide d'infecter les ordinateurs qui contrôlent le gazoduc en construction qui doit relier la Sibérie à l'Europe et d'en piéger les valves. Si bien qu'en juin 1982 les Américains parviennent à détruire – provisoirement – le gazoduc par la plus grande explosion non nucléaire de l'histoire. C'est du moins ce qu'affirme, en 2004, l'ancien secrétaire à l'Aviation de Reagan, Thomas Reed, dans *At the Abyss*. Sa thèse ne sera jamais confirmée par la CIA et sera toujours démentie par les Russes.

Toujours est-il que, grâce à « Farewell », l'opération de pillage technologique des Soviétiques est stoppée net. Les autorités des pays occidentaux ont, en effet, décidé d'expulser en même temps, le 5 avril 1983, plus de deux cents officiers du KGB, dont quarante-sept en France. Du jour au lendemain, tout le réseau de collecte des secrets technologiques est démantelé. L'Union soviétique ne peut plus suivre l'Amérique dans la course aux armements. La victoire posthume de Vladimir Vetrov, que le conseiller à la Sécurité de Ronald Reagan qualifiera d'« accélérateur d'histoire ».

Voir : Chalet, Marcel ; Iassenevo.

Felfe, Heinz

Il est l'agent double qui a fait le plus de dégâts en République fédérale d'Allemagne. Comme Philby au MI6 et Ames à la CIA, il est le traître parfait : il dirigeait le département de lutte contre le KGB au sein du BND, le service de renseignement ouest-allemand – tout en étant une taupe des Soviétiques...

Si Philby trahit pour des raisons idéologiques, et Ames pour de l'argent, Felfe a plusieurs motivations : l'argent, lui aussi, qui lui permet de mener grand train, mais également son ego démesuré. « Je voulais faire partie de la crème de la crème du KGB », écrit-il dans ses Mémoires publiés en 1986 en allemand, *Im Dienst des Gegners* (« Au service de l'ennemi »). Et puis il est l'un de ces officiers allemands venant de Dresde qui ont fait allégeance à Moscou par haine des Américains et des Britanniques, ceux-ci ayant rasé leur ville, en février 1945, avec des bombes incendiaires causant la mort de plus de vingt-cinq mille personnes.

Heinz Felfe est un personnage méprisable à plus d'un titre. Né à Dresde en 1918, il adhère très jeune aux jeunesses nazies, avant même la prise du pouvoir par Hitler. Dès ses 18 ans, il devient membre de la SS et l'un des gardes du corps des personnalités du régime national-socialiste.

Pendant la guerre, il rejoint le service de renseignement de la SS (la SD), qui l'envoie en Suisse écouler des livres britanniques contrefaites.

Capturé en 1945 par les Britanniques, il apprend l'anglais dans un camp de prisonniers de guerre. Bien qu'il soit encore catalogué comme « nazi ardent », il est recruté à 27 ans par le MI6, qui lui donne comme mission de chercher des renseignements sur les communistes dans les universités de Cologne et de Bonn. Mais, au bout de quelques mois, les Britanniques le renvoient, soupçonnant qu'il est un agent double au service du KGB.

Il est tout de suite récupéré par l'organisation Gehlen. Il s'agit du service de renseignement ouest-allemand créé par les États-Unis juste au sortir de la guerre. Les Américains en ont confié la direction à Reinhard Gehlen, un général de la Wehrmacht qui a dirigé le contre-espionnage militaire sur le front de l'Est. Les États-Unis entendaient profiter de son expérience de contre-espionnage en Russie et dans les pays limitrophes pour infiltrer les services secrets soviétiques.

Felfe grimpe très vite les échelons de la Gehlen Org, transformée en BND en 1956. Et pour cause, sa carrière très rapide est organisée par le KGB afin que l'ancien nazi, nom de code « Paul » à la Loubianka, soit vite considéré comme le meilleur agent ouest-allemand contre l'Union soviétique. Il lui invente des sources qui lui « fournissent » des renseignements suffisamment précis pour impressionner les supérieurs de Felfe.

Felfe assure notamment avoir recruté un colonel de l'Armée rouge qui aurait lui-même tissé un vaste réseau d'espionnage à Moscou au profit de la Gehlen Org. Et pour preuve de la qualité de ses sources, il établit un plan extrêmement précis du QG du KGB à Karlshorst. « On distinguait les moindres détails, jusqu'aux places de parking et aux cabinets de toilette utilisés par chaque officier », écrivent Christopher Andrew et le transfuge Oleg Gordievsky dans leur somme, *Le KGB dans le monde*. Ils ajoutent : « L'opération "Karlshorst" (baptisée "Diagramme") donna naissance à cinq épais volumes remplis de dessins représentant la disposition intérieure de chaque bureau, des croquis des personnalités et d'annuaires téléphoniques internes. » Toutes ces données, totalement inventées, permettent à Felfe d'asseoir sa crédibilité au sein du BND.

Selon un rapport de la CIA datant de 1963 et déclassifié en 2005, Felfe a profité de sa position pour livrer quatre-vingt-quatorze noms d'officiers du BND en poste à l'étranger. Il a aussi permis au KGB de saboter toutes les opérations de pénétration entreprises par l'organisation Gehlen et le BND en Union soviétique. Plus grave encore : il a livré aux Soviétiques des copies de rapports du BND destinés au chancelier Adenauer. Et, après son arrestation, on a découvert à son domicile trois cents microfilms.

C'est le transfuge polonais Michal Goleniewski qui livre, en 1961, le nom de Felfe à la CIA, en même temps que celui de George Blake. En 1963, Felfe est condamné à quatorze ans de prison. « Quelque temps après, écrit l'ancien ambassadeur soviétique à Washington Anatoly Dobrynine, Youri Andropov [futur numéro un soviétique] devient patron du KGB. Il désigne Felfe – ainsi que Philby, Blake et Vassall – comme le type d'agent dont le recrutement est absolument nécessaire afin que les dirigeants soviétiques demeurent informés des évolutions de la politique étrangère occidentale. »

Felfe ne reste que six ans en prison. En 1969, il est échangé contre une quinzaine de prisonniers politiques et trois étudiants allemands accusés d'espionnage en Union soviétique. Il revient à Berlin-Est et devient professeur de criminologie à l'université Humboldt.

L'ancien SS est mort à Berlin, en 2008, deux mois après que le SVR (l'ex-KGB) l'a félicité pour son 90e anniversaire.

Voir : Ames, Aldrich ; Blake, George ; Philby, Harold « Kim » ; Pullach.

Fisher, Willie, alias Abel, Rudolf

Il ne faut jamais croire l'histoire officielle d'un espion.

Après son arrestation à New York en 1957, le Russe Rudolf Abel est présenté, aux États-Unis et en Union soviétique, comme un super-espion du KGB, le dernier des grands « illégaux » en poste en Amérique. Même le patron de la CIA de l'époque, le célèbre Allen Dulles, est admiratif. « J'aurais aimé en avoir trois ou quatre comme lui à Moscou », confie-t-il à l'avocat d'Abel.

Le personnage acquiert le statut de légende quand il est l'objet du premier troc médiatisé d'agents secrets sur un point de passage bientôt surnommé le « pont des espions ». En 1962, il est échangé contre le pilote américain d'un U2 abattu au-dessus de l'Union soviétique, Francis Gary Powers. Le transfert se déroule au-dessus de la rivière Havel, sur le pont de Glienicke, reliant Berlin-Ouest à Potsdam côté Est – un épisode de la guerre froide raconté en 2015 dans l'excellent film de Steven Spielberg *Le Pont des espions*.

Le mythe de l'infaillibilité de Rudolf Abel, Willie Fisher de son vrai nom, a couru pendant des décennies, entretenu par la propagande soviétique. Jusqu'à ce qu'en 1999 le grand historien du renseignement, professeur à Cambridge, Christopher Andrew, publie une somme intitulée *Les Archives Mitrokhin*, du nom de cet ancien du KGB qui, en 1992, a fui Moscou pour Londres en emportant des milliers de documents secrets, dont plusieurs rapports internes sur Willie Fisher, alias Mark, alias Emil Goldfus, alias Rudolf Abel.

Andrew révèle que les patrons de l'« illégal » étaient fort mécontents de lui, qu'ils considéraient sa mission à New York comme un échec complet, et son arrestation comme le résultat de multiples manquements à la discipline. Mais la Loubianka n'a rien dit à l'époque, estimant que la publicité favorable en faveur d'un espion soviétique était un instrument de propagande inespéré en Amérique et dans le reste de l'Occident. Si bien qu'à Moscou « le mythe de maître espion a remplacé la réalité prosaïque », résume Andrew.

Lorsqu'il a cherché quels étaient les exploits de Rudolf Abel, l'écrivain Nathan Ward a eu beaucoup de mal à en trouver. « À son procès, Fisher sera présenté comme une menace pour le monde libre et pour la civilisation », ironise-t-il dans sa biographie au titre explicite *The Amateur*. « Il serait plus juste de l'envisager comme le Forrest Gump du renseignement extérieur soviétique. La plupart des Américains qui ont eu affaire à lui ont décidé qu'il était “brillant” et il est vrai qu'il parlait cinq langues et qu'il s'amusait tout seul pendant des heures avec des tables de logarithmes et d'anciens numéros de la revue de l'Académie des sciences. Mais cela ne l'a pas mené loin. Sa chance, si. Il était un homme doux, stoïque, généreux, bien trop naturellement bon pour le métier qu'il exerçait, qui a chevauché sa chance au milieu de cette terrible moitié du XXe siècle directement jusqu'à son refuge, le pénitencier d'Atlanta. »

Vilyam « Willie » Fisher est le seul officier de renseignement soviétique né en Grande-Bretagne. Il voit le jour en 1903 à Newcastle upon Tyne, dans le nord de l'Angleterre. Son père, issu de la minorité allemande de Russie, est un ancien compagnon de Lénine, qui a fui l'empire tsariste en 1901. En 1920, la famille émigre à Moscou. Si bien que, très vite, « Willie » parle couramment trois langues. Tout naturellement, il devient traducteur au Komintern, l'Internationale communiste. Puis, après son service militaire comme opérateur radio, il est recruté en 1927 par l'INO, un des ancêtres du KGB. Pendant dix ans, il est l'opérateur radio de stations des services secrets, d'abord en Norvège, puis en Turquie, en Grande-Bretagne et en France.

Lors des grandes purges, il ne s'attend pas à être épargné. Tout conduit à son exécution sommaire. Sa double nationalité, ses multiples langues, les tendances trotskistes de sa sœur. Mais la Seconde Guerre mondiale éclate et l'armée a désespérément besoin d'opérateurs radio. Il forme les unités envoyées derrière les lignes allemandes. Puis devient le chef radio et le protégé de Pavel Soudoplatov, un haut responsable du NKVD (un autre ancêtre du KGB), chargé des actions de sabotage contre la Wehrmacht et qui, avant guerre, avait été le grand ordonnateur de l'exécution de Léon Trotski.

En 1946, sur le conseil et l'appui de Soudoplatov, Fisher entre à la direction des « illégaux », à laquelle il prête serment en 1948 : « Je préfère mourir que de trahir les secrets que l'on m'a confiés. À chaque battement de mon cœur, chaque jour qui passe, je jure de servir le Parti, la patrie et le peuple soviétique. » On l'envoie en Californie créer un réseau d'agents au Brésil, en Argentine et au Mexique. « Ils se faisaient passer pour des immigrants tchèques, raconte Soudoplatov dans ses Mémoires. Ils notaient les envois de matériel militaire et de munitions, embarqués dans les ports du Pacifique à destination de l'Extrême-Orient. » Fisher recrute aussi des immigrés allemands sur la côte ouest, chargés de commettre le cas échéant des sabotages aux États-Unis.

Il rentre à Moscou quelques mois plus tard. On décide de le nommer « résident illégal », c'est-à-dire chef local du KGB sans couverture diplomatique, aux États-Unis, où tous les réseaux importants ont été démantelés. Sa tâche est cruciale : il doit relancer l'espionnage atomique. Pour souligner l'importance que les dirigeants soviétiques accordent à sa mission, il est invité à dîner par l'ancien ministre des Affaires étrangères, celui qui, dix ans plus tôt, a signé le pacte de non-agression avec Hitler, Viatcheslav Molotov.

Fisher arrive à New York après un long périple, via la Tchécoslovaquie, la Suisse, la France et le Québec, durant lequel il change trois fois d'identité. À Manhattan, il dit s'appeler « Emil Goldfus ». C'est le nom d'un bébé né en 1926 et mort quatorze mois plus tard. Le père de l'enfant était allemand et peintre en bâtiment. Si bien que, selon la légende concoctée à la Loubianka, son fils Emil (en réalité Willie Fisher) a suivi l'exemple paternel et s'est installé comme artiste peintre dans un studio à New York. Fisher, alias Emil Goldfus, est plutôt doué pour la peinture. Il observe les productions des artistes locaux, et sa technique s'améliore au point de devenir un peintre conventionnel d'un bon niveau.

Après qu'il a établi sa légende, Moscou lui confie le contrôle d'un groupe d'agents qui n'a plus d'officier traitant, le dernier ayant fait défection à l'Ouest. Le plus important est un physicien atomiste, Ted Mall, qui a fourni des renseignements notables concernant les travaux sur la bombe atomique au laboratoire de Los Alamos. Mais il ne veut plus collaborer. Et Fisher ne parvient pas à en recruter d'autres. Le colonel du KGB échoue dans sa mission : recréer un vaste réseau d'espionnage aux États-Unis, à l'instar de ceux des années 1930 et 1940 montés par de grands « illégaux », tels Arnold Deutsch, alias Otto, et Richard Sorge, qui ont fait la gloire des services secrets soviétiques.

L'échec de Fisher-Goldfus est d'autant plus cuisant que son assistant radio, un certain Hayhanen, fait défection à l'ambassade des États-Unis à Paris en mai 1957. Le Centre à Moscou apprend vite la nouvelle et ordonne à Fisher de fuir. Il se cache un temps en Floride, puis revient à New York, où il s'installe dans un hôtel. Selon les archives de Mitrokhin, Fisher aurait désobéi en restant aux États-Unis, préférant, sans doute, continuer sa modeste carrière de peintre de ce côté-ci de l'Atlantique plutôt que de goûter aux joies du goulag.

En tout cas, le prétendu Emil Goldfus est arrêté dans son hôtel par le FBI le 21 juin 1957. Il invente une histoire à dormir debout afin de cacher sa véritable identité. « Mon vrai nom est Rudolf Abel, écrit-il dans une déclaration au FBI. Je suis un citoyen russe ; j'ai trouvé une forte somme d'argent en dollars dans une maison en ruine en Russie ; puis j'ai acheté un faux passeport américain au Danemark... » Abel est, en réalité, le vrai nom d'un autre « illégal » avec lequel il a vécu et qui est mort des années plus tôt.

Fisher-Abel-Goldfus n'avouera jamais être un officier du KGB. Et, pendant très longtemps, Moscou niera aussi. Mais le FBI n'est pas dupe. Dans sa chambre d'hôtel, les enquêteurs ont trouvé un livre de code de deux cent cinquante pages en russe, un microfilm contenant des messages codés cachés dans un stylo et la clé d'un coffre-fort où étaient entreposés 15 000 dollars en liquide...

Et puis un officier du FBI se souvient que, quelques années plus tôt, son fils lui a remis une pièce de 25 cents creuse, qu'il a découverte non loin de chez Fisher. Une drôle de pièce. Sans le faire exprès, le gamin l'avait laissée tomber, ses côtés s'étaient décollés et un tout petit rouleau de papier en était sorti, une espèce de message crypté composé de plusieurs lignes de chiffres. Consciencieux, l'officier a conservé le tout. Après l'arrestation de l'espion, les décodeurs du FBI ont réussi à le déchiffrer : il s'agissait d'un mot de bienvenue à l'attention de Fisher de la part de son assistant radio, Hayhanen, celui qui le trahira.

On désigne d'office un avocat à Fisher. Il s'agit de James Donovan, qui a été conseiller juridique de l'OSS, le précurseur de la CIA, puis procureur assistant au procès de Nuremberg. Il travaille désormais dans un cabinet spécialisé dans la défense de compagnies d'assurances. Les deux hommes sympathisent. L'avocat observe avec admiration les talents cachés de Rudolf Abel (il ne connaîtra son vrai nom que des années plus tard). « Il pouvait discuter de théorie musicale ou de mathématiques pendant des heures, écrit son biographe, deux matières qu'il a apprises tout seul. Il jouait avec émotion de la guitare classique et était un peintre passable. »

Le procureur, lui, n'a aucune tendresse pour Fisher. Il demande la mort. Il est sur le point de l'obtenir quand l'avocat Donovan avance au juge un argument décisif pour le conserver en vie. « Il est possible que, dans un futur prévisible, un Américain d'un rang équivalent soit capturé par l'Union soviétique ou l'un de ses alliés, dit-il. À ce moment-là, un échange de prisonniers sera probablement considéré comme étant de l'intérêt des États-Unis. » Et c'est ainsi qu'Abel échappe à la peine capitale pour être condamné à trente ans de prison.

Donovan est néanmoins frappé par le « mystérieux calme » de l'espion quand cet homme de 55 ans entend la sentence qui l'emmure, de fait, en prison jusqu'à sa mort. Il faut dire que, selon un autre biographe de Fisher, Vin Arthey, l'« illégal » se sent des affinités avec le héros lunaire du film de Jacques Tati *Les Vacances de M. Hulot*, qu'il a vu quelques années plus tôt.

En tout cas, l'idée de Donovan se révèle judicieuse. Quatre ans plus tard, en 1961, un pilote américain d'un avion espion U2, un certain Francis Gary Powers, est abattu au-dessus de l'Union soviétique et condamné à dix ans de prison. Après de très longues négociations, Donovan obtient que son client soit échangé contre Gary Powers (et un étudiant américain emprisonné à Berlin-Est).

À la Loubianka, l'opération de troc reçoit un nom de code : « Lyutentsia ». Pour la surveiller, Moscou mobilise plusieurs unités. Un groupe du KGB est envoyé clandestinement à Berlin-Ouest pour vérifier d'éventuels mouvements de troupes américaines près du pont. Et le jour J, le 10 février 1962, une autre équipe du KGB lourdement armée se cache dans le bureau du service des douanes est-allemand installé à l'entrée du pont, au cas où. Mais tout se déroule comme prévu, sans heurt.

Après l'échange, le procureur du procès de Willie Fisher ironise : « Nous avons donné un homme extrêmement précieux contre un simple pilote. » Une remarque cinglante et « stupide », selon Giles Whittell, l'auteur de *The Bridge of Spies* (Broadway Books, 2010 et « Le Pont des espions », en français) : Powers, explique-t-il, n'est pas un « simple pilote », il a suivi une formation particulièrement rigoureuse et a accepté de prendre des risques considérables. Mais, aussi inepte soit-elle, la déclaration du procureur rehausse le prestige de Willie Fisher, alias Emil Goldfus, alias Rudolf Abel, dont Moscou va profiter.

L'espion retrouve sa femme et sa fille à Berlin-Est, où ils passent quelques jours avant de rentrer à Moscou. Il récupère son grade de colonel du KGB, à la section des « illégaux ». Mais on ne lui donne pas de bureau et on le prive de son identité. Pour la propagande, on l'autorise à faire des conférences dans les écoles et à donner des interviews très contrôlées dans les pays du bloc soviétique, mais toujours sous le nom qui l'a rendu célèbre dans le monde entier, Rudolf Abel. Si bien que, amer, il répète à ses proches : « Je suis devenu un objet de musée. »

Il subit une autre déception. Lorsque Robert Kennedy apprend qu'en prison Fisher a peint un portrait de son frère, le président Kennedy, il cherche à le récupérer pour l'accrocher à la Maison-Blanche. Il adresse une requête à l'ambassade de Russie à Washington, qui transmet à la Loubianka. Craignant un piège, celle-ci refuse. Bobby Kennedy n'insiste pas.

« Willie » Fisher meurt en 1971. Il est enterré au cimetière de Donskoi, cette fois sous son vrai nom. Mais quand, vingt ans après, le KGB édite un timbre à son effigie et quand, en 1999, son successeur (le SVR) imprime un livre consacré à ses peintures, il n'est question que de… Rudolf Abel, jamais de « Willie » Fisher.

Voir : Glienicke, Pont de ; Illégal ; Légende ; Mitrokhin, Archives ; Sorge, Richard.

Fleming, Ian

Nous n'aurions sans doute jamais entendu parler ni de James Bond ni de son créateur, Ian Fleming, si le magazine *Time* n'avait eu l'idée de demander au président Kennedy, tout juste installé à la Maison-Blanche, quels étaient ses dix livres préférés.

Jusque-là, les romans de Fleming n'avaient connu qu'un succès mitigé, des tirages assez importants, mais une critique littéraire désastreuse. Son compatriote David Cornwell, alias John le Carré, a, par exemple, qualifié ses livres de « pornographie culturelle » et son héros de « criminel autorisé qui, au nom d'un faux patriotisme, commet des crimes horribles ». Plus charitable, le grand auteur de polars, son ami, Raymond Chandler, l'encourageait sans cesse à améliorer son style, qu'il jugeait « médiocre ».

Et voilà que, dans l'édition du 17 mars 1961 de *Time*, le charismatique JFK classe *Bons Baisers de Russie*, publiés par Fleming quatre ans auparavant, parmi ses dix ouvrages de chevet juste derrière… *Le Rouge et le Noir* de Stendhal. Une formidable reconnaissance pour 007 et son créateur – et une publicité inespérée.

L'industrie cinématographique britannique saisit l'aubaine et accélère l'adaptation d'un autre roman de Fleming qui peine à sortir des cartons. Et, l'année suivante, en 1962, le film de Terence Young *James Bond 007 contre Dr No*, le premier de la série, sort sur tous les écrans du Royaume-Uni. Le succès est considérable, qui s'exporte dans le monde entier. Comme les adaptations suivantes, *Bons Baisers de Russie* et *Goldfinger*, qui triomphent en 1963 et 1964. Si bien qu'en pleine guerre froide le personnage caricatural d'agent secret de Sa Gracieuse Majesté, imaginé dix ans plus tôt par le journaliste Ian Fleming, à partir d'épisodes de sa propre vie et de son imagination débordante, devient, du jour au lendemain, une légende planétaire.

Grâce à son héros, Fleming se réveille, à 54 ans, star mondiale, presque aussi célèbre et adulé que les Beatles, dont la gloire ne cesse d'enfler, elle aussi – et un homme plus riche encore qu'il ne l'est déjà, grâce à sa famille. À sa mort, deux ans plus tard, ses livres se seront vendus à plus de 30 millions d'exemplaires (c'est plus de 100 millions aujourd'hui). Et, selon son biographe Andrew Lycett, afin de faire fructifier la marque Bond, les héritiers de Fleming auront, dès 1965, accordé cent quarante-huit licences pour fabriquer des colifichets à l'effigie de 007, des puzzles, des jouets, des vêtements et même un déodorant !

À sa mort, on ignore à quel point Ian Fleming est un personnage bien plus intéressant que son héros. Pendant la guerre, ses exploits ont été nombreux, mais demeurent classés « secret-défense ». Ce n'est plus le cas. Son biographe a consulté les archives militaires. Il y a découvert que le capitaine de corvette Fleming a joué un rôle de premier plan dans la guerre secrète des Alliés contre l'Allemagne nazie.

Le créateur de James Bond est né en 1908 dans une famille de patriciens de l'Empire britannique, des Écossais qui ont fait fortune dans la banque d'affaires. Son père, tué en 1917 sur le front en France, était député et un ami intime de Winston Churchill. Sa mère connaît le Tout-Londres politique, artistique et médiatique. Le jeune Ian, qui a sauté sur les genoux de plusieurs futurs Premiers Ministres, dont Anthony Eden, est plus doué pour le sport, les beuveries et le sexe que pour les études. Comme toute jeunesse dorée du royaume, il skie à Megève, golfe à Genève et entre à Eton, le collège favori de l'aristocratie britannique. Mais ses extravagances, ses conquêtes et ses voitures de sport font désordre. Il est discrètement envoyé au Collège militaire royal, dont il est exclu au bout de quelques mois à cause d'une chaude-pisse. Désespérée, sa mère veut en faire un diplomate, l'inscrit dans des écoles ultrachics en Allemagne et en Autriche. Il y apprend l'allemand et le français, mais rate le concours du Foreign Office. Elle lui trouve alors un job à l'agence de presse Reuters, où il fera merveille.

Multilingue, il devient grand reporter. En 1936, alors qu'il n'a que 28 ans, on l'envoie à Moscou couvrir le procès de six ingénieurs britanniques. Il n'en revient pas avec une interview de Staline, comme espéré, mais avec des préservatifs soviétiques, qu'il confiera à des amis du

SIS qui souhaitent connaître la fiabilité de ce caoutchouc, et donc des pneus de l'Armée rouge.

Au début de la Seconde Guerre mondiale, en mai 1939, le journaliste baroudeur rejoint tout naturellement le monde de l'espionnage. Il devient l'assistant personnel du contre-amiral John Godfrey, le directeur de la Naval Intelligence (DNI), le service de renseignement de la marine. Il le restera jusqu'à la capitulation allemande. Le capitaine de corvette Fleming occupe un poste stratégique : il est le principal collaborateur de Godfrey, il l'assiste dans toutes les réunions ultrasecrètes, y compris à l'étranger, et lui propose des opérations secrètes.

Dans un mémo de septembre 1939 qui entrera dans l'histoire du renseignement, il liste une série de mesures destinées à leurrer puis à détruire les sous-marins allemands, les U-Boote, qui sèment la terreur dans l'Atlantique et compromettent l'approvisionnement du Royaume-Uni en provenance des États-Unis. L'une des idées est de glisser de faux plans secrets dans les vêtements d'un soldat mort, « qui devra être un cadavre frais », précise-t-il. Elle n'est pas utilisée dans la guerre contre les U-Boote, mais sera reprise en 1943, avec succès, dans l'opération « Mincemeat », qui fera croire aux nazis qu'un débarquement américain aura lieu en Grèce, alors que la Sicile a été choisie. Ce sera l'objet du film *La Ruse*, sorti en 2021.

Fleming bouillonne d'idées. Son chef veut empêcher l'Allemagne d'avoir accès aux puits de pétrole et aux richesses minières de la Roumanie. Comme les précieux chargements ne pourraient être acheminés vers le Reich que par le Danube, Fleming propose la création d'une compagnie britannique quelque part sur le trajet. Le moment venu, cette société ferait couler ses propres bateaux et bloquerait ainsi la navigation sur le fleuve, y compris celle des navires du Reich – une idée qui sera en partie mise en œuvre.

Fleming imagine aussi l'opération « Ruthless ». Son but est de mettre la main sur une machine à crypter Enigma, qui équipe les navires allemands. Son idée est de faire passer une escouade d'agents britanniques pour des marins allemands en détresse dans la mer du Nord, d'appeler l'équipe de secours de la marine allemande et de l'attaquer afin de dérober l'Enigma installée sur son bateau. Bien que très risquée, l'opération est acceptée. Fleming voudrait en être. Son patron refuse, estimant qu'une éventuelle capture de Ian par l'ennemi serait une catastrophe pour les services de renseignement britanniques, puisqu'« il sait tout ».

Fleming a aussi l'idée de l'opération « Goldeneye ». Il s'agit de s'assurer qu'en cas d'invasion de l'Espagne par l'armée nazie le service britannique dispose d'un réseau secret sur place et qu'il puisse défendre Gibraltar, alors colonie du Royaume-Uni. Fleming dirige lui-même une partie de l'opération. Après la guerre, « Goldeneye » sera le nom de la résidence qu'il achètera en Jamaïque, où il passera tous les hivers jusqu'à sa mort. C'est dans cette propriété de 6 hectares que sa femme, Ann, et lui recevront de nombreux hôtes du show-business, de la haute société et du monde politique, de la comédienne Katharine Hepburn à la princesse Margaret, en passant par l'écrivain Truman Capote et Errol Flynn. C'est là aussi qu'il écrira tous les *James Bond*.

Fleming a joué aussi un rôle important dans la création de l'OSS, l'ancêtre de la CIA. Au début de la guerre, le vice-amiral Godfrey lui demande de l'accompagner à Washington rencontrer l'avocat Bill Donovan. Le président Roosevelt a choisi ce vétéran de la Première Guerre mondiale, dont il est un ami personnel, pour coordonner les activités de tous les services secrets américains contre l'Allemagne. Ce sera l'OSS. Donovan ne connaît pas grand-chose à l'action clandestine. Il a besoin de conseils. Il fait appel aux cousins britanniques, considérés comme les meilleurs au monde dans ce domaine.

Après plusieurs discussions, Ian Fleming rédige deux notes résumant ses idées pour l'OSS. Dans la première, il conseille à Donovan de s'assurer que le nouveau service sera indépendant du pouvoir politique. Il lui propose aussi de nommer des représentants de l'OSS dans les capitales les plus sensibles et de les faire chapeauter par des officiers du SIS britannique, le temps qu'ils apprennent le métier. Dans la seconde note, il dresse le portrait-robot de l'officier de renseignement idéal : « Absolue discrétion, sobriété, dévotion au travail ; et il a entre 40 et 50 ans. » Pour le remercier, Donovan lui offre un colt 38 sur lequel est écrit « Pour services spéciaux ».

Fleming entretiendra d'excellents rapports avec le successeur de Donovan, le premier patron de la CIA, Allen Dulles. Les Soviétiques utiliseront cette connivence bien connue des médias pour propager la rumeur infondée selon laquelle les *James Bond* ont été écrits sous la dictée de l'agence américaine.

En 1943, Fleming traverse deux fois l'Atlantique pour assister aux rencontres entre Churchill et Roosevelt, la conférence Trident de mai à Washington, qui fixe la date du débarquement en Normandie, et celle du mois d'août au Québec, qui en détaille les modalités. C'est dire à quel point il est au cœur du dispositif secret des Alliés.

Après la fin du conflit, Fleming redevient journaliste pour le groupe Kemsley ; il est responsable d'un pool de grands reporters et va lui-même interroger les grands de ce monde. Il est particulièrement marqué par sa rencontre avec le commandant Cousteau, dont les explorations lui donneront l'atmosphère de *Vivre et laisser mourir*. Mais il veut devenir romancier. Il s'installe à « Goldeneye » et jette des notes.

Pour bâtir ses personnages et des histoires, il n'a qu'à puiser dans son expérience auprès du patron du DNI. Le vice-amiral sert de modèle à « M », le chef du Secret Intelligence Service, supérieur hiérarchique de Bond. Fleming choisit une lettre comme nom de code, parce que le premier chef du SIS, le vrai, sir Mansfield Cumming, avait l'habitude de signer ses notes d'un « C », au crayon vert ; une habitude que ses successeurs conserveront jusqu'à aujourd'hui.

À l'évidence, pour « Q », le génie du bricolage qui fabrique les célèbres gadgets de l'espion, Fleming s'est inspiré de Charles Fraser-Smith, celui qui mit au point les équipements secrets pour les agents du SOE, l'organisation clandestine créée en 1940 par Churchill pour soutenir les mouvements de résistance dans l'Europe occupée. Officiellement, cet ancien missionnaire travaillait au département habillement du ministère de l'Approvisionnement. Ce n'était qu'une couverture. Son bureau dépendait directement du patron du SIS. Là, il a mis au point plusieurs gadgets, tels que des blaireaux et des pipes pouvant cacher des microfilms, des crayons contenant des cartes ou des compas, des lacets en acier pouvant servir de garrot... Charles Fraser-Smith publiera ses Mémoires de guerre à la fin des années 1970, après avoir attendu très longtemps l'autorisation du SIS.

Le numéro de l'agent Bond, 007, provient d'une anecdote racontée par le vice-amiral Godfrey. Durant la Première Guerre mondiale, le service secret de la marine a réalisé un exploit qui a changé le cours du conflit : il a décrypté le célèbre télégramme Zimmermann. Dans ce câble secret de janvier 1917, le ministre des Affaires étrangères allemand, Arthur Zimmermann, propose aux autorités mexicaines d'entrer en guerre aux côtés du Reich, en échange de quoi, en cas de victoire, Mexico recevra le Texas, l'Arizona et le Nouveau-Mexique.

Intercepté et décrypté par les spécialistes de la marine, ce télégramme conduit les États-Unis à entrer dans le conflit contre l'Allemagne et à faire basculer l'histoire. Or, le code employé ce jour-là par le chiffre allemand était... le 007, alors que, si on en croit le grand spécialiste du SIS Nigel West, un officier de renseignement britannique reçoit toujours un numéro d'identification à cinq chiffres.

Pour son héros, là encore, Ian Fleming ne cherche pas très loin. Son prénom et son nom, James Bond, sont ceux d'un ornithologue américain spécialiste des oiseaux des Caraïbes, dont le livre *Les Oiseaux des Indes occidentales* trône dans la bibliothèque de « Goldeneye », en Jamaïque. Fleming le choisit, écrit-il à sa femme, parce qu'il est « bref, non romantique, anglo-saxon et très masculin ». Juste avant de mourir, en 1964, Fleming dédicacera *On ne vit que deux fois* à l'ornithologue, venu lui rendre visite en Jamaïque. « Au vrai James Bond, de la part du voleur de son identité », écrira-t-il.

Quant au personnage de Bond lui-même, il est un savant mélange d'espions et de militaires que Fleming a rencontrés pendant la guerre. Son biographe estime que le romancier s'est inspiré particulièrement de trois personnalités qui l'ont marqué. Michael Mason, un boxeur de haut niveau qui a vécu comme trappeur au Canada. Le commandant Wilfred Dunderdale, chef du bureau du SIS à Paris, qui sillonnait la capitale française dans sa Rolls-Royce blindée et finançait son réseau d'espionnage grâce à sa fortune considérable. Enfin, le commandant Alexander Glen, un ancien de l'internat écossais de Fettes, comme Bond, qui a été attaché naval adjoint à Belgrade.

L'espion serbe Dusko Popov, agent double, espion nazi au service de Sa Majesté, assure que lui aussi aurait servi de modèle à James Bond. Un soir de 1941, au casino d'Estoril, au Portugal, Fleming l'aurait vu remporter une partie de baccara grâce à un bluff magistral. L'anecdote aurait servi d'ouverture au premier roman de la série, publié en 1952, *Casino Royal*, quand Bond défait le sinistre espion communiste, le Chiffre, au baccara. D'autres affirment que cette ouverture aurait été inspirée à Fleming par l'une de ses virées au casino d'Estoril en 1941, quand quelques hommes d'affaires portugais lui ont fait perdre une petite mise. Après la partie, le jeune officier de renseignement assistant aurait soufflé à son patron : « Vous imaginez si, au lieu de businessmen, nos partenaires avaient été des espions nazis et si nous les avions plumés... »

La mort de Fleming, en 1964, suscite quantité d'éloges et de critiques sur son œuvre. Le *Times*, le quotidien britannique de l'establishment, écrit sobrement que Ian Fleming fut « l'un des auteurs de thrillers de ces dernières années les plus couronnés de succès et les plus controversés ». Le journal est-allemand *Neues Deutschland* s'en prend, lui, violemment à son héros. « Il y a quelque chose de Bond dans les snipers des rues de Selma en Alabama [ces suprémacistes blancs qui ont tiré sur les manifestants noirs], écrit le critique littéraire du quotidien communiste. Il vole au-dessus du Vietnam avec les bombardiers remplis de napalm. » Il ajoute : « Les films et les livres sur Bond contiennent tous une doctrine réactionnaire de caniveau. Le socialisme y est synonyme de crime. Les syndicats, la cinquième colonne de l'URSS. Les Slaves, des tueurs et des mouchards. Les scientifiques, des têtes d'œuf immorales. Les Noirs, des laquais superstitieux et assassins. » Un portrait féroce mais évidemment assez juste du héros de Fleming, le vrai, non celui des films, mais celui des romans. C'est sans doute l'une des raisons pour lesquelles on ne les lit plus, sauf si l'on prépare un *Dictionnaire amoureux de l'espionnage*...

Voir : Bond, James ; Le Carré, John ; West, Nigel (alias de Rupert Allason).

G

Gast, Gabriele

Très peu de femmes officiers de renseignement trahissent leur pays, et pour cause : dans les services secrets, les cadres féminins sont très rares. C'est pourquoi le cas de Gabriele Gast est doublement unique.

Dans les années 1980, « Gaby » Gast est la première femme à monter aussi haut dans la hiérarchie du BND allemand : elle est directrice adjointe du département chargé du bloc soviétique. « J'avais accès à tous les documents : les comptes rendus des agents du BND sur le terrain, des rapports du ministère des Affaires étrangères, de la chancellerie, confie-t-elle à la journaliste Chloé Aeberhardt pour son livre *Les espionnes racontent* (Robert Laffont, 2017). De temps en temps, je voyais aussi passer des informations militaires et économiques sur l'Europe de l'Est et la RDA. »

En même temps, sous le nom de code « Gisela », elle espionne pour le compte de la HVA, le service d'espionnage de l'Allemagne de l'Est. Elle lui livre tant de documents secrets qu'elle est considérée comme l'une des taupes au service du bloc soviétique qui a fait le plus de dégâts à l'Ouest.

Tout commence au cours du si léger printemps de 1968. Gaby a 25 ans et prépare un doctorat en sociologie politique à l'université d'Aix-la-Chapelle. Le thème de sa thèse : la situation des femmes en RDA. Comme sa grand-mère habite à Karl-Marx-Stadt, de l'autre côté du Mur, elle décide, pour nourrir sa réflexion, de participer à une réunion de femmes de cette ville. Là, elle rencontre un certain Karl-Heinz Schmidt, prétendument fonctionnaire de la ville.

Les deux jeunes gens sympathisent puis deviennent amants. Gaby est très amoureuse, tellement amoureuse qu'elle acquiesce quand, un jour, Karl-Heinz lui propose de rencontrer deux officiers du HVA. Ces hommes ne sont pas aussi charmants que son amoureux. Ils lui présentent un odieux marché : « Soit elle transmet des informations sur l'université d'Aix-la-Chapelle, et son permis de séjour en RDA est renouvelé ; soit elle refuse, et peut dire adieu à son histoire d'amour naissante », raconte Chloé Aeberhardt. « D'un côté, se rappelle Gaby, je n'avais pas du tout envie de surveiller mes camarades de promotion. De l'autre, je ne pouvais pas me résoudre à ne plus voir Karl-Heinz. »

Quarante ans plus tard, Gaby assure que Karl-Heinz n'était pas un Roméo du HVA, l'un de ces officiers chargés de charmer des cibles féminines. La preuve, dit-elle, « il n'était pas beau ». Quoi qu'il en soit, elle reconnaît avoir commencé à espionner « par amour » pour un homme qui est, en réalité, un officier de renseignement sous couverture. Connu sous le nom de code « Karlicek », Schmidt s'appelle Schneider, ce que Gaby n'apprendra qu'après son arrestation, en 1990. Mais elle affirme que, par la suite, elle a trahi par conviction politique.

Les hommes de Markus Wolf, le légendaire patron du HVA, préparent avec beaucoup de soin l'infiltration de « Gisela » dans les services secrets d'Allemagne de l'Ouest. Le traitant de Gaby « lui avait "suggéré" de se rapprocher d'un éminent universitaire, Klaus Mehnert, que nous savions lié au BND, chargé (comme nous le faisions nous-mêmes) de repérer parmi les plus brillants de ses étudiants ceux ou celles qui pourraient être recrutés », raconte Markus Wolf dans *L'Œil de Berlin*. De fait, Mehnert devient son directeur de thèse et la recommande aux recruteurs du BND.

Gaby, qui a milité chez les jeunes chrétiens-démocrates, commence par travailler dans un institut de recherche spécialisé dans les affaires internationales, proche de la CSU. Comme espéré, ses analyses sont remarquées par le BND, qui lui propose de passer un entretien d'embauche. « Nous l'avions parfaitement préparée à cette sorte d'examen d'entrée », raconte Wolf. Elle réussit et débute sa carrière d'officier de renseignement en suivant des cours intensifs de russe. En 1973, elle entre officiellement à Pullach, le QG du BND, où, comme tous les employés de l'institution, elle doit, par sécurité, adopter un nom d'emprunt. Elle sera le « Dr Leinfelder ».

Gaby Gast, alias Leinfelder, alias Gisela, est affectée au bureau chargé du bloc soviétique. Sa mission : écrire les synthèses des rapports des agents sur place. « Les premières années, elle recopie à la main les éléments qu'elle juge essentiels. Ce n'est qu'une fois chez elle qu'elle photographie ses notes, explique Chloé Aeberhardt. Elle cache ensuite les pellicules dans un compresseur d'air, en attendant son prochain rendez-vous avec l'agent envoyé par la HVA. Elle le retrouve en général à la piscine. »

Gaby met les films dans un casier du vestiaire. Puis elle remet la clé au courrier qu'elle retrouve dans le bassin. Après avoir récupéré les pellicules, le courrier les cache à l'intérieur d'un conteneur équipé, selon Gaby, « d'un mécanisme spécial qui détruisait les films en cas d'ouverture contrainte ». Le courrier place ensuite ce conteneur dans les toilettes d'un train en partance pour l'Est, qui est vidé par la HVA de l'autre côté du Mur.

Toutes les communications entre le service secret est-allemand et Gaby sont ultraprotégées. Les instructions sont envoyées à « Gisela » chaque semaine par radio sur une fréquence spéciale. Le message consiste en une combinaison de chiffres que Gaby décrypte à l'aide d'une grille de code fournie au préalable. Quand, à son tour, elle a besoin d'envoyer un message à ses traitants, elle leur envoie une lettre écrite à l'encre invisible. Pour ce faire, « la HVA m'avait donné un foulard imbibé d'encre, se souvient Gaby dans *Les espionnes racontent*. Je le plaçais entre deux feuilles et m'en servais comme d'un papier carbone : les caractères que je traçais au stylo sur la feuille du dessus étaient retranscrits à l'encre invisible sur la feuille du dessous. Il ne me restait plus qu'à passer la lettre à la vapeur d'eau, pour supprimer les marques de pression, et à écrire dessus un message innocent au stylo traditionnel. »

Au milieu des années 1980, Gaby adopte un enfant handicapé et prend du galon au sein du BND. Elle est chargée du briefing quotidien du chancelier ! « Je n'avais plus seulement accès aux informations concernant l'URSS, mais à tous les documents qui entraient au BND, s'enthousiasme-t-elle. Tous les comptes rendus ! De tous les départements ! Il y en avait tellement que j'étais obligée de faire des choix. » Sa production devient si intense que « la HVA a envoyé à Munich un couple d'agents résidents, Heinz et Cordula, qui arrivèrent en RFA via la Grande-Bretagne, raconte Wolf. “Gisela” et Cordula se retrouvaient tous les mois environ pour “dîner”. » C'est ainsi que, parmi les documents qu'elle choisit de transmettre à Cordula, il y a l'un des secrets les mieux gardés de l'OTAN : l'évaluation par l'Alliance atlantique de l'ordre de bataille du pacte de Varsovie.

Après la chute du mur de Berlin, un ancien haut responsable du HVA, Karl-Christof Grossmann, décide, contre immunité, de raconter ce qu'il sait au contre-espionnage ouest-allemand. Et notamment l'existence d'un agent de pénétration du HVA au sein du BND. Il ne connaît pas son nom, mais il sait qu'il s'agit d'une femme, qui a un fils adoptif handicapé. Gabriele Gast est immédiatement identifiée et emprisonnée. Ironiquement, elle demande à son chef au BND de prendre soin de son fils adolescent. Elle est détenue quinze mois à l'isolement, jusqu'à son procès, fin 1991, puis condamnée à six ans et neuf mois d'emprisonnement. Elle est libérée en 1994.

Elle entreprend alors de rencontrer tous ceux qu'elle a connus au HVA, notamment son « amoureux », Karl-Heinz. Espère-t-elle faire enfin sa vie avec lui ? L'ancien officier du HVA lui révèle qu'il est marié depuis bien longtemps. Et qu'il n'a aucune intention de quitter sa femme. Pour se consoler, « Gisela » écrit un livre pour raconter son expérience et ses retrouvailles avec les anciens.

Selon Chloé Aeberhardt, elle vit aujourd'hui avec 1 400 euros par mois – sa retraite du BND ayant été divisée par deux. Toujours communiste, elle milite dans l'association d'anciens du HVA qu'elle a fondée.

Voir : Pullach ; Wolf, Markus.

« Ghost Stories »

C'est l'opération de contre-espionnage la plus fructueuse de l'histoire du FBI, celle qui a inspiré la série à succès *Les Américains*.

De 2000 à 2010, les agents fédéraux ont observé et noté les agissements quotidiens d'un groupe de dix espions russes « illégaux » – dont la désormais célèbre Anna Chapman –, infiltrés aux États-Unis depuis parfois plus de deux décennies. Parmi les noms de code de l'opération proposés aléatoirement par le FBI, « Ghost Stories » (« histoires de fantômes ») s'est imposé tout de suite, puisque les identités d'emprunt des « illégaux » sont souvent les patronymes d'enfants morts en bas âge, dont ils seraient en quelque sorte les fantômes.

Tout démarre fin 1999 à New York, quand un officier du FBI parvient à recruter un gros poisson : le colonel Alexander Poteyev, qui travaille à la direction S du SVR. Rattaché au département N, il est l'un des officiers chargés d'aider les espions « illégaux » russes infiltrés dans la région de New York. Pourquoi cet officier de 57 ans, ancien de Zenith, la prestigieuse unité d'élite des forces spéciales soviétiques, dont le père a été fait, après la guerre, héros de l'Union soviétique, a-t-il décidé de trahir ? L'argent, assurent différentes sources. Plusieurs millions de dollars. L'état désastreux de la Russie aussi.

Poteyev accepte de rester en place, comme on dit dans le jargon, de poursuivre, en Russie, sa collecte de renseignements pour le FBI aussi longtemps que possible. Cela tombe on ne peut mieux, ainsi que le raconte Gordon Corera dans *Russians Among Us*, son livre consacré à l'opération. Car, de retour à Iassenevo, Potoyev est nommé directeur adjoint du service qui gère tous les « illégaux » infiltrés aux États-Unis et au Canada. Il devient l'une des trois personnes qui connaissent leurs véritables identités et leurs légendes. Dès qu'il prend ses fonctions, il en dénonce au moins dix, que le FBI va mettre sous surveillance.

Il commence par rapatrier toutes leurs poubelles afin d'y récolter les moindres indices, une collecte systématique qui se poursuivra pendant dix ans. Il fait ouvrir les coffres détenus par les « illégaux » dans des banques. Celui d'Elena Vavilova, alias Tracey Ann Foley, parle. Au milieu des papiers de famille canadiens (son mari et elle se font passer pour des Canadiens français), des certificats de propriétés et de quelques liasses de dollars, les officiers du FBI découvrent de vieilles photos de famille. Ils analysent les films de ces clichés et découvrent le nom et le logo de l'entreprise qui les a développés – une entreprise de Moscou. L'une des rares erreurs commises par Vavilova.

Les contre-espions ne lâchent pas d'une semelle les hommes et les femmes dénoncés par Poteyev. Ils posent des micros dans leur maison, leur bureau et leurs voitures. Ils parviennent ainsi à découvrir certains secrets. En 2002, Juan Lazaro, titulaire d'un passeport uruguayen et professeur d'études hispaniques à l'université publique Baruch de New York, parle avec sa femme de son enfance pendant la Seconde Guerre mondiale. La conversation est enregistrée. « Dès que le conflit a commencé, confie le prétendu Lazaro à sa femme, nous sommes tout de suite partis en Sibérie. » Étrange déplacement en 1941 pour une famille latino...

En réalité, Juan Lazaro s'appelle Mikhaïl Vasenkov. Le KGB lui a donné le nom d'un enfant uruguayen décédé en 1947, à l'âge de 3 ans, d'une défaillance respiratoire. Après avoir appris l'espagnol et s'être fait pousser une belle moustache, Vasenkov, alias Lazaro, a débarqué, en 1976, au Pérou, première étape de la construction de sa légende qui le conduit à Madrid, puis à New York dans les années 1990.

Chez lui, le FBI découvre un attirail d'espion très à la mode vingt ans auparavant, quand il a été formé à l'école des « illégaux » à Moscou. En particulier, un stock de feuilles de papier traitées spécialement pour cacher un message. Quand Lazaro veut envoyer un rapport au Centre, il prend l'une de ces feuilles et commence par y écrire une lettre anodine à un ami fictif. Puis, sur cette missive, il pose une sorte de papier carbone sur lequel il rédige au stylo le vrai message crypté. Invisible, ce texte-là n'apparaît pas sur la première feuille. Lazaro envoie cette « double » lettre à une adresse où un officier de la ligne N vient la récupérer pour la faire parvenir au Centre. Là, la feuille est développée et le message qui apparaît est décrypté.

Chez Lydia et Vladimir Guriev, alias Cynthia et Richard Murphy, qui sont arrivés en Amérique au milieu des années 1990, le FBI découvre une technique de communication bien plus moderne. Ces « illégaux » utilisent la stéganographie, c'est-à-dire la dissimulation d'un message dans une image. Vladimir-Richard adore prendre des photos de fleurs, qu'il télécharge sur son ordinateur. Grâce à un logiciel spécial, il y intègre un message invisible puis envoie l'image ainsi modifiée sur un site anodin d'où elle est téléchargée par un officier du SVR à Moscou. Auquel il ne reste plus qu'à extraire le message et à le déchiffrer grâce à un logiciel ad hoc.

Le FBI décide d'arrêter ces « illégaux » quand ils s'approchent trop près de l'équipe de Barack Obama. C'est la mission que le SVR leur a confiée dès l'élection du nouveau président. Début 2009, alors qu'Obama s'apprête à se rendre à Moscou, le service secret russe demande aux « Murphy » de découvrir la position du chef de la

Maison-Blanche sur un éventuel nouveau traité de réduction d'armes stratégiques et sur le programme nucléaire iranien. Moscou veut aussi recevoir tous les renseignements possibles concernant quatre officiels qui traitent avec la Russie.

Or, dès février 2009, « Cynthia Murphy » fait part, dans un message codé, d'un succès important. Elle « a eu plusieurs rencontres de travail avec un éminent financier de New York », « ami personnel » d'un membre du gouvernement. Il s'agit d'Alan Patricof, un proche d'Hillary Clinton, qui vient d'être nommé secrétaire d'État. « Évidemment, il est une cible très intéressante », répond le SVR, qui demande à « Cynthia » de continuer à le voir. « Peut-être pourra-t-il confier quelques rumeurs sur la politique étrangère américaine, sur la cuisine interne de la Maison-Blanche… », espère-t-on à Iassenevo.

Donald Heathfield, lui aussi, avance bien. Il a créé un cabinet de conseil florissant, qui a, dit-il, des bureaux à Cambridge, mais aussi à Paris et à Singapour. Son cercle de contacts s'est élargi au sein de la prestigieuse Georgetown University, à Washington, où il espère créer un réseau d'espions sur le mode des « Cinq de Cambridge ». Il a réussi à recruter un professeur dont le nom de code est « Farmer », qui accepte de servir à son tour d'agent recruteur du SVR auprès des étudiants, dont un grand nombre rejoindront bientôt l'establishment politico-militaire des États-Unis. Il commence aussi à fréquenter l'ancien conseiller à la sécurité nationale du vice-président Gore, Leon Fuerth.

Et comme à New York, la jeune et jolie Anna Chapman devient, elle aussi, de plus en plus efficace, le FBI décide donc de mettre le holà. Muni de tant de preuves et après avoir exfiltré Alexander Poteyev de Russie, il arrête tout le monde. Le patron de la CIA, Leon Panetta, appelle alors son homologue russe, l'ancien Premier ministre Mikhaïl Fradkov, pour envisager un échange de prisonniers.

Fradkov voudrait qu'Aldrich Ames figure sur la liste. Hors de question de livrer un tel traître, répond Panetta. Ce sera les dix « illégaux » et personne d'autre. Langley dresse sa propre liste. Elle ne contient que quatre noms. À la demande des amis anglais du MI6, y figurent Sergueï Skripal, celui-là même qui sera, huit ans plus tard, empoisonné au Novichok près de Londres ; Alexander Zaporozhsky, ancien patron du département Amérique du SVR, qui a dénoncé Aldrich Ames ; Igor Sutyagin, un chercheur emprisonné depuis des années ; et un autre officier du KGB qui informait la CIA.

L'échange a lieu le 9 juillet 2010, sur le tarmac de l'aéroport de Vienne en présence de Panetta et de Fradkov. Dès leur arrivée à Moscou, les dix sont fêtés par le président de l'époque, Dmitri Medvedev, puis par son Premier ministre, et vrai patron du pays, Vladimir Poutine. Ils seront tous très bien recasés. Notamment Anna Chapman à la télévision ; et Andreï Bezrukov auprès du tout-puissant Igor Setchine, président du géant pétrolier Rosneft, et comme professeur au MGIMO.

Avec le recul, l'affaire était-elle si importante que cela ? « Et comment ! », répond Youri Kobaladze, qui fut porte-parole du KGB puis du SVR. « Même si nous connaissions la totalité [de ce que les dix "illégaux" ont livré], ce total serait insignifiant en comparaison du profit énorme qu'ils auraient pu rapporter dans le futur par leur travail d'espion, explique-t-il. Imaginez, onze personnes [NDA : une a réussi à s'échapper] infiltrées, installées et absolument naturalisées, allant, d'ici quelques années, travailler à la CIA ou au Pentagone ; imaginez qu'Anna Chapman ait réussi à épouser un sénateur ; alors la Russie aurait commencé à recevoir des informations top secret, par millions ! » C'est la raison pour laquelle le SVR continue d'envoyer des « illégaux » à l'Ouest. Plus que jamais, sans doute.

Voir : *Américains, Les* (série) ; Ames, Aldrich ; Chapman, Anna ; Illégal ; Poutine, Vladimir ; Skripal, Sergueï.

Glienicke, Pont de

C'est un bel édifice en fer de 145 mètres qui relie Potsdam à Berlin, au-dessus de la paisible rivière Havel. Il doit son nom au palace bâti au XIXe siècle, situé non loin. Quand il a été reconstruit, après la Seconde Guerre mondiale, les Allemands de l'Est l'ont baptisé, sans convaincre, le « pont de l'Unité ». Et, en 1962, après qu'il a été utilisé pour le premier échange médiatisé d'espions, on l'a surnommé le « pont des espions ». C'est d'ailleurs le titre du film de 2015 de Steven Spielberg, qui raconte les négociations de l'avocat américain James Donovan avec les autorités soviétiques et est-allemandes qui ont abouti au troc de l'officier du KGB « Willie » Fisher, alias Rudolf Abel, contre le pilote Francis Gary Powers et un étudiant américain.

La Maison-Blanche et le Kremlin ont choisi ce lieu comme terrain d'échanges pour plusieurs raisons. Il est discret, puisque depuis 1953 il est interdit au passage de civils. Il est facile à surveiller. Mais ce n'est pas tout. En 1945, le MGB (l'ancêtre du KGB) a annexé une partie de Potsdam afin d'y installer le quartier général de son département de contre-espionnage militaire. Il a réquisitionné une centaine de villas et construit un camp de prisonniers destiné aux soldats soviétiques soupçonnés de trahison. Tout cet espace, fermé aux visiteurs, est vite baptisé « la petite ville du KGB ». Pour pouvoir en surveiller l'accès, les Soviétiques décident d'assurer eux-mêmes le contrôle du pont de Glienicke. Si bien que, de 1945 à 1989, ce pont sera la seule frontière entre l'Europe occidentale et le bloc soviétique gérée directement par des Américains d'un côté et des soldats russes de l'autre.

En fait, le pont n'a connu que trois opérations d'échange – rendues publiques, en tout cas. La première, on l'a vu, en 1962. La deuxième vingt-trois ans après, en 1985.

Vingt-trois prisonniers, dont plusieurs agents de la CIA, arrêtés dans le bloc soviétique sont troqués contre quatre espions de l'Est emprisonnés aux États-Unis, dont le physicien Alfred Zehe et une Allemande de 67 ans, courrier pour le KGB aux États-Unis.

Le troisième a lieu huit mois plus tard. C'est le plus célèbre, le plus médiatisé du moins, puisqu'une centaine de journalistes se rendent aux abords du pont, le 11 février 1986, pour assister, dans un froid polaire, à l'échange entre le dissident soviétique Anatoly Chtcharanski et trois agents américains contre quatre agents soviétiques. Parmi ces derniers, il y a Karl Koecher, le seul espion de l'Est à avoir infiltré lui-même la CIA, et un officier de renseignement polonais qui espionnait en RFA.

Voir : Fisher, Willie, alias Abel, Rudolf ; Koecher, Karl.

Greene, Graham

Comme tous les grands auteurs britanniques de romans d'espionnage – Somerset Maugham, David Cornwell, alias John le Carré, et Ian Fleming –, Graham Greene a travaillé pour le SIS, autrement appelé « MI6 ». Officiellement, sa carrière d'officier de renseignement a duré trois ans, de 1941 à 1944. Mais certains de ses biographes estiment que l'auteur de *Notre agent à La Havane* est resté, longtemps après, ce que l'on appelle en France un « honorable correspondant » du service secret britannique, c'est-à-dire un collaborateur occasionnel.

Outre ses immenses qualités d'écrivain, qui lui valurent de figurer à plusieurs reprises sur la liste des candidats au prix Nobel de littérature, c'est peut-être sa très longue proximité avec le MI6 qui lui a permis de forger les œuvres les plus remarquables jamais écrites sur le monde de l'espionnage.

Graham Greene rejoint le MI6 au début de la Seconde Guerre mondiale par l'intermédiaire de sa sœur, qui travaille déjà pour le service secret. L'écrivain, déjà renommé, a 37 ans et un profil parfait pour devenir un espion de Sa Majesté : après avoir étudié à Oxford, l'une des universités de l'élite britannique, il a embrassé une carrière de journaliste-écrivain et, depuis, ne cesse de voyager en Europe et dans les pays ravagés par la guerre. Dans ces déplacements souvent dangereux, Greene, dont l'œuvre ne se résume évidemment pas à la littérature d'espionnage, est à la recherche de matière pour ses romans et ses articles.

Partir loin est aussi une manière pour lui de tenir à distance la grave maniaco-dépression dont il souffre depuis l'enfance. Une maladie qui l'a conduit plusieurs fois à jouer à la roulette russe, la vraie. À chaque reprise, sa survie lui donnait – un temps – le goût de vivre. « Mon cœur battait dans sa cage, écrivait-il à propos de ses expériences suicidaires, et la vie offrait un nombre infini de possibilités. »

Au MI6, on lui attribue le numéro 59200, le même que Greene donnera, dix-sept ans plus tard, à James Wormold, le héros de *Notre agent à La Havane*. Pendant quelques mois, on le forme aux techniques de base du renseignement, la cryptologie, l'encre secrète, l'utilisation des boîtes aux lettres mortes, la manipulation d'agents. Puis, en 1942, on l'envoie à Freetown, capitale de la Sierra Leone, où Greene s'est déjà rendu pour préparer un livre. Là, sous la couverture d'inspecteur du Département du commerce extérieur, il doit chercher des renseignements sur les trafics de diamants que les nazis font transiter par l'Afrique de l'Ouest.

Il doit aussi surveiller les activités militaires du gouvernement de Vichy dans la région. Pour cela, il propose au MI6 de financer secrètement un bordel dans une île en face Dakar pour les marins et les officiers français en escale, et en particulier ceux du navire de guerre *Le Richelieu*. En échange, les filles collecteraient sur l'oreiller des informations concernant les déplacements et le chargement réel des navires français. Une mère maquerelle portugaise se porte candidate. Mais les supérieurs de Greene refusent l'opération, arguant que, dans cette région, les patrons de maisons closes sont toujours des informateurs des services français.

L'aventurier s'ennuie vite et revient à Londres l'année suivante, où il est affecté au département hispanique, sous les ordres de « Kim » Philby, qui sera démasqué vingt ans plus tard comme la plus grande taupe soviétique au sein d'un service secret occidental. Il lui confie le bureau Portugal, pays neutre qui sert de lieu de transit pour les espions allemands voulant pénétrer en Grande-Bretagne, que le MI6 entend démasquer avant leur entrée sur le sol britannique.

Quand Greene apprend que l'amiral Canaris, le chef de l'Abwehr, le service de renseignement de l'armée allemande, est installé dans un hôtel de Lisbonne, il propose de le tuer en envoyant deux grenades dans sa chambre. Philby est ravi. Canaris est un opposant de Hitler, qui souhaite le renverser pour mettre fin à la guerre. Or, ses maîtres soviétiques, dont les armées progressent très vite, veulent désormais que le conflit dure le plus longtemps possible afin de s'arroger le maximum de territoires à l'Ouest. C'est justement la raison pour laquelle le patron du service secret refuse le plan de Greene.

En 1944, alors qu'on lui propose un avancement, Greene démissionne du MI6. Les historiens du renseignement s'interrogent toujours sur les raisons de ce départ. A-t-il été provoqué par la trahison de « Kim » Philby, qui ne sera connue que bien plus tard ? Greene l'a-t-il devinée ? Philby a-t-il cherché à le recruter ? L'écrivain n'a jamais donné de réponse satisfaisante à ces questions. Mais il restera toujours en contact avec l'agent double, même après l'exil de celui-ci à Moscou.

Greene redevient journaliste, mais, à l'évidence, garde un pied dans le monde de l'espionnage. Son frère aîné, Hugh, qui travaille lui aussi au MI6, est chargé de la contre-propagande communiste en Malaisie, alors colonie britannique. Graham le rejoint, envoyé par le magazine *Life*. Puis il se rend en Indochine, où, malgré leur sympathie mutuelle, le gouverneur de la place, le général français de Lattre, l'accuse d'être toujours un espion britannique. Il va ensuite au Congo au début de la révolte des Mau-Mau. Enfin, en 1957, il s'envole pour Cuba, encore sous la férule de Batista, mais pas pour longtemps. « Ce n'est pas un hasard si Greene se retrouve dans ces endroits toujours à un moment clé de leur histoire », écrit l'un de ses biographes, Christopher Hill, pour lequel « il est évident que le MI6 paie tout ou partie de ses voyages » très onéreux.

Quoi qu'il en soit, ces périples lui inspirent ses meilleurs romans d'espionnage, dans lesquels il se montre très sévère envers l'action secrète des Occidentaux, des Américains en particulier, dans les pays du tiers-monde en proie à des révoltes ou des révolutions. En 1955, il publie *Un Américain bien tranquille*. Il y dépeint les activités d'un officier de la CIA sous couverture, Alden Pyle, un idéaliste qui entend faire émerger une « troisième force », entre la puissance coloniale française et la rébellion communiste, et qui, dans ce but, laisse commettre un attentat meurtrier. Dix ans avant l'envoi des soldats du contingent au Vietnam et près d'un demi-siècle avant le déclenchement de l'invasion de l'Irak, le roman est donc une critique visionnaire de cet interventionnisme américain au nom du Bien, qui se termine forcément en boucherie. « L'innocence, dit le narrateur du livre en observant l'officier de la CIA, est comme un lépreux stupide qui a perdu sa cloche et arpente le monde, ne voulant aucun mal à personne. »

À Cuba, il écrit, en 1958, un autre roman particulièrement clairvoyant, *Notre agent à La Havane*. Le personnage principal est un vendeur d'aspirateurs qui accepte de travailler pour le service secret britannique afin de pouvoir gâter sa fille adorée. Pour nourrir ses rapports et ainsi être rémunéré, il invente des informateurs haut placés. Greene s'inspire de l'une des opérations d'intoxication les plus extraordinaires de la Seconde Guerre mondiale, à laquelle il a un peu participé.

En 1944, un certain Juan Pujol Garcia, un Espagnol auquel le MI6 a donné le nom de code « Garbo » pour ses qualités de comédien, a réussi, presque à lui tout seul, à faire croire aux nazis que le débarquement allié aurait lieu à Calais et non en Normandie. Pour ce faire, il s'est inventé pas moins de vingt-six sous-agents au Royaume-Uni qui lui livraient, assurait-il, les détails sur les préparatifs militaires anglo-américains. L'homme, qui n'a jamais mis les pieds au Royaume-Uni, avait une imagination débordante. Il utilisait des guides touristiques et les quelques magazines qu'il trouvait dans les bibliothèques pour rédiger des rapports à ce point crédibles qu'ils ont été remontés jusqu'à Hitler ! Il a réussi l'exploit d'être décoré à la fois de la croix de guerre nazie et de l'ordre de l'Empire britannique.

Le succès de *Notre agent à La Havane* s'explique aussi par sa description à la fois précise et hilarante des relations entre un chef de poste du MI6, sous couverture dans une ambassade britannique, et ses agents sur le terrain. C'est la première fois dans une œuvre de fiction que ces contacts sont décrits de la sorte. À tel point que les patrons du MI6 envisagent un temps d'interdire l'ouvrage, que Greene leur a soumis pour approbation. Ils y renoncent, estimant sans doute qu'il vaut mieux se moquer de certains travers de l'espionnage que d'en pleurer.

Pendant la guerre froide, Greene, qui a été membre du Parti communiste dans sa jeunesse, refuse d'entrer dans la logique de l'affrontement entre l'Est et l'Ouest. Il se rend régulièrement à Moscou, mais condamne la répression en Union soviétique et défend les dissidents. Il s'en prend aussi à la politique étrangère de l'Amérique, qu'il juge néfaste pour le monde. À propos du général Noriega, président du Panama et trafiquant de drogue en butte à la Maison-Blanche, il dit : « Mieux vaut un homme mauvais opposé aux États-Unis en Amérique centrale qu'un homme bien qui leur est favorable. »

Il applique à peu près le même raisonnement à « Kim » Philby, son ami, son ex-patron et son grand compagnon de beuverie. Après la fuite de l'agent double à Moscou,

Greene continue d'échanger avec lui. Il lui envoie le manuscrit d'un roman sur l'ambiguïté morale de certaines trahisons, *Le Facteur humain*. Cette œuvre majeure, peut-être la plus juste sur l'univers glacial et absurde des services de renseignement, raconte les tourments d'un officier du MI6 farouchement antimarxiste et terriblement alcoolique, Maurice Castle, qui livre secrètement des informations aux Soviétiques, par fidélité aux rebelles communistes qui ont aidé sa femme noire à fuir l'Afrique du Sud.

En 1978, Greene accepte même de rédiger l'avant-propos de la version anglaise de *Ma guerre silencieuse*, les Mémoires de « Kim » Philby. Bien que ce dernier ait envoyé des dizaines, peut-être des centaines, d'hommes à la mort, le romancier catholique se montre particulièrement compréhensif envers son ami. « Comme beaucoup de catholiques qui, pendant le règne d'Élisabeth, travaillaient à la victoire de l'Espagne, Philby avait l'effrayante certitude de la justesse de son jugement, le fanatisme logique d'un homme qui, après avoir trouvé la foi, ne va pas la perdre à cause des injustices et des cruautés infligées par des instruments humains dans l'erreur », estime-t-il, avant de conclure : « Après trente ans dans la clandestinité, il a certainement gagné le droit au repos. »

Greene va revoir son ami à deux reprises à Moscou au milieu des années 1980. Les retrouvailles autour d'une bouteille de vodka, dans l'appartement des Philby, près de la place Pouchkine, sont très chaleureuses. Mais, après leur dernière rencontre, Greene confie à l'écrivain Anthony Burgess que ses contacts avec l'agent double n'ont aucun secret pour les services de renseignement britanniques. « J'ai reçu dix lettres de lui en presque vingt ans, raconte-t-il. Et tu dois être naïf si tu crois que nos lettres sont restées secrètes des deux côtés. » Une preuve de plus du fait que Greene n'a jamais rompu le lien avec le MI6.

Voir : Boîte aux lettres morte ; Bond, James ; Le Carré, John ; *Notre agent à La Havane* ; Philby, Harold « Kim ».

Guillaume, Günter

L'affaire Günter Guillaume, du nom de l'officier du service secret est-allemand infiltré au début des années 1970 au sommet de l'État ouest-allemand, montre à quel point certains succès en matière d'espionnage peuvent se transformer en déroute politique.

En 1950, Günter Guillaume a 23 ans. C'est un jeune rédacteur dans une maison d'édition à Berlin-Est. La police politique le juge fiable politiquement et décide de le recruter pour le service de renseignement extérieur, la HVA, dirigée par Markus Wolf. Guillaume suit plusieurs années de formation aux techniques de renseignement dans l'école spéciale Edgar-André à Bad Belzig, près de Potsdam. « Notre intention de départ était de lui confier la tâche de *Führung-Officier*, c'est-à-dire celle de diriger d'autres agents en mission à l'Ouest », raconte Wolf dans son livre d'entretiens *L'Œil de Berlin*.

Mais Günter épouse une jeune secrétaire, Christel Bloom. Le plan de Wolf change. Comme la mère de la mariée vit à Francfort et peut les loger, les Guillaume n'ont pas besoin, pour entrer à l'Ouest, de passer dans un camp de réfugiés. Ils peuvent entrer directement et s'installer en RFA sans subir les interrogatoires des services ouest-allemands de contre-espionnage.

En 1956, ils prennent la gérance du bar-tabac que les parents de Christel ont monté à Francfort. Puis, après que le couple a légalisé son installation en RFA, la HVA lui ordonne, via la radio ondes courtes qu'elle a confiée à Günter, d'intégrer le Parti social-démocrate. Très vite, Günter est embauché comme permanent au SPD de Francfort. Il est organisé, loyal et ne fait pas de vagues. Ses chefs l'apprécient. Si bien qu'il grimpe vite les échelons du Parti.

Mais, au début des années 1960, c'est Christel qui est la plus productive pour la HVA. Elle a réussi à se faire recruter comme secrétaire en chef à la chancellerie de l'État de Hesse. La région abrite beaucoup de casernes et de commandements de l'OTAN. Christel a donc accès à de nombreux documents sur l'organisation militaire occidentale et ses manœuvres en Allemagne – des rapports que Günter photographie pour la HVA. Le couple devient si productif que Markus Wolf envoie en RFA deux agents qui servent de courriers entre les Guillaume et Berlin-Est.

En 1969, le succès de l'infiltration est total. Pour les élections législatives de cette année-là, Günter dirige la campagne d'un leader social-démocrate et, quand le SPD remporte la victoire, on le remercie en le nommant à un poste de conseiller auprès du premier chancelier social-démocrate d'Allemagne de l'Ouest, Willy Brandt. Ce job nécessite d'être habilité au plus haut niveau du « secret-défense ». L'espion de la HVA passe le test sans encombre.

Très vite, Guillaume se rend indispensable auprès du grand leader, qui se repose de plus en plus sur lui. Il peut donc faire passer à Markus Wolf tous les documents concernant la position du chancelier dans les négociations à venir avec Berlin-Est et Moscou. Il participe ainsi au réchauffement des relations entre les deux blocs. Grâce à Guillaume, « nous avons pu conclure très tôt que la nouvelle "Ostpolitik" de Brandt [rapprochement vers l'Est] marquait un vrai tournant dans la politique étrangère ouest-allemande, se souvient Markus Wolf. En ce sens, son travail a participé à la détente, en nous donnant confiance dans les intentions de Brandt et de ses alliés ».

Mais certains dans l'entourage du chancelier, dont Egon Bahr, l'architecte de l'Ostpolitik, s'inquiètent de la proximité soudaine d'un ex-Allemand de l'Est avec Willy Brandt. Le contre-espionnage est saisi. Il enquête en reprenant les câbles est-allemands qu'il a réussi à décrypter. Mais il ne connaît pas le nom de code de Guillaume à la HVA, « Hansen ». Si bien que, lorsqu'il apprend que ses câbles ont été décodés, Wolf ne s'en fait pas. Mais il oublie un détail : pour montrer l'attention qu'il porte à ses agents, il leur envoie ses félicitations à l'occasion de leurs anniversaires et de la naissance de leurs enfants. En croisant les données, les contre-espions n'ont pas de mal à démasquer le couple Guillaume.

Ils sont arrêtés le 24 avril 1974. Günter déclare sur-le-champ : « Je suis officier de l'armée populaire de RDA et collaborateur de la [HVA]. Je vous demande de respecter mon honneur d'officier. » Le scandale est tel que Willy Brandt démissionne quelques jours plus tard. C'est la fin de l'Ostpolitik et, donc, un échec majeur de Wolf, qui considère qu'en cela l'arrestation de Günter Guillaume est une « catastrophe » pour l'Allemagne de l'Est. Même s'il ne va pas jusqu'à le dire ainsi, on peut imaginer qu'il aurait préféré ne pas avoir réussi une opération d'infiltration aussi magistrale qui a abouti à une défaite diplomatique majeure pour Berlin-Est.

Quoi qu'il en soit, Günter est condamné à treize ans de prison, et Christel à huit. Échangé en 1981 contre huit espions de l'Ouest, le couple est accueilli à Berlin-Est en héros, où tous deux sont décorés de l'ordre de Karl-Marx. Devenu colonel pour l'un et lieutenant-colonel pour l'autre, ils divorcent quelques mois plus tard. Après avoir publié ses Mémoires, Günter décédera en 1995. Christel vivra encore neuf ans, désespérée par la dislocation de leur couple mythique.

Voir : Wolf, Markus.

H

Hall, James

Pendant la guerre froide, la principale station de la NSA, l'agence américaine chargée des écoutes, se situait à Berlin-Ouest, au sommet de la « montagne du Diable », *Teufelsberg* en allemand. C'est une colline artificielle de 120 mètres de haut, érigée avec les gravats de la ville détruite à la fin de la Seconde Guerre mondiale. Dans les années 1960, on y a construit des remonte-pentes pour y faire du ski en hiver. Ces tire-fesses ont été démontés à la demande de la NSA, quand les travaux de la station ont commencé.

À partir de ce promontoire, les Américains pouvaient intercepter les communications des forces du pacte de Varsovie en manœuvre à 500 kilomètres de là, au cœur de l'Empire soviétique, mais aussi, éventuellement, les brouiller en cas d'attaque. En 1981 travaillent là, à l'abri de bureaux sans fenêtres, mille trois cents employés, dont James Hall, un sergent de 23 ans, arrivé au début de l'année d'une autre station d'écoute installée en bordure de la Tchécoslovaquie. Loin de son village natal, une bourgade de six cents habitants dans l'État de New York, il vient de se marier, il a besoin d'argent.

Quelques mois après son arrivée à Teufelsberg, Hall écrit une lettre dans laquelle il se dit « prêt à travailler » pour le KGB – moyennant finance, bien sûr. Il dépose la missive dans la boîte aux lettres du consulat d'URSS à Berlin, en indiquant qu'il sera le soir même, à 19 heures, dans les toilettes de l'aire de repos d'une autoroute. À l'heure dite, deux hommes du KGB se présentent et emmènent le jeune soldat dans leur voiture jusqu'au quartier général du service secret soviétique, à Karlshorst, dans la banlieue de Berlin-Est.

Au cours de deux heures d'entretien, Hall explique qu'il est habilité « top secret/sensitive », c'est-à-dire le niveau le plus élevé. Et, après les vérifications d'usage, ses hôtes du KGB acquiescent, et son travail d'agent double commence au printemps 1982. Pendant les deux ans qui suivent, raconte John Koehler dans son excellent livre sur la Stasi, le service secret d'Allemagne de l'Est, publié en 2008, le sergent Hall sort régulièrement, à l'heure du déjeuner, de nombreux documents secrets cachés dans un sac de sport à double fond fourni par ses officiers traitants. Il prend sa voiture et s'arrête sur une aire d'autoroute pour les photographier avec un appareil ultrarapide, lui aussi donné par le KGB. Puis, chaque mois, il remet les films à son officier traitant, ébahi par la moisson : les manuels secrets de surveillance électronique, les réseaux de communication utilisés par les services américains.

Mais Hall est toujours plus gourmand. L'occasion de gagner plus d'argent se présente quand l'un des mécanos de la station d'écoute, un Turc du nom de Yildirin, lui propose de travailler pour les Allemands de l'Est qu'il informe déjà. Il leur passera des documents, les mêmes que ceux fournis par Hall aux Soviétiques, et rapatriera l'argent de la récompense.

Et c'est ainsi pendant les quatre années suivantes : Hall livre à la HVA est-allemande et au KGB soviétique des milliers de secrets parmi les mieux gardés des États-Unis. Notamment le projet Trojan, qui, en cas de guerre, permet aux Américains de localiser les chars, les avions, les missiles et les véhicules blindés soviétiques grâce à leur signature électronique. Ses officiers traitants est-allemands sont si contents qu'ils organisent une rencontre avec le chef de la Stasi en personne, le numéro deux du régime, Erich Mielke, qui le décore et lui donne un bonus de 5 000 dollars.

Hall est aussi bien noté par ses supérieurs américains. Il est muté à Francfort dans un bataillon de renseignement électronique, où, par chance, le service de sécurité est très relâché. Il s'en donne à cœur joie. Il peut sortir tellement de documents que le KGB lui loue un appartement en ville dans lequel le service secret russe a installé un photocopieur portable, qu'Hall peut aussi emporter pendant les manœuvres de son bataillon pour pouvoir continuer à livrer des renseignements aux Soviétiques et recevoir des liasses de dollars.

Informé par un agent double, le FBI a finalement vent de la trahison d'Hall. Les enquêteurs découvrent qu'il dépense à tout-va. Il a acheté une Volvo flambant neuve, une maison aussi, et il suit de coûteux cours de pilotage. Pour l'arrêter en flagrant délit, un officier du Bureau se fait passer pour son nouveau traitant du KGB. Avec un lourd accent russe, il prétend ne pas savoir grand-chose d'Hall et lui demande de raconter sa collaboration avec la HVA est-allemande et le KGB. Hall accepte volontiers tandis que sa « confession » est enregistrée non loin de là. Il raconte tout et même qu'il a informé oralement l'un dc ses traitants soviétiques de l'une des opérations américaines qui permet à la NSA de s'infiltrer dans les communications entre militaires et ainsi saborder leurs échanges, y compris dans le système de commande des missiles nucléaires soviétiques.

Hall est arrêté en décembre 1988. Pour avoir livré à l'ennemi plus de treize mille pages de documents ultra-secrets, il est condamné à quarante ans de prison. À l'un de ses biographes qui l'interroge en prison quelques années plus tard, il confie avoir reçu 300 000 dollars de la HVA et du KGB. Ayant, semble-t-il, compris la gravité de son crime, il ajoute qu'il ne se considère pas comme un espion de la guerre froide mais comme « un salaud de traître ». Il est libéré vingt-deux ans après sa condamnation, en septembre 2011.

La station de la NSA, elle, ferme après la chute du mur de Berlin. Dans les années 1990, un groupe d'investisseurs envisage de racheter les bâtiments pour les transformer en hôtel de luxe. Mais le projet n'aboutit pas. Aujourd'hui, les locaux des anciennes « grandes oreilles » américaines en Europe sont délabrés, mais on peut en visiter une partie pour quelques euros.

Hanssen, Robert

Au FBI, ses copains de bureau le surnommaient « le croque-mort ». Avec son invariable costume noir et sa mine triste, il n'était pas l'un de ces agents doubles flamboyants, tel « Kim » Philby. Comment soupçonner ce catholique dévot, membre de l'Opus Dei, fils d'un flic de Chicago et admirable père de six enfants, de trahir son pays, de surcroît au profit de l'Union soviétique, un pays « sans dieu », répétait-il ?

Pourtant, pendant vingt-deux ans, de 1979 à 2001, soit presque l'intégralité de sa carrière au FBI, Robert Hanssen a livré plus de six mille documents top secret et vingt-quatre disquettes à Moscou. « Il a été notre plus belle prise », reconnaît, dans ses Mémoires, son premier officier traitant au KGB, Victor Cherkashin. Le plus extraordinaire, c'est que ce dernier ne découvrira la véritable identité d'Hanssen, nom de code « Karat » ou « la Source », qu'au moment de son arrestation, en 2001.

Hanssen n'était pas un agent médiocre, comme on le prétend souvent, au contraire, il était « diaboliquement brillant », dit un ancien patron du contre-espionnage américain. C'est lui qui fixe tous les détails de sa collaboration avec les Soviétiques. Pour empêcher le KGB de découvrir son identité, et par là qu'une taupe de la CIA ou du FBI au sein du service secret soviétique ne le dénonce, il définit, dans sa première lettre, des modalités très strictes de livraison des documents et de l'argent. Il prévient que, lorsque, dans ses courriers suivants, il indiquera un mois précis, son traitant devra ajouter six. Par exemple, si Hanssen fixe le prochain dépôt au mois de mai, c'est-à-dire le cinquième mois de l'année, cela veut dire, en réalité, cinq plus six font onze, le mois de novembre. Même chose pour le jour et l'heure.

Il dépose les photocopies dans une boîte aux lettres morte (sous un pont, dans une poubelle, dans le trou d'un mur) définie dans le courrier précédent, jamais à plus de 6 kilomètres de chez lui ; de même, un homme du KGB laisse l'argent promis dans un autre endroit défini par lui et marque une croix.

« J'ai lui ai proposé un mode de communication plus complexe, un émetteur en rafales, dont les messages sont difficiles à intercepter et à décrypter », explique Cherkashin. Mais Hanssen refuse. Il ne communique que par courrier, qu'il signe « Ramon Garcia », et occasionnellement par téléphone. En professionnel du contre-espionnage, il veut contrôler chaque détail. Ainsi que sa rétribution. « Je n'ai pas besoin de plus de 100 000 dollars », écrit-il dans l'une de ses premières lettres. Davantage serait un problème, puisque « je ne pourrai pas le dépenser ni l'investir facilement », sans risquer d'être découvert. « Peut-être des diamants pour assurer l'avenir de mes enfants », demande-t-il. Et « un plan pour son évacuation » à Moscou, « quand le temps viendra », car « rien ne dure pour l'éternité ». Et, pour ce moment-là, il souhaite que le KGB lui réserve un poste de « conférencier étranger » dans l'une de ses écoles.

Mais, plus le temps passe, plus il devient gourmand. C'est que, bientôt, il va rencontrer une strip-teaseuse. Il veut lui offrir des voyages luxueux, des bijoux, une Mercedes aussi. Payer ses factures de carte bancaire et celles de la jeune femme, avec laquelle, semble-t-il, il n'a jamais eu de relations sexuelles. Si bien qu'au total il obtiendra du KGB, outre une grande quantité de pierres précieuses, plus de 1,4 million de dollars en cash.

En échange, il fournit des renseignements exceptionnels. Le plus important est l'existence d'un tunnel creusé par la CIA et le FBI sous l'ambassade d'URSS à Washington, au moment de sa construction à la fin des années 1970. Grâce à des matériaux particulièrement conducteurs de son, les Américains peuvent écouter tout ce qui se dit à l'intérieur de l'emprise diplomatique soviétique. « Un miracle technologique », selon Cherkashin. L'installation souterraine, baptisée opération « Monopoly », a coûté au total près de 1 milliard de dollars.

Ce n'est pas tout. Hanssen révèle aussi comment la CIA intercepte les communications en provenance des satellites soviétiques. Il livre au KGB les documents ultra-secrets sur la transmission du pouvoir à la Maison-Blanche et sur les mesures d'évacuation des hauts responsables en cas de guerre atomique. Il révèle aussi les noms d'une douzaine d'agents doubles et les techniques du FBI pour les recruter.

Hanssen est dénoncé par un transfuge, Guennadi Vasilenko, ou plus précisément une cassette que cet officier du KGB en poste à Washington a conservée. Il s'agit de l'enregistrement d'une discussion téléphonique entre le traitant d'Hanssen et Hanssen lui-même, dont les Russes ignorent toujours l'identité. Quand ses collègues de l'unité Russie du FBI l'écoutent, ils sont abasourdis. L'agent du KGB n'est autre que « Robert le croque-mort » !

Il est arrêté en octobre 2001 par une escouade du FBI alors qu'il vient de déposer une enveloppe remplie de documents confidentiels, comme convenu, sous un pont, près de chez lui. « Pourquoi avez-vous mis tant de temps ? », leur lance-t-il, comme si, après deux décennies de trahison et de mensonges, il était soulagé d'être pris. Il est condamné à la prison à vie, sans remise de peine possible. « Je demande pardon pour ma conduite. J'en ai honte », dit-il au juge. Depuis, il est enfermé dans une cellule d'une prison de Floride.

Voir : Boîte aux lettres morte.

Hemingway, Ernest

Dans les années 1940, le grand écrivain et aventurier Ernest Hemingway a été un espion dilettante, d'abord pour le NKVD (l'ancêtre du KGB) puis pour l'OSS (qui deviendra la CIA).

C'est au cours de la guerre d'Espagne, qu'il couvre, pendant des mois, aux côtés des Républicains, que le futur prix Nobel de littérature rencontre le chef du NKVD sur place, Lev Felbing, alias Alexander Orlov. Ce général des services spéciaux soviétiques l'autorise à visiter ses camps d'entraînement à la guérilla et, même, à accompagner une équipe de saboteurs. Hemingway se sert de ces expériences pour nourrir son roman *Pour qui sonne le glas*, où Orlov apparaît sous les traits du personnage Varlov. De ces premiers contacts, la Loubianka estime que le romancier pourrait faire une bonne recrue, d'autant plus qu'il ne condamne pas le Pacte germano-soviétique.

La suite a été découverte au début des années 2000 dans les archives du KGB exfiltrées par un officier de renseignement, Alexandre Vassiliev. Les milliers de pages de notes qu'il a récupérées lui permettent de retracer la courte carrière du romancier au NKVD. Selon le livre qu'il a publié en 2009, c'est en décembre 1940 qu'un responsable du service secret soviétique à New York, Jacob Golos, recrute Hemingway sur une « base idéologique » et lui donne un nom de code, « Argo ».

Hemingway s'apprête à partir en Chine. Là, il doit rencontrer en catimini le numéro deux du Parti communiste chinois, Zhou Enlai. Le NKVD lui demande de rapporter le contenu de leur discussion à un contact sur place. Mais le romancier n'a pas l'âme d'un espion. Il s'entretient bien avec Zhou, mais rate le rendez-vous avec l'homme du NKVD. Il agira de même chaque fois qu'il devra glaner des renseignements pour les Soviétiques.

Quand il se rend à La Havane et à Londres dans les années 1940, il dit « à plusieurs reprises son désir et sa volonté de nous aider », note un homme du NKVD. Mais il « ne nous livre aucune information politique », « on ne peut donc pas vérifier dans la pratique » s'il veut vraiment espionner pour le compte de l'Union soviétique. Si bien que, d'après les archives, les contacts avec le service secret soviétique sont rompus à la fin des années 1940.

En revanche, Hemingway semble, au même moment, jouer un rôle réel, bien que négligeable, au profit de l'OSS. Après avoir adapté son cabin-cruiser *Pilar*, avec l'aide du service secret naval américain, l'auteur du *Vieil Homme et la Mer* participe à la chasse aux sous-marins allemands dans les Caraïbes. Il ne se sent pas racheté pour autant. Il redoute les enquêtes du tout-puissant patron du FBI, Edgar Hoover, et celle du sénateur McCarthy. Il a raison. Les deux hommes, qui entendent éliminer la « gangrène communiste », passent au peigne fin le passé de tous les artistes de gauche et les mettent sur écoute, Hemingway compris.

Vont-ils découvrir sa très brève collaboration avec le NKVD ? Si oui, sa carrière sera ruinée, et sa liberté, peut-être, menacée. Selon Nicolas Reynold, un biographe qui s'est intéressé aux liens d'Hemingway avec le monde du renseignement, la croisade de McCarthy et d'Hoover a nourri la paranoïa grandissante du romancier américain, qui souffrait de troubles psychiatriques sévères. Et pourrait être l'une des causes de son suicide, en 1961.

Cette histoire porte une autre ironie cruelle. Felbing, alias Orlov, le général du NKVD qui l'a introduit dans l'univers du renseignement, a fait défection en 1938 aux États-Unis. Alors qu'il a été le liquidateur physique de centaines de trotskistes et d'anarchistes en Espagne, il ne sera inquiété ni par les Américains ni par les Soviétiques. Au FBI, il en a dit suffisamment pour obtenir l'asile politique. Et il a fait savoir à Staline que, tant qu'il n'arrive rien à sa famille restée en Union soviétique, il ne livrera pas les noms des agents du NKVD infiltrés aux États-Unis. Si bien que Felbing mourra dans son lit, à Cleveland, en 1973, douze ans après Hemingway.

Hirondelle

Chaque langue les nomme à sa façon, mais c'est toujours un petit volatile. En russe, on dit « hirondelle », en anglais « moineau » (*sparrow*). Ce sont les jeunes femmes recrutées par un service secret pour séduire puis compromettre une cible afin que celle-ci accepte de livrer des secrets. Certains appellent cette technique le « sexpionnage ».

Les Patriotes, l'excellent premier film d'espionnage d'Éric Rochant, qui créera plus tard *Le Bureau des légendes*, montre particulièrement bien comment un service secret peut être amené à faire appel à une hirondelle. À Paris, un officier de l'unité 238 du Mossad, chargé du nucléaire, interprété par Yvan Attal, doit recruter un physicien français qui travaille à la construction d'un réacteur atomique dans un pays arabe ennemi d'Israël (on pense évidemment à l'Irak). Mais la cible, nom de code « Léopard », ne se laisse pas convaincre pour de l'argent. Reste la charmante Marie Claude, interprétée par Sandrine Kiberlain.

L'hirondelle parvient sans grande difficulté à attirer le scientifique dans une chambre d'hôtel puis dans son lit. Des caméras dissimulées filment leurs ébats. Ainsi, lorsque « Léopard », dont l'appartement a été mis sur écoute par le Mossad, semble sur le point de révéler qu'un espion cherche à le recruter, l'officier du Mossad lui téléphone et le menace très crûment de révéler à son épouse, images à l'appui, sa position érotique préférée avec sa maîtresse. Et le scientifique accepte.

« L'utilisation du sexe est une pratique commune chez tous les services de renseignement du monde, confiait, en 1975, le numéro deux du FBI devant la commission Church, chargée d'enquêter sur les pratiques des agences américaines d'espionnage. C'est un métier dur et sale.

Nous avons utilisé cette technique contre les Soviétiques. Ils l'ont utilisée contre nous. »

L'un des plus célèbres officiers traitants du KGB, Victor Cherkashin, décrit dans ses Mémoires *Spy Handler* l'une de ses hirondelles. « L'une de mes agentes, appelons-la Larissa, était une attirante blonde de 25 ans qui parlait anglais et travaillait pour l'UPDK, l'agence d'État chargée de fournir les ambassades étrangères en logements, mobilier, nourriture et autres services [...]. Agente professionnelle et engagée, elle pouvait faire usage à volonté de son charme considérable. » Cherkashin raconte ensuite comment il l'a utilisée pour piéger un diplomate britannique.

Plusieurs Français aussi sont tombés dans le panneau, le piège à miel, *honey trap*, comme disent les Anglais. Une hirondelle soviétique a séduit l'ambassadeur français Maurice Dejean, qui, par peur du scandale, a accepté de collaborer avec le KGB. À la même période, l'attaché de l'air français à Moscou, le colonel Louis Guibaud, a lui aussi succombé aux charmes d'une hirondelle, mais il a refusé de devenir un agent de l'ennemi et, pour éviter l'opprobre, s'est donné la mort en juillet 1962. Afin de recruter le diplomate français Bernard Boursicot, les Chinois ont, eux, utilisé un homme se faisant passer pour une femme...

Malgré leur pudibonderie, ou peut-être à cause de celle-ci, les Américains pratiquent évidemment aussi le sexpionnage. La CIA a, par exemple, recruté un jeune diplomate soviétique en poste à Bogotá, Alexandre Ogorodnik, grâce à sa maîtresse, un « moineau » de la CIA. Le cas était d'autant plus simple que celle-ci est tombée enceinte. Si les supérieurs d'Ogorodnik apprenaient la mésaventure, sa carrière était finie, sans parler de son mariage. Un officier de l'agence américaine lui a présenté les photos compromettantes et il a accepté d'espionner pour lui. En quelques années, il a livré une centaine de documents secrets sur la politique étrangère de l'Union soviétique. En 1977, il a été arrêté à Moscou et exécuté.

Qu'en est-il de cette école du sexpionnage que le service secret soviétique aurait créée à Kazan pendant la guerre froide ? L'ex de la CIA Jason Matthews a popularisé cette rumeur dans son roman à succès *Red Sparrow*, adapté au cinéma en 2018. Mais, pour l'instant, aucun renseignement solide ne l'a confirmée.

Voir : Boursicot, Bernard ; Dejean, Maurice ; Roméo.

Hiss, Alger

C'est l'affaire Dreyfus des États-Unis. Une histoire d'espionnage qui a profondément divisé l'Amérique dans les années 1950 et 1960 et nourri l'affrontement des républicains contre les démocrates. Au cœur des débats, non pas une lettre manuscrite falsifiée, comme celle qui a conduit le capitaine juif sur l'île du Diable, mais une machine à écrire qui, selon l'accusation, aurait servi à l'épouse du diplomate Alger Hiss à recopier des documents confidentiels que son mari aurait illégalement sortis du département d'État. La controverse dure toujours, bien qu'après des décennies de révélations il semble à peu près établi que, à la différence d'Alfred Dreyfus, Alger Hiss était bien un espion. Au service de Staline.

Alger Hiss est né en 1904 dans une vieille famille patricienne de Baltimore. Il doit son étrange prénom à l'un des amis de son grand-père, un certain Russel Alexander Alger, secrétaire d'État à la Guerre à la fin du XIXe siècle. Le jeune Alger fait ses études à la prestigieuse Harvard Law School, où il est membre de la fraternité Alpha Delta Phi, réservée aux fils de l'élite. Il sympathise avec l'un de ses professeurs, Felix Frankfurter, un proche du futur président Roosevelt. Quand ce dernier est élu à la Maison-Blanche, Frankfurter recommande le jeune avocat auprès de la nouvelle administration, celle du New Deal. Si bien qu'en 1936 Alger Hiss entre au département d'État.

Il est affecté au bureau Extrême-Orient, dont la mission principale est d'aider le leader nationaliste Tchang Kaï-chek face au Japon impérial. Au sortir de la guerre, son champ d'action s'élargit, il devient même un personnage important dans l'appareil diplomatique américain. Il participe à la conférence de Dumbarton Oaks, qui, fin 1944, établit les bases de la future Organisation des Nations unies. Puis il est élu secrétaire général de l'Assemblée générale fondatrice de l'ONU. Enfin, il assiste à la conférence de Yalta entre les trois grands, Staline, Churchill et Roosevelt, en tant qu'assistant personnel du secrétaire d'État, Stettinius. Il quitte la diplomatie en 1946 pour prendre la présidence de la prestigieuse fondation Carnegie pour la paix internationale. À 42 ans, il est l'un des personnages les plus en vue de l'establishment démocrate américain.

Pourtant, depuis plusieurs mois, il est surveillé en secret par le FBI. Deux témoignages le rendent suspect. Un transfuge soviétique assure que l'un des conseillers du secrétaire d'État, sans préciser lequel, est un agent du GRU. Une militante communiste, ancien courrier pour les services spéciaux soviétiques, dit, elle, avoir entendu par l'un des membres de son réseau d'espionnage qu'Hiss en avait fait partie. Des indices minces mais suffisants pour qu'Edgar Hoover, le patron du FBI, mette l'appartement du diplomate sur écoute. Sans résultat.

L'affaire est relancée en 1948, quand un ancien communiste devenu éditorialiste au magazine *Time*, Whittaker Chambers, affirme devant la commission McCarthy, dont l'objectif est de démasquer les militants ou sympathisants « rouges », qu'Hiss a appartenu au Parti communiste. Interrogé par la même commission et particulièrement par un jeune sénateur de Californie, le très ambitieux Richard Nixon, le diplomate rétorque que tout cela est faux, qu'il n'a même jamais rencontré Chambers. Et, pour faire taire l'accusateur, il dépose une plainte en diffamation. Chambers contre-attaque. Il confesse avoir été non seulement communiste, mais aussi un officier traitant du NKVD. Et qu'avant guerre, Hiss était l'un de ses agents.

« Il apportait chez lui une sacoche contenant des documents du département d'État, raconte-t-il. Je prenais ensuite ces documents à Baltimore pour les photographier, de façon à les rendre à Alger Hiss le soir même ou le lendemain matin. » Chambers ajoute qu'Hiss est un excellent dénicheur d'agents, recherchant constamment des recrues potentielles pour le GRU.

Pour preuve, il affirme à la commission être en possession de soixante-cinq documents confidentiels qu'Hiss aurait recopiés à la main et que son épouse aurait retapés sur sa machine à écrire. Le diplomate-agent les aurait confiés à Chambers en 1938. Sachant qu'il allait rompre avec le Parti communiste et le NKVD, Chambers les aurait conservés comme une sorte d'« assurance vie ». Et, guidés par l'ancien communiste, les enquêteurs en découvrent certains dans l'appartement de son neveu à Brooklyn et d'autres dans sa maison dans le Maryland, cachés dans une citrouille, *pumpkin*, en anglais. D'où le surnom humoristique de tous ces documents : les « Pumpkin Papers ».

Interrogé de nouveau, Hiss confesse s'être trompé. Il a effectivement connu Chambers dans les années 1930, mais il assure que celui-ci se présentait sous une autre identité. Il maintient n'avoir jamais été communiste et encore moins un agent secret. Selon lui, les « Pumpkin Papers » auraient été tapés sur la machine à écrire de Chambers. Mais un expert du FBI assure qu'au contraire les caractères correspondent parfaitement à ceux de la machine des Hiss.

Nixon, qui dirige la sous-commission d'enquête sur l'affaire, aimerait poursuivre le diplomate de gauche pour espionnage, mais les faits sont prescrits. Il lui reste une solution, qu'il saisit immédiatement : le traîner devant un tribunal pour parjures. Selon lui, Hiss aurait menti deux fois sous serment : en affirmant qu'il n'a jamais rencontré Chambers et qu'il ne lui a pas remis les « Pumpkin Papers ».

Alger Hiss mobilise en sa faveur une liste impressionnante de témoins de moralité, tous démocrates. Défilent à la barre pour le soutenir Eleanor Roosevelt, l'épouse de l'ancien président, un ancien candidat à la présidence des États-Unis, des journalistes réputés et deux juges à la Cour suprême. Le secrétaire d'État Dean Acheson assure, lui, qu'« il ne [lui] tournera jamais le dos ». Et le président des États-Unis, le démocrate Harry Truman, dénonce une

« manœuvre de diversion » de la part de Nixon et des républicains.

Pourtant, après deux procès, Alger Hiss est condamné, en 1950, à cinq ans d'emprisonnement. Les jurés estiment que le diplomate a bien remis des documents secrets à Chambers et qu'il est donc un espion. Hiss est envoyé à Lewisburg en Pennsylvanie, dans une prison de haute sécurité d'où il sortira trois ans après.

Mais l'affaire est loin d'être terminée. Pendant des décennies, elle va structurer l'affrontement des deux principaux camps politiques américains. D'un côté, les croisés de l'anticommunisme affirment que la pénétration des services secrets soviétiques au cœur du gouvernement des États-Unis pendant le New Deal, dont Alger Hiss serait l'exemple le plus frappant mais pas le seul, est la preuve que les démocrates sont laxistes en matière de sécurité nationale. L'autre camp, l'establishment intellectuel de gauche, répète que l'accusation contre Hiss est frauduleuse, montée de toutes pièces afin d'assurer la promotion des leaders politiques de droite, en particulier Richard Nixon. Qui dit vrai ?

Durant près d'un demi-siècle, de nouveaux indices à charge et à décharge sont régulièrement avancés. En 1952, l'ancien ambassadeur des États-Unis en France, William Bullit, raconte que, juste avant la guerre, le président du Conseil français, Édouard Daladier, l'aurait encouragé à se méfier « de deux frères nommés Hiss » (Alger avait en effet un frère, Donald). Mais, le lendemain, Daladier répond qu'il ne se souvient pas d'avoir dit cela.

Le débat se concentre alors sur la machine à écrire d'Hiss. La défense affirme que quelqu'un l'aurait trafiquée afin que ses caractères soient identiques à celle utilisée pour taper les « Pumpkin Papers ». Une accusation longtemps considérée comme farfelue, puisque le FBI assurait qu'on ne savait pas dupliquer une tête de machine à écrire. Or, dans les années 1970, on découvre qu'Hoover a menti : pendant la guerre, les services de renseignement américains ont appris à fabriquer une telle copie parfaite. On apprend aussi que le détective privé embauché par l'avocat du diplomate pour retrouver sa machine, un certain Horace Schmahl, a été un agent du contre-espionnage. Selon la défense, le FBI l'a infiltré dans son équipe afin de trafiquer ladite machine. D'ailleurs, fait rarissime, Schmahl a miraculeusement changé de camp au début du procès pour rejoindre celui de l'accusation.

En 1976, un ancien conseiller juridique du président Nixon, John Dean, confirme l'hypothèse de la manipulation. Il assure que son patron, Charles Colson, lui a fait part d'une confidence du chef de la Maison-Blanche. Nixon lui aurait dit que, pour accabler Hiss, la commission McCarthy avait bel et bien fait fabriquer une fausse machine à écrire. Mais l'ancien président rétorque que tout cela est faux.

Vingt ans plus tard, les anti-Hiss relèvent la tête. En 1995, la CIA révèle l'existence de l'opération « Venona », qui, à partir de 1943, a permis au service secret américain de décrypter deux mille neuf cents messages envoyés à Moscou par les espions soviétiques installés sur le sol américain. Or, l'un de ces télégrammes, écrit le 30 mars 1945 par le chef du NKVD à Washington, Iskhak Akhmerov, fait référence à un agent américain dont le nom de code est « Ales ». D'après ce câble, « Ales » a assisté à la conférence de Yalta pour se rendre ensuite à Moscou avec le secrétaire d'État et, sur place, il a secrètement été décoré par les autorités soviétiques. Or, Hiss faisait partie de la poignée de conseillers qui ne sont pas rentrés directement à Washington.

En 1996, un an après la révélation de « Venona », Hiss meurt chez lui, après avoir clamé encore et toujours son innocence. L'année suivante, une commission bipartisane présidée par une figure unanimement respectée, Patrick Moynihan, affirme qu'« Ales » ne peut être qu'Hiss. En 1999, un ancien archiviste du KGB, Vasili Mitrokhin, qui a fait défection au Royaume-Uni en emportant des milliers de documents confidentiels, publie un livre, avec le grand historien du renseignement Christopher Andrew. Les archives qu'il cite sont formelles. Hiss a été l'une des jeunes recrues du GRU (appelé alors « quatrième département »).

En 1996, un ancien officier du KGB devenu journaliste, Vassiliev, s'installe à Londres. Il fait venir de Russie les notes qu'il a prises dans les archives des services secrets soviétiques quand celles-ci lui étaient ouvertes. Il les remettra plus tard au Centre international Woodrow-Wilson. En 2009, il publie, avec deux grands historiens américains, un livre intitulé *Spies : the Rise and Fall of the KGB in America*, dans lequel il révèle le contenu de ces notes. Il est formel. Hiss était un agent du GRU dont les noms de code ont été successivement « Jurist », « Ales » et « Leonard ». Autrement dit, la machine à écrire était bien la sienne et sa femme s'en est bien servie pour faire des copies de documents secrets qu'en bon espion il remettait à son officier traitant soviétique. Très peu d'historiens le contestent aujourd'hui.

Voir : Mitrokhin, Archives.

Howard, Edward Lee

La théorie des dominos s'applique parfaitement au contre-espionnage : les traîtres tombent presque toujours parce qu'ils sont eux-mêmes dénoncés par des traîtres du camp adverse, et ainsi de suite.

Edward Lee Howard n'a pas 30 ans quand il est embauché, en 1980, par la CIA. La Compagnie le recrute parce qu'il a fait du bon travail au Pérou au service de l'USAID, l'agence gouvernementale chargée de l'aide internationale américaine. On l'envoie à la Ferme, le centre de formation et d'entraînement des officiers de renseignement. Il apprend les techniques pour déjouer une filature, placer des systèmes d'écoutes ou choisir une boîte aux lettres morte. Sa femme, qui doit l'accompagner dans ses missions, est, elle aussi, formée à ces méthodes.

À la fin des six semaines à la Ferme, on l'assigne au bureau des affaires soviétiques, où il passe deux ans à poursuivre sa formation. Au bout de dix-huit mois, on lui annonce qu'au lieu de l'Europe, dont il rêve pour son premier poste sur le terrain, on l'affecte au dernier à Moscou. Il devra gérer un agent dont le nom de code est « Cksphere », dont l'officier traitant est rentré aux

États-Unis plus tôt que prévu. L'agent en question est Adolf Tolkachev. Cet ingénieur spécialisé dans les radars est, depuis 1979, une source majeure de la CIA, à laquelle il livre des documents secrets sur les missiles et les radars soviétiques.

Pendant plusieurs semaines, Howard doit tout apprendre sur son agent et sur le poste de la CIA à Moscou, dont il lit les messages passés. Selon le journaliste David Hoffman, auteur d'une biographie de Tolkachev intitulée *The Billion Dollars Spy*, on lui enseigne aussi la méthode pour récupérer les écoutes réalisées à Moscou grâce à un câble souterrain, installé dans le cadre d'une opération ultrasecrète, « Ckelbow » (et dont près de quarante après on ne sait toujours rien).

Début 1983, il est prêt à partir en Union soviétique. Officiellement, il travaillera au service du budget à l'ambassade des États-Unis à Moscou. Mais, juste avant de s'en aller, il doit passer au détecteur de mensonges. Ce devrait être une simple routine. Or l'examinateur ne comprend pas certains résultats. Il lui demande de refaire le test, une deuxième fois, puis une troisième et une quatrième. Jusqu'à ce qu'il devienne évident qu'Howard n'a pas dit la vérité sur ses graves problèmes d'addiction. Deux ans et demi après son recrutement, il est forcé de démissionner.

Il est furieux et fauché. Quelques semaines après, il entre au consulat d'Union soviétique à Washington, sachant qu'à la différence de l'ambassade il n'est pas surveillé par des caméras du FBI. Il dépose une note à la réception, signée « Alex ». Il y indique qu'il « devait aller à l'antenne de la CIA à Moscou et qu'il a des informations à vendre pour 60 000 dollars », raconte David Hoffman. Howard joint à cette note une photocopie de son badge à la CIA et des instructions pour un rendez-vous plus tard près du Capitole. Au KGB, on craint un piège, mais finalement Victor Cherkashin, le numéro deux du KGB à Washington, décide de prendre contact avec Howard. Ainsi qu'il le raconte dans ses Mémoires *Spy Handler*, il l'invite à aller à Vienne pour rencontrer son officier traitant.

Howard dit au KGB tout ce qu'il sait. Au cours de rencontres à Vienne et au Mexique, il révèle les deux informations majeures qu'il détient. Il dit que la CIA a construit une installation souterraine à Moscou pour réaliser des écoutes. Et il affirme qu'un ingénieur spécialisé dans les radars a été recruté par la CIA, dont le nom de code est « Cksphere ». Connaît-il l'identité exacte de Tolkachev ? Il le démentira, mais c'est probable. Quoi qu'il en soit, Tolkachev est arrêté puis abattu d'une balle dans la tête. Howard, lui, dépose sur des comptes en Suisse et ailleurs les liasses de dollars que son officier traitant lui remet en récompense de sa trahison.

Mais voici qu'un autre traître, autrement appelé transfuge, se présente à la CIA cette fois. Il s'agit d'un officier du KGB en poste à Washington, Yourchenko. Pour prouver sa bonne foi, il révèle qu'un officier de la CIA, qui venait de terminer sa formation et qui a été viré juste avant son départ pour Moscou, est devenu une excellente source pour les Soviétiques. À Langley, on ne cherche pas longtemps. Et comme Tolkachev a disparu depuis plusieurs semaines, on comprend qu'Howard l'a livré au KGB. Mais il faut une preuve certaine. Le FBI est chargé de le surveiller. Puis des officiers viennent l'interroger chez lui à Santa Fe. Howard se montre très surpris, dit qu'il y a une erreur. Puis il fixe un autre rendez-vous pour après le week-end. Le FBI est convaincu qu'il va craquer.

Seulement, Howard a décidé de s'enfuir à Moscou. Le samedi soir, tandis qu'il fait croire au FBI qu'il dîne avec sa femme au restaurant, il sort discrètement sa voiture et roule vers Tucson, en Arizona. Pour masquer sa disparation, sa femme compose le numéro du psychiatre de son mari et lance la cassette qu'Howard a enregistrée avant de partir pour demander un rendez-vous. Les agents du FBI qui l'écoutent sont rassurés : il est toujours chez lui. Pourtant, il est déjà à l'aéroport de Tucson en partance pour Saint-Louis, New York et Copenhague. De là, il s'envole pour la Finlande, d'où, le lundi matin, le KGB le fait entrer en Union soviétique, dans le coffre d'un camion.

Sa femme dit tout ce qu'elle sait au FBI et, après quelques visites à Moscou, divorce en 1996. Devenu patron d'une petite société d'assurances à Moscou, Howard meurt à 50 ans, en 2002, officiellement d'une chute dans un escalier. Son corps est incinéré. On ne pourra donc jamais l'autopsier.

Voir : Tolkachev, Adolf.

I

Iassenevo

On ne peut s'empêcher de frissonner quand, traversant la place Félix-Dzerjinski à Moscou, on découvre la Loubianka, ce complexe de bâtiments néobaroques aux façades de brique jaune. Construits en 1898 par une grande compagnie d'assurances privée, et saisis après la révolution bolchevique, ces immeubles ont abrité le siège du KGB jusqu'à la fin de l'URSS, en 1991. Si bien que, depuis des décennies, le mot « Loubianka » sert de métonyme à l'État policier soviétique et désormais russe : c'est là que se trouve toujours le quartier général du FSB, le tout-puissant service secret aux ordres de Vladimir Poutine.

Jusqu'en 1961, la prison de la Loubianka se situait dans un immeuble adjacent qui, avant la révolution, abritait l'hôtel de la compagnie d'assurances ! Les geôliers pouvaient y entasser plus de cinq cents prisonniers politiques, dont certains étaient abattus, sur place, d'une balle dans la tête, et d'autres déportés dans un camp du Goulag. Des personnalités célèbres, en particulier des dissidents, ont croupi dans ces cellules sans fenêtres, dont le futur prix Nobel de littérature Alexandre Soljenitsyne, l'immense poète Ossip Mandelstam ou l'admirable diplomate suédois Raoul Wallenberg, qui sauva des milliers de juifs en Hongrie.

C'est aussi à la Loubianka qu'était installé le siège de la première direction principale du KGB, celle de l'espionnage extérieur. Là, au « Monastère » ou au « Centre », comme ils le disaient, les officiers traitants en fin de mission et les « illégaux » en partance venaient prendre leurs ordres. Là où, pendant une soixantaine d'années, ont été planifiées les grandes opérations d'intoxication, d'infiltration et de renseignement du KGB.

Ce QG des espions a été transféré, en 1972, dans le sud de Moscou, à 30 kilomètres du centre-ville, dans le district d'Iassenevo. Au cœur d'une grande forêt de bouleaux, des bâtiments modernes ont été érigés, qui forment désormais le quartier général du SVR, le service de renseignement de la Russie. On le surnomme parfois le « Langley russe ». C'est pendant ce long déménagement qu'un responsable des archives, Vasili Mitrokhin, a copié, à la main, des milliers de documents top secret et les a livrés au MI6 britannique.

Quelques années après son exfiltration, il a écrit un best-seller, avec l'historien de l'espionnage Christopher Andrew, dans lequel il décrit ainsi le complexe d'Iassenevo : « Conçu par un architecte finlandais, l'immeuble de bureaux de sept étages en forme de Y était flanqué, d'un côté, d'une grande salle de réunion et de la bibliothèque et, de l'autre, d'une polyclinique, d'un complexe sportif et d'une piscine avec de belles vues sur des bouleaux… » C'est pourquoi les employés le surnomment « les bois » ou « la forêt » (*les*, en russe) ou « le bureau » (*kontora*, en russe). Pourquoi sept étages ? Peut-être pour imiter le siège de la CIA, à Langley, inauguré dix ans plus tôt… D'autres témoins ajoutent qu'à Iassenevo on trouve aussi des courts de tennis, une clinique médicale, une vingtaine de saunas et un centre commercial à prix préférentiels, où l'on se procure des produits occidentaux. Selon un ancien patron du contre-espionnage, Oleg Kalouguine, les plus hauts responsables disposent de vingt datchas.

Même si tout le monde dans le quartier sait que ce complexe visible de loin est le QG du service de renseignement extérieur, tous les panneaux routiers indiquent « Zone sanitaire », tandis qu'à l'entrée du complexe il est simplement écrit « Centre d'information scientifique ». Dans son livre de souvenirs *L'Éclaireur*, l'ancien officier du KGB, exilé en France, Sergueï Jirnov décrit sa première visite à Iassenevo. Après avoir franchi un mur d'enceinte de 4 mètres de haut muni de capteurs électroniques et une première guérite de sécurité, voilà le jeune Jirnov à l'intérieur du saint des saints de l'espionnage russe. Son bureau se situe dans la plus grande tour du complexe, un bâtiment de vingt étages. « En réalité, elle en comporte deux de plus, précise-t-il, des étages techniques qui cachent des antennes de retransmission et de puissants postes émetteurs-récepteurs en ondes courtes qui couvrent le monde entier. »

À son étage, le 20e, comme à tous les autres, il est surpris par les mesures extrêmement strictes de sécurité. « Ici, impossible de jeter un coup d'œil dans une pièce ou sur l'ordinateur d'un collègue, s'étonne-t-il. Aucune plaque n'indique les noms des services ou les occupants des bureaux ; juste des numéros sur les portes. » À l'instar des autres employés d'Iassenevo, le jeune officier Jirnov possède un laissez-passer très spécial. Il « ne comporte aucun nom, juste une photo et un numéro de matricule. Un autre numéro permet de savoir si le porteur est un personnel technique, un élément opérationnel, un administratif ou un dirigeant. Les tampons en forme de pictogrammes qui figurent sur le côté de la carte donnent le droit d'entrer dans une zone déterminée ».

À la fin de la journée, à 18 heures, retour à la maison. À l'extérieur du complexe, une soixantaine de bus, « qui roulent jour et nuit » pour le KGB, attendent les employés. Ils les ramènent chez eux, en sillonnant « discrètement » la ville. Le matin, même ballet dans l'autre sens. Les bus récupèrent trois mille employés « sur les quatre mille cinq cents » qui travaillent à Iassenevo.

Il est amusant de noter que, selon un autre transfuge, Yuri Shvets, dans presque tous les bureaux il y avait, dans les années 1980, une radio allumée pour écouter « La Voix de l'Amérique » le matin et de la musique d'ambiance l'après-midi.

Depuis que Vladimir Poutine est au pouvoir, Iassenevo est choyé. Selon le site Secrecy News, qui publie des photos satellite du QG du SVR, on a construit tellement de bâtiments nouveaux qu'au total la superficie de « la forêt » aurait doublé, voire triplé, et la capacité de parking aurait, elle, été multipliée par quatre. Ces travaux ont été entrepris à partir de 2007, c'est-à-dire quand le Kremlin a nommé l'ancien Premier ministre Mikhaïl Fradkov à la tête du SVR, poste qu'il a occupé pendant dix ans.

Voir : Langley ; Mitrokhin, Archives.

Illégal

« C'est comme marcher sur une corde raide, dira Andreï Bezrukov à son retour à Moscou après avoir passé dix ans aux États-Unis comme espion "illégal" sous le nom de Donald Heathfield. Quand vous faites le premier pas, vous avez peur. C'est très haut, vous ne savez pas quoi faire. Mais si vous continuez dans le cirque pendant dix ans, vous pouvez le faire les yeux fermés. »

Dans la hiérarchie des espions russes, l'« illégal » est un prince. C'est un officier infiltré dans un pays ennemi parfois pendant des dizaines d'années, sous une identité d'emprunt, une fausse nationalité et un autre travail, officiel celui-ci, sans lien avec le renseignement. Ils dépendent de la direction S du SVR (l'ex-KGB).

Le grand public a découvert ce type d'espions très particuliers grâce à l'excellente série *Les Américains*. Son scénariste, Joe Weisberg, lui-même ancien de la CIA, l'a conçue en s'inspirant très librement d'une histoire vraie : celle des dix « illégaux » russes, arrêtés aux États-Unis en 2010, dans le cadre d'une opération du FBI baptisée

« Ghost Stories », et plus précisément celle du couple Bezrukov-Vavilova, alias Heathfield-Foley.

L'« illégal » peut remplir des missions très diverses. L'un peut faire partie des agents dormants, les « *conservy* », comme on dit en russe, qui sont réveillés en cas de crise grave pour mener des opérations de sabotage. À un autre, le KGB confie une tâche qu'il ne veut pas donner à un officier sous couverture, forcément très surveillé : par exemple, la manipulation d'une source cruciale. Un troisième, surtout s'il est expérimenté, peut devenir un officier de la « réserve spéciale », aussi appelé un « illégal itinérant ». Au FBI, on dit plutôt un « illégal du Centre ».

Ce dernier est un officier ayant longtemps vécu sous légende à l'étranger. Après son retour à Moscou, le KGB l'utilise pour des opérations de courte durée et difficiles. « Si un Américain que les Russes veulent recruter est vu au Caire, ils peuvent envoyer un "itinérant" là-bas pour essayer de le convaincre », explique Gordon Corera, auteur de *Russians Among Us* (William Collins), un livre sur les dix « illégaux » russes arrêtés en 2010 aux États-Unis. L'avantage est que, si le recrutement échoue, l'« illégal » aura disparu avant même que la tentative ne soit dénoncée aux autorités. Alors que si la mission avait été confiée à un officier sous couverture diplomatique au Caire, celui-ci aurait pu être expulsé.

Un « itinérant » peut aussi mener une opération de recrutement sous une fausse bannière – se faire passer, par exemple, pour un Français, si la cible pourrait préférer livrer ses secrets à la France plutôt qu'à la Russie. Il peut également apporter une assistance ponctuelle à un « illégal » infiltré depuis longtemps dans un pays étranger. Mais le plus souvent, ce type d'aide est apportée par un département spécial de la direction S, la ligne N, composé d'officiers sous couverture diplomatique et implantés dans un grand nombre d'ambassades de la Russie dans le monde.

Les services secrets chinois disposent eux aussi d'« illégaux » qu'ils surnomment les « poissons en eaux profondes ». Pas les services occidentaux. Le National Clandestine Service de la CIA ou le service des clandestins de la DGSE (dont le nom exact est secret) envoient leurs officiers en mission à l'étranger sous légende, et donc sans couverture diplomatique, parfois pendant plusieurs mois, voire un ou deux ans, mais jamais beaucoup plus. La CIA les appelle les « NOC » (pour *non-official cover*), les Britanniques les « *natural cover* » (« couverture naturelle ») ; et la DGSE, les « clandestins ».

La spécificité russe tient à l'histoire. Après la révolution de 1917, les « illégaux » soviétiques sont la plupart du temps des militants communistes issus de différents pays. Ils sont chargés par Moscou de fomenter d'autres révolutions dans les grandes capitales européennes. Pour organiser ces troubles, le pouvoir léniniste ne peut pas, dans ces années-là, dépêcher à Londres, Paris ou Berlin des agitateurs sous couverture diplomatique, puisque la plupart des pays visés n'ont pas encore reconnu l'Union soviétique ; l'État paria n'a donc ni ambassade ni consulat sur place. Celui qui est souvent considéré comme le plus grand espion des temps modernes, Richard Sorge, a commencé son travail d'« illégal » comme agitateur.

La France, la Grande-Bretagne et l'Italie reconnaissent l'URSS en 1924, les États-Unis en 1933. La Loubianka transforme alors graduellement ces militants révolutionnaires en officiers de renseignement dépendants de sa direction S (celles des « illégaux ») créée en 1922. Pour les gérer, elle met en place, à l'étranger, une résidence (« un poste », dirait-on à la DGSE) elle aussi « illégale ».

En Russie, la mystique des « illégaux » a atteint le grand public avec la diffusion au début des années 1970 de la série *Dix-Sept Moments de printemps*. Elle raconte les exploits de l'« illégal » Maxim Issaïev, alias Max Otto von Stierlitz, un officier du KGB se faisant passer pour un général SS. Grâce à cette couverture, il découvre des négociations secrètes entre le IIIe Reich et Washington, et parvient à y faire échec.

Aujourd'hui, le SVR recrute ses « illégaux » prioritairement dans les universités. Selon Gordon Corera, le département trois de la direction S (celle des « illégaux ») est chargé d'opérer la sélection. « Le candidat idéal, écrit-il, a une petite vingtaine d'années. » S'il est plus jeune, on ne peut être sûr qu'il soit équipé psychiquement pour faire face à ce qu'il aura à vivre. Et, à 30 ans, la personnalité n'est plus assez malléable pour se mouler dans une autre personne. « Les chercheurs de talents sont à l'affût de certaines qualités particulières : l'aptitude pour les langues est vitale, comme l'intelligence, la patience, l'adaptabilité, la capacité à résister au stress et le sens du patriotisme. »

Les relations amoureuses des « illégaux » représentent une opportunité ou un danger. Certains sont envoyés à l'étranger pour séduire de jeunes femmes de la haute société locale et ainsi pouvoir obtenir d'utiles contacts dans l'establishment. Mais le cœur a ses raisons... Dans les années 1960, un « illégal » du nom d'Anatoli Roudenko travaillait aux États-Unis comme accordeur de piano des riches et des puissants, tel le gouverneur de New York, Nelson Rockefeller. En Allemagne, son terrain de jeux précédent, il avait rencontré une coiffeuse, l'avait épousée en secret et emmenée à Manhattan. Mais ce n'était pas du tout le plan concocté pour lui par la Loubianka. Il devait utiliser son charme pour séduire des jeunes femmes travaillant au siège des Nations unies afin qu'elles lui transmettent des documents secrets de l'organisation internationale. Il fut donc rapatrié à Moscou.

De même, tous les mariages arrangés par la direction S ne marchent pas. Helena et Dmitri Olchevski arrivent au Canada sous l'identité de deux bébés morts, Laurie et Ian Lambert. Mais Dmitri, alias Ian, s'installe avec une Canadienne, et Helena-Laurie avec un médecin anglais. Pas assez prudents, ils sont arrêtés en 1996 par le contre-espionnage canadien et renvoyés à Moscou. On n'a plus jamais entendu parler d'eux.

Les enfants posent un problème particulier si un couple ne s'installe pas ensemble à l'étranger. Durant la guerre froide, un « illégal » est parti dix-sept ans en Europe de l'Ouest sans sa femme ni son fils, raconte Gordon Corera. Le KGB autorise le garçon à lui rendre de temps en temps visite. Selon Youri Drozdov, qui dirigea la direction S de 1979 à 1991, « le but était de montrer au fils à quel point son père était valeureux ». Mais une tragédie survient. L'enfant, en vacances dans un camp, se noie. Le père ne peut venir assister à ses funérailles qu'un seul jour.

Plusieurs détails peuvent dénoncer un « illégal ». Les vaccins, par exemple, ne sont pas injectés au même endroit en Russie et aux États-Unis. Ils laissent donc des cicatrices qu'il faut savoir expliquer ou faire disparaître, quand c'est possible. De même pour la dentition. Certains modèles de plombage sont typiques de l'Union soviétique. Sans parler d'habitudes nationales, telle la façon de compter sur ses doigts. La méthode russe est en quelque sorte l'inverse de la méthode occidentale. Un gamin de Moscou commence poing fermé puis lève l'auriculaire pour compter 1, puis l'annulaire pour 2, etc.

Les interventions chirurgicales aussi sont source de problème, notamment l'anesthésie, au cours de laquelle on peut être amené à dire des choses que l'on voudrait taire. Dans la série soviétique *Dix-Sept Moments de printemps*, une « illégale » qui vit dans le IIIe Reich en se faisant passer pour une Allemande ne peut s'empêcher, au cours de son accouchement, de crier « Maman » en russe, et c'est ainsi qu'elle est démasquée.

Ces dernières années, ce sont les techniques de biométrie, c'est-à-dire toutes les manières possibles d'identifier une personne, notamment par ses empreintes digitales, son ADN, son iris, sa voix ou son visage, qui rendent l'infiltration et le travail d'un « illégal » presque impossibles, sauf, et c'est la tendance nouvelle, s'il garde sa véritable identité, comme dans le cas d'Anna Chapman. On les appelle les « nouveaux illégaux ». Ils bénéficient du fait que la Russie n'est plus vue comme un ennemi et que donc rencontrer un ou une Russe n'est plus chose suspecte. Et comme ils conservent leurs vrais noms et leur nationalité, ces « illégaux »-là peuvent voyager beaucoup plus facilement et se rendre régulièrement à Moscou, où ils ont toute latitude pour rencontrer leur officier traitant et leur hiérarchie. L'invasion en Ukraine change évidemment la donne.

Quelles que soient les difficultés que les « illégaux » rencontrent aujourd'hui, Vladimir Poutine leur voue toujours un véritable culte. Pour son régime, ils représentent des sortes de saints laïcs. En 2018, le président russe a inauguré une exposition à la gloire de vingt-neuf « illégaux » illustres – dont Sorge et Abel. Leurs portraits exposés ont été réalisés à partir de feuille d'or. En janvier 2020, lors d'un anniversaire de la direction S, Poutine a inauguré une statue à leur gloire au QG du SVR, à Iassenevo. À leur sujet, il a lancé : « Nous sommes fous d'eux ! » Et il a ajouté : « Ce sont tout simplement des personnes uniques. Tout le monde ne peut abandonner sa vie actuelle, ses proches et quitter le pays pendant de nombreuses années, consacrer sa vie au service de la patrie. Seuls les élus peuvent faire cela. »

Des « élus » qui se font de plus en plus souvent arrêter. C'est le cas de l'un d'entre eux aux Pays-Bas, en avril 2022, alors qu'il s'apprête à infiltrer la Cour pénale internationale en se faisant passer pour un simple stagiaire. Ce jeune homme de 33 ans prétend s'appeler Victor Muller Ferreira, de nationalité brésilienne. En réalité, il s'agit d'un certain Sergueï Cherkassov, né à Kaliningrad, officier du GRU (le service secret militaire).

Cherkassov a mis une dizaine d'années à peaufiner sa légende, en se rendant d'abord au Brésil sous l'identité d'emprunt d'un bébé décédé à la naissance. Là, il a suivi des études, obtenu des diplômes suffisants pour s'inscrire dans des facs renommées en Europe et même aux États-Unis, à la prestigieuse université Johns-Hopkins. Avec un tel curriculum, il n'a pas eu de difficulté à se faire accepter comme stagiaire à la Cour pénale internationale, dans le but fort probablement d'espionner et peut-être de gêner les enquêtes en cours sur les crimes de guerre perpétrés par l'armée russe en Ukraine et en Syrie. Il a été condamné à quinze ans de prison et espère probablement être échangé à la prochaine occasion.

En octobre 2022, le service norvégien de contre-espionnage, le PST, a arrêté pour espionnage un autre prétendu citoyen brésilien, lui aussi trentenaire, José Assis Giammaria. Depuis décembre 2021, il était chercheur dans le programme de guerre hybride à l'Université arctique située dans la ville nordique de Tromsø (Norvège). Le PST révèle que le prétendu scientifique est en réalité un officier du GRU, Mikhaïl Mikushin, diplômé en 2016 de la faculté numéro un de l'académie diplomatico-militaire du GRU – celle qui forme les futurs « illégaux ».

Comme Cherkassov, il a construit sa légende au Brésil après avoir appris le portugais à l'école du GRU. Il a obtenu un passeport brésilien en alléguant, fausses preuves à l'appui, qu'il avait une mère brésilienne décédée. Puis Mikushin se rend au Canada qui, à l'instar de l'Irlande, est un pays très prisé par les « illégaux » russes comme porte d'entrée vers d'autres pays occidentaux. Là, il décroche un master en études stratégiques à l'université de Calgary, d'où il candidate au programme très précis de l'Université arctique sur la guerre hybride. Il arrive à Tromsø peu avant le déclenchement de l'invasion russe en Ukraine. On ignore comment il a été démasqué.

En tout cas, il fait partie de ces dizaines d'« illégaux », que, selon les spécialistes, le Kremlin aurait dépêchés dans le monde. La raison est simple : depuis l'invasion de l'Ukraine, un grand nombre d'officiers russes de renseignement sous couverture diplomatique ont été expulsés un peu partout dans le monde. De ce fait, les réseaux « légaux » d'espionnage ont été en grande partie détruits. Mais il n'est pas sûr que ces « illégaux » vont réussir leur infiltration : les cas de Cherkassov et Mikushin montrent que les services occidentaux de contre-espionnage savent de mieux en mieux les repérer.

Voir : *Américains, Les* (série) ; Biométrie ; Fisher, Willie, alias Abel, Rudolf ; « Ghost Stories » ; Iassenevo ; Sorge, Richard ; Stierlitz, Max Otto von.

K

Koecher, Karl

C'est un cas unique dans les annales de la CIA. Karl Koecher est le seul espion de l'Est qui a réussi à se faire embaucher par l'agence américaine – du moins le seul à avoir été découvert.

« Pedro », son nom de code à la StB tchécoslovaque, est né en 1934 à Bratislava. Après la Seconde Guerre mondiale, c'est un adolescent rebelle. Il participe à un groupe clandestin qui veut déstabiliser le nouveau régime par les armes. Mais la StB manipule un agent dans la petite organisation. Karl est dénoncé. Au vu de son jeune âge, il n'est pas condamné, mais le service secret a ouvert un dossier le concernant, et va tout faire pour le nourrir.

Karl devient un étudiant brillant en mathématiques et en physique à l'université Charles de Prague. Il suit aussi l'école de cinéma où enseigne un jeune écrivain, Milan Kundera. Il voudrait devenir metteur en scène. Mais le service secret ne le lâche pas. En 1962, il est condamné à huit mois de prison pour un viol qu'il nie avoir commis. Si bien que, malgré ses capacités intellectuelles, personne ne veut l'embaucher, sauf... la StB. Il accepte. Fini, le cinéma. Il est l'agent « Pedro ».

Après deux ans de formation aux techniques d'espionnage, sa femme, Hanna, et lui sont envoyés aux États-Unis, prétendant être des réfugiés politiques. Les voilà à la gare de Prague, dans un train à destination de Vienne, sans le sou, mais avec un minuscule cahier pour chiffrer les messages, caché dans un savon. Et une mission : entrer dans une grande université et « se lier avec des gens qui probablement entreront plus tard dans les services secrets » des États-Unis, selon les archives de la StB étudiées par le biographe de Koecher, Benjamin Cunningham.

Après quelques mois en Autriche, une ONG qui aide les réfugiés tchécoslovaques à émigrer les prend en main. Nouvelle destination : New York. À peine arrivé à Manhattan, Karl apprend qu'il pourrait bénéficier d'une bourse pour l'université de Columbia. Un professeur américain qu'il a rencontré à Prague le recommande. Il est accepté. Dans la foulée, il est embauché à Radio Free Europe, la radio américaine à destination des pays de l'Est qui est financée par la CIA. Tandis qu'Hanna trouve un job chez un diamantaire, où elle s'intègre à merveille. Au bout de deux ans, leur légende est en béton. Il est temps, leur dit la StB, de passer à l'action.

Justement, à Columbia, l'un des enseignants préférés de Karl s'appelle Zbigniew Brzezinski. En 1972, cet ancien émigré polonais devenu figure de l'establishment politico-militaire américain lui conseille, avec d'autres, de postuler à la CIA, car, dit-il, son CV en impose : il est jeune, 28 ans, il connaît le monde communiste, parle russe, français, anglais et tchèque, et il travaille déjà pour Radio Free Europe.

Grâce à son curriculum et à la recommandation de Brzezinski, Karl est auditionné par l'agence de renseignement, très intéressée par son profil. Il ne lui reste plus qu'à passer l'épreuve du détecteur de mensonges. À Prague, la StB lui a appris à contrôler ses émotions et sa tension artérielle afin de n'être pas démasqué par ce test. Il réussit sans problème. Le voici citoyen américain, habilité top secret, traducteur à la division est-européenne de la CIA.

Sa mission est de traduire les conversations récoltées par les micros placés dans les ambassades et les missions commerciales de l'URSS ainsi qu'aux domiciles des diplomates soviétiques. Le patron du KGB en personne, Youri Andropov, s'intéresse au cas de Karl et ordonne à la StB que Koecher travaille aussi et surtout pour Moscou.

En guise de cadeau de bienvenue chez le grand frère, « Pedro » reçoit 20 000 dollars en liquide. De quoi verser l'apport nécessaire à l'achat d'un appartement dans un quartier chic, situé tout près de Central Park, à quelques encablures du musée Guggenheim. Là, les Koecher seront les voisins de plusieurs personnalités, dont Robert Redford, Anne Bancroft et Mel Brooks. Le deux pièces sera le seul bien immobilier jamais acquis grâce à un premier apport versé par le KGB et un emprunt garanti par la CIA !

En échange de ces largesses, Karl livre au KGB la liste des dizaines d'ambassades soviétiques dans le monde dont les lignes téléphoniques sont espionnées par les Américains. Il donne aussi une série de photos de l'arbre de Noël à Langley sur lesquelles il inscrit les identités véritables des personnes photographiées. Et puis il dit tout ce qu'il sait des opérations de la CIA en Amérique latine. Il indique notamment le nom des diplomates et des officiers de renseignement soviétiques que l'Agence va tenter de recruter – ce qui permet au KGB de déjouer toutes les tentatives d'approche.

Pour élargir leur cercle de sources potentielles, pour le plaisir aussi, les Koecher participent à d'innombrables soirées échangistes à New York et à Washington. Elles se déroulent soit chez eux soit dans les multiples clubs de « swingers » à la mode. Là, d'après Cunningham, ils se retrouvent en tenue d'Adam et Ève avec des personnalités comme Donald Trump. Ils transmettent au KGB les noms de celles qu'ils reconnaissent ou qu'on leur indique, afin que le service soviétique tente de les faire chanter avec des photos compromettantes. On ne sait si certains ont flanché.

En 1976, Karl est rappelé à Prague. On le soupçonne d'être un agent triple, de travailler désormais pour la CIA. L'officier qui l'interroge est le plus jeune général du KGB, un certain Oleg Kalouguine qui s'exilera plus tard aux États-Unis. Faute de preuves, Karl n'est pas condamné, il est même autorisé à revenir à New York, mais le KGB lui interdit de poursuivre sa tâche à la CIA.

Quand Kalouguine s'exile aux États-Unis, la StB est convaincue que l'ex-ponte du KGB a noirci Koecher. Karl est réhabilité, mais il est arrêté en 1984. Deux ans plus tard, il est échangé sur le pont de Glienicke contre le prisonnier politique Anatoly Chtcharanski. Ce sera le dernier troc de ce genre sur ce pont.

Hanna et Karl reviennent à Prague. Ils sont accueillis en héros. On leur donne un appartement et une Volvo. Et un job. Quarante ans plus tard, ils vivent toujours ensemble, dans la banlieue de la capitale tchèque, où Karl lit tous les matins le *New York Times*.

Voir : Brzezinski, Zbigniew ; Glienicke, Pont de ; Langley.

Koval, George

En 2006, Vladimir Poutine inaugure le musée du GRU, le service secret militaire soviétique puis russe. Il traverse le hall en jetant un rapide coup d'œil sur les photos des héros de l'organisation, qu'il connaît tous. Devant un cadre, le Président s'arrête net. « C'est qui, celui-là ? », demande-t-il, piqué au vif par l'intrusion d'un inconnu dans le panthéon des espions. « Son nom de code était "Delmar", lui répond-on. On peut enfin l'honorer parce qu'il vient de mourir. Il avait 92 ans. » Poutine n'oubliera pas.

L'année suivante, il décide de décerner au défunt la distinction suprême du pays : il le fait héros de la Fédération de Russie. Et révèle le véritable nom du récipiendaire : George Koval. Son exploit ? Seul agent du GRU infiltré dans les laboratoires atomiques américains pendant la Seconde Guerre mondiale, il aurait, grâce à ses renseignements, permis aux ingénieurs soviétiques de faire exploser leur première bombe au plutonium dès 1949, quatre ou cinq ans plus tôt que prévu – et ainsi changer radicalement l'équilibre du monde.

Le plus étonnant est que George Koval est né, en 1913, à Sioux City, dans l'Iowa. Fils de parents juifs et communistes ayant fui les pogroms biélorusses, il est donc américain. Et communiste, lui aussi. En 1932, il suit son père et sa mère dans leur voyage vers la Terre promise : l'Union soviétique. Ils veulent revenir en Biélorussie, mais on les envoie à l'autre bout du pays, au Birobidjan, la région autonome juive créée par Staline dans les années 1920. Excellent conducteur de tracteur dans une ferme collective, George se distingue à l'école. En 1934, il est accepté dans le prestigieux institut Mendeleïev, spécialisé en chimie. Cinq ans plus tard, il acquiert la nationalité soviétique et entre au GRU sous le nom de code « Delmar ». Étant donné ses compétences techniques et sa parfaite maîtrise de l'anglais et de la culture américaine, c'est une recrue de choix.

Après une formation aux techniques du renseignement, on l'envoie à New York comme numéro deux du poste du GRU sur place. La couverture de la petite équipe secrète est une entreprise d'électricité de Manhattan, la

Raven Electric. Quand les États-Unis entrent en guerre, il est appelé sous les drapeaux. Il ne va pas au front, son bagage de technicien spécialisé intéresse beaucoup l'armée. Il reste à New York pour étudier l'ingénierie électrique. Puis il est affecté au projet secret Manhattan, la fabrication de la première bombe atomique américaine. Les chefs du GRU à Moscou sont ravis.

Il rejoint Oak Ridge, dans le Tennessee, l'un des deux labos militaires où se mènent les recherches nucléaires. On le nomme agent de santé physique, chargé de surveiller le niveau de radiation dans l'enceinte du labo. Non seulement il est habilité au niveau top secret, mais, du fait de son job, il est l'une des rares personnes autorisées à entrer partout, dans tous les bureaux et tous les sites d'expérimentation.

Or, c'est là que les scientifiques mettent au point un élément clé de la bombe au plutonium : l'« initiateur » de la réaction en chaîne qu'ils conçoivent avec un élément radioactif rare, le polonium. L'espion Koval s'empresse de faire connaître les détails via des messages codés ou la valise diplomatique de l'ambassade soviétique à Washington. Puis, en juin 1945, on l'envoie dans l'autre labo top secret du projet Manhattan, à Dayton, où il va suivre la fabrication de l'initiateur au polonium. Quelques semaines plus tard, le 16 juillet, c'est le test baptisé « Trinité » : l'explosion à Alamogordo, au Nouveau-Mexique, de la première bombe au plutonium.

Les services secrets américains prévoient que l'Union soviétique ne fera détoner son premier engin atomique qu'aux alentours de 1953. Ce sera quatre ans plus tôt, le 24 août 1949, à Semipalatinsk. Mais il faut attendre 2006 pour que des responsables militaires russes révèlent un facteur crucial de ce développement accéléré : l'initiateur de la bombe a été « préparé selon la "recette" fournie par l'agent du GRU "Delmar", alias George Koval », écrit

L'Étoile rouge, le journal du ministère de la Défense. Avec les époux Rosenberg et le scientifique allemand Klaus Fuchs, l'enfant de Sioux City est donc l'un des grands espions atomiques soviétiques.

Lui ne sera jamais pris. Il rentre à Moscou en 1948, avant que l'URSS ne teste sa première bombe. Mais il n'est pas fêté, loin de là. « La vie en Union soviétique était telle, écrit-il à l'un de ses amis américains qui a repris contact avec lui en 2003, que mes activités [d'espionnage], au lieu de me valoir des récompenses, ont eu un effet contraire, très fortement négatif sur ma vie. » Il ajoute que son passé et ses origines étrangères « ont fait de [lui] un personnage très suspect », particulièrement pendant « la campagne antisémite lancée par le gouvernement, qui a connu son apogée au début des années 1950 ».

Il cherche un emploi de prof ou de chercheur – en vain. Le GRU lui trouve seulement un poste d'assistant dans un laboratoire. Ce n'est qu'au bout de quinze ans qu'il est finalement nommé enseignant à l'institut Mendeleïv. Mais, dans un e-mail, il modère sa colère. « Peut-être ne devrais-je pas me plaindre, mais être reconnaissant de ne pas m'être retrouvé au goulag, ce qui aurait aussi bien pu arriver. » Reste que, selon son ami américain, Koval n'a jamais regretté d'avoir trahi les États-Unis. « Il croyait au système soviétique », assure-t-il.

Il aurait sans doute aimé entendre l'éloge prononcé par le président russe en personne, le 3 novembre 2007 : « M. Koval, qui a agi sous le pseudonyme de Delmar, a fourni des informations qui ont permis d'accélérer considérablement le temps qu'il a fallu à l'Union soviétique pour développer sa propre bombe », a déclaré Vladimir Poutine, encore abasourdi de n'avoir rien su jusque-là.

Voir : Rosenberg, Ethel et Julius.

En 2008, la CIA a déclassifié une lettre manuscrite adressée, en 1972, à l'attaché militaire américain à Bonn – missive, écrite maladroitement en lettres capitales et dans un anglais de fortune, qui s'est révélée l'une des plus importantes de la guerre froide. Son auteur se dit officier d'un pays « communiste », qui souhaite rencontrer « secrètement » un colonel de l'armée américaine parlant impérativement « russe ou polonais ». L'entrevue pourra avoir lieu, ajoute-t-il, à Amsterdam ou à Ostende, à des dates qu'il indique. Enfin, il précise qu'il téléphonera d'Amsterdam à l'attaché militaire, sans préciser le moment de l'appel. La lettre est signée d'un mystérieux « P.V. ».

Les départements d'État et de la Défense décident de confier le bébé à Langley, mieux à même de traiter ce genre de « *walk-in* », comme on dit dans le jargon, c'est-à-dire une source potentielle qui propose ses services d'elle-même. Redoutant un piège, la CIA accepte, après beaucoup d'hésitations, le principe d'une première rencontre, pour voir. Comme « P.V. » veut rencontrer un officier de l'armée parlant russe ou polonais, l'Agence désigne l'un de ses employés estoniens, un certain « Wally », très à l'aise dans la langue de Pouchkine, pour qu'il se fasse passer pour un certain lieutenant-colonel Henry Morton de l'US Army.

À la demande du mystérieux Polonais, la première rencontre se déroule à Amsterdam, plus précisément dans une chambre de l'hôtel Central. Elle est racontée en détail par le journaliste Benjamin Weiser dans *A Secret Life*, la meilleure enquête sur toute l'affaire.

« Je m'appelle Ryszard Kuklinski, j'ai 42 ans et je suis lieutenant-colonel à l'état-major de l'armée de la

République populaire de Pologne », lance, à peine arrivé, le *walk-in*, très tendu. « Pourquoi avoir signé “P.V.” ? », l’interroge alors l’un des trois membres de la CIA présents. « Pour Polish Viking », répond-il fièrement. Puis Kuklinski raconte en russe pourquoi il a sollicité cette rencontre et comment il est parvenu à franchir le rideau de fer.

Pour ses loisirs, explique-t-il, il commande *Le Légia*, un voilier en bois de 15 mètres, propriété de l’état-major, et son équipage composé de neuf soldats polonais issus de toutes les armes. Homme de confiance du ministre de la Défense, le général Jaruzelski, et du patron de l’armée, le général Chocha, il a réussi à leur vendre l’idée d’une excursion avec *Le Légia* sur les rivages occidentaux de la mer du Nord. Cette croisière de plaisance serait, en réalité, le prétexte à une mission de renseignement sur les bases navales et les ports de l’ennemi. « C’est la meilleure méthode, la moins risquée, que j’ai trouvée pour rencontrer en secret des officiers américains comme vous », explique-t-il au prétendu émissaire de l’US Army.

L'officier polonais assure qu'il est un soldat patriote et socialiste qui n'a eu aucun état d'âme jusqu'en 1968. Au début de cette année-là, alors que les Tchécoslovaques savourent le printemps de Prague, cette tentative d'instituer un communisme à visage humain, il découvre abasourdi les plans du pacte de Varsovie, visant à mater cette révolution pacifique, jugée dangereuse par le grand frère russe. De même, deux ans plus tard, il assiste, désespéré, à la sanglante répression par l'armée polonaise des émeutes de la Baltique, révoltes provoquées par la hausse des prix et qui se soldent par la mort d'au moins quarante manifestants.

Et puis, sa carrière se faisant dans le sillage de son protecteur, le général Jaruzelski, promu ministre de la Défense en 1968, il a désormais accès aux plans les plus secrets du pacte de Varsovie, il en rédige même certains. Or, ils sont effrayants pour la Pologne. Malgré ce que répètent les dirigeants soviétiques, il s'agit d'un plan d'attaque contre l'Occident et non de défense. Telle qu'imaginée par Moscou, l'offensive commencerait par un *Blitz* de plusieurs unités du pacte, mobilisables en quelques heures, qui enfoncent le flanc fragile de l'Alliance atlantique en Allemagne de l'Ouest. Puis arriverait le « second échelon stratégique », les chars venus d'URSS qui foncent à travers la Pologne vers l'Europe de l'Ouest, sidérée.

Pour défendre leurs alliés européens submergés par les forces conventionnelles du pacte de Varsovie, les Américains n'auront pas d'autres choix que d'utiliser l'arme nucléaire. Mais pas sur des cibles situées en Union soviétique, car ce serait risquer une riposte atomique sur le sol américain. Ni évidemment sur des cibles en Europe occidentale. Dans ce scénario catastrophe, le Pentagone voudrait donc frapper les colonnes de chars russes lorsqu'elles seront entre l'URSS et l'Occident, c'est-à-dire en Pologne.

Si bien, dit Kuklinski, que, selon les plans du pacte de Varsovie acceptés par les plus hautes autorités polonaises, l'offensive aboutirait forcément à quatre cents à six cents frappes nucléaires sur le sol de sa patrie, qui de fait serait en grande partie vitrifiée. C'est pour éviter cette apocalypse pour son pays que le colonel Kuklinski décide de livrer à l'armée américaine tous les documents du pacte de Varsovie qu'il peut dénicher, les plans, les projets, l'emplacement exact des unités, la description de toutes les infrastructures militaires, les manuels d'emploi des armes. De sorte, pense-t-il, que le Pentagone pourra être si précis dans ses frappes conventionnelles qu'il n'aura pas besoin, le cas échéant, d'avoir recours à l'arme nucléaire.

Et c'est ainsi que, durant neuf ans, de 1972 à 1981, le colonel Kuklinski, auquel la CIA demande de signer ses futures lettres écrites à l'encre invisible du pseudonyme « Jack Strong », va donner à ses traitants plus de quarante mille documents ultrasecrets du pacte de Varsovie. Pour les recopier, il utilise d'abord, ironie de l'histoire, l'appareil photo russe que le patron du pacte de Varsovie lui a offert en remerciement pour ses plans si intelligents. Puis l'Agence lui en fournit un autre appelé « Tubka », si petit qu'il tient dans le briquet que Kuklinski, fumeur invétéré, utilise sans arrêt.

Pour les faire passer à Washington, « Jack Strong » dépose les films dans l'une des boîtes aux lettres mortes déterminées à l'avance ou les jette à travers la fenêtre ouverte dans la voiture de son officier traitant lorsque le véhicule est, comme le sien, arrêté à un feu rouge. C'est ainsi que Langley reçoit les détails du projet Albatros, la construction de trois bunkers antiatomiques destinés exclusivement aux gradés soviétiques en cas de guerre contre l'OTAN : l'un sera creusé en Bulgarie, un deuxième près de Moscou et le dernier dans le sud de la Pologne, d'où seront dirigées les forces engagées en Europe de l'Ouest.

Début 1981, alors que le syndicat Solidarité exige par des grèves massivement suivies la libéralisation du système communiste en Pologne, Kuklinski révèle le contenu du « *war game* » imaginé par les Soviétiques pour réprimer la révolte. Celui-ci commence six heures avant l'annonce officielle de la loi martiale par l'arrestation un dimanche de six cents activistes par mille policiers arrivés sur les lieux à bord de leurs voitures personnelles afin de ne pas éveiller les soupçons.

Quand la mise en œuvre prochaine du « *war game* » apparaît de plus en plus probable, le colonel reçoit l'un des derniers gadgets produits par la direction technique de la CIA : une miniradio ondes courtes, pas plus grande qu'un paquet de cigarettes. Munie d'un clavier et d'une mémoire vive, elle est capable d'émettre et de recevoir des messages cryptés. Il ne doit s'en servir qu'en cas d'urgence.

Il décide de l'utiliser en novembre 1981, quelques jours avant l'imposition de l'état d'urgence en Pologne, quand il découvre qu'il est soupçonné d'être la source de fuites repérées par les services de contre-espionnage. Risquant d'être arrêté dans les heures à venir, il demande son exfiltration le plus rapidement possible vers les États-Unis avec sa famille. Le secrétaire d'État, le général Alexander Haig, donne immédiatement son feu vert.

Condamné à mort à Varsovie, Kuklinski s'installe, avec femme et enfants, près de Washington, dans une maison confortable de la CIA. Il se rase la moustache et se laisse pousser la barbe. Pour le rendre plus méconnaissable encore, l'Agence lui fait enlever un tatouage. Elle met aussi à sa disposition un bureau et une secrétaire dans un immeuble situé non loin de Langley. De là, Kuklinski conseillera, pendant plusieurs années, le gouvernement américain sur les activités des armées du pacte de Varsovie.

En 1986, le patron de la CIA, William Casey, lui décerne secrètement la médaille attribuée à ses meilleurs officiers. Kuklinski est le premier étranger à la recevoir. Son nom apparaît pour la première fois dans la presse quelques mois plus tard. Le *Washington Post* révèle son identité et explique qu'il a livré à la CIA les plans de la loi martiale plusieurs semaines avant son imposition.

Le gouvernement polonais décide d'utiliser cet article comme outil de propagande contre les États-Unis. « Le fait que l'administration Reagan n'ait pas prévenu ses amis [de Solidarité] en avance montre l'insincérité de sa surprise et de l'indignation exprimées par les autorités américaines lors de l'introduction de la loi martiale », lance, sarcastique, le porte-parole du régime communiste, Jerzy Orban, qui ajoute : « Le gouvernement américain a trompé non seulement ses ardents alliés polonais, mais aussi sa propre société. Voici les dessous du cas Kuklinski, qui a été condamné par contumace à la peine de mort par le tribunal militaire polonais. »

« Jack Strong » est désespéré de ne pas pouvoir répondre. Il sombre dans la dépression. Mais, au bout d'un an, il décide de sortir de l'ombre pour réagir dans les colonnes du plus important journal des Polonais en exil, *Kultura*. Il assure que, si les dirigeants de Solidarité avaient été prévenus, ils auraient décidé d'entrer en résistance et, du coup, « il y aurait eu un terrible bain de sang ».

Après la désignation du premier gouvernement non communiste en Pologne, en août 1989, Kuklinski espère pouvoir revenir rapidement dans son pays et être blanchi. Mais les nouvelles autorités, y compris le fondateur de Solidarité, Lech Walesa, bientôt élu président du pays, estiment qu'il est trop tôt. Un sondage montre qu'un Polonais sur deux le considère toujours comme un traître.

Seule concession : dans le cadre de l'amnistie des prisonniers politiques, la peine de mort à laquelle Kuklinski a été condamné par le régime Jaruzelski est commuée en vingt-cinq ans de prison. Lors d'une visite à Washington en 1994, le conseiller juridique de Walesa rencontre Kuklinski en privé. Il lui dit que, s'il écrit au président de la République pour demander une mesure de clémence, celui-ci étudiera la question. « Jack Strong » refuse.

Mais tout change trois ans plus tard, lorsque la Pologne demande à entrer dans l'OTAN. Le président Clinton met une condition à cette adhésion : que Kuklinski puisse se rendre régulièrement à Varsovie. Alors, en septembre 1997, le procureur du tribunal militaire de Pologne annonce que, puisque Kuklinski a agi dans une situation « de la plus haute nécessité », il est dispensé de peine et peut donc aller et venir dans son pays natal. Si bien que, quelques mois plus tard, le Congrès américain vote en faveur de l'entrée de la Pologne dans l'OTAN. Et « Jack Strong » entreprend de longues retrouvailles avec la terre que, dix-huit ans auparavant, il a dû quitter en quelques heures.

Au début des années 2000, le débat sur sa « trahison » n'est pas totalement éteint. Pourtant, quand Ryszard Kuklinski meurt, en 2004, en Floride, ses cendres sont enterrées dans l'allée d'honneur du cimetière militaire Powazki à Varsovie. Mais il faut attendre 2016 pour que le président polonais le nomme général de brigade à titre posthume, mettant ainsi un point final au débat en Pologne sur sa collaboration avec la CIA quarante ans plus tôt.

Début 2021, un collectif de chefs d'entreprise polonais a constitué une fondation baptisée « Jack Strong », le nom de code de Kuklinski. Son but : collecter suffisamment d'argent pour réhabiliter le voilier en bois de l'officier et le faire naviguer de nouveau.

L

La Grandville, Jean de La Chevardière de

Ce diplomate de haut rang, héritier d'une famille aristocratique, est la plus importante taupe de la CIA au sein du pouvoir français jamais identifiée. J'ai eu le privilège de découvrir cette trahison hors du commun – plus grave me semble-t-il que celle de Philippe Thyraud de Vosjoli – lorsque j'étudiais les archives américaines sur la France de De Gaulle, que Bill Clinton venait de déclassifier. En épluchant les dossiers confidentiels de la CIA et du département d'État, il m'est apparu que Jean de La Grandville, dont les premiers quartiers de noblesse remontent au XVIe siècle, avait, de juin 1964 à fin 1966, informé secrètement les Américains sur tous les projets de De Gaulle concernant l'OTAN.

Il a trahi en toute conscience. Selon un rapport de la CIA, Jean de La Grandville savait que « ses informations [seraient] transmises par le canal des services de renseignement ». Les dégâts qu'il a provoqués ont été d'autant plus importants qu'il avait accès aux documents diplomatiques les plus sensibles grâce au poste éminemment stratégique qu'il occupait au Quai d'Orsay : chef du service des pactes, des affaires atomiques et spatiales. Si bien que les documents secrets qu'il a livrés aux Américains – lettres et câbles confidentiels, projets d'accords, transcriptions de discussions entre de Gaulle et des chefs d'État étrangers – ont permis à la Maison-Blanche d'anticiper tous les mouvements du Général avant, pendant et après son annonce de la sortie de la France du commandement intégré de l'Alliance atlantique. Une trahison qui aurait pu avoir des conséquences très néfastes pour notre pays.

Jean de La Grandville est un fervent atlantiste et un Européen convaincu. En 1951, il a mené les négociations sur la CED (Communauté européenne de défense) que les gaullistes ont fait capoter. Puis il a rejoint la délégation de la France auprès de l'OTAN. La politique du Général à l'égard des États-Unis et de l'Alliance atlantique lui hérisse le poil. Est-ce la seule raison de sa trahison ? Est-il rémunéré ? Je n'ai pu l'établir.

Quoi qu'il en soit, à partir du printemps 1965, Jean de La Grandville informe les Américains sur chaque étape de la réflexion du Général. En mai puis en septembre, il rencontre clandestinement à Londres Robert Schaetzel, adjoint du secrétaire d'État pour les Affaires atlantiques. Il lui annonce que de Gaulle a décidé de quitter l'OTAN, une perspective qui « horrifie » le diplomate. Il précise que « l'Élysée a d'ores et déjà demandé au Quai d'Orsay de préparer des dossiers sur "l'occupation américaine en France" ».

Quand de Gaulle renonce à quitter l'OTAN pour n'envisager qu'un retrait de son commandement intégré, le diplomate explique à la CIA les raisons secrètes de cette volte-face. Début janvier 1966, explique-t-il, le Quai d'Orsay a envoyé à l'Élysée un mémo selon lequel un retrait complet de l'OTAN priverait Paris de bases légales pour garder son armée d'occupation en Allemagne. Le chef de la France libre ne veut pas prendre ce risque.

Dans les mois qui suivent, la « source » révèle presque quotidiennement la tactique de négociation de l'Élysée sur la nouvelle place de la France dans l'OTAN. Il est d'autant mieux placé pour le faire qu'il participe au comité qui définit la position française dans les pourparlers avec le département d'État ! Il dévoile les véritables lignes rouges du Général et les dossiers sur lesquels il est prêt à lâcher du lest. Le 5 avril, par exemple, Jean de La Grandville explique que « de Gaulle affirme disposer d'un atout maître dans la négociation : le droit de survol du territoire français » et qu'il « entend l'utiliser pleinement ». Que veut-il en échange ? « Le départ rapide et visible des Américains. » La taupe ajoute : « Si les États-Unis essaient de retarder leur départ, sa réaction pourrait être violente. Il pourrait aller jusqu'à dénoncer le traité [c'est-à-dire faire sortir la France de l'Alliance atlantique]. »

Dans la négociation entre Paris et Washington, les dés sont donc pipés, puisque, grâce à sa taupe au Quai d'Orsay, la partie américaine sait tout des manœuvres à venir de l'autre. Pourtant, après d'âpres discussions, les deux côtés de l'Atlantique se mettent d'accord et sont plutôt satisfaits des résultats obtenus, conscients que les choses auraient pu mal tourner. Comme si, sans le vouloir, la « source » avait joué un rôle modérateur en évitant peut-être une rupture entre l'Élysée et la Maison-Blanche.

Au sein de l'appareil d'État français, personne jamais n'a soupçonné Jean de La Grandville d'une quelconque trahison. Après la sortie de mon livre *L'Amérique contre de Gaulle* en 2000, Pierre Messmer, qui fut pendant dix ans le ministre des Armées du Général, m'a envoyé une lettre étonnante. Il y faisait part de sa surprise : plus de trente ans après les faits, il ignorait tout du double jeu du diplomate.

Si bien que le haut fonctionnaire a poursuivi sa carrière sans accroc. Nommé ambassadeur en Argentine en 1968, Jean de La Grandville rejoint ensuite l'Organisation de l'aviation civile internationale à Montréal. Puis il prend sa retraite avant de décéder, en 1993. Il n'a jamais été inquiété.

Voir : Thyraud, dit « de Vosjoli », Philippe.

Langley

C'est toujours étrange, lorsqu'on se rend, par l'autoroute I 495, de l'aéroport international Dulles à Washington, de voir, à une douzaine de kilomètres du centre de la capitale américaine, un panneau vert indiquant une sortie vers la CIA. Certes, après la bretelle, il est impossible de prendre la petite route qui conduit en pleine forêt au siège de l'agence américaine de renseignement. À un barrage, des policiers vous arrêtent et vous demandent votre carte d'employé ou une invitation en bonne et due forme. Si vous n'avez ni l'une ni l'autre, vous devez rebrousser chemin. Reste que, pour ceux qui l'ignorent encore, un panneau de signalisation indique où se trouve le QG de la plus grande organisation clandestine au monde.

Cela n'a pas toujours été le cas. Avant 1973, il y avait au même endroit une autre enseigne sur laquelle était écrit : « BPR » pour « Bureau of Public Roads », un nom de code, connu des seuls employés de la CIA et de quelques officiels de l'administration. Mais cette situation provoquait beaucoup de confusion, des erreurs de parcours. Des invités de la Compagnie erraient dans la banlieue de Washington à la recherche du siège de la CIA.

Alors, en 1973, le patron de l'époque, James Schlesinger, décide de faire savoir aux automobilistes où se trouve le siège de l'Agence et d'installer un panneau indicateur. Par la même occasion, il ordonne au standardiste de décrocher en disant « CIA » et non plus le numéro attribué à la Compagnie, ainsi qu'elles le faisaient depuis que, onze ans auparavant, celle-ci s'était installée dans cette petite communauté de Virginie, désormais absorbée presque en totalité par la ville de McLean.

La CIA débarque en 1962 à Langley, qui va vite devenir le métonyme de l'agence américaine de renseignement. Il a fallu plus de quinze ans pour qu'un tel déménagement ait lieu. C'est en 1947, au moment où la CIA est créée, qu'à la demande de son premier patron, Allen Dulles, le président Truman décide que la Compagnie doit quitter les locaux très exigus qu'elle occupe à Foggy Bottom, dans le centre de Washington. Il faut d'abord trouver le lieu. Dulles veut que ce siège ressemble à un campus universitaire, où les officiers pourront travailler et se concerter dans le calme et la nature. Mais il doit aussi se situer près des centres de décision.

Le président Eisenhower et Allen Dulles choisissent un emplacement d'une centaine d'hectares à Langley et confient la confection des plans à l'un des rares cabinets d'architectes américains habilités « secret-défense », Harrison & Abramovitz, celui qui, en 1951, a réalisé le siège de l'ONU à New York. Les architectes imaginent un lieu très futuriste pour l'époque : un immense dôme servant de salle de conférences et de projection pouvant accueillir jusqu'à six cent cinquante personnes et un complexe de plusieurs bâtiments de sept étages tous reliés, sur un total de 130 000 mètres carrés. Pour garantir la sécurité des lieux, l'intérieur des bâtiments est configuré par des architectes maison.

Dans le vaste hall d'entrée, on scelle par terre le célèbre sceau en granit de l'Agence, blason que l'on voit si souvent dans les films d'espionnage. Il fait 5 mètres de diamètre et représente un aigle, plus précisément un pygargue à tête blanche, emblème des États-Unis, un bouclier et une rose des vents à seize pointes. Dans l'un des murs, Allen Dulles exige que soit gravé un verset de l'Évangile de Jean : « Tu connaîtras la vérité et la vérité te rendra libre. »

Visiter Langley est une expérience rare. Les proches des employés peuvent s'y rendre une fois par an, pour le « Family Day ». Des étrangers y sont parfois conviés. Ce fut le cas du commissaire Raymond Nart de la DST, invité en 1982 pour discuter de l'affaire « Farewell ». « L'arrivée à la CIA pour un visiteur étranger, c'est un spectacle et aussi une émotion, on est là devant un centre de pouvoir puissant, occulte et mystérieux, écrit-il avec son collègue Jacky Debain dans *L'Affaire Farewell*. Face à l'entrée du bâtiment d'honneur, sur la droite, se dresse la statue de Nathan Hale, le premier espion américain de la guerre d'Indépendance, pendu par les Anglais. Dans le hall, le monument aux morts, pas de noms évidemment, chaque officier décédé en service commandé est représenté par une étoile. » Il y en avait cent trente-neuf, lorsque le président Biden est venu à Langley célébrer le 75e anniversaire de la CIA, en juin 2022.

Depuis la chute du mur de Berlin, en 1989 (un pan entier de cette enceinte en béton a d'ailleurs été installé dans le parc de Langley), le siège de la CIA a changé. Cette année-là, le système de pneumatiques internes a été abandonné au profit des e-mails. 50 kilomètres de tubes sont restés dans le bâtiment, aujourd'hui encore. En 1991, on a ajouté deux bâtiments en fer et en verre hauts de six étages, qui jouxtent l'ancien quartier général. L'ensemble a été baptisé, en 1999, George Bush Center for Intelligence (Centre George-Bush pour le renseignement) du nom du 41e président des États-Unis qui a dirigé l'Agence pendant un an, entre 1976 et 1977. Enfin, en mars 2022, une salle de gym hypermoderne a été inaugurée. Comme les autres bâtiments, elle est protégée des écoutes par des brouilleurs. Le patron de la CIA espère qu'elle attirera de jeunes recrues, en particulier des geeks, que l'Agence a du mal à séduire, même si, d'après son porte-parole, les informaticiens représentent déjà un tiers de ses effectifs, évalués à vingt mille personnes.

Voir : « Farewell ».

Le Carré, John

Il y a d'abord les inconditionnels de David Cornwell, alias John le Carré. Philip Roth, par exemple. Le grand écrivain américain considérait *Un pur espion* comme « le meilleur roman anglais depuis la guerre ». Ian McEwan, lauréat du prestigieux Booker Prize en 1998, est plus dithyrambique encore. Selon lui, John le Carré « restera peut-être comme le plus important romancier de la seconde moitié du XXe siècle en Grande-Bretagne ».

Et puis, il y a les admirateurs sélectifs. Dans sa biographie de Georges Pâques (*Une question d'orgueil*), Pierre Assouline compare John le Carré à l'autre géant du roman d'espionnage, lui aussi britannique, Graham Greene. « Mon admiration est égale pour John le Carré et Graham Greene, écrit-il ; mais si le premier m'a amené à cet univers du secret, la complexité croissante de ses échafaudages m'en a finalement éloigné ; la découverte de l'œuvre du second m'y a ramené ; le Mystère qui obsède ses personnages n'y est probablement pas étranger. Greene demeure le patron. »

Ce goût de le Carré pour des scénarios parfois alambiqués s'explique peut-être par son expérience professionnelle liée, dès le début, aux affaires si complexes de contre-espionnage. Car, en dépit de ce qu'il a fait croire pendant des décennies, David Cornwell a longtemps travaillé pour les services secrets britanniques, où il a surtout pratiqué la chasse aux taupes et aux agents ennemis – le contre-espionnage, donc.

Juste après la guerre, il est recruté par le MI5 et commence par infiltrer les groupes d'extrême gauche à Oxford dans le but de démasquer, parmi ses camarades, d'éventuels agents soviétiques. Puis, à la fin des années 1950, il manipule des sources au sein du Parti communiste britannique afin, là encore, d'identifier des espions de Moscou. Sa mission consiste aussi à interroger d'anciens communistes postulant à des postes sensibles et enquêter sur leur fiabilité. Encore du contre-espionnage.

Il entre en 1960 au SIS. À Fort Monckton, le centre d'entraînement des officiers de renseignement, on le forme aux techniques de recrutement, de chiffrement et de déchiffrement, au combat aussi. Mais il ne pratiquera jamais l'espionnage au-delà du rideau de fer. En 1961, on l'envoie à Bonn sous couverture diplomatique comme deuxième secrétaire. Officiellement, il est chargé de sillonner la RFA pour faire la promotion de la candidature du Royaume-Uni à la Communauté économique européenne.

En réalité, il doit recruter des sources dans les éventuels groupes nazis qui sévissent encore outre-Rhin.

Il y a une autre explication à cette prédominance du contre-espionnage dans l'œuvre de John le Carré. Il quitte le SIS en 1964. D'abord parce que le succès de *L'espion qui venait de froid* lui permet d'envisager de vivre de sa plume. Mais ce n'est pas l'unique raison. « Kim » Philby vient de se réfugier à Moscou. Quatrième espion de Cambridge, il a très probablement donné au KGB la liste de tous les officiers britanniques de renseignement en poste en Europe. Si bien que, comme des dizaines d'autres, David Cornwell ne peut plus être envoyé à l'étranger sous couverture. Sa carrière dans le renseignement est donc fort compromise à cause de Philby, la taupe la plus dévastatrice de l'histoire de l'espionnage moderne.

Voilà pourquoi, à mon avis, presque tous les romans célèbres de John le Carré – de *L'espion qui venait du froid* à *La Taupe*, en passant par *Les Gens de Smiley* ou *Un pur espion* (son roman préféré) – relatent, de façon presque obsessionnelle, des histoires de contre-espionnage. Or, c'est le domaine par excellence de ces « échafaudages complexes » qui rebutent Pierre Assouline et d'autres. Pour recruter, manipuler et protéger un agent double, un service de renseignement doit élaborer des plans extrêmement sophistiqués – plans que le chasseur d'espions du camp adverse doit mettre au jour. Voici l'arrière-plan et la trame de bien des romans de le Carré. Certains lecteurs s'y perdent et préfèrent la fluidité de Graham Greene.

Plus généralement, le Carré aime brouiller les cartes à l'infini. « Le thème réel de le Carré n'est pas l'espionnage, estime l'historien Timothy Garton Ash dans le *New Yorker*. C'est le labyrinthe infiniment trompeur des relations humaines dans lequel la trahison est une forme d'amour, le mensonge une sorte de vérité, les hommes bons servent de mauvaises causes et les hommes mauvais font le bien. »

Les hommes de l'art, eux, savourent. Ils savent que John le Carré puise ses intrigues aux meilleures sources. Après son départ du MI6, il est toujours resté en relation avec son ancien chef de poste à Bonn, Dickie Franks, qui deviendra « C », patron du service secret, de 1979 à 1982, et demeura l'intermédiaire de le Carré avec ses successeurs.

D'autres maîtres-espions lui vouent aussi une grande admiration. « Je voulais juste vous faire savoir que vous avez donné du plaisir à un président à la retraite, le gars de la CIA à la retraite », lui écrit à la fin des années 1990 George H. Bush, qui a été chef de la Maison-Blanche de 1989 à 1993 et directeur de la CIA en 1976-1977.

Quelque temps plus tard, en 1999, Evgueni Primakov, Premier ministre et ancien chef du service russe de renseignement, dîne à Moscou avec la secrétaire d'État, Madeleine Albright, et son numéro deux, grand spécialiste de la Russie, Strobe Talbott. Après plusieurs vodkas, Primakov raconte des épisodes de sa vie d'officier du KGB à Washington sous couverture journalistique. Puis il parle de John le Carré, dont il connaît parfaitement les intrigues et les personnages. Alors, Madeleine Albright lui demande s'il s'identifie à Karla, le grand espion soviétique, ennemi principal du héros de le Carré, George Smiley. « Non, répond le Russe, je m'identifie à Smiley ! »

Voir : *Espion qui venait du froid, L'* ; Greene, Graham ; Pâques, Georges ; Philby, Harold « Kim ».

Légende

Le jargon de l'espionnage ne manque pas de termes ou d'expressions étranges et imagées, comme « boîte aux lettres mortes » ou « coupe-circuit » (un intermédiaire dont l'intervention permet à deux personnes de communiquer sans livrer leur identité). Mais le plus mystérieux est sans doute celui de « légende », que le grand public a découvert grâce à l'excellente série *Le Bureau des légendes*.

On confond souvent légende et couverture, deux concepts aussi complémentaires et différents que trajet et voiture. La couverture est la profession ou l'occupation inventée pour un officier en mission : diplomate, journaliste, humanitaire, banquier… Cette profession peut être réelle si la mission est longue et nécessite une immersion profonde. La légende, elle, est l'histoire de l'individu pour lequel l'espion se fait passer.

« La légende, précise un clandestin de la DGSE, dans le livre *Les Guerriers de l'ombre* (Tallandier, 2017) de Jean-Christophe Notin, c'est, grosso modo, l'histoire passée que l'on se construit par rapport à sa nouvelle identité. C'est ce qui n'existe pas, qui n'est pas concret, qui est inventé. Alors que la couverture, elle, existe. Et justement, l'objectif de la couverture, c'est que ce soit réel. Voilà la différence : la légende, c'est le début, c'est le passé, ce n'est pas très tangible et, la couverture, c'est déjà du concret. »

Créer une légende crédible est si complexe que le patron du service clandestin de la DGSE recrute ses officiers traitants (OT) sur ce critère. « Ce qui prévaut pour le recrutement d'un OT, c'est la facilité [de] pouvoir construire une légende, explique Grégoire, pseudonyme d'un ancien chef de ce service, dans *Les Guerriers de l'ombre*. D'une manière synthétique, il est plus simple de construire une légende pour quelqu'un qui a 26-27 ans, et qui sort d'études supérieures, que pour quelqu'un qui a 30-35 ans, un passé militaire bien étoffé. [...] On va chercher des gens qui ont déjà une expérience de l'étranger, car ils sont issus d'une famille qui a vécu en expatriation pendant des années. Et on va chercher des gens qui ont des savoir-faire ou des expériences exploitables pour le service. Il y a [par exemple] des jeunes, en marge de leurs études, qui travaillent comme journalistes à la petite semaine. C'est typiquement le genre d'expériences qui nous intéresse. D'autres qui sont investis dans l'humanitaire, ou tout simplement ils ont des savoir-faire techniques – je vais prendre l'exemple de quelqu'un qui est passionné de photo. »

La légende est plus ou moins détaillée selon les nécessités de la mission. Si celle-ci est courte, la légende ne sera pas souvent sollicitée, elle peut donc se résumer à quelques feuillets. Mais si l'officier doit être longtemps immergé dans un pays étranger en se faisant passer pour quelqu'un d'autre, cette légende, autrement dit l'histoire de cette vie imaginaire, doit être précise et vérifiable, sous peine de voir l'officier démasqué et condamné.

Dans sa formidable histoire romancée de la CIA, *La Compagnie* (Buchet-Chastel), Robert Littell met notamment en scène un officier du KGB, Evgueni, qui va devenir un « illégal » aux États-Unis, autrement dit il va y être immergé longtemps sous une identité fictive et un job. Il a donc besoin d'une légende. Pendant sa formation à Moscou, deux sœurs jumelles, spécialistes de la création de légendes à la Loubianka, lui donnent un cours sur le sujet – une façon romanesque pour Littell d'expliquer à ses lecteurs la notion de légende...

« Il faut se dépouiller de sa véritable identité, explique l'une des jumelles, Serafina, à Evgueni, comme un serpent se dépouille de sa vieille peau. Il faut s'installer dans une légende comme dans une nouvelle peau. Si vous devez entendre quelqu'un vous appeler par votre ancien nom, la pensée qui vous viendra sera peut-être : "Qui cela peut-il bien être ? Sûrement pas moi !" »

Le jeune officier demande pourquoi on lui a dit qu'il avait besoin de deux légendes. « L'une d'elles sera la version la plus généralement utilisée, répond l'autre jumelle, Agrippina. L'autre servira de recours au cas où la première légende poserait problème et qu'il vous faudrait disparaître sous une nouvelle identité. »

C'est exactement ce qu'a fait l'« illégal » russe Willie Fisher. Entré aux États-Unis en tant qu'Emil Goldfus, il a gardé cette fausse identité jusqu'à son arrestation, où il a assuré être le colonel Rudolf Abel. C'est sous ce nom qu'il a été condamné, puis échangé, alors que le vrai Abel était mort depuis des années.

Serafina explique ensuite à Evgueni comment le KGB crée ses légendes, étape par étape. « Nous allons [...] partir du berceau et arriver au jeune homme qui aura à peu près votre âge actuel. » La légende « A » a grandi à New Haven, la « B » à Brooklyn, dans le quartier de Crown Heights. Evgueni, qui a fait ses études aux États-Unis, connaît New Haven mais pas Crown Heights. Il doit donc apprendre par cœur le plan de ce quartier, lire tous les articles le concernant. Dans les deux cas, ajoute Littell, « les jumelles ont choisi des adresses d'immeubles détruits depuis, afin qu'il soit pratiquement impossible pour le FBI américain de vérifier qui y a vécu ».

Reste le plus important : les papiers d'identité. « Les bases de ces deux légendes, dit Serafina, seraient des certificats de naissance effectivement enregistrés à New Haven et à New York au nom de deux jeunes gens de type européen qui, à l'insu des autorités américaines, auraient été perdus en mer pendant la guerre, quand les Alliés organisaient des convois vers Mourmansk. » À quoi il faudrait ajouter, pour crédibiliser ces identités, permis de conduire, cartes de bibliothèque, vieilles cartes d'auberge de jeunesse avec photos… autant de faux documents au nom des deux disparus. Les légendes seraient consolidées par une liste d'emplois vraisemblable mais invérifiable et un suivi médical réalisé par des médecins morts, « ce qui rendrait toute vérification impossible ».

Dans le cas d'Evgueni, il y a un petit problème dentaire. Serafina lui explique que la plupart de ses caries ont bien été soignées aux États-Unis. « Mais vous avez deux plombages soviétiques, assure-t-elle. Il faudra refaire faire ces deux plombages par des dentistes du Centre rodés aux techniques de la dentisterie américaine et qui disposent de matériel américain. »

Dernier conseil de Robert Littell pour se mettre dans la peau de chaque légende : « Il vous sera utile de vous coiffer différemment, de ranger votre portefeuille dans une poche différente, de porter des vêtements qui reflètent des goûts différents. »

Au KGB, un département s'occupe de l'aspect pratique de la légende et notamment de la recherche d'enfants morts en bas âge, le plus souvent en étudiant les tombes dans les cimetières – tâche ingrate baptisée « tombstoning » par les Anglais ; évidemment, tous les services ont un département qui s'occupe de la création de faux papiers, non seulement valables aujourd'hui, mais aussi des anciens remontant à vingt ou trente ans afin de donner une dimension historique à la légende. La numérisation et Internet rendent aujourd'hui beaucoup plus difficile cette usurpation d'identité, cette création de « *dead double* », comme disent les Américains, dont le vocabulaire de l'espionnage est particulièrement fleuri…

Voir : Boîte aux lettres morte ; *Bureau des légendes, Le* ; Fisher, Willie, alias Abel, Rudolf.

M

Macintyre, Ben

Ce journaliste et historien britannique est, à mon sens, le meilleur biographe d'espions, un conteur hors pair d'opérations secrètes.

La plus réussie de ses biographies, *L'Espion et le Traître* (Éditions de Fallois, 2019), relate avec souffle et précision l'aventure d'Oleg Gordievsky, un officier supérieur du KGB qui, au début des années 1980, a fourni au MI6 des renseignements cruciaux qui ont (probablement) évité le déclenchement d'une guerre atomique. La description des préparatifs de son exfiltration et le récit de sa fuite jusqu'en Finlande, dans le coffre d'une voiture, sont dignes des meilleurs thrillers.

D'ailleurs, en décembre 2020, Bill Gates classe *L'Espion et le Traître* parmi les cinq meilleurs livres qu'il a lus dans l'année écoulée, toutes catégories confondues. Et John le Carré affirme, lui, que cette biographie est le « meilleur récit d'espionnage [qu'il ait] jamais lu », un sacré compliment de la part de l'un des maîtres incontestés du genre.

Macintyre a publié beaucoup d'autres livres consacrés à l'histoire du renseignement. Dans *A Spy Among Friends* (traduit en français par la petite maison d'édition belge

Ixelles sous le titre *Kim Philby, l'espion qui trahissait ses amis*, 2014), il s'est intéressé au cas du plus célèbre des « Cinq de Cambridge ». Il a choisi d'éclairer le côté le plus trouble du personnage, sa relation avec l'establishment britannique, qui, jusqu'au bout, ne pourra ou ne voudra croire que l'un d'eux l'ait trahi au profit des Soviétiques.

Et puis le journaliste s'est plongé dans la fascinante opération « Mincemeat », dont est tiré le film de John Madden avec Colin Firth, *La Ruse*, sorti en 2022. Il raconte comment, par une audacieuse entreprise de désinformation, les services britanniques ont réussi à cacher aux Allemands que les Alliés allaient débarquer en Sicile en leur faisant croire que l'invasion aurait lieu en Grèce. Sans parler de sa biographie de l'Allemande Ursula Kuczynski, plus connue sous le pseudonyme de Sonya, qui fut peut-être la plus grande espionne au service de Staline, ayant animé l'un des réseaux de renseignement qui a fourni à l'URSS les secrets de l'arme atomique américaine.

Voir : « Cinq de Cambridge », Les ; Le Carré, John ; Philby, Harold « Kim ».

Maclean, Donald

Comme ses quatre camarades de Cambridge, rien ne prédestine Donald Maclean à espionner pour le Kremlin. Encore moins à être celui qui, après sa fuite à Moscou, s'adaptera le mieux à la vie quotidienne en Union soviétique.

Né en 1913, il est le fils d'un lord, homme politique de premier plan. Quand celui-ci dirige l'opposition, Donald junior étudie à Gresham's School, l'une des écoles privées les plus chères et les plus huppées du royaume. À 18 ans, il se retrouve au prestigieux Trinity College de Cambridge, où il ne cache pas ses sympathies communistes. En 1932, au moment même où son père devient ministre de l'Éducation dans un gouvernement d'union nationale, il rejoint une cellule clandestine du Parti. Puis, par l'intermédiaire de son ami Guy Burgess, il se met au service du NKVD. Il a 20 ans et « associe le culte du secret d'un Philby, le sens de la réserve d'un Blunt et l'esprit bohème d'un Burgess », écrit Rémi Kauffer dans *Les Espions de Cambridge* (Perrin).

Ses études terminées, le service secret soviétique lui demande, en 1935, de postuler au Foreign Office. Il a le curriculum et les relations nécessaires. Il présente son engagement communiste comme une erreur de jeunesse. Les examinateurs ne cherchent pas plus loin et il est embauché comme diplomate. Il progresse vite. Le voilà à l'ambassade du Royaume-Uni à Paris, en 1938, puis premier secrétaire à celle de Washington en 1944. Là, il entre au comité ultrasecret chargé de la coordination des recherches nucléaires américaine et britannique, ce qui lui permet de devenir, pour Moscou, le principal pourvoyeur de renseignements sur la politique atomique de Washington.

Son rôle est si important que son officier traitant le rejoint aux États-Unis. Afin de ne pas éveiller les soupçons, ce dernier s'installe à New York. Maclean a besoin d'une raison indiscutable pour se rendre régulièrement à Manhattan. Il demande à sa femme, qui connaît ses liens avec le NKVD, d'emménager à New York, en prétextant que la vie culturelle y est beaucoup plus riche.

Après un passage au Caire, où ses beuveries font scandale, Maclean est nommé, en 1950, directeur de la section Amérique du Foreign Office. Grâce à lui, Moscou n'ignore donc rien des relations anglo-américaines au début de la guerre de Corée. Mais, bientôt, il se retrouve sur une liste de suspects établie par le MI5, le service de contre-espionnage.

Les décodeurs de l'opération « Venona » ont, en effet, réussi à déchiffrer un message par lequel un agent du NKVD, nom de code « Homère », a envoyé le compte rendu d'un échange secret entre le président américain Truman et Winston Churchill. Or « lorsque le chiffreur [du service secret soviétique] a entrepris de coder le résumé fourni par "Homère" pour [l'] envoyer au Centre, il a commis une erreur grossière, rapporte Youri Modine dans *Mes camarades de Cambridge* (Robert Laffont, 1994). Il a recopié par négligence, ou bêtise, sur son propre télégramme le code du Foreign Office inscrit sur l'original donné par Maclean. »

Fin 1949, il est un suspect comme des dizaines d'autres employés du Foreign Office, mais, deux ans plus tard, ils ne sont plus que quatre puis trois. « Kim » Philby, qui est alors en poste à Washington, comprend que son ami Maclean sera bientôt démasqué et qu'il doit s'exiler au plus vite à Moscou. Le MGB (ancêtre du KGB) est d'accord pour organiser sa fuite. Mais Maclean ne veut pas partir seul. Burgess accepte de l'accompagner jusqu'à Prague, où des officiers soviétiques le prendront en charge. Finalement, en mai 1951, les deux taupes se retrouvent à Kouibychev, en Union soviétique.

Comme il en a l'obligation, Maclean adopte un nouveau nom. Il choisit Mark Petrovitch Frazer en hommage à l'anthropologue écossais James Frazer. Il se met tout de suite à étudier le russe et fait tout son possible pour s'intégrer à la vie soviétique. « Il sera le seul des trois Anglais [Guy Burgess, "Kim" Philby et lui] à vraiment parler notre langue », estime Youri Modine.

Après que sa femme, Melinda, l'a rejoint, la famille Maclean s'installe dans un magnifique appartement de six pièces en plein centre de Moscou, dont les fenêtres donnent sur la Moskova. Les deux fils vont à l'école du quartier et entrent dans les organisations de jeunesse. Au bout de quatre ans, Donald entre au Parti communiste de l'Union soviétique. Selon Modine, il « refuse les privilèges, les voitures de fonction et les datchas luxueuses attribuées aux apparatchiks ». Il préfère mener une vie modeste en accord avec son idéal communiste. Cependant, il n'est pas très orthodoxe, fréquente des dissidents et désapprouve la répression du printemps de Prague.

À partir de 1961, Maclean enseigne à Moscou à l'Institut d'économie mondiale IMEMO, où il mène des recherches sur la politique étrangère britannique. Il publie même en russe un ouvrage sur la politique étrangère de la Grande-Bretagne après la crise du canal de Suez, qui le positionne comme l'un des spécialistes du sujet en URSS.

En 1965, sa femme le quitte pour s'installer avec « Kim » Philby. Il se retrouve seul. Mais, l'année suivante, il se lie d'amitié avec George Blake, une taupe du KGB au sein du MI6, qui, après avoir été condamné à quarante-deux ans de prison, a réussi à s'échapper et à rejoindre Moscou.

Maclean meurt en 1983. Son corps est incinéré en présence de ses collègues de l'IMEMO et de quelques officiers du KGB ainsi que « de Blake, ému, et de Philby, impassible », précise Rémi Kauffer. Ses cendres sont rapatriées en Grande-Bretagne par son fils Fergus, qui les fera déposer dans le caveau familial, situé dans le village de Penn.

Voir : Blunt, Anthony ; Burgess, Guy ; « Cinq de Cambridge », Les ; Philby, Harold « Kim ».

Marenches, Alexandre de

Il était comte, rentier et anticommuniste obsessionnel. Immense, gros et moustachu, les journaux le surnommaient « Porthos ». Les plus grinçants, au SDECE – qu'il a dirigé pendant onze ans, de 1970 à 1981, un record –, l'appelaient « le pachyderme » ou « le sorcier ».

Dans le service secret français, Alexandre de Marenches demeure une légende, tour à tour admirée et moquée. Au siège de la DGSE, boulevard Mortier, l'un de ses derniers successeurs, lui-même aristocrate, Erard Corbin de Mangoux, a fait reconstituer le salon que Marenches avait fait installer à proximité de son bureau. Mais « Porthos » ne s'était pas contenté de cet aménagement. Ses lubies de grand seigneur prenaient des proportions extravagantes, à tel point que son biographe, Jean-Christophe Notin, le surnomme ironiquement « le duc de Mortier ».

« Cela va de l'ascenseur qu'il fait construire afin de ne pas avoir à gravir l'escalier au service de table et au papier à lettres sur lesquels il fait graver le logo du SDECE avec sa devise, *Nox generat lumen* ("La nuit apporte la lumière") – tout cela non sans avoir consulté sa femme », raconte Notin dans *Le Maître du secret* (Tallandier, 2018). Au sujet des employés du service secret, Marenches dit « mes gens » ! Sans parler de la salle à manger, où ses invités prestigieux et lui « déjeunent dans sa vaisselle, en dégustant le champagne rosé Besserat de Bellefon qu'il fait livrer, servis par deux maîtres d'hôtel en veste blanche, pantalon et cravate noirs ».

Quand il débarque dans l'univers du renseignement, Alexandre de Marenches est une sorte d'ovni, un intrus. Il n'est ni général, ni haut fonctionnaire, ni homme politique comme ses prédécesseurs. Pour tout dire, il n'a pas besoin de travailler. Il est si riche que, parfois, il paie des opérations du SDECE de sa poche ! Il faut dire qu'en échange le service l'aidera, en 1979, à revendre à des Irakiens sa propriété de Grasse pour 4,8 millions de francs par le truchement de l'un de ses honorables correspondants.

Certes, Marenches a été militaire. À l'instar de son père, qui a été l'aide de camp du maréchal Foch pendant la Première Guerre mondiale, lui est l'officier de liaison du futur maréchal Juin pendant la campagne d'Italie, en 1943. Là, il reçoit la croix de guerre et une mauvaise blessure à la jambe qui le fera boiter le restant de sa vie. À Juin, avec lequel il va entretenir des relations filiales, il sert aussi d'interprète dans ses discussions avec les généraux de l'US Army, dont certains sont des amis de sa mère, une riche Américaine qui a beaucoup d'entrées à Washington.

En 1946, il entame, à 25 ans, une carrière civile dans les affaires familiales. Il gère notamment une entreprise de fonderie et la société Esthétique Nouvelle, spécialisée dans la photographie. Il entretient son réseau, aussi. Bien que sa résistance ait été bien moins brillante qu'il ne le prétend, il participe assidûment aux réunions d'anciens résistants, dont les associations sont alors très puissantes. Il fréquente aussi les clubs parisiens de la grande bourgeoisie et de la noblesse. Il se rapproche d'hommes politiques et de hauts fonctionnaires en devenir, tel Georges Pompidou.

Lorsque ce dernier devient président de la République, en 1969, le SDECE est la bête noire du régime gaulliste. On le croit mouillé dans l'enlèvement de l'opposant marocain Mehdi Ben Barka, trois ans plus tôt, une sale affaire qui conduit le général de Gaulle à confier la supervision du service secret non plus à Matignon, comme c'était le cas depuis sa création, en 1945, mais au ministère de la Défense, tenu par le fidèle Messmer. La méfiance à l'égard du SDECE est telle que Pompidou décide de faire appel à quelqu'un qui ne vient pas de ce milieu, mais à un homme de confiance au carnet d'adresses bien fourni et international.

Alexandre de Marenches prend ses fonctions de directeur du SDECE – il est le septième – le lendemain de la mort de ce général de Gaulle qu'il n'a jamais apprécié. Malgré ses tempes grises et son embonpoint, le nouveau maître-espion n'a que 49 ans, et de l'énergie à revendre. Il commence par une purge radicale du service. « En tout, écrit Jean-Christophe Notin, seront congédiés une vingtaine de directeurs, sous-directeurs, chefs de service et de bureau dans tous les secteurs – contre-espionnage, opérations spéciales, section scientifique, infrastructures et moyens, sans compter les "honorables correspondants", ces Français rendant service au Service, parmi lesquels Marenches s'occupe également de faire un tri. » C'est le cas notamment de l'avocat Jean Violet, réputé pour ses relations haut placées au Vatican, mais qu'il juge trop cher et qu'il classe dans « la race des escrocs du renseignement ».

Sa première tâche est de sauver le SDECE, menacé, avant son arrivée, par des scandales à répétition : des opérations contre des leaders de la rébellion algérienne ou ceux qui les soutiennent, l'affaire Ben Barka et les graves soupçons d'infiltration par les services secrets de l'Est, particulièrement le KGB. Neuf ans avant la nomination du comte à la tête du service, le président Kennedy a écrit à de Gaulle pour lui faire savoir que, selon un transfuge soviétique, Anatoliy Golitsyn, un réseau d'agents du

KGB baptisé « Saphir » aurait pénétré le SDECE. Or, les enquêtes n'ont rien donné, sauf un départ forcé.

La méfiance demeure. Marenches ne parviendra pas à la dissiper totalement. C'est la raison pour laquelle il n'est jamais mis au courant du recrutement par la DST de l'officier du KGB Vetrov, alias Farewell. Cependant, au cours de ses onze années de direction, le service secret ne fait l'objet d'aucun nouveau scandale. En cela, le duc de Mortier a restauré, pour un temps, l'image de l'espionnage, qui doit être, selon lui, « un métier de voyou exercé par des seigneurs ».

Au service, il fait bénéficier de son réseau international, en particulier parmi les têtes couronnées et les dictateurs. Il est reçu quand il le souhaite chez Hassan II, le roi du Maroc, à Téhéran auprès du chah d'Iran ou au Congo chez le maréchal Mobutu. Et il déjeune souvent avec Henry Kissinger, l'oracle de l'Occident. Pour élargir cette toile et souder une alliance informelle contre la subversion communiste, il crée, en 1976, le Safari Club, qui regroupe les chefs des services secrets iraniens, saoudiens, égyptiens et maghrébins. L'association doit son nom à une propriété située au Kenya, le Safari Club, appartenant au milliardaire saoudien Adnan Khashoggi, où se tiennent les premières réunions.

Car sa monomanie est la lutte contre le communisme international. Ses prévisions sur l'expansionnisme soviétique font le délice de ses convives, qui le surnomment bientôt « le gourou » ou « le mage ». Certes, il voit venir l'invasion de l'Afghanistan par l'Union soviétique, qu'il annonce plus ou moins au chah d'Iran, ce qui lui vaut depuis, assure-t-il, d'avoir l'oreille de Washington. Mais, au fil des ans, il devient de plus en plus alarmiste, aux limites du ridicule.

Le 11 janvier 1980, il écrit au président Giscard d'Estaing. Il lui annonce purement et simplement « la perte de l'indépendance du monde libre » sous trois à cinq ans. Il ne croit pas aux chances du syndicat polonais Solidarité et assure que « l'hypothèse d'une réunification allemande (même et surtout sous l'égide de Moscou) est absolument exclue ». Trois erreurs. Après son départ du SDECE, en 1981, il persiste. En 1986, au moment même où Gorbatchev lance la perestroïka, il assure que « le communisme est encore dans sa phase messianique » et que jamais l'URSS ne se retirera d'Afghanistan, ce qu'elle fera trois ans plus tard.

Son anticommunisme viscéral en fait l'un des compagnons de route du clan Reagan. À tel point que, selon certains, il participe à l'October Surprise, l'accord que l'équipe du candidat Reagan passe avec la République islamique d'Iran pour retarder la libération des diplomates retenus en otage et priver ainsi le président sortant Carter d'un sursaut de popularité. « Le rôle du SDECE y aurait été mineur, écrit Jean-Christophe Notin, puisqu'il lui aurait été demandé d'assurer la sécurité des réunions organisées à Paris entre l'entourage du candidat et les envoyés de Khomeyni. » Mais Marenches a toujours démenti et aucune preuve formelle n'a été apportée ni de l'arrangement ni, a fortiori, d'un coup de main du service secret français au plan Reagan.

Reste que le SDECE a bien participé à la réflexion de la CIA sur la libération des otages américains. Début 1980, un officier du service Action a effectué des reconnaissances autour de l'ambassade pour établir une série de détails très importants en cas d'opération armée : le nombre de lampadaires alentour, l'horaire des rondes de surveillance... L'un des plans de Langley était de faire atterrir des hélicoptères remplis de forces spéciales en pleine ville, mais finalement Jimmy Carter préféra lancer l'opération « Eagle Claw », qui s'est soldée par un désastre dans le désert.

Quoi qu'il en soit, Alexandre de Marenches connaît son heure de gloire auprès du public cinq ans après son départ du SDECE, le 5 septembre 1986, dans l'émission « Apostrophes ». « Voici sous les projecteurs, s'élance Bernard Pivot, l'homme du secret, secret d'État, secret de la France, secret des princes qui gouvernent. » Le comte jubile. Il vient de publier un livre d'entretiens avec la très populaire Christine Ockrent intitulé *Dans le secret des princes*. Matois, brillant, charmant, il fait un tabac et l'ouvrage se vend à plus de deux cent mille exemplaires. Il croit pouvoir se reconvertir dans l'écriture de livres géopolitiques. Mais le suivant ne marche pas. On l'écoute de moins en moins. C'est pourtant à ce moment-là qu'il est réellement visionnaire.

En 1992, dans *La Quatrième Guerre mondiale*, il désigne le nouvel ennemi : « le terrorisme musulman ». Deux ans plus tard, il est interrogé sur Antenne 2. Sept ans avant le 11-Septembre, sa prévision est d'une justesse stupéfiante : « Le terrorisme a un grand avenir, annonce-t-il à des journalistes sceptiques. De ce point de vue, la France n'a encore vu que des actions artisanales. J'espère que les terroristes n'auront jamais d'imagination. C'est a priori ce qui leur manque pour pouvoir faire des choses abominables avec très peu de moyens. » Il meurt l'année suivante, en 1995, à 75 ans. Une cérémonie funéraire est organisée à l'École militaire. Mais aucun grand de ce monde n'y participe.

Voir : « Farewell ».

Masque jetable ou « *one-time pad* »

Il ne s'agit pas de ce masque chirurgical si utile en période d'épidémie... Dans les affaires d'espionnage, le « masque jetable » – également appelé « chiffre de Vernam » (du nom de son inventeur), « chiffrement à flot », « clé-une-fois » ou « *one-time pad* » en anglais – est une technique de chiffrement théoriquement impossible à casser si elle est bien mise en œuvre. Relativement simple d'emploi, elle peut être utilisée par des officiers de renseignement sur le terrain munis d'un papier, d'un crayon et d'un carnet à clés uniques.

Sans entrer dans les détails, il s'agit de convertir un message en clair en une série de chiffres via une clé affectant un ou plusieurs nombres à chaque lettre ou à certains mots courants. Cette clé est créée aléatoirement et ne peut servir qu'une seule fois, d'où le nom de « masque jetable » ou de « *one-time pad* ». Lorsque le récepteur reçoit la série de chiffres, il peut recomposer le texte initial en transformant les nombres en lettres, via cette clé connue uniquement de lui et de l'émetteur. Pour dissimuler les « livres de codes », qui contiennent les clés, les services de renseignement ont réussi à les miniaturiser à l'extrême. Certains ont la taille d'un ongle.

Le KGB a beaucoup fait appel à cette méthode pour communiquer avec ses « illégaux ». Afin de recevoir les messages du Centre, chaque « illégal » devait se connecter à une fréquence donnée. À des jours et des heures précis de la semaine, quelqu'un lisait via cette « radio » une série de chiffres que l'« illégal » notait et transformait en texte clair via la clé du jour, qu'il trouvait dans son livre de codes personnel.

Le « masque jetable » a connu son heure de gloire en 1963, quand, après la crise des missiles de Cuba,

Washington et Moscou ont décidé d'installer un « téléphone rouge » entre la Maison-Blanche et le Kremlin, en réalité un téléscripteur. Pour les communications transmises par ce « téléphone rouge », les deux grands ont décidé d'utiliser cette technique de chiffrement. Une preuve de son efficacité.

Voir : Illégal.

MI6

Dans le monde secret des services secrets, il n'y a pas plus secret que le service secret britannique. À ce qu'en disent les professionnels, il n'y en a pas de meilleurs, non plus. Ceci explique peut-être cela.

Pendant des décennies, tout y était mystère, jusqu'à son existence même. Alors qu'il a été créé en 1909, il faut attendre 1994 – quatre-vingt-cinq ans ! – et la première loi sur le renseignement outre-Manche pour que les autorités britanniques reconnaissent officiellement qu'elles disposent d'une telle organisation clandestine et que celle-ci s'appelle le Secret Intelligence Service, ou SIS. La situation était devenue d'autant plus intenable que l'institution est mondialement connue depuis plusieurs décennies grâce à Graham Greene, John le Carré et, bien entendu, James Bond !

Au début, pendant ses dix premières années, on l'a appelée de différentes façons : « Foreign Intelligence Service », « Special Intelligence Service », « MI1(c) » ou même « C's Organisation », « l'organisation de C » – « C » pour « Cumming », le patronyme de son premier chef, qui, lui aussi, devait forcément rester secret.

C'est en 1920 que l'appellation Secret Intelligence Service (SIS) prévaut. Mais, dans ce monde-là, rien n'est simple. Au début de la Seconde Guerre mondiale, alors que le gouvernement veut faire savoir qu'il dispose d'un service de renseignement contre les nazis mais tient à cacher l'existence du vrai, il invente un « pavillon de complaisance », comme il est dit sur le site du SIS. Il l'appelle « MI6 » pour Military Intelligence, section 6, parce que cela fait penser au « MI5 », le service de contre-espionnage qui, lui, existe bien.

Les autorités font fuiter ce nom fictif. Les journalistes puis les auteurs de romans d'espionnage l'adoptent. Si bien que, quatre-vingts ans après la fin de la guerre, on appelle encore très souvent le service britannique de renseignement le « MI6 » au lieu de « SIS », qui, en réalité, dépend du ministère des Affaires étrangères. Au sein de l'organisation, on parle de « la firme » ou des « *funnies* » (les « bandes dessinées »), tandis qu'au Foreign Office on dit « les amis ».

Jusqu'au début des années 1990, le nom du patron du SIS est tenu secret. On l'appelle « C », comme son fondateur, Cumming. Là aussi, il faut attendre cette date pour que l'identité de « C » soit rendue publique pour la première fois. Mais en interne, il signe toujours ses notes d'un « C » et rédige toujours ses petits mémos à l'encre verte, comme Mansfield Cumming. Et les rapports top secret du service qui circulent au sein du gouvernement ont une référence qui commence toujours par CX, pour « Cumming Exclusively ».

Pendant quatre-vingt-cinq ans, l'adresse du siège du SIS est forcément confidentielle, puisque le service n'existe pas ! Mais, dès son installation en 1964 à la Century House, un immeuble de vingt-deux étages sur la Westminster Bridge Road, celle-ci n'est qu'un secret de Polichinelle connu des chauffeurs de taxi et des guides de touristes. Le lieu est à ce point mal sécurisé qu'une station-service occupe une partie du rez-de-chaussée. Vingt ans plus tard, la Première Ministre Thatcher décide d'en faire construire un autre, très moderne, en plein centre de Londres, près de Vauxhall Bridge, sur la rive droite de la Tamise.

En 1994, le nouveau QG, surnommé « Vauxhall Cross », est inauguré en grande pompe par la reine. Par sa taille et son emplacement, il dit l'importance réelle du SIS au sein du pouvoir britannique. Protégé par deux douves, des triples vitrages en vingt-sept types de verre, il ressemble à un temple inca ou maya, ainsi que l'a voulu son architecte, Terry Farrell. Le monde le découvre dès l'année suivante dans *GoldenEye*, le 22e *James Bond*. On le verra dans presque tous les suivants. Encore une fois, le héros de Fleming sert de formidable vitrine au SIS. Qui, ainsi, se montre pour mieux se cacher.

Mitrokhin, Archives

En 1999, une bombe à fragmentation explose dans l'univers de l'espionnage : la parution du livre *The Mitrokhin Archive*. Officier du KGB de 1945 à 1984, Vasili Mitrokhin a passé les douze dernières années de sa carrière au service des archives de la première direction principale, celle du renseignement extérieur. Plus précisément, il était chargé de leur déménagement – trois cent mille dossiers ! – du quartier général historique de la Loubianka au nouveau siège d'Iassenevo.

Or, depuis la répression du printemps de Prague, auquel il a assisté de près quand il était en poste en RDA, Mitrokhin est un opposant résolu mais secret au régime. Il admire les dissidents, dont il lit les œuvres et les samizdats en cachette. Il aimerait agir comme eux, pour éveiller les consciences. Il lui vient une idée magistrale.

À son poste de responsable du transfert des archives, il a le droit de consulter les plus classifiées. Il décide de les copier une par une à la main pour pouvoir, un jour, les faire passer à l'Ouest. Il commence par écrire sur de petits bouts de papier qu'il froisse, jette dans sa poubelle le soir et les récupère le matin en la vidant. Il les met ensuite dans ses chaussures et les apporte dans sa modeste datcha près de Moscou, où il les cache dans des bidons de lait en fer qu'il enterre sous la maison. Puis, constatant qu'il n'est jamais fouillé en sortant des bâtiments, il les copie sur des blocs de papier. Pendant douze ans ! Il prend sa retraite en 1984 et attend le moment propice pour exfiltrer son trésor.

En 1992, quelques mois après le démembrement de l'Union soviétique, il décide que le moment est venu. Il se rend à Riga, capitale de la Lettonie, indépendante depuis peu. Après avoir été rejeté par l'ambassade américaine sur place, il frappe à la porte de la représentation britannique. Il est très bien accueilli. Le MI6 comprend tout de suite que le Russe n'est pas un affabulateur, qu'il dispose d'une quantité sans précédent de documents secrets du KGB.

Après s'être assuré du transfert à Londres des vingt-cinq mille pages cachées sous la datcha de Mitrokhin, le MI6 l'exfiltre avec sa famille au Royaume-Uni, dont ils obtiennent immédiatement la citoyenneté. Quelques mois plus tard, le service secret propose au grand historien du renseignement Christopher Andrew de se plonger dans ces archives et d'écrire, avec Vasili Mitrokhin, cette bombe qui explose donc en 1999.

Presque tous les pays sont affectés. En Italie, une commission d'enquête parlementaire est créée sur la base de l'ouvrage. Ailleurs, de hauts responsables démissionnent ou sont mis sur le gril. Au moment de la sortie du livre en France, l'un des principaux pays ciblés par le KGB selon Mitrokhin, j'ai longuement interrogé Christopher Andrew pour *Le Nouvel Observateur*[1] sur les révélations concernant notre pays.

Pour écrire votre livre publié en France sous le titre Le KGB contre l'Ouest *(Fayard),* lui dis-je d'abord, *vous avez étudié les milliers de documents du KGB qu'un archiviste de l'organisation, le colonel Vasili Mitrokhin, a secrètement recopiés pendant douze ans et transmis dans six grosses malles aux*

1. « Le KGB en France », entretien avec Christopher Andrew, propos recueillis par Vincent Jauvert, *Le Nouvel Observateur*, 23 septembre 1999.

services spéciaux britanniques en 1992. C'est ainsi, dans cette manne exceptionnelle, que vous avez découvert que le principal agent du KGB en France, la taupe numéro un à Paris pendant plus de trente ans, n'était ni un homme politique célèbre, ni un grand chercheur, ni un diplomate de renom, mais un modeste employé du Quai d'Orsay.

En effet, grâce à cet agent français du KGB, dont le nom de code est, dans les archives de la Loubianka, « Jour », le Kremlin a eu accès à la majeure partie de la correspondance diplomatique française de 1945 à 1982 et peut-être même à son intégralité : courriers secrets des ministres des Affaires étrangères sous les IVe et Ve Républiques jusqu'au début du septennat de François Mitterrand ; rapports des ambassadeurs à Paris ; documents politico-militaires transmis par les Alliés au Quai d'Orsay… Vous le voyez, « Jour » a permis au KGB de réussir l'un des plus beaux coups de son histoire.

« Jour » est-il pour vous aussi important que « Kim » Philby, le grand agent double britannique ?

Probablement. Bien que les personnages soient très différents. Philby est une figure prééminente de l'establishment britannique, alors que « Jour » n'est, comme vous l'avez dit, qu'un modeste employé parmi des centaines d'autres au ministère des Affaires étrangères, pourtant leur apport au KGB est comparable. Rendez-vous compte : presque toute la correspondance diplomatique d'un pays majeur de l'OTAN pendant les trois quarts de la guerre froide ! D'ailleurs, « Jour » a été récompensé deux fois par Moscou. En 1957, il a été décoré de l'ordre de l'Étoile rouge. Vingt-cinq ans après, en 1982, à la demande expresse d'Andropov, le patron du KGB devenu secrétaire général du Parti à la mort de Brejnev, « Jour », toujours actif, a été décoré de l'ordre de l'Amitié entre les peuples, une distinction très rare. Cette décoration, est-il précisé dans les archives, récompense « une longue et fructueuse coopération » avec le KGB. On peut donc dire que, malgré de grandes différences, « Jour » peut être considéré comme le Philby français.

Mais, à la différence de Philby, « Jour » n'a jamais été découvert.

Pas à ma connaissance, en tout cas.

Les Britanniques ont-ils remis les archives le concernant à la DST ?

Je suppose que oui, mais je n'en ai aucune preuve.

Connaissez-vous le nom de « Jour » ?

Non, il n'y a aucune mention de l'identité de « Jour » dans les archives que j'ai lues.

Celles-ci fournissent néanmoins un certain nombre d'indications sur le personnage et les conditions de son recrutement ?

C'est vrai. « Jour » était un officier du chiffre, c'est-à-dire qu'il était chargé de coder la correspondance diplomatique. Il a été recruté par le KGB en 1945, il avait alors 23 ans. À l'époque, la France était la troisième cible du KGB, après les États-Unis et son alliée privilégiée, la Grande-Bretagne. Dès novembre 1944, trois mois après la libération de Paris, la « Résidence » du KGB à Paris a reçu la directive de recruter tous azimuts dans l'État français et notamment au Quai d'Orsay, où les communistes n'arrivaient pas à s'infiltrer. C'est dans ce cadre-là, sans que nous en sachions plus, que « Jour » a été recruté. En demeurant actif jusqu'en 1982, il est devenu le chiffreur occidental qui est resté le plus longtemps au service du KGB, tous pays confondus. Pendant toutes ces années, il n'a jamais perdu le contact avec les services secrets soviétiques. En 1973, il a été envoyé en poste dans une ambassade de France à l'étranger. Là, il a continué à être « traité » par le KGB.

Il communiquait avec son officier traitant par ce que l'on appelle dans le jargon des « boîtes aux lettres mortes », c'est-à-dire qu'il déposait les documents secrets dans un lieu défini à l'avance (une poubelle publique, une cabine téléphonique...), où quelques heures plus tard les hommes du KGB venaient les récupérer. En 1973, 1974 et 1975, « Jour » a reçu le cadeau de Noël le plus important de tous les agents français : une prime de 4 000 francs de l'époque (soit 20 000 francs d'aujourd'hui).

Grâce à lui, dites-vous, la plupart des câbles diplomatiques français les plus secrets étaient lus à Moscou.

Dans les archives le concernant, on apprend que sa « production » était envoyée de Paris à Moscou par « conteneur spécial ». Dans les années 1950, le service chargé de traiter ces documents croulait sous leur nombre : il n'arrivait pas à les étudier tous ! Il y avait à la fois des copies de dépêches, mais aussi des documents permettant de « casser » les codes diplomatiques français et occidentaux. Ainsi, il apparaît que, de 1968 à 1973, « Jour » a fourni des informations sur les machines à chiffrer de l'ambassade de France à Moscou et surtout sur celle du quartier général de l'OTAN à Bruxelles. Fin 1976, début 1977, il a facilité la pose de « micros » sur le nouveau Télex de l'ambassade de France à Moscou. Cette « écoute » de la correspondance entre l'ambassadeur à Moscou et Paris a duré au moins six ans ! Aussi, le responsable de cette opération au KGB, Igor Maslov, a-t-il été décoré de l'ordre de Lénine et nommé patron de la sixième direction principale. Les années suivantes, de 1978 à 1982, « Jour » a également permis au KGB de recruter pas moins de six officiers du chiffre français.

Les Soviétiques étaient donc au courant des moindres détails de la diplomatie française.

En effet. Dans les archives de Vasili Mitrokhin, il apparaît clairement que dans les années 1950 ils connaissaient les stratégies de la France dans les grandes négociations internationales (la fin de la guerre d'Indochine, Berlin...). Au moment de la crise des missiles de Cuba, en 1962, crise qui a failli déclencher la Troisième Guerre mondiale, les documents fournis par « Jour » ont permis à Moscou de connaître très vite la position très ferme de De Gaulle.

Autre crise où le travail de « Jour » a peut-être aidé un peu les Soviétiques : l'Afghanistan.

C'est marginal, mais amusant. En mai 1980, six mois après l'invasion soviétique, Giscard est le premier leader occidental à rencontrer Leonid Brejnev. Avant ce face-à-face, les conseillers du numéro un soviétique ont tout le loisir d'étudier les attentes, les positions, les stratégies de négociation du président français en lisant les dépêches reçues et envoyées par l'ambassade française à Moscou.

« Jour », avez-vous dit, avait 23 ans en 1945. Il est donc né en 1922. En 1982, il avait 60 ans. Il aurait aujourd'hui 77 ans. Est-il toujours vivant ?

Je l'ignore. [NDA : il aurait eu 100 ans en 2022.]

Évoquons maintenant le cas d'autres agents français du KGB. On a beaucoup parlé, lors de la sortie de votre livre, d'un journaliste français devenu député socialiste proche de François Mitterrand et qui, à la grande déception du KGB, n'a pas été nommé dans le gouvernement de Pierre Mauroy. Savez-vous qui est cet homme connu au KGB sous le nom de code « Gilbert », puis « Giles » ?

Pardonnez-moi, mais je ne veux faire aucun commentaire.

Dans le livre, vous écrivez que son nom figure dans les archives de Mitrokhin, mais que pour des raisons juridiques, la peur du procès, vous ne divulguerez pas son identité. Les quelques éléments que vous donnez ainsi que la rumeur ont conduit certains à désigner Claude Estier, l'actuel patron du groupe socialiste au Sénat. Celui-ci a farouchement démenti. Que pouvez-vous dire ?

Rien.

Dans le livre, vous écrivez aussi qu'à sa décharge « Giles » a souvent évité de rencontrer son officier traitant.

Mais j'ajoute que « Giles » est resté en contact avec son traitant même après l'élection de Mitterrand. L'officier, officiellement deuxième secrétaire à l'ambassade soviétique à Paris, Valentin Sidak, écrit à ses chefs que « Giles » lui a fourni des informations confidentielles sur « l'entourage proche » du nouveau président de la République.

Vous révélez aussi le cas d'un autre homme politique socialiste (nom de code : « Drom ») qui aurait été recruté en 1961 et payé 1 500 francs par mois (c'est-à-dire plus de 12 000 francs d'aujourd'hui). Vous dites aussi que l'homme s'est, semble-t-il, dénoncé à la DST en 1973, que son nom est dans les archives Mitrokhin, mais que vous ne le révélerez pas. S'agit-il de Charles Hernu [NDA : ancien ministre de la Défense de François Mitterrand] ?

Je ne dirai rien sur « Drom ». Mais je peux affirmer qu'il n'y avait, dans les archives, aucune référence à Charles Hernu, aucun agent dont la biographie pouvait faire penser à Hernu.

Cela signifie-t-il que Charles Hernu n'a pas été un agent de l'Est ?

Pas nécessairement. Mitrokhin n'a pas eu accès à toutes les archives et il n'a pas recopié tout ce qu'il a vu de 1972 à 1984. Il était chargé de vérifier et d'enregistrer le transfert des archives de la Loubianka au nouveau siège de la première direction principale (celle de l'espionnage) à Iassenevo, dans la banlieue de Moscou. Il pouvait voir et lire tous les documents qui passaient mais n'avait pas le temps de tout retranscrire.

Il devait donc choisir selon ses centres d'intérêt.

En premier lieu, tout ce qui concernait l'« ennemi principal », les États-Unis, puis la lutte contre les dissidents, dont il se sentait très proche. Cela dit, la France était, on l'a vu, une cible importante pour le KGB, et Mitrokhin a noté beaucoup de choses à son sujet mais pas toujours avec tous les détails.

Qu'en est-il des prétendus agents du KGB dans l'entourage de De Gaulle ? Plusieurs livres ont fait état des révélations d'un transfuge soviétique, Anatoliy Golitsyn, qui, en 1961 aurait dit que des proches du Général seraient compromis.

Il y a le cas désormais célèbre de l'homme d'affaires François Saar-Demichel [un proche de Michel Debré, le premier Premier ministre de De Gaulle], qui, d'après les archives de Mitrokhin, était sans conteste un agent du KGB (nom de code : « NN ») mais dont l'influence a été très modeste.

Sa veuve dément ces affirmations pourtant communément admises depuis plusieurs années. De Gaulle savait et disait que Saar-Demichel était un agent soviétique [*L'Homme de l'ombre*, Pierre Péan, Fayard]. *Et à part Saar-Demichel ?*

Aucun proche de De Gaulle n'apparaît dans les archives comme agent. En fait, Golitsyn n'a jamais dit publiquement ce qu'il savait. Ces propos ont donc probablement été exagérés à chaque étape de leur reproduction.

Sauf sur un point, semble-t-il : la pénétration par le KGB des services secrets français et en particulier le SDECE.

En effet. À la Libération, les communistes ont réussi à intégrer en grand nombre ce service. À tel point que dans les années 1950 le résident du KGB à Paris a déclaré lors d'une conférence interne à Moscou : le SDECE est une « prostituée que j'ai mise dans ma poche ». Au début des années 1960, les archives Mitrokhin font état de quatre agents du KGB dans le service secret français et d'un à la DST. En revanche, il semble qu'au début des années 1970 le SDECE n'était plus pénétré.

Pour revenir aux rumeurs sur l'entourage de De Gaulle, comment expliquez-vous qu'elles aient été si insistantes ?

C'est assez simple, je crois. Tout remonte à la décision de De Gaulle de faire sortir la France du commandement intégré de l'OTAN, en 1966. De manière surprenante, la droite atlantiste et le KGB ont eu la même explication de cet acte extrêmement culotté. La première a dit : cette décision si dangereuse pour la sécurité de la France ne peut être que le résultat de l'action des services secrets soviétiques. De son côté, le KGB affirmait exactement la même chose aux plus hautes instances soviétiques : c'est grâce à nous, à la campagne d'influence menée par la Résidence de Paris, que la France se détache de l'Alliance atlantique. À Moscou, à la Loubianka comme au bureau politique, on a été, en effet, convaincu que, sans le KGB, de Gaulle n'aurait pas sauté le pas. La convergence des explications est probablement la source de ces rumeurs qui durent toujours.

Alors que le KGB n'est pour rien dans la décision de De Gaulle.

Je le crois. C'est vrai, l'objectif premier du KGB à Paris dans les années 1960 est bien, on le voit dans les archives, d'obtenir que la France quitte l'OTAN. Mais ce n'est pas parce que cela arrive que l'action clandestine des Soviétiques a joué le moindre rôle. Pourquoi chercher des explications tortueuses, avoir une vision « complotière » de l'histoire, alors que de Gaulle a, depuis son arrivée au pouvoir en 1958, expliqué maintes fois, en privé puis en public, pourquoi l'organisation de l'OTAN ne lui convenait pas ? C'est pourquoi je ne suis pas d'accord avec la thèse du livre dont on a beaucoup parlé en France il y a deux ans : *La France sous influence*. Son auteur, Thierry Wolton, voyait dans l'action des Soviétiques la cause principale de la sortie de l'OTAN. C'est à mon avis une vision erronée des causes et des effets.

Vous écrivez, en revanche, que le KGB a peut-être joué un certain rôle dans l'acceptation par l'opinion publique française de cette politique antiaméricaine.

Peut-être, en effet. On voit paraître en France à la fin des années 1960 et tout au long des années 1970 beaucoup d'articles très antiaméricains, dont certains reprennent des thèmes ou des mensonges concoctés par le KGB. Est-ce à dire que tous les journalistes qui ont écrit les articles en question étaient des agents ? Évidemment, non. Beaucoup ont été abusés. Mais le KGB a recruté plusieurs journalistes français, dont deux au *Monde* au moins (« Kron », un pigiste régulier, et « Mongo », un correspondant en Afrique) et six à l'AFP. Leur action, consciente celle-là, a peut-être joué un rôle marginal, même si les archives de Mitrokhin sont très pauvres sur des opérations précises concernant la sortie de l'OTAN.

En fait, les opérations d'influence, le recrutement des journalistes étaient les missions premières du KGB à Paris dans les années 1960 et 1970.

Oui, et c'est une particularité de la France et de l'Italie. Dans ces deux pays, le KGB a engagé beaucoup de moyens pour conquérir les « âmes ». Au début des années 1970, parmi les dix agents français les mieux notés par le KGB, sur une cinquantaine au total, six étaient des journalistes, dont les noms de code étaient « Andre », « Brok », « Argus », « Nant », « Mars » et « Tur ». Il y avait aussi, outre le chiffreur « Jour », un responsable important d'un institut de recherche sur la politique internationale, un scientifique travaillant dans un laboratoire de recherche aéronautique de l'OTAN et un homme d'affaires agent recruteur.

Vous connaissez les identités de tous ces hommes, des journalistes en particulier, n'est-ce pas ?

Là encore je ne ferai, pardonnez-moi, aucun commentaire.

Trois journalistes (« Andre », « Brok » et « Argus », tous les trois de droite, semble-t-il) étaient particulièrement choyés par le KGB.

Oui, au milieu des années 1970, « Brok » était payé par le KGB plus de 100 000 francs par an (plus de 400 000 francs d'aujourd'hui). On le jugeait tellement important qu'il a rencontré secrètement cinq fois le responsable de la section France du KGB. « Andre » et « Argus » aussi étaient très bien rémunérés.

Pourquoi Moscou les jugeait-il si importants ?

Parce que le KGB était convaincu d'avoir grâce à eux une influence importante à des moments clés de la vie politique et de la diplomatie françaises. « Andre » avait, disent les archives, « accès au président Pompidou » et à son Premier ministre Pierre Messmer. Selon des notes du KGB, il aurait réussi à leur passer des informations falsifiées visant à accroître la suspicion de Pompidou envers les États-Unis. Cela a-t-il réussi ? J'en doute fort, mais le Centre, le QG du KGB, l'a cru. À la même époque, une autre campagne de désinformation orchestrée par le KGB a échoué : l'opération « la Manche », dont le but était de pousser le président Pompidou à s'opposer à l'entrée de la Grande-Bretagne dans la CEE.

Autre échec retentissant en France du service A, la direction de la désinformation du KGB : l'élection de Valéry Giscard d'Estaing, en 1974.

Oui. On a longtemps cru que le candidat favori de Moscou à cette époque était Giscard. Entre les deux tours de l'élection, l'ambassadeur soviétique à Paris lui a même rendu visite. Pourtant, pendant cette semaine-là, dix officiers du KGB ont mené cinquante-six opérations de désinformation contre Giscard [NDLR : son nom de code au KGB était « Krot »...]. Le candidat favori du KGB était en réalité François Mitterrand, le leader de l'Union de la gauche.

Est-ce à dire que la démarche de l'ambassadeur était une diversion ?

Pas forcément. Malgré ce que l'on croit souvent, l'ambassadeur et le résident du KGB dans un pays sont souvent en très mauvais termes et n'appliquent pas la même politique. C'est peut-être ce qui s'est passé en 1974. En tout cas, nous avons connaissance du détail de deux opérations anti-Giscard. La première a été réalisée par le journaliste « Brok ». Sur ordre d'Andropov, le KGB a fabriqué un document « secret » américain expliquant à Giscard les meilleurs moyens de battre Mitterrand et Chaban. D'après les archives, ce document aurait été montré à Chaban grâce à « Brok », avec l'objectif de rendre plus difficile une entente Giscard-Chaban pour le second tour.

Ce n'était pas une opération forcément idiote...

C'est vrai. La seconde en revanche était totalement stupide. Le Centre a décidé d'utiliser la mort d'une proche de

Giscard en octobre pour le brouiller avec l'électorat juif. Il a rédigé de faux tracts d'un prétendu groupe sioniste revendiquant le meurtre de cette femme en représailles contre les actions de Giscard, ministre des Finances, envers des financiers juifs. Comme vous le savez, Giscard a gagné et rien ne montre, bien au contraire, que toutes ces manipulations sordides aient eu le moindre effet sur la campagne.

Autre cible surprenante du KGB en France : Georges Marchais !

Eh oui, pendant les quelques années de l'eurocommunisme à la française, en 1976 et 1977, le KGB voulait abattre Marchais politiquement. Il a d'abord fait circuler au sein du Parti communiste français un faux document de la CIA, révélant un prétendu complot américain pour détruire le Parti. Le but était de faire croire que Marchais mettait en danger le Parti communiste. Ensuite, le KGB a sérieusement envisagé de faire publier les documents sur le passé de Marchais en Allemagne pendant la guerre, documents qu'il connaissait donc avant leur publication par Auguste Lecœur. Mais le service secret soviétique est-il à l'origine de cette opération ? Impossible de l'affirmer.

Quelle a été la position du KGB lors de l'élection présidentielle de 1981 ?

C'est beaucoup moins clair qu'en 1974. Il semble que, si le Centre avait une légère préférence pour Mitterrand, l'objectif premier du KGB était de décrédibiliser tous les candidats, y compris le patron du Parti socialiste. Parmi les plans d'action psychologiques imaginés par la Résidence de Paris en 1981, il y avait « la mise en lumière des éléments pro-atlantiques et pro-israéliens » de la politique de Mitterrand. Là encore, je ne crois pas que les opérations du KGB aient joué le moindre rôle dans cette élection.

De manière surprenante, le KGB reconnaît enfin en 1981 son inefficacité en la matière.

Oui, il confesse dans une note qu'il n'a désormais « pratiquement plus d'influence sur l'opinion publique française », ce qui est un aveu de faiblesse extrêmement rare. En 1981, il met fin à la collaboration de « Brok », qui restera probablement le journaliste occidental ayant travaillé le plus longtemps pour le KGB – trente-cinq ans.

Que fait alors le KGB à Paris ?

La seule chose qu'il sait vraiment faire : voler des secrets. La ligne X du KGB, la division chargée du renseignement technologique, devient extrêmement active. Au début des années 1980, il y a à Paris deux fois plus d'agents de la ligne X que dans n'importe quelle capitale européenne.

Sont-ils efficaces, cette fois ?

Oui. Au début des années 1980, la France est, après les États-Unis et l'Allemagne, la troisième source de l'espionnage technologique soviétique. De France provenaient 8 % des documents acquis par la ligne X. Leur cible favorite : Ariane et les missiles français. Mais ce n'est pas tout : une partie des secrets dérobés par le KGB dans des entreprises américaines provenaient d'agents français employés par ces firmes. C'est le cas notamment d'agents à IBM et Texas Instruments.

Mais, dès 1982, ces infiltrations soviétiques dans les entreprises diminuent fortement à cause des révélations du transfuge Vetrov, alias Farewell, à la DST.

Probablement. À la suite des révélations de « Farewell », François Mitterrand a ordonné l'expulsion de la quarantaine d'officiers du KGB de Paris, et tous les services de contre-espionnage sont en alerte. Cela a dû porter un coup très dur aux espions soviétiques. Mais Mitrokhin ayant quitté le service des archives en 1984, je n'ai pas d'éléments au-delà de cette année.

Après quelques remous, l'affaire Mitrokhin a vite disparu des unes des journaux français. Et personne, à ma connaissance, n'a été inquiété en France. En 2016, cependant, *L'Express* a révélé, archives à l'appui, que Claude Estier, mort six mois avant la parution de l'article, a été un agent de la Securitate, la police secrète roumaine sous Ceauşescu. Fort probablement il était donc bien l'agent « Giles » du KGB. Vasili Mitrokhin, lui, meurt à Londres en janvier 2004.

Voir : Boîte aux lettres morte ; « Farewell » ; Iassenevo.

Mortier

Comme tous les amateurs de la série *Le Bureau des légendes* le savent : le siège de la DGSE, le service français de renseignement extérieur, se trouve au 141, boulevard Mortier, dans le 20e arrondissement de Paris. Officiellement, le lieu s'appelle « centre administratif des Tourelles » – officieusement, on dit « Mortier » ou « la piscine », à cause de la piscine Georges-Vallerey, un des rares bassins découvrables de 50 mètres de la capitale, construit juste à côté de la caserne, en 1924, à l'occasion des jeux Olympiques de Paris. Ou encore « la boîte ».

Mais les fans de la série ignorent sans doute le sombre passé de cette adresse mythique dans le monde du renseignement. Inaugurée en 1881, la caserne des Tourelles fait alors partie des cent cinquante bâtiments édifiés dans toute la France par la jeune IIIe République pour loger les soldats du nouveau service national obligatoire. Jusqu'au déclenchement de la Seconde Guerre mondiale, ces trois bâtiments accueillent un régiment d'infanterie coloniale. Après la déroute de juin 1940, ils se retrouvent vides.

En juillet, la caserne est réquisitionnée pour servir de centre d'accueil des réfugiés fuyant le front. Mais, dès octobre, la préfecture de Paris aux ordres du pouvoir pétainiste décide d'ouvrir là un camp d'internement administratif gardé par la gendarmerie. On y envoie d'abord les hommes étrangers déclarés « indésirables », des apatrides, des réfugiés et des juifs. On y interne ensuite des Français, « des communistes (hommes) à partir de juillet 1941 et des femmes à partir de septembre 1941 », selon Louis Poulhès dans son livre très éclairant *Un camp d'internement en plein Paris : les Tourelles. 1940-1945* (Atlande, 2019). En juillet 1942, le pouvoir y enferme aussi les personnes « aryennes » arrêtées pour avoir manifesté leur sympathie pour les juifs. Elles doivent porter une étoile jaune sur laquelle est inscrit « Ami(e) des juifs ».

Dans son roman *Dora Bruder*, paru en 1997, Patrick Modiano fait référence à la sinistre utilisation du camp des Tourelles par le régime de Vichy. Le futur prix Nobel de littérature reconstitue l'histoire d'une adolescente juive qui s'est enfuie de chez elle à Paris, en septembre 1941, et qui sera déportée à Auschwitz un an plus tard.

« Longtemps, je n'ai rien su de Dora Bruder après sa fugue du 14 décembre et l'avis de recherche qui avait été publié dans *Paris-Soir*, écrit Modiano. Puis j'ai appris qu'elle avait été internée au camp de Drancy, huit mois plus tard, le 13 août 1942. Sur la fiche, il était indiqué qu'elle venait du camp des Tourelles. Ce 13 août 1942, en effet, trois cents juives avaient été transférées du camp des Tourelles à celui de Drancy. »

Une plaque commémorant cet épisode tragique de l'histoire de France a été apposée en mai 2018 par la maire de Paris sur la piscine Georges-Vallerey. Elle rappelle qu'entre 1940 et 1944, « au camp d'internement de la caserne des Tourelles, environ huit mille hommes et femmes y ont été détenus par le gouvernement de Vichy : "indésirables" étrangers ou Français, juifs, communistes et politiques, républicains espagnols, récidivistes de droit commun ou pour infractions économiques, réfractaires au Service du travail obligatoire. Parmi eux, plusieurs centaines, parce que juifs, furent assassinés dans les camps de la mort ».

C'est donc dans ce lieu à l'histoire sinistre que le SDECE, l'ancêtre de la DGSE, s'installe en 1945. Modernisé, il regroupe aujourd'hui plusieurs départements du service secret, dont la direction générale, celle du renseignement et une partie de la direction technique. Celle-ci, qui s'occupe des interceptions de communication et du décryptage, a considérablement grandi ces vingt dernières années. Grâce à plusieurs rallonges budgétaires, elle s'est dotée d'ordinateurs géants, notamment des Cray achetés aux États-Unis. Pour les accueillir ainsi que les techniciens des écoutes, le directeur de la DGSE a obtenu, en 1997, de pouvoir installer la direction technique en face, dans une caserne d'un régiment du train. Là, on a creusé trois étages de souterrains assez larges pour ces gigantesques équipements informatiques. Et pour traverser le boulevard, on a construit à prix d'or un tunnel sous la chaussée, sans même interrompre la circulation.

Dans quelques années, la caserne des Tourelles devra trouver un nouvel occupant. En mai 2021, Emmanuel Macron a annoncé que la DGSE, qui a besoin de davantage de place pour un personnel de plus en plus nombreux et pour de nouveaux équipements informatiques, déménagera en 2028, au Fort Neuf de Vincennes. Le service secret y disposera d'une emprise deux fois plus étendue, 20 hectares. Coût total de l'opération : 1,3 milliard d'euros.

N

« Nigergate »

Voici comment une opération foireuse des services secrets italiens est devenue l'une des plus grandes manipulations du XXIe siècle.

7 mars 2003, New York, salle du Conseil de sécurité de l'ONU. La tension est à son comble. On attend la lecture des ultimes rapports sur les armes de destruction massive en Irak. De leurs conclusions dépend le soutien des Nations unies à l'invasion du pays que l'Amérique s'apprête à lancer.

Le patron de l'Agence internationale de l'énergie atomique (AIEA), l'Égyptien Mohamed el-Baradei, prend la parole. Que va-t-il répondre à George W. Bush ? Quelques jours auparavant, devant le Congrès, le président américain a révélé un important renseignement que le MI6 a transmis à la CIA. « Le gouvernement britannique, a-t-il déclaré, a appris que Saddam Hussein a récemment cherché à obtenir une importante quantité d'uranium en Afrique. » Si cela est vrai, cela signifie que le dictateur irakien entend toujours se doter en secret de l'arme atomique. Les équipes de l'AIEA confirment-elles cette information ? Toutes les chancelleries sont suspendues aux lèvres de l'Égyptien.

El-Baradei est précis et cinglant. « Notre enquête, explique-t-il, s'est concentrée sur les documents fournis par différents États qui faisaient référence à un accord entre le Niger et l'Irak pour la vente d'uranium entre 1999 et 2001. Or, lance-t-il, ces documents ne sont pas “authentiques”. » Silence glacé dans la salle du Conseil. Le « Nigergate » commence.

À la fin de la réunion, la correspondante du *Monde* à New York et moi-même croisons dans les couloirs le chef de l'équipe chargée de l'Irak à l'AIEA, le Français Jacques Baute. « C'est incroyable, nous confie-t-il, il ne nous a pas fallu plus d'un quart d'heure pour constater qu'il s'agissait de faux ! Je n'en reviens pas. » Que s'est-il passé ?

Il y a plusieurs versions de l'affaire. La première, racontée par le journaliste Peter Eisner dans un livre intitulé *The Italian Letter* (Rodale Press), débute à Milan, quatre mois avant le discours de George W. Bush. En septembre 2002, Elisabetta Burba, journaliste au magazine *Panorama*, reçoit un coup de fil d'un certain Rocco Martino. Elle le sait, Martino est un ancien membre des carabinieri, reconverti dans le négoce de renseignements. Parmi ses clients, la SISMI, le service secret militaire italien, et la DGSE française. Des journaux, aussi.

La reporter et l'informateur se retrouvent à Rome, dans un restaurant sicilien. Martino présente une liasse de documents qu'il souhaite lui vendre 10 000 euros. Dans le lot, il y a une lettre écrite en français. Elle semble adressée à Saddam Hussein par Mamadou Tandja, le président du Niger. Il s'agit d'un Télex « secret et urgent » daté du 27 juillet 2000, écrit sur un papier à en-tête de la présidence nigérienne. Le chef de l'État nigérien dit agir en ses pouvoirs issus de la constitution du 12 mai

1966. Par cette missive, Tandja accepte de vendre à l'Irak 500 tonnes d'« uranium pur » par an. De quoi faire, selon les spécialistes, une bombe atomique chaque année.

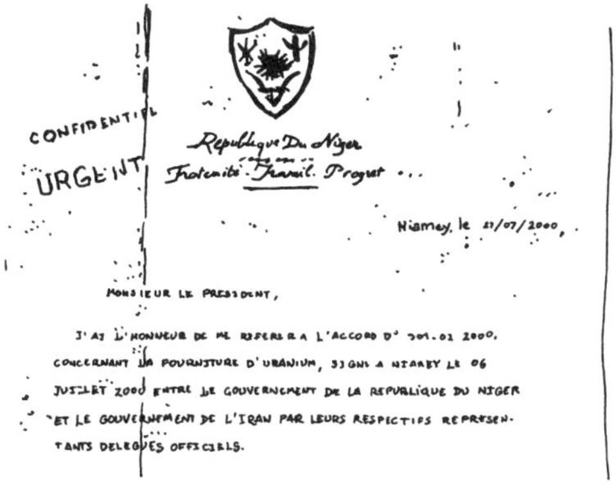

CONFIDENTIEL

URGENT

République Du Niger
Fraternité - Travail - Progrès

Niamey, le 27/07/2000,

MONSIEUR LE PRESIDENT,

J'AI L'HONNEUR DE ME REFERER A L'ACCORD D' 29-01 2000, CONCERNANT LA FOURNITURE D'URANIUM, SIGNE A NIAMEY LE 06 JUILLET 2000 ENTRE LE GOUVERNEMENT DE LA REPUBLIQUE DU NIGER ET LE GOUVERNEMENT DE L'IRAN PAR LEURS RESPECTIFS REPRESENTANTS DELEGUES OFFICIELS.

De retour chez elle, la journaliste allume son ordinateur et entreprend, via Google, quelques recherches. Elle découvre vite qu'en 2000 le texte fondamental en vigueur au Niger n'est plus celui de 1966, mais celui de 1999. Une autre lettre écrite en français indique que l'uranium a bien été livré en Irak. Elle porte la signature d'une certaine Maiga Amina, secrétaire générale du ministère des Affaires étrangères du Niger. Or, cette diplomate se souvient d'avoir écrit ce jour-là une lettre à l'ambassade de son pays à Rome. Mais il s'agissait seulement, assure-t-elle, d'informer un diplomate en poste à Niamey qu'il pouvait prendre des congés et certainement pas qu'une livraison d'uranium avait eu lieu. Enfin, un document daté du 5 juin 2000 relatif à cette même fourniture d'uranium est signé par le ministre des Affaires étrangères du Niger, Aillélé el-Hadj. Or, celui-ci dirigeait la diplomatie de son pays en 1989 – pas en 2000.

Malgré les doutes de la journaliste, le patron de son journal, qui appartient au milliardaire et Premier ministre

Silvio Berlusconi, un allié inconditionnel de George W. Bush, lui demande d'apporter les lettres de Martino à l'ambassade des États-Unis à Rome. Et c'est ainsi que ces « faux » se retrouvent à Washington et à Langley.

D'où viennent les documents ? Après l'invasion de l'Irak, plusieurs commissions d'enquête aux États-Unis et en Italie auditionnent les protagonistes. Martino affirme avoir reçu le paquet de lettres ainsi trafiquées d'une secrétaire à l'ambassade du Niger à Rome, informatrice de la SISMI, et surnommée la « Signora ». C'est un chef de section de la SISMI, un certain Antonio Nucera, qui la lui a présentée, ajoute-t-il. Nucera confirme mais assure qu'il voulait seulement aider son ancien agent, Martino, dans ses relations avec la DGSE, toujours très friande de renseignements sur le Niger, son ancienne colonie. Martino affirme, lui, que l'homme à l'origine de la falsification est celui qui lui a présenté la « Signora ». Le patron de la SISMI, Antonio Pollari, défend Nucera et certifie que Martino a fabriqué seul le faux avec les en-têtes fournis par la « Signora » afin de les vendre au plus offrant. On s'y perd...

La Repubblica donne, en 2005, une autre version du « Nigergate ». Selon le quotidien italien, Nucera et Martino auraient agi de conserve, en volant lettres à en-tête et tampons officiels à l'ambassade du Niger. Ils les auraient ensuite utilisés pour créer un faux dossier et tenter de le vendre à la DGSE, qui n'en aurait pas voulu. Le MI6 et la CIA, eux, auraient mordu à l'hameçon. Le gouvernement italien a catégoriquement démenti.

Selon une troisième version, c'est la SISMI, qui, en 2001, aurait acheté les « faux » à un diplomate nigérien probablement pour le compte du MI6 britannique. Le patron de la SISMI, Pollari, les aurait lui-même donnés à Steve Hadley, conseiller adjoint de Bush pour la sécurité, lors d'une visite à la Maison-Blanche le 9 septembre 2002.

L'Italien et l'Américain confirment s'être vus ce jour-là, mais démentent avoir parlé de l'Irak et du Niger. Certaines sources assurent que Pollari ignorait que les lettres en question étaient des faux, il les aurait remises de bonne foi à l'équipe Bush. Lui, le maître-espion italien, aurait été berné par des anciens de la CIA désireux de décrédibiliser les va-t-en-guerre et leur projet d'invasion de l'Irak. On s'y perd encore plus...

D'autres, dont l'enquêteur vedette du *New Yorker* Seymour Hersh, se demandent si les faux n'ont pas été d'abord fabriqués dans les années 1990 par le MI6 britannique afin de faire croire à la poursuite du programme nucléaire irakien. Quelqu'un les aurait ensuite actualisés pour mieux les vendre...

Reste à savoir pourquoi un tel mensonge s'est retrouvé dans un discours du président des États-Unis devant le Congrès. C'est Steve Hadley qui en a coordonné la rédaction. Après l'invasion, il a présenté ses excuses au cours d'une conférence de presse, puis il s'est défendu. Oui, le patron de la CIA l'a plusieurs fois prévenu que les documents étaient sujets à caution, mais l'Agence avait émis des doutes sur la quantité commandée par Saddam Hussein, non sur le contrat lui-même, a-t-il prétendu.

Bref, il faudra attendre l'ouverture des archives pour pouvoir démêler tous les fils du « Nigergate ».

Voir : Langley.

Notre agent à La Havane

Si je devais conseiller trois romans d'espionnage, je ferais comme beaucoup d'amateurs du genre, je choisirais : *L'espion qui venait du froid* de John le Carré, *La Compagnie* de Robert Littell et *Notre agent à La Havane* de Graham Greene. Et s'il ne fallait n'en retenir qu'un, ce serait le troisième.

Après la chute du mur de Berlin, quand on lui posait la même question, le maître-espion Markus Wolf, surnommé « l'homme sans visage », qui dirigea pendant vingt-huit ans la HVA, le service est-allemand d'espionnage, répondait invariablement : « Mon auteur préféré dans ce domaine [l'espionnage] est Graham Greene. » Il ajoutait : « *Notre agent à La Havane* est formidable de vérité. »

C'est là le paradoxe et la grandeur de ce petit livre publié en 1958, à la fois satire féroce des services de renseignement et description particulièrement affûtée de leur travail.

Ayant été employé au MI6 pendant la guerre, Graham Greene a dû faire parvenir, avant sa publication, le manuscrit de *Notre agent à La Havane* à « C », le patron du service secret. Ce dernier hésita à demander l'interdiction du roman en raison de sa trop grande précision, notamment dans son exposé des rapports entre un agent sur le terrain et son patron, installé à l'ambassade britannique sous couverture diplomatique. D'autres responsables politico-militaires exigèrent que l'on censure ce texte, qu'ils jugeaient calomnieux envers les agents et les officiers du MI6. Par peur du ridicule, les autorités britanniques n'entreprirent ni l'une ni l'autre.

Le héros du roman, James Wormold, tient depuis des années une boutique d'aspirateurs, au centre de

La Havane. Alors que la révolution gronde à Cuba, un officier du MI6 lui propose de créer un réseau de renseignement. Il devra renseigner Londres sur les intentions du clan corrompu au pouvoir et sur les projets des rebelles. Il lui propose une belle somme d'argent. Wormold, qui n'y connaît rien aux techniques de l'espionnage ni à la politique, n'a aucune envie de participer à cette action clandestine ni aucune qualité pour le faire. Mais il tire le diable par queue. Sa fille rêve d'acheter un poney et d'être inscrite au club le plus chic et le plus cher de la ville. Alors, le marchand d'aspirateurs accepte la proposition.

Au lieu de chercher à recruter des agents, il invente un réseau de toutes pièces. Il envoie leurs prétendus rapports au chef du MI6 à l'ambassade britannique. Pour recevoir de plus en plus d'argent, Wormold élargit sans cesse son réseau fictif de recrues imaginaires qui disposent de renseignements de plus en plus alarmants. L'une d'entre elles lui aurait remis les plans d'une nouvelle arme déployée par on ne sait qui en montagne. Il envoie ces croquis à Londres, alors qu'il s'agit du dessin d'un nouvel aspirateur que Wormold a recopié dans sa cuisine. Au QG du MI6, les chefs avalent le mensonge avec excitation.

La prescience de Graham Greene est époustouflante. En 1958, il imagine que l'arme inventée par le héros de *Notre agent à La Havane* a été baptisée « Atomic ». Or, cinq ans plus tard, en octobre 1962, des avions espions américains U2 découvriront le déploiement de vrais missiles nucléaires soviétiques sur l'île de Cuba !

Pour construire l'intrigue et les personnages de sa farce, Greene n'a qu'à se remémorer certains épisodes de ses années de guerre quand il était officier de renseignement britannique au Liberia. « [Au MI6], j'ai appris que rien ne faisait plus plaisir aux services secrets que l'ajout d'une carte dans leur fichier [d'agents], écrit-il dans ses Mémoires *Ways of Escape*. Par exemple, il y a eu ce rapport sur un aérodrome du régime de Vichy en Guinée française – l'agent était illettré et ne savait pas compter au-delà de dix (le nombre de ses doigts) ; il ne connaissait pas non plus les points cardinaux à part l'est (il était musulman). Un bâtiment de l'aérodrome dont il prétendait qu'il abritait un char militaire était, à ce que j'ai découvert, un hangar pour chaussures usagées. » Il ajoute, encore abasourdi : « J'ai insisté sur les incompétences de l'agent, j'ai été surpris quand j'ai reçu pour son rapport la mention "très précieux". [...] C'est cette expérience [...] qui m'a donné l'idée de ce que serait, douze ans plus tard, en 1958, *Notre agent à La Havane.* »

L'un de ses biographes, Richard Greene (qui n'a aucun lien de parenté avec Graham), pense que le grand romancier s'est peut-être aussi inspiré du cas d'un espion militaire allemand à La Havane, Heinz Lüning, qui pendant la guerre était si incompétent qu'il était incapable d'assembler sa radio et même d'installer son antenne. Mais les Américains et les Cubains ont cru avoir affaire à un superespion qui désignait les cibles des sous-marins nazis. La capture de Lüning et son exécution furent présentées comme une grande victoire des services de renseignement, alors qu'« en réalité, écrit Richard Greene, il n'était personne ».

Graham Greene écrit une première mouture très courte de son histoire d'agent incompétent et affabulateur dans les années 1940. Elle se déroule en 1938 à Tallinn, capitale de l'Estonie, « un endroit raisonnable pour l'espionnage ». Il ne s'agit pas d'un canevas de livre, mais d'un projet de film qui tient sur une page et dans lequel l'agent anglais « était moins abruti que Wormold et moins innocent ».

Le réalisateur pressenti n'aime pas cette intrigue que Graham Greene range pendant plusieurs années dans un coin de son cerveau, puis multiplie les voyages exotiques.

Dans les années 1950, il se rend plusieurs fois à La Havane pour, écrit-il, son restaurant Floridita (« célèbre pour ses daïquiris et ses crabes de Morro »), « pour la vie de bordel », « la roulette dans chaque hôtel », aussi pour « le théâtre Shanghai où, pour 1,25 dollar, on pouvait voir un cabaret de nu d'une extrême obscénité ».

« Soudain, se souvient-il, il m'est apparu que c'était dans cette ville extraordinaire, où chaque vice était permis et chaque commerce possible, que résidait le vrai décor de ma comédie. » Selon Greene, choisir de situer Tallinn en 1938 alors que Hitler menaçait toute l'Europe était une mauvaise idée. « Mais, dans la fantastique Havane, parmi les absurdités de la guerre froide (car qui peut considérer la survie du capitalisme occidental comme une grande cause), il y avait une situation d'un comique acceptable. »

Alors, lui qui ne connaissait jusque-là « aucun Cubain » loue une voiture avec chauffeur et sillonne le pays à la rencontre des déshérités et les jeunes révolutionnaires conduits par Fidel Castro, qu'il décide d'aider de son mieux. Pourtant, lorsque le livre sort à La Havane, « les barbudos » sont mécontents. Graham Greene comprend leur déception. « En me moquant des services secrets britanniques, j'ai minimisé la terreur que faisait régner Batista, écrit-il dans ses Mémoires. Je ne voulais pas un environnement trop noir pour ma comédie légère, mais on ne pouvait pas attendre de ceux qui ont souffert de la dictature pendant ces années-là d'apprécier l'absurdité d'un agent britannique. »

Pourtant, de l'avis de plusieurs historiens, *Notre agent à La Havane* a un peu contribué à la chute de Batista. Bien que ce régime fût totalement discrédité, la Grande-Bretagne continuait à lui vendre en catimini des avions. Quand l'affaire a été découverte, Graham Greene, fort du succès de son roman, a fait pression sur le gouvernement de Sa Majesté pour qu'il cesse ses exportations indignes à Cuba. Celui-ci céda, ajoutant à l'isolement de Batista, qui s'enfuit peu après.

Voir : *Espion qui venait du froid, L'* ; Greene, Graham ; Légende ; Wolf, Markus.

O

Opération « Ajax »

C'est la première opération secrète de ce genre et, du fait de son succès, elle a servi de modèle aux suivantes, à tous les complots orchestrés par la CIA visant à renverser un gouvernement qui déplaît à Washington. Pourtant, ironie de l'histoire, elle n'a réussi que parce que l'officier chargé de la mener à bien a désobéi aux ordres de ses chefs.

L'opération connue sous le nom de code « Ajax » ou « Tpajax » est officiellement lancée en juillet 1953, par le président américain Dwight Eisenhower, à la demande du Premier Ministre britannique, Winston Churchill. Cela fait plus d'un an que Londres tente de convaincre la Maison-Blanche de l'aider à renverser le Premier ministre iranien, Mossadegh, pourtant désigné à la suite d'élections démocratiques.

Mossadegh a déclenché l'ire de Londres quand il a exigé de la compagnie britannique Anglo-Iranian Oil Company (AIOC) de partager plus équitablement les bénéfices de l'exploitation du sous-sol iranien. Après que le Parlement iranien a, sur proposition de Mossadegh, voté la nationalisation de la compagnie, la panique a saisi les actionnaires des autres « *sisters* » (les grandes compagnies pétrolières anglo-saxonnes). Le secrétaire à la Défense, Emanuel Shinwell, a résumé ainsi leur angoisse et celle des autorités politiques occidentales : « Si la Perse s'en tire à bon droit, l'Égypte et les autres pays du Moyen-Orient décideront eux aussi de faire de même. » Fichtre...

Pour reprendre le contrôle de l'AIOC, le gouvernement britannique est prêt à envoyer des troupes sur place. Mais la Maison-Blanche met son veto à une telle expédition militaire qui, selon elle, ferait, à coup sûr, le jeu des communistes et de l'ennemi principal : Moscou.

Le MI6 propose alors de déclencher un coup d'État contre Mossadegh. Churchill est enthousiaste. Mais le service secret britannique n'est pas assez puissant pour mener à bien, seul, une telle opération. Il demande le soutien du tout nouveau directeur de la CIA, Allen Dulles, qui accepte tout de suite. Il convainc sans difficulté son frère, John, chef de la diplomatie, qui finit par obtenir la signature du président Eisenhower en juillet 1953.

Pour mener la manœuvre, Dulles envoie à Téhéran le chef des opérations de la CIA au Moyen-Orient, Kermit

Roosevelt, l'un des petits-fils de l'ancien président Theodore Roosevelt. On découvrira beaucoup plus tard que le véritable architecte de l'opération est un officier de la CIA moins célèbre, Donald Wilber, grand spécialiste de la Perse et de ses tapis…

Les deux hommes commencent par chercher l'homme qui, après le putsch, gouvernera l'Iran avec le chah. Ils jettent leur dévolu sur le général Zahedi, un officier ambitieux, populaire auprès des troupes et qui a la confiance de Reza Pahlavi. « Une combinaison chah-Zahedi, aidée par des agents locaux de la CIA et son soutien financier, aurait de bonnes chances de renverser Mossadegh, particulièrement si cette combinaison est capable de mettre de grandes foules dans la rue et si une part importante de la garnison de Téhéran refuse d'obéir aux ordres de Mossadegh », dit une note interne de l'opération « Ajax » récemment déclassifiée.

Si le général Zahedi suscite la confiance de Roosevelt et de ses complices, il en va autrement du chah. Celui-ci, note un officier de la CIA, « nécessite une préparation spéciale. Créature indécise par nature, assailli de doutes et de peurs informes, il doit être incité à jouer son rôle ». C'est pourquoi on dépêche un officier de la CIA et un du MI6 sur la Côte d'Azur, où réside la sœur jumelle de Reza Pahlavi, la princesse Ashraf. Ils la poussent à rentrer à Téhéran afin de convaincre son frère, le jeune monarque de 34 ans, de suivre les directives des services secrets américain et britannique, c'est-à-dire signer, le moment venu, un décret qui limoge Mossadegh et nomme le général Zahedi à sa place.

Ensuite, Kermit Roosevelt prépare le terrain politique en lançant une campagne de déstabilisation. Il fait afficher dans les artères des grandes villes des dessins humoristiques anti-Mossadegh et il achète des patrons de presse afin qu'ils publient des articles rédigés par l'Agence, présentant Mossadegh comme un faible, incapable de lutter contre l'emprise communiste et le désordre. Puis il passe à une phase plus violente destinée justement à faire croire à un début de soulèvement communiste. Il fait bastonner des mollahs par des voyous appartenant prétendument à un groupe d'extrême gauche, qui les menacent de représailles « s'ils ne soutiennent pas Mossadegh ». Il organise même un faux attentat contre des chefs religieux. Quand la situation apparaît suffisamment chaotique, il ordonne à de faux manifestants, recrutés moyennant finance, de descendre dans les rues au cri de « Mossadegh, démission ».

Le 15 août, le moment semble mûr pour un putsch militaire, censé rétablir l'ordre. Le coup d'État est lancé dans la nuit du 15 au 16. Mais les officiers impliqués sont trop bavards. La garde rapprochée de Mossadegh découvre le complot. Beaucoup de conjurés sont arrêtés. Le chah quitte le pays. Et le général Zahedi va se cacher dans les locaux de l'ambassade des États-Unis.

Le fiasco est tel que Roosevelt reçoit un télégramme comminatoire de Langley – dont le texte a été rendu public en 2017. « On a essayé l'opération et elle a échoué, constate-t-on au siège du service secret. Nous ne devrions plus participer à aucune opération contre Mossadegh, qui peut être tracée jusqu'aux États-Unis. » Puis, le 18 août, Langley envoie un câble comminatoire à Roosevelt : « Les opérations contre Mossadegh doivent être arrêtées. »

Mais Roosevelt refuse. Il pense qu'il peut arriver à ses fins. Il décide de puiser dans les fonds secrets de la station de la CIA à Téhéran. Il en est convaincu : si on paie davantage de manifestants et que cette foule plus impressionnante exige le départ de Mossadegh, elle finira par emporter le morceau. D'autant plus facilement si la police iranienne tire sur les contestataires. Or, c'est exactement ce qui se passe. Trois cents manifestants sont tués. Le choc est immense. Mossadegh démissionne et le général Zahedi s'installe au pouvoir auprès du chah revenu à Téhéran.

Le nouveau pouvoir dénonce le décret de nationalisation et l'AOIC revient dans le giron britannique. Le conseil d'administration la rebaptise « BP » pour « British Petroleum ». La même année, Mossadegh est jeté en prison puis condamné à mort. Le chah commue sa peine en trois ans de prison. Il est libéré en 1956 et assigné à résidence dans le village de ses ancêtres. Il y meurt en 1967.

Fort de cette victoire in extremis, la CIA renouvelle l'expérience dès l'année suivante, en 1954. Son nouveau directeur, Allen Dulles – qui était jusque-là patron des actions clandestines de l'Agence, y compris donc « Ajax » –, lance l'opération « PB Success », qui vise à renverser le président du Guatemala, Árbenz, légitimement élu en 1950. Celui-ci a entrepris d'exproprier les terres non cultivées pour les redistribuer. La compagnie américaine United Fruit, de loin la première du pays, voit, de ce fait, 15 % de ses terres saisies par le gouvernement. Elle entre aussi en conflit avec le pouvoir, parce qu'elle refuse de respecter le droit de grève institué par Árbenz. Grâce à une vaste campagne de lobbying à Washington, la multinationale parvient à convaincre le président républicain Eisenhower de sa lubie : Árbenz, qui a légalisé le Parti communiste, risque de faire basculer l'Amérique centrale du côté de Moscou.

Pour le faire tomber, la CIA entraîne près de deux mille exilés guatémaltèques dans des camps au Nicaragua et au Honduras. À leur tête, elle installe Castillo Armas, un général exilé au Honduras après un putsch manqué et qui arbore fièrement une petite moustache à la Hitler. À la différence de l'Iran, la CIA fait largement savoir à la population qu'un coup d'État se prépare, destiné à prévenir une prise de pouvoir par les communistes. L'Agence multiplie les messages sur « La Voix de l'Amérique », demandant au peuple de résister à Árbenz et de soutenir Castillo Armas. Elle fait croire qu'elle diffuse au fond de la jungle aux côtés des rebelles, alors qu'elle émet de Miami, en Floride.

La campagne psychologique commençant à faire son œuvre, Castillo Armas lance l'offensive armée, soutenu par plusieurs avions de la CIA. L'armée régulière guatémaltèque se bat plusieurs jours, mais, inférieure en armement, elle se décourage. Árbenz finit par partir, le 27 juin. Début octobre, l'homme de Washington et de l'United Fruit, Castillo Armas, seul candidat, est élu président de la République, avec 99 % des suffrages.

La CIA reproduit le même scénario à quelques variantes près, selon les conditions locales, au Brésil en 1964 avec la prise du pouvoir du général Branco. L'Agence n'en a pas encore rendu publics les détails et n'a pas non plus avoué qu'elle y avait participé. Mais des documents du département d'État déclassifiés, au début des années 2000, à Washington, prouvent, sans conteste, son implication dans le renversement du président Goulart, démocratiquement élu.

Dans l'un, par exemple, l'ambassadeur des États-Unis au Brésil, Lincoln Gordon, suggère que la CIA livre « clandestinement des armes non américaines aux supporters de Castelo Branco de São Paulo » et que celles-ci « soient prépositionnées » pour être utilisées par des « unités paramilitaires » favorables au putsch. Pour masquer l'origine des armes, l'ambassadeur recommande, dans un autre télégramme secret, qu'elles soient transportées « par un sous-marin ne portant aucun signe de reconnaissance et déposées sur un rivage désert » près de São Paolo. Quelques jours plus tard, il demande à Washington des fonds supplémentaires pour « d'autres actions clandestines ».

Qu'en est-il du coup d'État du général Pinochet au Chili ? La CIA a-t-elle, comme on le dit souvent, participé au renversement du président socialiste Salvador Allende en septembre 1973 ? Elle ne cesse de s'en défendre. En 2000, elle a publié un document intitulé « Les activités de la CIA au Chili », dans lequel elle entend démontrer qu'elle était au courant des projets des comploteurs, qu'elle ne s'y est pas opposée, mais qu'elle ne les a pas aidés. C'est aussi la conclusion du rapport de la commission Church qui n'a, par ailleurs, pas été tendre avec l'Agence. Il semble, en revanche, acquis qu'elle a largement participé à la déstabilisation du pouvoir d'Allende avant le coup d'État (en 1970, Nixon a ordonné à la CIA de faire « hurler l'économie » chilienne) et à la consolidation du régime de Pinochet, après.

Voir : Langley.

OSS 117

Peu d'hommes étaient plus raffinés, plus cultivés qu'OSS 117 – le vrai OSS 117. Dans les années 1930, William Langer enseignait l'histoire dans les prestigieuses universités américaines de Yale et d'Harvard. Au début de la Seconde Guerre mondiale, il rejoint l'Office of Strategic Services (OSS), l'ancêtre de la CIA, dont il devient le chef du bureau de recherches et d'analyses. Comme tous les employés du service secret, il est gratifié d'un code : 117 (certains assurent qu'il s'agissait de 1117).

On ne sait pas exactement comment Jean Brochet, alias Jean Bruce, a rencontré le vrai OSS 117. Jeune résistant, il aurait croisé William Langer à Lyon en 1944. Il se souvient de ce numéro quand, cinq ans plus tard, il décide d'écrire un roman d'espionnage.

Fines moustaches, pommettes saillantes et sourire gouailleur, Brochet n'a que 28 ans, mais il a déjà fait tous les métiers. À la Libération, « je me suis lancé dans l'import-export puis dans la joaillerie, racontera-t-il. J'ai même été représentant en teintures capillaires. Après un stage à l'École supérieure de police, j'ai écrit mon premier roman ».

Publié en 1949, *Tu parles d'une ingénue !* est l'aventure initiale d'OSS 117. C'est un espion américain employé par l'ancêtre de la CIA puis la CIA elle-même (et non par le SDECE français, comme le sera le héros incarné au cinéma par Jean Dujardin). Chacun le sait, il porte un nom français, Hubert Bonisseur de La Bath, ses ancêtres aristocrates ayant émigré en Louisiane au moment de la Révolution.

À l'instar du héros d'Ian Fleming, James Bond, qui ne naîtra que quatre ans plus tard, celui de Jean Bruce est d'abord un séducteur au physique avantageux. Dans *Tu parles d'une ingénue !*, Bruce le décrit comme « grand, svelte, large d'épaules, avec un rude visage de prince pirate, orné d'une épaisse moustache, des yeux perçants bleus de glace… ». Un homme dans lequel beaucoup aimeraient être réincarnés. Bruce, qui publie aussi des nouvelles érotiques, revendique d'ailleurs d'écrire pour permettre à ses lecteurs de s'évader « pendant trois heures », précise-t-il, considérant le roman d'espionnage comme « l'héritier des romans de cape et d'épée ».

La vulgarité en sus, voire la gravelure, comme chez Fleming. Dans *OSS 117 préfère les rousses*, lorsque l'espion danse avec une rousse, qui, précise-t-il, « ne sent pas » (*sic*), la jeune femme est forcément émoustillée au point de dire : « J'appréciais le ferme soutien de mon danseur qui me serrait étroitement contre lui ; et qu'il manifestât d'une façon tangible certain sentiment qu'il éprouvait pour moi me troublait maintenant bien plus que cela ne me choquait. »

Malgré cette grossièreté – à moins que ce ne soit à cause d'elle –, Jean Bruce devient l'un des auteurs les populaires en France et dans le monde. Quand, en 1963, il meurt dans un accident de voiture, il a écrit quatre-vingt-huit romans, vendus à 20 millions d'exemplaires dans vingt-trois pays. Sa femme, Josette, puis ses enfants, François et Martine, reprennent le flambeau jusqu'en 1992 et publient plus d'une centaine d'autres titres, dont les ventes atteignent au total 75 millions d'exemplaires !

Au cinéma aussi le héros de Jean Bruce engrange des succès. Le premier film adapté d'un OSS 117 sort en 1957. Selon *OSS, le dico* (Hors collection, 2021), il est vu par 1,4 million de spectateurs. Six ans plus tard, *OSS se déchaîne* en attire 2,8 millions, ce qui n'est pas si loin du score du premier *James Bond*, *Dr No*, qui totalise 4,7 millions d'entrées. *Banco à Bangkok* rivalise avec *Angélique, marquise des anges*, avec 3 millions d'entrées. Mais les suivants marchent beaucoup moins bien, tandis que les *James Bond* caracolent en tête du box-office avec plus de 6 millions de spectateurs.

Sorti sur les écrans en 1970, le dernier de la série, *OSS 117 prend des vacances*, est bien nommé. Le critique du *Figaro* l'assassine – pour longtemps. « L'agent OSS 117, écrit Louis Chauvet, désarme ses adversaires comme il peut. Et nous désarme, nous, par son irrémédiable maladresse d'acteur »...

Pendant plus de quarante ans, Hubert Bonisseur de La Bath disparaît des écrans. Jusqu'à ce que deux producteurs, Nicolas et Éric Altmayer, décident de reprendre le mythe pour en faire une comédie. Michel Hazanavicius accepte de la réaliser, et Jean Dujardin d'incarner ce qu'il appelle un « sous-James Bond ». Ce sera *Le Caire, nid d'espions*, puis, trois ans plus tard, *Rio ne répond plus*. Deux succès. Grâce à leurs répliques culte.

Ma préférée est celle de la favela de Rio. Excédée par la bêtise idéologique d'OSS 117, qui ne considère pas le Brésil des colonels comme une dictature, Dolorès lui demande : « Et comment vous appelez un pays qui a comme président un militaire avec les pleins pouvoirs, une police secrète, une seule chaîne de télévision et dont toute l'information est contrôlée par l'État ? — J'appelle ça la France, mademoiselle, rétorque Hubert Bonisseur de La Bath, et pas n'importe laquelle, la France du général de Gaulle. »

Une autre ? Hubert donne une photo du président de la République en cadeau à Slimane, son employé égyptien, et lance : « C'est notre raïs à nous, René Coty ! Un grand homme, il marquera l'histoire, il aime les Cochinchinois, les Malgaches, les Sénégalais, les Marocains... C'est donc ton ami. »

La dernière. OSS 117, après avoir tué un agent du KGB dans un hammam, lâche, hilare : « En tout cas, on peut dire que le Soviet éponge... »

Voir : Bond, James ; Fleming, Ian.

P

Pâques, Georges

La plus importante taupe soviétique jamais arrêtée en France était d'un orgueil démesuré. Après son incarcération à la prison de la Santé, deux psychiatres ont examiné Georges Pâques, ce haut fonctionnaire à l'OTAN, diplômé de Normale sup, qui, selon son biographe Pierre Assouline, « reste à ce jour le seul espion d'importance au service du KGB démasqué par les services de contre-espionnage français ». Chez ce quinquagénaire amateur de bonne chère et de bons mots, les médecins ont identifié « un orgueil extraordinaire caché sous une bonhomie souriante », « une haute idée de lui-même et de ses pouvoirs cachés ». « On pourrait presque parler de mégalomanie », ont-ils même précisé dans leur rapport au juge d'instruction chargé d'enquêter sur cette affaire unique depuis la Libération.

« L'histoire a commencé à Alger en 1944. Je pensais que l'Union soviétique aurait un rôle capital à jouer après la victoire... » Deux jours après son arrestation, Pâques rédige une confession sur ses activités d'espionnage (il préfère parler de « collaboration ») dans les locaux de la DST, rue des Saussaies. Une copie de ces treize pages, datée du 14 août 1963, est consultable aux archives nationales à Pierrefitte, dans les documents de la présidence de Gaulle. Pour y avoir accès, il faut présenter une dérogation. J'ai obtenu cette faveur en 2013. Elle était assortie d'une double interdiction : faire des photocopies et reproduire le texte avec un stylo ou sur ordinateur. Seules les notes au crayon à papier étaient autorisées. Pourquoi ? Mystère.

Dans ces treize pages, rédigées à la main, sans ratures ni fautes d'orthographe, Georges Pâques avoue tout ou presque. Il raconte son recrutement en 1944 à Alger. Il vient d'être nommé chef de cabinet du ministre de la Mer, l'avocat Louis Jacquinot. Un médecin de ses amis lui présente un prétendu premier secrétaire à l'ambassade soviétique, en réalité un officier du KGB sous couverture diplomatique.

Pâques porte son antiaméricanisme en bandoulière. À l'École normale supérieure, où cet enfant de Chalon-sur-Saône est entré en 1935 grâce à une bourse, il était membre du « groupe Tala », des étudiants qui vont « t-à-la » messe mais professent aussi un catholicisme social progressiste jusqu'à envisager une alliance avec les communistes.

Au « diplomate » venu de Moscou, le jeune Pâques explique à quel point il déteste l'arrogance de ces généraux américains qui font la loi à Alger. Et comme à Normale, il se dit prêt à aider des camarades communistes, fussent-ils soviétiques. La France et l'URSS ne sont-elles pas alliées contre Hitler ?

À son interlocuteur qui ne tarde pas à devenir son officier traitant, le chef de cabinet fournit des informations sur le personnel politique à Alger, sur le gouvernement provisoire et ses relations avec les maudits Yankees. Rien de très secret, mais la mécanique est enclenchée. Elle ne s'arrêtera que vingt ans plus tard.

À la Libération, Pâques a 30 ans et apparemment l'ambition d'un jeune haut fonctionnaire classique. Il devient conseiller dans plusieurs cabinets ministériels. On le juge sérieux, intègre, un peu falot peut-être. Pourtant, il mène une double vie. Tout au long de la IVe République, il continue d'agir dans l'ombre pour le KGB. Au début, quand il est affecté aux ministères de la Reconstruction ou de l'Industrie, Pâques livre des renseignements d'ambiance sans grande importance. Tout change en 1958, quand il rejoint l'état-major de la Défense. De là, il peut fournir des documents secrets majeurs.

Pour les transmettre, le rituel est toujours le même. « Quand Trichine [l'officier traitant] le voyait arriver à midi à la station de bus 28, place de Breteuil, il partait dans la rue adjacente », rapporte Pierre Assouline dans *Une question d'orgueil* (Gallimard, 2012), sa remarquable biographie de l'espion. Pâques le suivait et lui remettait les documents dans une serviette en cuir – discrètement tout de même. À 15 heures, bis repetita dans l'autre sens à l'autre arrêt de bus. Les spécialistes de l'ambassade avaient donc trois heures pour photographier les rapports livrés par Pâques. Par exemple, une note « secret-défense » du SDECE sur Nikita Khrouchtchev, des exposés des attachés militaires français sur la fabrication du Mirage IV et de la bombe atomique, des portraits psychologiques de généraux français, qui pourraient se révéler utiles pour approcher ces officiers supérieurs, voire les recruter.

Et puis, en 1962, au plus chaud de la guerre froide, Pâques est nommé chef adjoint du service de presse de l'OTAN, le saint des saints de la défense occidentale. Au QG de l'organisation militaire, qui est encore place Dauphine à Paris, il participe à des réunions importantes. Surtout, il peut mettre la main sur des documents bigrement intéressants pour les Soviétiques. Ces derniers ne s'y trompent pas. Du coup, ils ne veulent surtout pas que leur taupe soit repérée. Ils lui imposent des mesures de sécurité drastiques. S'il rate un rendez-vous, Pâques doit suivre un protocole strict de rattrapage. « En cas d'extrême urgence, il doit appeler l'ambassade soviétique, demander M. Vago de la part de Julien », raconte Pierre Assouline. On lui répondra que c'est une erreur, mais l'appel signifie qu'un rendez-vous est fixé pour le soir même à 21 heures au métro République.

Fini, le travail d'espion amateur, il n'est plus question de sortir des documents secrets dans une mallette. L'officier traitant du KGB fournit à Pâques un Minox, un minuscule appareil de photo fabriqué en Allemagne, dont les clichés ne font que 8 millimètres sur 11. Quand le film est prêt, précise l'espion dans sa confession écrite, il doit le mettre dans un paquet de Gitanes et le jeter en voiture à un endroit convenu, où, si tout s'est bien passé, l'homme du KGB laissera un paquet de Royale.

Pâques met du temps à se faire à ces nouvelles techniques. Mais il finit par transmettre de la sorte plus de deux cents documents « top secret », voire « cosmic », le degré au-dessus. Les plus confidentiels décrivent en détail les lieux d'implantation des radars de l'OTAN en Turquie, le plan de défense de Berlin-Ouest et le développement des forces militaires de l'Alliance. Des informations décisives en cas de conflit.

Dans sa confession, puis face au tribunal, Pâques assure qu'il n'était pas un espion mais une sorte de diplomate autoproclamé. D'après lui, les documents qu'il a remis ont servi à éviter un affrontement nucléaire entre les deux puissances. À l'entendre, il serait un sauveur de l'humanité. Mais il aura beaucoup de mal à convaincre le juge, notamment lorsque l'avocat général présentera les documents détaillant la défense occidentale que Pâques a livrés au KGB, conférant à l'armée soviétique un avantage considérable en cas de guerre.

Pâques n'aurait peut-être jamais été découvert sans Anatoliy Golitsyn. Cet officier du KGB, qui a fait défection à la CIA, a révélé l'existence d'une importante taupe à l'OTAN. Mais ses renseignements étaient flous. Il avait vu des documents top secret de l'Alliance, il pouvait en décrire certains. Il avait entendu des bruits de couloir à la Loubianka, le siège des services secrets russes.

Après l'avoir longuement interrogé à Washington, le commissaire de la DST Marcel Chalet a produit une longue liste de suspects. Il lui a fallu plusieurs mois d'enquête pour en réduire le nombre à une poignée. Pâques en faisait partie. Mais il semblait insoupçonnable, trop falot, trop à droite. Et le ministre des Armées, un proche du Général, Pierre Messmer, ne l'a-t-il pas recommandé en personne pour un poste au secrétariat de la Défense nationale ?

Et puis, un jour, un proche du haut fonctionnaire lance à Marcel Chalet : « Pâques, de droite ? Vous plaisantez. » Le protégé de Messmer ne serait-il donc pas l'homme qu'il prétend être ? Chalet décide de le filocher. Le 10 août 1963, il le suit jusqu'à Feucherolles, un petit village des Yvelines, où le limier de la DST reconnaît une

403 bleue de l'ambassade russe. Le Soviétique remarque, lui, des policiers en patrouille. Ceux-là sont dans la rue simplement pour verbaliser des voitures mal garées. Mais il n'attend pas. Sa taupe et lui quittent les lieux sans avoir rien échangé.

Redoutant d'être repéré, Pâques lance la procédure d'urgence prévue par le KGB. Il appelle l'ambassade soviétique et demande M. Vago. Si tout se passe comme prévu, les services secrets soviétiques vont l'exfiltrer vers Moscou en passant par l'Italie. Une question de quelques jours. Mais c'est trop tard. Des inspecteurs de la DST l'arrêtent à la sortie de son bureau. En le mettant en garde à vue, le commissaire Chalet évite qu'il ne s'enfuie, mais pour combien de temps ? Il n'a pas de preuves formelles contre lui. Alors le limier bluffe : il dit à Pâques que tout est fini, qu'il sait tout. L'orgueilleux catholique est-il soulagé ? Veut-il libérer sa conscience au plus vite ? Espère-t-il éviter un procès ? Il demande au commissaire un stylo et rédige sa confession. À la fin, le normalien, qui ne se résout pas au suicide, envisage une autre solution radicale : « Une disparation accidentelle, dans les conditions que vous jugerez les plus opportunes et auxquelles je consens d'avance. »

Quelques jours plus tard, il est moins déprimé. Il écrit à sa femme et lui demande de prendre contact avec son traitant. Et si le KGB proposait un échange d'espions ? Comme celui entre le pilote de la CIA, Francis Gary Powers, et l'« illégal » du KGB, William Fisher, alias Rudolf Abel, qui s'est déroulé l'année précédente. Mais il ne se passera rien de tel.

Pendant son procès, qui s'ouvre le 6 juillet 1964 devant la Cour de sûreté de l'État nouvellement installée, Georges Pâques espère encore s'en tirer avec un simple blâme de son administration. Il faut dire que les témoins de moralité sont des personnalités de premier plan. À commencer par ses camarades de promo à Normale sup. L'écrivain Maurice Clavel plaide l'égarement. Le philosophe Jean-Toussaint Desanti assure que Pâques voulait « jouer le rôle d'un pacificateur, d'un médiateur ». Le grand intellectuel de droite Pierre Boutang parle, lui, à propos de son ami, de « nationalisme pur ». Viennent témoigner aussi en sa faveur le poète Aimé Césaire ou le diplomate Jean Sauvagnargues, futur ministre des Affaires étrangères, tous anciens de la même promo. « L'esprit de corps élevé au rang d'un des beaux-arts », raille Pierre Assouline.

L'avocat général n'est pas ébranlé par de tels soutiens. Pour lui, il ne fait aucun doute que le cas de Georges Pâques relève de l'article 72 du Code pénal, qui punit de la peine de mort tout Français « qui livrera à une puissance étrangère ou à ses agents [...] un renseignement [...] qui doit être tenu secret dans l'intérêt de la Défense nationale ». Il demande donc la tête du normalien. Le juge, qui lui trouve des circonstances atténuantes, le condamne à la détention à perpétuité (et non à la réclusion à perpétuité, « peine de droit commun qui ne lui aurait pas permis d'écouter la radio, de lire les journaux et/ou de recevoir sa famille », précise son biographe.)

L'espion ne restera pas en prison toute sa vie, loin de là. En 1968, après que Pâques lui a écrit une lettre-plaidoyer, le général de Gaulle commue sa peine en vingt ans. En 1970, le nouveau président de la République, Georges Pompidou, se saisit de son cas. Sept ans auparavant, juste après l'arrestation de la taupe, Pompidou, alors Premier ministre, avait parlé à Alain Peyrefitte de Pâques. Il était abasourdi qu'un ancien élève à l'École normale supérieure comme lui ait pu aussi mal tourner : « Il y entrait quand j'en sortais, disait-il. On lui aurait donné le bon Dieu sans confession. Or, il a espionné pour le compte de l'URSS depuis la Libération. Les bras m'en tombent. Comment a-t-il pu ainsi bousiller sa vie ? » (*C'était de Gaulle*, Fayard, 1994).

Esprit de corps ? Volonté de laisser une nouvelle chance à la taupe ? En 1970, quelques mois à peine après son installation à l'Élysée, Pompidou accorde une libération conditionnelle à Georges Pâques, et cela malgré l'avis des juges compétents. L'orgueilleux ne sera donc resté que sept ans en prison. Quelques mois après sa libération, il est reçu à Moscou avec tous les honneurs. Il a appris le russe en prison et reviendra souvent en Union soviétique.

Reste un mystère. Pâques n'a-t-il agi que par vanité ? Pierre Assouline a visité le bel appartement du 16e arrondissement où l'ex-haut fonctionnaire a fini ses jours. Pâques a certes reconnu que le KGB lui avait versé un peu d'argent. Il ne pouvait pas refuser, a-t-il plaidé, sous peine de paraître suspect. La preuve : selon ses relevés de compte, il s'agissait de sommes modestes. Alors d'où est venu l'argent pour un tel logement en bordure du bois de Boulogne ? D'après Pierre Assouline, Pâques et sa femme n'auraient perçu que de modestes héritages. Alors comment a-t-il fait ? Et si l'orgueil n'expliquait pas tout ? Le KGB aurait-il aidé, d'une manière ou d'une autre, son espion si productif à acheter son luxueux refuge parisien ? Ce n'est pas à exclure.

Après sa libération, le normalien a traduit quelques livres italiens. Il a donné des cours, aussi. Et il meurt en 1993, à 79 ans. Sans se confesser davantage sur ses motivations.

Voir : Chalet, Marcel ; Fisher, Willie, alias Abel, Rudolf.

Selon les historiens du renseignement, cet officier soviétique, à la fois mégalomane et amateur de prostituées, fait partie des rares espions qui ont vraiment changé le cours de la guerre froide.

Oleg Penkovsky est un colonel du GRU, le service secret militaire de l'Union soviétique, déçu par le régime et surtout par sa propre carrière. Sa rapide progression dans l'appareil du GRU a été brusquement interrompue, en 1960, alors qu'il venait d'avoir 41 ans, quand ses chefs ont découvert que son père avait été un officier « blanc » qui, durant la guerre civile, a combattu contre l'Armée rouge. Il décide de se venger.

Le 12 août 1960, il aborde deux étudiants américains en vadrouille à Moscou. Il leur confie une lettre à remettre d'urgence à leur ambassade à Moscou – une étrange missive dans laquelle il propose ses services. « C'est un bon ami qui se tourne vers vous, un ami qui est déjà devenu un guerrier pour la vérité, pour les idéaux d'un vrai monde libre et pour la démocratie de l'humanité, écrit-il. Je souhaite contribuer, peut-être modestement [...], à notre cause commune. » Pour cela, il est prêt à livrer des renseignements cruciaux : « Je n'entame pas [ce travail] les mains vides, assure-t-il. J'ai à ma disposition des informations sur de nombreux sujets d'un intérêt et d'une importance exceptionnels pour votre gouvernement. » Il connaît les techniques d'espionnage. « Il est souhaitable que le transfert [de ces renseignements] ne se déroule pas dans un contact personnel mais à travers une boîte aux lettres morte. »

Il faut, ajoute-t-il, que la réponse américaine lui soit remise dans un trou creusé entre un mur et « un radiateur peint en vert », situé dans le hall d'entrée d'un immeuble « non gardé » et « ouvert vingt-quatre heures sur vingt-quatre » situé dans la rue Pouchkine « entre deux magasins ». Il demande, si celle-ci est positive, à pouvoir discuter du développement de la collaboration en détail afin d'être « libéré au plus vite » des documents qu'il a accumulés et cachés. Il précise qu'il a besoin de « quatre à six heures » et que « le samedi et le dimanche sont pratiques » pour lui. Enfin, il supplie son correspondant de le protéger.

Quand il découvre la lettre de Penkovsky, l'ambassadeur américain s'oppose catégoriquement à ce que des officiers de la CIA prennent contact avec cet homme dont on ne sait rien. Il redoute un piège du KGB ou une aggravation des tensions américano-soviétiques. La CIA, elle, ne veut pas abandonner un tel « *walk-in* », comme on dit à Langley, une source volontaire.

L'Agence fait alors appel à ses « cousins » britanniques du SIS, ravis de l'aubaine. Ce sont eux qui vont traiter Penkovsky, auquel ils donnent le nom de code « Hero ». Comme les diplomates occidentaux à Moscou sont constamment surveillés, ils s'adressent à un consultant anglais en ingénierie qui se rend régulièrement à Moscou pour ses affaires et qui aide le service secret de temps à autre. Il s'appelle Greville Wynne. Malgré les risques, il accepte de jouer les intermédiaires.

Leur première rencontre se déroule le 6 avril 1961 à Moscou, dans la chambre d'hôtel de Wynne. Penkovsky fonce vers la salle de bains, ouvre le robinet d'eau pour masquer le bruit et sort une liasse de documents top secret d'une poche qu'il a cousue à l'intérieur de son pantalon. Les deux hommes se retrouvent quelques jours plus tard dans un autre hôtel, à Londres, où Penkovsky accompagne une délégation du Comité scientifique. Il remet à Wynne une grosse enveloppe qui contient encore un grand nombre de documents top secret. Il y a aussi une lettre dans laquelle il demande, en vue de son futur exil à l'Ouest, la nationalité britannique ou américaine, un grade d'officier dans l'US Army et le versement tous les mois d'une somme fixe sur un compte dans une banque américaine. Et il exige de rencontrer le président Kennedy, le Premier Ministre Macmillan et surtout la reine d'Angleterre. Puisque le cosmonaute Youri Gagarine a eu ce privilège, pourquoi pas lui, « le plus grand espion de l'Histoire » ? se demande-t-il.

Le soir même, il retrouve des officiers du SIS et de la CIA, qui ont réservé une chambre dans le même hôtel que lui à Londres, le Mount Royal, mais un étage en dessous. Penkovsky leur raconte son histoire familiale et ses liens privilégiés avec le général Sergueï Varentsov, le tout-puissant patron des missiles tactiques nucléaires russes. Pendant la guerre, Varentsov était son supérieur sur le front ukrainien. Lorsque sa fille s'est suicidée, il était à l'hôpital gravement blessé, incapable de s'occuper de ses funérailles. Penkovsky s'en est chargé, payant même les frais en vendant sa montre. Depuis, Varentsov le protège.

Il raconte aussi qu'il en a assez du système, « marre de cette démagogie, de ces bavardages stériles et de ses mensonges envers le peuple ». Et qu'il a décidé de venger son père et « ces millions d'autres qui ont péri de façon terrible ».

Il a pensé à tout. Depuis quelques mois, il enseigne à temps partiel à l'académie militaire Dzerzhinsky, dont il est diplômé. De sorte qu'il a accès à sa bibliothèque, qui détient des revues et des livres « secret-défense ». Il sélectionne ceux qui, selon lui, pourraient intéresser les Occidentaux, s'installe dans un bureau, bloque la porte d'entrée avec une chaise et les copies à la main pendant des heures. Aux officiers américains et anglais il apporte, dans la poche cousue de son pantalon, des textes ultra-confidentiels concernant les missiles guidés et leur système de lancement. Il assure qu'il en a des dizaines d'autres, stockés dans la datcha de son oncle.

Au cours de la discussion qui va durer plusieurs heures, un échange raconté en détail par son biographe Jeremy Duns (dans *Dead Drop*), Penkovsky livre aussi oralement une grande quantité de renseignements, notamment la position exacte des centres de commandement les plus secrets. Car il voudrait que les Occidentaux les rasent ! À la stupéfaction des officiers de la CIA et du SIS, il déclare que ces lieux « doivent être détruits par de petites bombes nucléaires de 2 kilotonnes ».

En revanche, précise-t-il, au cas où les États-Unis décideraient de lancer une attaque nucléaire sur l'Union soviétique, « certaines cibles critiques, tels le quartier général de l'armée, le siège du KGB ou celui du Comité central du Parti devraient être rasés à l'aide de bombes atomiques prépositionnées plutôt que par des engins largués par des avions ou des missiles, qui pourraient rater ces objectifs critiques ». Et il propose de participer lui-même à la mise en place de ces bombes dans Moscou, suggérant, par exemple, que la CIA fasse des copies des poubelles des rues pour qu'il y cache de miniengins atomiques.

Quelques jours plus tard, la mission du Comité scientifique d'Union soviétique revient à Londres et Penkovsky retrouve ses officiers traitants dans le même hôtel. Cette fois, il livre des détails techniques cruciaux, le manuel de fabrication des conteneurs destinés aux têtes nucléaires, le poids du combustible des missiles, la préparation et l'utilisation des codes… On lui montre aussi sept mille photos de diplomates soviétiques, prises par la CIA et le MI6, et on lui demande de désigner ceux qui sont en réalité des officiers du KGB ou du GRU. Il en identifie un millier, dont il détaille les noms, les carrières.

Au fur et à mesure de la discussion, Penkovsky devient de plus en plus arrogant. Comme il se considère comme « le plus grand espion de l'Histoire », il exige une nouvelle fois de rencontrer la reine d'Angleterre. Il demande aussi à être grassement rétribué. Il veut pouvoir offrir des objets « de luxe » à sa famille, acheter une datcha près de Moscou, et une voiture. Et puis il a des dettes et une maîtresse. Et, à l'étranger, il adore aller voir des prostituées. En attendant, on lui fournit un Minox, un petit appareil photo, pour copier plus vite les documents qu'il retire à la bibliothèque. Et 15 livres pour se retrouver, pendant deux heures, dans les bras d'une certaine Zeph, que le consultant Wynne lui a présentée dans un bar à prostituées. Le lendemain, à défaut de lui organiser une audience auprès d'Élisabeth II, on lui lit un message personnel de lord Mountbatten, le cousin de la souveraine, ce qui ne le satisfait qu'à moitié.

Il y aura beaucoup d'autres réunions de ce genre, à Londres et à Paris, dans un appartement du MI6 situé dans le 16e arrondissement. Chaque fois, Penkovsky, alias Hero, rapporte une douzaine de microfilms pris avec le

Minox. Les renseignements qu'il fournit sont si nombreux et si importants que la CIA et le MI6 confient leur traduction et leur analyse à une équipe conjointe composée de trente personnes. Et classifient l'ensemble du dossier – nom de code « Ironbark » – au niveau le plus élevé.

À Paris, Penkovsky a convaincu ses officiers traitants que le numéro un soviétique Khrouchtchev, qu'il surnomme « le Hitler atomique », aimerait raser l'Occident avec ses armes nucléaires. Si bien qu'ils ont défini ensemble une procédure d'alerte, nom de code « Distant », au cas où Penkovsky apprendrait de source sûre que les Soviétiques s'apprêtent à lancer une attaque nucléaire. Il devra appeler un numéro de téléphone et, lorsqu'une personne décrochera, siffler trois fois et raccrocher. L'information sera alors donnée immédiatement au président Kennedy et au Premier Ministre Macmillan.

À la fin de l'été 1962, Penkovsky se sent surveillé par le KGB. On lui dit qu'il n'a plus le droit de voyager à l'étranger parce qu'on ne trouve pas trace de la mort de son père, qui vit peut-être encore, à l'Ouest de surcroît. Pour le protéger, le SIS demande à l'épouse d'un officier du MI6 sous couverture à l'ambassade britannique à Moscou, Janet Chisholm, de jouer les intermédiaires avec lui. Elle se promène à une heure donnée dans un parc avec son bébé couché dans un landau, dans lequel Penkovsky glisse les microfilms. Ou il les dépose dans le bouchon d'une bouteille de détergent Harpic confectionné à cet effet par la CIA, que la même Janet Chisholm trouve dans les toilettes d'un hôtel. Mais, à partir du 2 septembre, comprenant qu'il est réellement soupçonné par le KGB, Penkovsky disparaît. C'est pourtant à partir de ce moment-là que les renseignements qu'il a fournis ces derniers mois joueront un rôle historique.

Début octobre, un U2 américain prend des clichés d'une base soviétique sur l'île de Cuba. On distingue des missiles, mais de quelle sorte sont-ils ? Dans le dossier « Ironbark », les hommes de Kennedy découvrent les photos et les spécificités de ces engins, ce sont des missiles nucléaires de moyenne portée, SR12. Pesant 34 tonnes, ils peuvent lancer à 2 000 kilomètres une tête nucléaire de 2 mégatonnes. Les « JFK Boys » apprennent aussi que leurs systèmes de guidage ne sont pas opérationnels et surtout que l'arsenal global de l'Union soviétique est beaucoup moins important que ce que les spécialistes de la CIA croyaient jusqu'alors. Kennedy en conclut qu'il doit obtenir le démantèlement de ces missiles et que, pour cela, il peut entamer, en position de force, un bras de fer avec Khrouchtchev. Et c'est ainsi que la crise des missiles, qui aurait pu aboutir à une déflagration générale, se soldera sans coup de feu par un accord secret entre le Kremlin et la Maison-Blanche.

Triste ironie de l'histoire, le 22 octobre 1962, le jour où Kennedy annonce qu'il y a des missiles nucléaires soviétiques à Cuba et qu'il met en place un blocus contre les navires soviétiques, Oleg Penkovsky est arrêté par le KGB. Selon la version officielle, il aurait été découvert par un contrôle de routine du personnel des ambassades étrangères et de leur famille par le KGB. L'officier qui surveillait Janet Chisholm a assisté à une livraison de documents par Penkovsky. D'autres affirment qu'il a été trahi par une taupe soviétique au sein de la CIA ou du MI6. Greville Wynne est arrêté à son tour.

Les deux hommes sont jugés à Moscou en mai 1963, lors d'un procès retransmis en partie à la télévision soviétique. Penkovsky est condamné à mort et, selon différentes sources, exécuté le 16 mai. Wynne, lui, écope de huit ans de prison. Il est échangé l'année suivante contre l'espion soviétique Konon Molody, alias Gordon Lonsdale, arrêté en Grande-Bretagne.

Un demi-siècle plus tard, le directeur de la CIA nommé par Barack Obama, Leon Panetta, demande à son homologue russe Fradkov quel a été le pire échec des services de renseignement russes. Après avoir longuement réfléchi, témoigne Panetta dans ses Mémoires, Fradkov répond simplement : « Penkovsky. »

En 2021, cette affaire Penkovsky sert de trame au film à succès de l'Anglais Dominic Cooke, *Un espion ordinaire*, avec le comédien britannique Benedict Cumberbatch dans le rôle de Wynne.

Philby, Harold « Kim »

À la fin de sa vie, il arrivait au plus grand traître de l'histoire contemporaine, l'agent double « Kim » Philby, de porter un regard moral sur ses multiples félonies. « J'ai toujours opéré à deux niveaux, le personnel et le politique, a-t-il confié au journaliste australien Knightley en 1987, quelques mois avant sa mort. Quand les deux étaient en conflit, je devais mettre la politique en premier. Et ce pouvait être peut-être très douloureux. Je n'aime pas tromper les gens, en particulier mes amis, et malgré ce que les gens croient, ceci me met très mal à l'aise. » Pour se justifier, surtout à ses propres yeux, il ajoutait : « En temps de guerre, les soldats se sentent toujours mal à l'aise face à la nécessité de tuer des ennemis. »

Il jugeait avoir bien agi. « Je ne crois pas avoir fait le moindre mal à la Grande-Bretagne, dit-il à Knightley. Au contraire, je pense que mon travail pour le KGB a été utile pour la grande masse du peuple britannique. »

L'un de ses officiers traitants au KGB, Youri Modine, ne voyait pas, lui, les choses sous cet angle. « Dans l'ensemble, il nous a bien servi », écrit-il dans ses Mémoires.

Quant à David Cornwell, alias John le Carré, qui a toujours refusé de le rencontrer quand il était à Moscou, il porte un jugement extrêmement négatif sur Philby. Selon lui, il était « méchant, vain et assassin ». Il a donné son corps et son esprit « à un pays qu'il n'avait jamais visité, écrit l'auteur de *La Taupe*, à une idéologie qu'il n'avait pas étudiée profondément ; à un régime que, pendant les longues et terribles purges, il était périlleux de servir ; il est resté activement fidèle à la décision éternelle qu'il avait prise trente ans plus tôt, en mentant, en trahissant et parfois en assassinant ».

Le recrutement de « Kim » Philby se déroule le 1er juin 1934 sur un banc de Regent's Park, à Londres. « J'ai rejoint l'OGPU [un des ancêtres du KGB] comme on s'enrôle dans l'armée », écrit-il dans la confession qu'il rédigera trente ans plus tard à Beyrouth, juste avant de fuir à Moscou – confession à l'attention du MI6, qui a été déclassifiée seulement en 2020.

Ce 1er juin 1934, il a 22 ans. Il est grand, beau et dégage un charme qui attire, et attirera toute sa vie, les femmes comme les hommes. Pourtant il est timide, presque gauche. Il est écrasé par la personnalité de son père, St. John Philby, un éminent spécialiste du monde arabe fasciné par Hitler et Mussolini. C'est lui qui a surnommé son fils « Kim », en souvenir du livre de Kipling, parce que le futur agent double est né en Inde et a été élevé par une nounou hindoue. Le plus fascinant est que le Kim héros littéraire était un espion dans le « Grand Jeu » qui opposait Russie et Grande-Bretagne au XIXe siècle !

Ce 1er juin 1934, donc, cela fait un an qu'Harold-Kim a terminé ses études à Cambridge, où il a participé au cercle marxiste de « la maison rouge ». Il revient tout juste de Vienne désormais aux mains des nazis, où il a rencontré Liz, une jeune révolutionnaire dont il est tombé éperdument amoureux. Ils ont fait le coup de poing dans les rangs communistes contre les milices de Dollfuss. Un exploit qui n'a pas échappé à Loubianka à Moscou. C'est pourquoi, ce jour-là, « Kim » a rendez-vous à Regent's Park avec un certain « Otto », de son vrai nom Arnold Deutsch, prétendument étudiant en psychologie, en réalité recruteur en chef des services secrets soviétiques à Londres.

« Nous avons besoin de gens comme vous pour connaître les projets de la classe dirigeante anglaise, lui dit, en allemand, Otto, selon Rémi Kauffer (*Les Espions de Cambridge*, Perrin, 2022). Un homme d'aspect bourgeois au milieu d'autres bourgeois est mieux placé que quiconque pour savoir ce que trame la bourgeoisie. » Suivant ses ordres, « Kim », devenu l'agent « Söhnchen » (« fiston »), son premier nom de code, renonce à entrer au Parti communiste.

Pour infiltrer les milieux dirigeants, et ne pas être repéré, il doit s'afficher à droite. Grâce à son père, il adhère à la confrérie germano-britannique, qui prône l'amitié avec le Reich. C'est ainsi qu'il parvient à établir une liste des sympathisants nazis dans l'administration britannique, qu'il confie à son traitant.

« Kim » devient journaliste et, en 1937, s'envole pour Séville couvrir la guerre d'Espagne, notamment pour le *Times*. Toujours grâce à son père, il se rapproche des franquistes, dont il magnifie les victoires dans ses articles. Il est même décoré de la croix militaire par Franco en personne. Ce qui lui donne une grande liberté pour renseigner les services britanniques et soviétiques sur les avions de combat et les tanks livrés aux phalangistes. La Loubianka lui demande même d'étudier la possibilité d'assassiner le Caudillo.

Au début de la Seconde Guerre mondiale, Guy Burgess manœuvre pour le faire recruter définitivement au MI6, dont « Kim » devient le responsable pour l'Espagne puis pour l'Europe du Sud. L'un de ses adjoints est le futur grand romancier Graham Greene, avec lequel il correspondra jusqu'à la fin de sa vie et qui ne reniera jamais cette amitié.

À ce poste, Philby réussit de belles opérations contre les nazis, notamment à Gibraltar. Et récolte d'excellents renseignements pour ses maîtres à Moscou. Quand le MI6 obtient la liste des résistants catholiques allemands qui pourraient, après la chute de Hitler, occuper des postes importants et ainsi faire barrage aux communistes, il en fait une copie pour son officier traitant. La plupart de ces hommes seront assassinés par les tueurs de Staline. « Je suis responsable de la mort d'un nombre considérable d'Allemands », dira-t-il plus tard. Mais il n'a jamais rappelé que, parmi ceux-ci, il y avait des dizaines, peut-être des centaines de résistants antinazis.

Aussi incroyable que cela paraisse, après la victoire contre le IIIe Reich, quand il devient clair que l'URSS sera le prochain ennemi du Royaume-Uni et des démocraties occidentales, Philby est nommé patron de la section chargée de lutter contre… les espions soviétiques. Une position inespérée. Grâce à elle, il apprend, en août 1945, qu'un certain colonel Konstantin Volkov, prétendument vice-consul d'URSS à Ankara, et en réalité résident du NKVD [ancêtre du KGB] en Turquie, souhaite demander l'asile à la Grande-Bretagne et 30 000 livres sterling. En échange, il est prêt à livrer le nom des agents soviétiques au Moyen-Orient et l'identité de trois taupes au sein de la haute administration britannique, deux au Foreign Office et une au contre-espionnage à Londres.

Philby comprend qu'il s'agit de lui et de ses amis Maclean et Burgess. L'un de ses collègues est chargé d'aller interroger Volkov. Mais, par une chance extraordinaire, l'homme souffre du mal de l'avion et n'accepte d'aller en Turquie qu'en bateau. Philby saute sur l'occasion et se rend lui-même à Ankara. Auparavant, il a prévenu son officier traitant, si bien que, lorsque Philby arrive, il apprend que Volkov a été rappelé d'urgence à Moscou. On n'entendra plus jamais parler de lui. De retour à Londres, Philby est décoré de l'ordre de l'Empire britannique tandis qu'à Moscou il est décoré de l'ordre de Lénine – il est la seule personne dans ce cas.

Qui peut le soupçonner à Londres ? Même son officier traitant, Youri Modine, a du mal à voir en lui un agent soviétique. « Il était si complètement, psychologiquement et physiquement, un officier de renseignement britannique, écrit-il dans ses Mémoires, que je n'ai jamais pu accepter tout à fait qu'il était l'un des nôtres, un marxiste dans le service clandestin de l'Union soviétique. »

Sauvé de justesse, Philby poursuit sa carrière fulgurante qui pourrait, dit-on au MI6, se terminer au sommet de l'organisation secrète. Il est nommé chef du poste du MI6 à Istanbul puis à Washington, comme officier de liaison avec les services secrets américains. Il retrouve l'un de ses amis de la CIA, James Jesus Angleton, qui dirige le tout nouveau service de contre-espionnage de l'Agence. Les deux hommes se sont déjà rencontrés à Rome. James est fasciné par « Kim », son aîné.

« Dès que j'ai rencontré Philby, le monde du renseignement m'a consumé, dira Angleton plus tard. Il avait affronté les nazis et les fascistes et pénétré leurs opérations en Espagne et en Allemagne... Il m'a appris beaucoup de choses. » À Rome, pour l'épater, il lui a révélé que les services américains avaient posé des micros dans les bureaux et l'appartement du leader communiste italien Togliatti, information que Philby a livrée à Moscou.

À Washington, leur relation devient si intime qu'après quelques verres James lui confie certains des projets les plus secrets de la CIA. L'un d'eux est l'opération « Valuable », qui vise à renverser le tyran albanais Enver Hodja pour réinstaller le roi Zog Ier sur le trône. Au cours d'un dîner bien arrosé, écrit Ben Macintyre dans *A Spy Among Friends*, Angleton dévoile à son ami anglais les coordonnées précises de chaque zone de largage de la CIA en Albanie. Philby s'empresse de les rapporter à son officier traitant. « Il nous a donné des informations vitales sur le nombre d'hommes impliqués, le jour et l'heure de leurs parachutages, leurs armes et le détail du plan d'action », raconte Youri Modine dans ses Mémoires.

Bien plus tard, Philby confiera que cette trahison, qui coûtera la vie à plus de cent hommes, ne l'empêche nullement de dormir. « Ces agents que nous avons envoyés en Albanie, écrit-il, étaient des hommes armés qui avaient l'intention de tuer, de mener des opérations de sabotage et d'assassiner. Ils connaissaient les risques qu'ils couraient. Je servais les intérêts de l'Union soviétique et ces intérêts requéraient que ces hommes soient battus. Dans la mesure où j'ai contribué à cette défaite, et même si cela a causé leur mort, je n'ai pas de regrets. »

Du fait de sa position de liaison à Washington, Philby est également mis au courant de l'opération anglo-américaine la plus secrète, baptisée « Venona », qui a débuté en 1943 : l'interception des communications soviétiques. Il apprend que, pendant des mois, les décodeurs ne sont pas parvenus à les décrypter, mais qu'à la fin des années 1940 le brouillard a commencé à se dissiper. C'est ainsi qu'a été démasqué en 1950 le physicien Klaus Fuchs, qui avait livré d'importants secrets de la bombe atomique aux Soviétiques.

En 1953, Philby découvre que, grâce à « Venona », le FBI et la CIA sont sur la trace d'un diplomate britannique, nom de code « Homer ». Toutes les caractéristiques de la taupe pointent l'un des « Cinq de Cambridge », Donald Maclean. Il le fait prévenir par leur ami commun, Guy Burgess, et les deux taupes s'enfuient à Moscou. Le scandale est immense. Philby, chez qui Burgess a habité, est soupçonné par les Américains d'être le « troisième homme ». Leurs doutes sont si forts qu'il est rappelé à Londres où, après interrogatoire, on le renvoie du MI6. Mais on le laisse libre. Il redevient journaliste et est envoyé à Beyrouth comme correspondant d'un quotidien britannique. En catimini, il reprend du service, en free-lance, pour le MI6 – et, bien entendu, pour le KGB, qu'il a toujours considéré comme son unique employeur.

Finalement, Philby est démasqué en 1963 à Beyrouth par l'un de ses amis du MI6 venu l'interroger. Il confesse sa trahison par écrit et s'enfuit à Moscou. Très facilement. Le MI6 l'a-t-il laissé filer ? Beaucoup le croient. « Le gouvernement britannique n'avait rien à gagner à poursuivre Philby, écrit Youri Modine, son ancien officier traitant. Un procès-fleuve, qui serait inévitablement accompagné de révélations et de scandales, aurait fait trembler l'establishment britannique jusqu'à ses fondations. » À son avis, loin de l'empêcher de faire défection, le MI6 « l'a activement encouragé à s'échapper ».

Reste qu'à Londres, c'est la panique. Un troisième haut responsable britannique, lui aussi membre de l'élite, espionnait donc pour les Soviets ! Selon des archives ouvertes en 2020, le gouvernement multiplie les opérations de désinformation pour « minimiser l'embarras politique ». Edward Heath, lord du Sceau privé et futur Premier Ministre, reconnaît que Philby a disparu mais ment sur le reste. « Puisque M. Philby a démissionné du Foreign Office en 1951, il y a douze ans, déclare-t-il trois mois après la fuite, il n'avait pas accès à quelque information officielle que ce soit. » Mais, trois ans plus tard, il est démenti par l'espion en personne qui, à Beyrouth, accorde une première interview au *Sunday Times*. Il confirme qu'il travaillait pour le KGB et que le « but de sa vie était de détruire l'impérialisme ».

Est-ce sa punition ? La taupe, qui va passer les vingt-cinq dernières années de sa vie à Moscou, n'aime ni cette ville ni ses habitants. Il dit que l'Union soviétique est « sa vraie patrie » mais refuse d'apprendre à parler russe et de se fondre dans la société, comme l'a fait Donald Maclean. Il entend vivre à l'anglaise. Il lit le *Times*, dont il repasse chaque page froissée. Il porte invariablement une veste de tweed et une cravate en coton. Et il boit invariablement le Johnny Walker Red Label que lui envoie sa famille. Il couche aussi avec la femme de Maclean, Melinda, venue à Moscou rejoindre son mari. Mais il ne sait que faire. Le KGB ne l'emploie pas ou très peu. Quelques conférences, quelques conseils. « À plusieurs reprises, écrit Youri Modine dans ses Mémoires, il [n'hésitait] pas à passer des heures pour identifier des agents sur des photographies qu'on lui présentait. » C'est tout. Alors il écrit ses Mémoires, qui seront publiés en 1968, et déprime.

Et puis il s'apaise, quand, par l'intermédiaire d'une autre taupe britannique exilée à Moscou, George Blake, il rencontre Rufina Pukhova, une belle femme rousse de vingt ans sa cadette, « la femme que j'ai attendue toute ma vie », dira-t-il au journaliste Phillip Knightley. Elle devient sa quatrième et dernière épouse. Comme cadeau de mariage, le KGB leur offre un service à thé en porcelaine fine anglaise. Petit à petit, Rufina lui fait renoncer à l'alcool. Le couple voyage dans toute l'Union soviétique et vit dans un grand appartement à Moscou. Philby devient un privilégié du système, qu'il ne critiquera jamais publiquement.

En 1977, il donne une grande conférence devant des cadres du KGB. Selon son biographe Ben Macintyre, il insiste sur le fait que, s'ils sont pris, les espions ne doivent jamais rien avouer. « Toute confession, leur dit-il, implique de donner des informations à l'ennemi. Ce qui est mal par définition. » Mais il oublie de rappeler que lui-même a écrit, en 1963, une confession à l'officier de la CIA chargé de le démasquer à Beyrouth.

Il meurt en mai 1988, à 76 ans, dans un hôpital du KGB en soupirant : « Dieu que je m'ennuie ! » Il repose au cimetière Novo Kountsovskoïe, dans le carré des généraux. Le Kremlin l'honore deux ans plus tard en imprimant un timbre à son effigie. Puis, à partir des années 2010, il devient l'un des modèles promus par le régime Poutine. On baptise une place de Moscou de son nom et on organise une exposition à sa gloire en 2017. Après avoir écrit deux livres sur sa vie avec lui, Rufina décède à son tour, en 2021.

Voir : Angleton, James Jesus ; Burgess, Guy ; « Cinq de Cambridge », Les ; Greene, Graham ; Le Carré, John ; Maclean, Donald ; MI6.

Poliakov, Dmitri

Pourquoi décide-t-on de trahir son pays et de devenir la taupe d'un service secret ennemi ? Chez certains, le moteur principal est l'argent ; pour d'autres, c'est l'idéologie ou un ego démesuré. Le général Dmitri Poliakov – la plus importante source du FBI au sommet du pouvoir soviétique – y a été conduit par vengeance.

Ce n'est pas à cause de son enfance en Ukraine dans les années 1930. Sa famille a souffert de l'Holodomor, la grande famine organisée par Staline, qui causa la mort de millions de paysans réfractaires à la collectivisation. Mais ce drame n'a pas détourné le petit garçon du régime. Au début de la Seconde Guerre mondiale, ce jeune à la carrure de bûcheron s'engage dans l'Armée rouge, est décoré puis rejoint le GRU. Sa carrière progresse très vite. En 1959, il est nommé au siège de l'ONU, à New York. Officiellement, il est conseiller militaire de la délégation diplomatique soviétique. En réalité, devenu à 38 ans colonel du GRU (le service secret militaire), il occupe un poste à responsabilités : il coordonne l'activité de tous les « illégaux » du GRU aux États-Unis.

Il vit avec sa famille dans un appartement de l'immeuble de Manhattan réservé aux diplomates soviétiques. Pendant deux ans, tout lui sourit. Jusqu'à ce jour de 1961 où l'un de ses fils tombe gravement malade et doit être opéré d'urgence. Il veut l'emmener dans un hôpital de la ville, mais son chef refuse, de peur que le FBI n'en profite pour contraindre Poliakov à collaborer avec le service de contre-espionnage. L'enfant meurt quelques jours plus tard, faute de soins adéquats. Désespéré, Dmitri Poliakov décide de se venger. Il offre ses services aux Américains.

C'est le FBI, seul habilité à traiter une source sur le sol américain, qui prend contact avec lui. La première rencontre clandestine avec un agent du Bureau se déroule près de Columbus Circle à Manhattan, le 19 novembre 1961. Pour vérifier sa bonne foi, l'officier John Mabey lui demande les noms de tous les déchiffreurs employés à la Résidence (le quartier général) du GRU à New York. Poliakov répond sans hésiter. Il est recruté et reçoit un nom de code – « Top Hat » –, qui deviendra l'un des plus célèbres dans l'histoire du renseignement.

« Top Hat » renseignera les Américains pendant dix-huit ans. Au début, il ne détient que des informations opérationnelles. Il révèle au FBI que le GRU a installé sur le toit de toutes ses résidences américaines, à New York, Washington et San Francisco, des systèmes d'écoutes capables d'intercepter les appels extérieurs du département de la Défense, de la NSA ou du FBI. C'est un choc pour les hauts responsables des États-Unis, qui décident de modifier radicalement leur système de communication.

Poliakov livre ensuite les noms d'emprunt des « illégaux » infiltrés aux États-Unis. Il les connaît très bien, puisque c'est lui qui les a formés à Moscou. Il insiste sur trois d'entre deux : l'un travaille au service du personnel de l'ONU, un deuxième enseigne le français à l'université George-Washington, quant au troisième, il est son meilleur élément : il s'agit d'un Finlandais naturalisé Soviétique, un certain Kaarlo Tuomi, qui parle un anglais sans accent. Le traitant du FBI sourit. Tuomi est aussi l'un de ses informateurs… Pour ne pas trahir Poliakov, aucun « illégal » n'est arrêté, mais ils sont tous mis sous surveillance.

« Top Hat » donne également les trucs d'espion mis au point par le GRU : un échantillon de l'encre invisible qu'il a créée, les livres de codes qui servent à crypter les messages et les plans d'une nouvelle structure illégale du GRU aux États-Unis. En échange, il ne demande pas grand-chose : 3 000 dollars par an, des outils Black & Decker, des engins de pêche, des bleus de travail, et des fusils à pompe.

Six mois plus tard, Poliakov est rappelé à Moscou. Il est promu directeur du bureau Chine du GRU, un poste qui va lui permettre d'observer de l'intérieur l'évolution des relations entre Moscou et Pékin. Il prévient qu'il veut bien continuer à informer les Américains mais qu'il ne rencontrera jamais un officier traitant à Moscou, c'est trop risqué. Ses messages seront passés par radio, et les documents secrets livrés dans des boîtes aux lettres mortes.

Pour continuer à traiter cette source si importante, dans des conditions si difficiles, le FBI a besoin d'aide. La CIA dispose d'hommes et de locaux à Moscou. Langley accepte de donner un coup de main. L'Agence donne un autre nom de code à Poliakov (« Bourbon ») ainsi que toute la panoplie de l'espion : un transmetteur, de l'encre invisible, un appareil photo miniature et un carnet à clés uniques de codage pour crypter ses messages.

Mais, installé au QG du GRU, Poliakov préfère utiliser le matériel maison, dont il connaît mieux le maniement. Pour photographier les documents qu'il voudra transmettre à la CIA, il dérobe des films spéciaux conçus par les labos du GRU : après développement, ils s'autodétruisent, un peu comme les cassettes audio au début de *Mission impossible*.

Il fait aussi main basse sur de fausses pierres, creuses, dans lesquelles l'agent peut glisser des rouleaux de films ou des messages et qu'il peut ensuite déposer dans un endroit convenu à l'avance. Il est quasiment impossible aux services adverses de repérer ce type de « boîte aux lettres » qui ressemble à n'importe quel gros caillou. Pour signaler à la CIA que la pierre creuse est pleine, « Bourbon » prend le tram qui passe devant l'ambassade des États-Unis à Moscou. Lorsqu'il s'approche du bâtiment diplomatique, il envoie, avec le minitransmetteur fourni par Langley, un message éclair. La station de la CIA, installée dans l'enceinte diplomatique, le reçoit instantanément.

Au poste qu'il occupe désormais parmi les dirigeants du GRU, Poliakov a accès à de nombreux secrets tactiques et stratégiques. Il découvre les noms des taupes soviétiques infiltrées dans les pays de l'OTAN. Si bien qu'il révèle à la CIA la trahison de Frank Bossard, un chercheur britannique spécialisé dans les missiles de croisière, et celle du sergent de l'US Army Jack Dunlap, qui travaille à la NSA, le service des écoutes.

Mais, surtout, « Top Hat » est destinataire de tous les rapports, analyses et télégrammes secrets concernant les relations soviéto-chinoises, qu'il transmet à son officier traitant. À Langley, on découvre ainsi que le schisme entre les deux géants communistes, dont les spécialistes débattent depuis quelque temps, est bien réel. Le nouveau président des États-Unis, Richard Nixon, se saisira de cette information stratégique majeure pour engager des pourparlers avec Pékin et détacher définitivement la Chine maoïste de l'URSS.

En 1970, Poliakov est nommé à Rangoon, en Birmanie, où il dirige un grand centre d'écoute du GRU. Il peut donc livrer à la CIA toutes les communications entre les militaires vietnamiens et chinois que les antennes soviétiques interceptent. Puis c'est New Delhi. Là, il accepte de rencontrer de nouveau un officier traitant de la CIA. Les échanges ont lieu à l'occasion de parties de pêche. « Top Hat » creuse un trou dans sa canne, dans lequel il glisse ses films secrets.

En 1974, il est promu général. Jamais la CIA ou le FBI n'ont eu une taupe d'un grade aussi élevé au sein de l'appareil militaire soviétique. C'est une mine inestimable de renseignements. Poliakov peut consulter la revue top secret de l'état-major *Pensées militaires*. Il en copie des centaines d'articles, notamment ceux ayant trait à la guerre nucléaire. À Washington, on veut savoir si le commandement militaire soviétique se croit capable de gagner un conflit atomique. Or, à la grande surprise de la CIA puis de tout l'establishment politico-militaire américain, la réponse est non.

« Les renseignements de Poliakov montraient que les chefs militaires soviétiques étaient aussi inquiets que leurs collègues américains, qu'ils n'étaient pas, en fait, des va-t-en-guerre, explique Robert Gates, ancien directeur de la CIA, dans *Spies in the Family* d'Eva Dillon. Cette révélation a empêché de mauvais calculs côté Américains, qui auraient pu provoquer une guerre. » Il ajoute que ces documents ont conduit au changement de la doctrine politico-militaire des États-Unis au cours des dernières années de la guerre froide. Enfin, « Top Hat » indique les spécificités du nouveau missile antichar soviétique, information qui se révélera très précieuse en 1991, pendant la première guerre du Golfe, Saddam Hussein ayant acheté beaucoup de ces missiles.

Poliakov ne verra ni ce conflit au Moyen-Orient ni la dislocation de l'Union soviétique. Le vendredi 4 juillet 1986, en fin d'après-midi, il joue avec ses petits-enfants dans le jardin de sa datcha, située dans les environs de Moscou. Après avoir été soupçonné de trahison puis laissé libre faute de preuves, il a quitté le service secret quelques années auparavant pour prendre sa retraite. Or, voilà que le GRU lui demande de venir le lundi suivant assister à une cérémonie pour le départ à la retraite d'un autre officier. Comprend-il qu'il s'agit d'une ruse ? Probablement.

Le lundi matin, pourtant, il enfile son plus bel uniforme et se rend dans le centre de Moscou, au QG du renseignement militaire. Il est arrêté, déshabillé, fouillé et jeté en prison à Lefortovo, les geôles du KGB. Pendant quatre ans, plus de nouvelles. Jusqu'à ce qu'en janvier 1990 la *Pravda* annonce que le général Poliakov a été exécuté, le 15 mars 1988.

Pollard, Jonathan

« Va au dîner sans moi, mais n'oublie pas d'apporter à Chris le cactus que l'on a acheté pour son anniversaire. » Quand, ce 18 novembre 1985, Jonathan Pollard appelle Anne, sa femme, des bureaux du FBI, il n'est pas encore arrêté, seulement interrogé. Mais le danger est imminent. Alors il a glissé le mot de code : « cactus ». Anne comprend tout de suite. Elle agrippe une valise, y jette les 32 kilos de dossiers secrets que son mari conserve illégalement chez eux et la cache chez un voisin.

Mais elle n'a pas bien fait le ménage. Le lendemain, avec l'autorisation de Pollard, des officiers du FBI fouillent la maison et dénichent quelques documents confidentiels que cet analyste dans le service de renseignement de la marine n'a pas le droit d'emporter à son domicile. Rien de très grave a priori. Il risque seulement un blâme de sa hiérarchie. Mais, pour en avoir le cœur net, la marine décide de le faire passer au détecteur de mensonges. Pollard, qui n'a que 31 ans, panique, il préfère avouer : oui, il est un espion.

Pour mieux le surveiller, le FBI le laisse en liberté. Jonathan et Anne décident de fuir. Ils se présentent en voiture à l'entrée de l'ambassade d'Israël à Washington. « Je suis Jonathan Pollard, lance aux gardes le trentenaire, confiant. Je travaille pour vos services secrets. Demandez-leur. » Mais ils ne veulent rien entendre. Ils ont reçu l'ordre de les jeter dehors.

Bien plus tard, le chef de l'opération « Pollard » à Jérusalem, « Rafi » Eitan, dira que l'espion n'a pas respecté les consignes pour son exfiltration, qui devait se dérouler sans bruit. Tel-Aviv ne pouvait accepter, au vu et au su du FBI, de les abriter dans sa représentation diplomatique, ajoutera-t-il. Car cela aurait signifié au grand frère américain et au monde que Pollard espionnait officiellement pour le petit État d'Israël. D'ailleurs, le Premier ministre Shimon Peres déclare immédiatement, outré, que s'il y a une opération, celle-ci est illégale : « Espionner les États-Unis est en totale contradiction avec notre politique. » Et pourtant...

Formellement arrêté, Pollard dit tout. Il a proposé ses services en mai 1984 à l'hôtel Hilton de Washington. Ce jour-là, l'un de ses amis a organisé pour lui un déjeuner en tête à tête avec le colonel Aviem Sella, qui est en formation aux États-Unis. L'homme est un héros d'Israël, le pilote qui a détruit le réacteur nucléaire irakien d'Osirak.

Très impressionné, Pollard lui raconte son enfance de jeune juif américain, malmené, assure-t-il, à cause de ses origines. Il a découvert la Terre promise à 16 ans, au cours d'un voyage scientifique à l'institut Weizmann. Depuis, il ne rêve que d'y émigrer.

Mais avant, il veut aider sa seconde patrie. Devenir un espion à son service. Il a accès à de très nombreux documents top secret et même SCI (*sensitive compartmented information*), le sommet de la classification. Estomaqué, le colonel veut bien croire Pollard, mais il lui demande d'apporter des preuves, lors de leur prochaine rencontre. D'ailleurs, il a une idée : il sait que les Américains ont pris des photos du réacteur irakien qu'il a détruit, il serait enchanté de voir ces clichés. Et des évaluations des défenses antiaériennes de l'Arabie saoudite et de l'Union soviétique aussi.

Une semaine plus tard, Pollard revient avec une mallette bourrée de documents top secret sur l'armée saoudienne. Le colonel est abasourdi. « Je n'ai jamais rien vu de tel », lance-t-il à Pollard. Tout excité, ce dernier sort autre chose : des photos satellite du réacteur après le bombardement. Pas de doute, Pollard peut apporter beaucoup au Mossad.

Les deux hommes se revoient à deux reprises. Pollard lui remet une étude top secret des défenses aériennes égyptiennes et une copie de tous les rapports récents des attachés militaires américains au Moyen-Orient ! Et il peut faire beaucoup mieux, assure-t-il. Rafael « Rafi » Eitan, le chef de Lakam, l'unité israélienne ultrasecrète d'espionnage scientifique, décide d'accélérer les choses. Il invite les Pollard à venir passer des vacances de luxe à Paris, à l'hôtel Hilton. Aux frais d'Israël. Officiellement, ils sont invités par un grand-oncle… imaginaire.

Dans une suite au Hilton, fin 1984, Pollard rencontre le légendaire « Rafi », le chef du commando, qui, vingt-cinq ans auparavant, a kidnappé en Argentine le criminel nazi

Adolf Eichmann. Celui-ci annonce à Pollard qu'il vient lui remettre officiellement la citoyenneté israélienne. Sur son passeport, précise-t-il, son nom sera Danny Cohen, en hommage à l'autre espion légendaire d'Israël, le grand Élie Cohen, qui avait réussi à infiltrer le sommet de l'État irakien avant d'être découvert et exécuté en 1965. Il dit aussi que son salaire sera de 1 500 dollars par mois, c'est-à-dire à peu près ce qu'il perçoit dans la marine ; plus pourrait attirer l'attention du FBI.

En guise de cadeau de bienvenue, il lui donne aussi 10 000 dollars en liquide, immense soulagement pour un Pollard perclus de dettes, et une bague de diamant achetée place Vendôme pour sa jeune épouse. Il le prévient aussi que son officier traitant ne sera plus Aviem Sella, le pilote, dont l'espionnage n'est pas le métier, mais le très aguerri Yosef Yagur.

Puis, pendant une bonne partie de la nuit, Eitan, qui est aussi conseiller scientifique du Premier ministre, fait la liste de ses besoins en renseignement. Il voudrait tout ce qui se rapporte aux armées arabes et à l'aide qu'elles reçoivent de l'URSS, le manuel d'écoute de la NSA aussi, l'ordre de bataille de la Syrie et les études psychologiques du personnel politique et militaire israélien réalisées par la CIA. Il lui demande aussi de découvrir si la CIA détient des documents compromettants contre certains hommes politiques et hauts fonctionnaires israéliens...

Au total, de mai 1984 à novembre 1985, au cours de rencontres bihebdomadaires, Pollard donne à Aviem Sella puis à Yosef Yagur pas moins de 1 million de documents secrets. Au cours de ses interrogatoires par le FBI, l'analyste assurera qu'il avait espionné pour Israël uniquement parce qu'il jugeait que Washington ne donnait pas assez d'informations secrètes à Tel-Aviv concernant la sécurité d'Israël et qu'il n'a jamais fourni des éléments qui pouvaient compromettre celle des États-Unis. Pourtant, selon une étude réalisée par la CIA en 1987 sur l'étendue des dégâts de la trahison de Pollard, analyse rendue publique en 2012, Pollard a livré quantité de secrets strictement américains, dont un manuel de la NSA en dix volumes qui indique les méthodes d'interceptions de l'Agence, mais aussi des milliers de noms de personnes qui ont coopéré avec les services secrets des États-Unis. Le rapport indique également que Pollard, très gourmand, avait aussi essayé de vendre ses renseignements aux Sud-Africains et aux Australiens – en vain, apparemment.

En 1987, il est condamné à la prison à vie, et Anne à trois ans d'emprisonnement. Pendant des années, Israël assurera que Pollard n'espionnait pas pour les services officiels mais pour une officine dirigée par « Rafi » Eitan, sans lien avec les autorités, qui ne savaient rien. Il faut attendre 1995 pour qu'enfin Tel-Aviv concède que l'ancien analyste était bien une taupe officielle israélienne. Et 2014 pour qu'Eitan avoue que Shimon Peres, Premier ministre en 1985, et Yitzhak Rabin, son ministre de la Défense, étaient au courant de l'opération « Pollard ». « Je me suis sacrifié en prenant tout sur moi », conclut-il.

Le plus extraordinaire dans cette affaire est sans doute l'invraisemblable laxisme des services secrets américains à cette époque. Dans un livre consacré à Pollard, un ancien contre-espion américain, Ronald Olive, fait la liste des erreurs commises. En vrac : avant d'être accepté par le service de renseignement de la marine, le jeune Américain avait été refusé par la CIA, notamment parce qu'il avait reconnu avoir fumé de la marijuana plus de six cents fois de 1974 à 1978 et parce que, tout au long de ses études, il assurait à ses camarades être, en réalité, un espion du Mossad, ce qu'il n'était pas encore. Ce n'est pas tout. Lors de son recrutement par la marine, Pollard affirmait que son père avait été le chef de station de la CIA en Afrique du Sud, ce qui est totalement faux. Et quelques mois après son embauche, un psychiatre estima qu'il était brillant mais borderline…

Malgré toutes les campagnes publiques en sa faveur et toutes les manœuvres de Tel-Aviv en coulisses, aucun président des États-Unis n'accepte de libérer Pollard avant le terme normal de son incarcération. Ce n'est donc qu'au bout de trente ans, en 2015, qu'il obtient une libération conditionnelle, ainsi que la loi le permet pour les condamnés à perpétuité. Le Premier ministre israélien, Netanyahou, propose qu'il fasse les cinq ans probatoires en Israël, mais Barack Obama refuse.

Son contrôle judiciaire est levé le 20 novembre 2020 et, dix jours plus tard, Jonathan Pollard et sa femme, Anne, s'envolent pour Israël à bord d'un jet du milliardaire philanthrope Israël Adelson. Il est accueilli par Benyamin Netanyahou, qui leur remet immédiatement une carte d'identité israélienne. Il annonce aussi que le seul Américain jamais condamné à la prison à vie pour avoir espionné au profit d'un pays allié recevra la pension de retraite d'un officier du Mossad.

Popov, Pyotr

Vienne, le jour de l'an 1953. Un homme trapu et costaud glisse une enveloppe dans la voiture d'un diplomate américain et disparaît. À l'intérieur du pli, une lettre écrite en russe : « Je suis un officier soviétique. Je souhaite rencontrer un officier américain dans le but d'offrir certains services. » Une date et un lieu de rendez-vous sont proposés. Que faire de la missive ? Dans la capitale autrichienne encore sous occupation américaine, soviétique, britannique et française, les escrocs aux renseignements pullulent. Mais le chef de la CIA à Vienne juge cette offre crédible.

Le dimanche suivant, comme prévu, le Russe attend, à l'heure dite, sous un porche, avec un chapeau et un pardessus volumineux. Il s'appelle Pyotr Popov, il a 29 ans et est major du GRU, le renseignement militaire soviétique. Il devient la première taupe de la CIA au sein de ce service secret particulièrement fermé. Son nom de code : « Attic ».

De janvier 1953 à août 1955, Popov rencontre pas moins de soixante-six fois son officier traitant de la CIA, George Kisevalter, un colosse né en Russie d'une grande famille de Saint-Pétersbourg, qui a émigré enfant aux États-Unis. Il lui confie les raisons de sa trahison. Fils de paysans, dans un petit village misérable proche de la Volga, il a grandi pieds nus, dans une sorte de hutte avec un sol en terre. Il déteste Staline et le régime communiste pour avoir détruit la paysannerie russe par la famine et la collectivisation forcée. Il veut vendre des renseignements aux Américains pour se venger. Et aussi parce que, outre son épouse légitime et ses deux enfants, il doit entretenir une maîtresse, une femme qu'il a d'abord recrutée pour le GRU. La situation de Popov est d'autant plus désespérée que cette dernière doit avorter. Si son patron l'apprend, il sera déporté en Sibérie.

Afin qu'il puisse collecter des renseignements, la CIA l'aide à fabriquer un double de la clé du coffre installé dans la Résidence du KGB à Vienne. Et c'est ainsi que Popov peut livrer l'identité de six cent cinquante officiers du GRU à travers le monde, des renseignements sur des unités du pacte de Varsovie et surtout un manuel d'utilisation des armes atomiques à l'usage des officiers de terrain. En 1957, Popov donne aussi le texte d'un discours du ministre soviétique de la Défense, le maréchal Joukov, aux généraux des troupes stationnées en Allemagne de l'Est. Dans ce texte top secret, le héros soviétique de la Seconde Guerre mondiale communique des détails sur l'intervention militaire qui, l'année précédente, a maté la révolte de Budapest, et surtout les plans d'urgence du pacte de Varsovie en cas de conflit avec l'OTAN (l'un consistant à atteindre la Manche dès le deuxième jour de la guerre).

Au fil du temps, la CIA s'inquiète de son comportement de plus en plus erratique. Elle juge qu'il boit trop, ne respecte pas toutes les consignes et prend trop de risques.

Mais le plus grand danger qui menace Popov est la taupe du KGB au sein du SIS britannique, George Blake.

De fait, Popov est rappelé à Moscou en 1958 et arrêté. Mais le KGB continue de l'utiliser pour intoxiquer la CIA. Au bout de quelques mois, Popov fait passer à son officier traitant un message dans lequel il explique sa situation. Il est trop tard pour tenter de la sauver. Il est exécuté en juin 1960.

Voir : Blake, George.

Poutine, Vladimir

Comme on le sait, le président russe, au pouvoir au Kremlin depuis mai 2000, a travaillé pour le KGB jusqu'à la chute de l'Union soviétique. On affirme souvent qu'il n'a été qu'un piètre espion, puisqu'il a fait l'essentiel de sa carrière dans un poste subalterne à Dresde, en RDA, et non là où les meilleurs officiers de renseignement soviétique étaient envoyés : l'Occident. La réalité, sur laquelle j'ai beaucoup enquêté à Moscou, Berlin et Saint-Pétersbourg, semble plus nuancée.

En 1977, Vladimir Poutine a 25 ans et un seul rêve : devenir un « illégal » du KGB. C'est le plus secret des agents secrets soviétiques. L'« illégal » a tout abandonné pour accomplir sa mission : son pays, sa famille, ses amis. S'il est arrêté, il ne bénéficie d'aucune couverture diplomatique. L'« illégal » s'est donné corps et âme à la Loubianka. C'est un dur, un seigneur de l'espionnage soviétique. Un modèle pour le jeune Poutine et pour le tsar d'aujourd'hui.

En 1977, son rêve peut devenir réalité : Vladimir Poutine est admis à l'école des « illégaux » à Moscou. Il brûle d'être envoyé derrière la ligne de front, en Allemagne de l'Ouest, le point le plus chaud de la guerre froide. Dans cette école ultrasecrète, Poutine travaille avec acharnement. Il apprend à se fondre, à passer inaperçu, dans sa future patrie. De l'Allemagne capitaliste, il doit tout savoir, l'histoire, les coutumes, la cuisine, les blagues ; son allemand devient parfait, il parle même plusieurs dialectes à merveille (aujourd'hui encore) ; il s'initie à la clandestinité, il révise chaque détail de sa « légende » : son nouveau nom, son faux métier, son histoire familiale concoctée par le KGB... Il doit connaître cette légende comme sa propre vie. Mais tous ses efforts sont vains. À la fin des douze mois d'études, Poutine n'est pas choisi, il n'entrera pas dans le saint des saints du KGB : la direction S, le service des « illégaux ». Son rêve se brise.

Malgré cet échec, Poutine va rester seize ans au KGB, jusqu'en 1991, toute sa jeunesse. Il ne sera jamais envoyé en poste à l'Ouest, seulement en RDA, à Dresde. Une carrière apparemment quelconque. Jusqu'à la chute du mur de Berlin, il n'en imaginera pas d'autres. Il est entré au KGB comme on entre en religion. L'espionnage, le recrutement des agents, la clandestinité, voilà sa vocation. Pendant toutes ces années, il est fier de sa patrie, l'URSS, et du Parti communiste, dont il est un membre actif. Il n'aime ni les dissidents ni l'OTAN. « Épée et bouclier » de l'État socialiste, le service secret est sa seconde famille, son clan. Aujourd'hui encore.

C'est à 17 ans que Vladimir Poutine entend l'irrésistible appel du KGB. Il a vu et revu tous les épisodes de la série d'espionnage culte en URSS *Dix-Sept Moments de printemps*, diffusée pour la première fois en 1973 puis rediffusée à de nombreuses reprises. Il est fasciné par les exploits du héros, Maxim Maximovitch Issaïev, un « illégal » opérant en Allemagne nazie sous le nom de Max Otto von Stierlitz. « Dans ces films, une seule personne est plus efficace que toute une armée », s'émerveille-t-il dans un livre-entretien *Première Personne*. Poutine est en première dans un lycée spécialisé en chimie. Il est plutôt bon élève et surtout excellent judoka. Il veut être espion. Un jour, il pousse la porte du KGB à Leningrad, sa ville natale. Il veut s'engager sur-le-champ. Un sous-fifre le rembarre. Il lui conseille de faire des études de droit : « Ce qu'il y a de mieux pour être embauché chez nous. »

Va pour le droit ! Poutine décide d'entrer à l'université juridique de Saint-Pétersbourg. Des années plus tard, quand il s'installera au Kremlin, on écrira que cette faculté est, à l'époque, le lieu le plus libéral, le plus ouvert de la ville. Balivernes ! On y forme quelques avocats, mais surtout des commissaires de police, qu'en URSS on appelle juges d'instruction. C'est une école de flics.

Le père de Poutine est déçu par son choix. Il n'est pas le moins du monde hostile aux services spéciaux : il était membre du NKVD pendant la guerre. Il n'a rien contre le Parti communiste, loin de là : son père, le grand-père de Vladimir, était le cuisinier de Lénine et de Staline, et lui-même est le numéro un du Parti dans son atelier, il est contremaître dans une usine de wagons à Leningrad. Seulement voilà : l'homme a d'autres rêves pour son fils. Grâce à ses résultats sportifs, « Volodia » pourrait faire une école d'ingénieurs. Mais Vladimir n'en démord pas : il fera la fac de droit, il sera guébiste.

Est-il bon étudiant ? Impossible de le dire. Dès qu'il a été désigné dauphin d'Eltsine, tous ses carnets de notes ont été retirés des archives de l'université. En tout cas, il obtient son diplôme en 1975. Cette année-là, Andreï Sakharov reçoit le prix Nobel de la paix ; par mesure de rétorsion, le physicien est désigné « ennemi public numéro un » par le patron du KGB, Youri Andropov, l'homme que Poutine vénère tant, aujourd'hui encore.

Son diplôme en poche, le jeune Vladimir intègre le KGB de Leningrad. Là, comme ailleurs, le service secret est d'abord une gigantesque machine de répression : trois mille personnes et des moyens illimités. Au quartier général, un imposant immeuble gris sur l'avenue Liteyny, plus de mille agents travaillent jour et nuit au service des écoutes téléphoniques. Les guébistes infiltrent les groupes underground, enferment les dissidents dans des hôpitaux psychiatriques... Poutine affirme aujourd'hui qu'il n'a jamais participé à tout cela. Officier de renseignement, il était seulement au courant de ces pratiques ignobles par des discussions de cantine. Rien de plus, dit-il. Soit.

Poutine a un bon début de carrière. Il passe six mois dans une école opérationnelle. Il y apprend les rudiments du métier. Puis il rejoint l'unité de contre-espionnage du KGB, toujours à Leningrad. Les résultats de ce service sont exécrables : en vingt ans, il n'a pas démasqué un seul espion, affirme dans ses Mémoires l'ancien numéro deux du KGB de la ville, le général Oleg Kalouguine. Mais Poutine n'en souffre pas. Il est bien noté. On l'envoie à l'école des « illégaux ». Au bout d'un an, il revient à Leningrad, l'orgueil en berne.

Il n'a pas tout perdu. À 26 ans, il est admis dans la première direction principale du KGB, la plus prestigieuse, celle de l'espionnage extérieur. Il n'est pas un « illégal », mais un officier moyen parmi des milliers (cette direction compte douze mille personnes !). Dans le jargon, il est intégré dans la ligne PR, le renseignement politique. Il travaille contre l'« ennemi principal » : l'OTAN. À Leningrad, il fait de l'espionnage extérieur « à partir du territoire » : il s'agit de recruter des diplomates, des hommes d'affaires, des scientifiques étrangers de passage en URSS ; ou de repérer parmi les rares citoyens soviétiques autorisés à voyager à l'Ouest ceux qui pourraient être utiles aux services secrets. Il n'est que junior : il participe à des opérations comme exécutant, il ne les dirige pas.

Que cherche-t-il ? À cette époque, le début des années 1980, la direction du KGB n'a qu'une obsession : déterminer quand l'OTAN va déclencher l'attaque nucléaire, qu'elle croit imminente ! Pour le savoir, elle lance l'opération « Ryan » : elle mobilise tous ses agents dans le monde et en URSS ; ils doivent relever le moindre indice d'une activité suspecte des forces atomiques de l'OTAN. Poutine participe sans doute à cette monumentale ineptie.

Est-il bon ? « Non, me dit sans hésiter le général Kalouguine. Il n'a rien fait de remarquable. Je m'en souviendrais. » Pourtant, sa carrière suit son cours. Poutine doit partir à l'étranger. Avant, il faut qu'il trouve une femme. C'est la règle au KGB : un célibataire est trop fragile. Poutine rencontre Ludmilla au théâtre. Elle est hôtesse de l'air et plus jeune que lui. Au début, il lui dit qu'il est commissaire de police, sa couverture officielle. Il a du mal à se découvrir. Poutine le reconnaît lui-même :

c'est un vieux garçon dans l'âme. Il met trois ans à se décider. Puis il épouse cette jeune femme blonde, avec laquelle il aura deux filles, Macha et Katia. En 1983, il est donc prêt à affronter les belles étrangères, à sortir d'URSS.

Poutine a 31 ans, il est major et il fait toujours partie des cadres montants, pas un crack, seulement un espoir. Il entre à l'académie du renseignement extérieur à Moscou, qui s'appellera bientôt institut Andropov (c'est toujours son nom aujourd'hui). Dans cette école supérieure ne sont admis que trois cents élèves par an. Pour se présenter, il ne faut être ni juif ni membre d'une communauté nationale déportée dans les années 1940 (tchétchène, par exemple). Les études durent un an.

Comme chaque étudiant, Poutine reçoit un nom d'emprunt. La première lettre est la même que celle de son véritable patronyme, c'est la règle. Poutine devient le camarade « Platov ». Il travaille beaucoup. Il suit les conférences d'espions célèbres. Régulièrement, il passe une semaine à la « villa », un centre d'entraînement. Il peaufine sa technique d'officier traitant : recrutement d'agents, organisation de rendez-vous secrets, surveillance des contacts...

Il rêve toujours d'être envoyé en RFA, sous couverture diplomatique cette fois. Mais quelque chose cloche chez lui. Le colonel Mikhaïl Frolov était professeur à l'institut Andropov. À la journaliste russe Natalia Guevorkian, il a expliqué : « Poutine avait un défaut : il était renfermé, peu sociable. » Autant dire, un piètre animateur de réseau. Et puis il y a ce dossier que Poutine découvrira des années plus tard. À peine nommé patron du FSB par Eltsine, en 1998, il veut savoir ce que ses supérieurs pensaient vraiment de lui. Et il découvre ce jugement disqualifiant : « Pas assez sensible au danger. » Poutine ne sait pas capter les signaux menaçants : en territoire ennemi, il peut mettre en péril une opération et tous ses agents.

À la fin des études, il n'est donc pas envoyé en RFA, mais dans un pays frère, en Allemagne de l'Est. C'est plus sûr. Dans le jargon, la RDA est « une province du KGB ». Karlhorst, près de Berlin-Est, est même le plus grand centre européen du service secret soviétique. Le KGB a des « filiales » dans quatorze villes du pays ; au total, il y emploie plus de cinq mille personnes, dont « à peu près mille espions opérationnels », d'après Markus Wolf, le patron de l'espionnage est-allemand.

Mille espions ! Dont Poutine. En 1985, quand Gorbatchev s'installe au Kremlin, le jeune officier est nommé à Dresde, la troisième ville de RDA. Un trou. Il s'y installe avec sa femme, sa fille Macha et bientôt Katia, qui naîtra là. Ils occupent un deux pièces dans un immeuble de la Stasi, la toute-puissante police secrète est-allemande. Leurs voisins sont ses collègues du KGB et des officiers de la Stasi. Dans la dictature est-allemande, il est heureux. Son bureau est situé dans une maison grise, au numéro 4 de la rue Angelika. C'est à dix minutes à pied de sa maison. Il rentre déjeuner chez lui, chaque midi, comme tous ses collègues. C'est un fonctionnaire du renseignement.

La plupart du temps, Poutine et ses amis travaillent à visage découvert. Ce n'est qu'en opération, lorsqu'il « manipule » un agent, que Poutine utilise une couverture : la plupart du temps, il est « M. Adamov », directeur de la Maison de l'amitié germano-soviétique à Leipzig. Quelle est sa mission ? On a écrit qu'il faisait du renseignement technologique. À l'époque, Dresde est le siège de la principale fabrique d'ordinateurs du bloc soviétique : Robotron. Poutine aurait utilisé les allées et venues des ingénieurs est-allemands et occidentaux pour soutirer des informations secrètes sur IBM ou Siemens.

On dit aussi que ses agents auraient subtilisé les plans de l'Eurofighter, l'avion de chasse européen.

Poutine dément. Il a toujours appartenu à la ligne PR (l'espionnage politique et stratégique), jamais à la ligne X (le renseignement industriel). « Je travaillais sur les partis politiques [ouest-allemands], a-t-il raconté à la même journaliste Natalia Guevorkian, les tendances à l'intérieur de chacun d'entre eux, les mouvements de personnes. Je cherchais aussi à savoir ce qui se passait dans le ministère des Affaires étrangères [à Bonn], notamment sa position sur le désarmement. »

Comment s'y prend-il pour espionner la RFA depuis l'autre côté du Mur ? En 2008, le président russe a expliqué que, lorsqu'il était en poste à Dresde, il travaillait notamment avec des « illégaux » du KGB à l'Ouest. Pour ce faire, franchissait-il le rideau de fer ? C'est probable, si j'en crois les confidences du réalisateur Igor Shadkhan, que j'ai recueillies en Russie, il y a quelques années.

Igor Shadkhan s'est lié d'amitié avec Vladimir Poutine au début des années 1990 à Saint-Pétersbourg. Le futur « tsar » est alors adjoint au maire de la deuxième ville de Russie et en pleine ascension. Avant que la presse ne découvre qu'il vient du KGB, à l'époque organisation honnie, et que cette information ne tue dans l'œuf sa carrière politique, il veut faire savoir lui-même qu'il a été espion. Il demande à Shadkhan de mettre en scène cette confession, évidemment sous un jour favorable. Intitulé *Vlast* (*Le Pouvoir*), le documentaire télévisé est diffusé en 1992. C'est un succès. Après quoi, l'homme de télé et l'espion se voient souvent, en privé. Ils voyagent aussi à l'étranger. Et le réalisateur m'a raconté qu'à l'époque Vladimir Poutine lui fait découvrir plusieurs grandes villes d'Allemagne de l'Ouest que l'ex-espion connaît donc très bien, alors qu'il est censé ne jamais avoir quitté le bloc de l'Est... Si bien que le terne colonel a peut-être mené une carrière d'espion plus flamboyante qu'on ne l'a dit.

Quoi qu'il en soit, dans les archives de la Stasi, le nom de Poutine apparaît au moins une fois. Le 29 mars 1989, le patron de la Stasi de Dresde écrit une lettre de protestation à son homologue du KGB. Il se plaint des méthodes de travail de l'officier Poutine, qui, pour recruter des agents, essaie de débaucher les siens. Globalement, son séjour en RDA est plutôt favorable à sa carrière. En quatre ans, de 1985 à la chute du mur de Berlin, en 1989, le jeune officier monte deux échelons.

De Dresde, le colonel Poutine assiste aux premières loges à la révolution de novembre 1989 en RDA. Il voit les locaux de la Stasi, l'infâme police politique, saccagés. Il est choqué. Il ne comprend pas cette violence « désordonnée ». Il dit n'avoir jamais vu de répression en RDA, bien qu'il ne nie pas qu'elle ait existé... Il est inquiet aussi. Un jour, le bâtiment du KGB est encerclé par la foule. On appelle Moscou, on demande du renfort. Mais le Centre, comme on dit, ne répond pas pendant une journée. C'est l'agonie de l'empire. Il faut déguerpir. Des jours entiers, Poutine et ses collègues brûlent leurs archives dans des poêles. Puis ils plient bagage. Poutine a mal à l'URSS et au KGB.

En janvier 1990, il retourne donc à Leningrad, sa ville natale. Ses amis le surnomment « Stasi ». Il a une nouvelle couverture : assistant du recteur de l'université chargé des relations extérieures. On dit qu'il est là pour espionner les premiers mouvements démocratiques. Il nie. Il n'a rien fait d'autre que travailler à sa thèse. Soit. Bientôt, un de ses anciens camarades de la fac de droit le recommande au maire, le populaire Anatoly Sobtchak. Ses supérieurs acceptent que Poutine aille travailler auprès de lui.

Mais la double allégeance est apparemment intenable. On veut le faire chanter, dit-il, révéler son passé. Il a peur aussi, semble-t-il, d'être traité comme ses copains de la Stasi, jetés en prison dans l'Allemagne unifiée. Dans le monde neuf qui s'annonce, il veut se refaire une virginité. Il écrit une première lettre de démission à la Loubianka, le siège du KGB, début 1991. Puis une seconde après le putsch d'août 1991. « Ce fut la décision la plus difficile de ma vie », dit-il aujourd'hui.

En réalité, Poutine n'a jamais rompu les amarres avec le monde secret. Bien au contraire. Quand son patron Anatoly Sobtchak perd la mairie de Saint-Pétersbourg, en 1996, il part à Moscou tenter sa chance. On lui trouve une place dans l'administration des propriétés de la présidence. Mais ses connexions dans l'ancien KGB demeurent si intactes que, deux ans plus tard, le président Eltsine le bombarde à la tête du FSB (successeur de la branche intérieure du KGB). Et l'année suivante, en juin 1999, le voilà Premier ministre, mais toujours en liaison constante avec ses anciens amis. Le 20 décembre de la même année, on célèbre l'anniversaire de la sinistre Tchéka, la police politique de Lénine, un ancêtre du KGB. Premier ministre depuis quelques mois, Poutine y assiste hilare. « Chers camarades, lance-t-il à l'assemblée de tchékistes, je voudrais vous annoncer que le groupe d'agents du FSB que vous avez envoyés au sein du gouvernement ont accompli leur mission. » À l'époque, on croit à une plaisanterie.

Pourtant, dès qu'il s'installe au Kremlin, le 1er janvier 2000, moins de neuf ans après la tentative de putsch, il s'empresse de placer quantité d'anciens officiers du KGB à des postes sensibles. Vingt ans plus tard, tous ces hommes, devenus richissimes, sont encore au pouvoir.

Voir : Illégal ; « Ryan », Opération ; Stierlitz, Max Otto von ; Wolf, Markus.

Powell, Colin

Peu d'hommes, dans ma carrière de journaliste, ne m'ont autant impressionné que Colin Powell, secrétaire d'État de George W. Bush, de 2001 à 2005. En 2013, dix ans après l'invasion américaine en Irak, je suis allé l'interroger pour *Le Nouvel Observateur*[1] dans ses bureaux installés dans une banlieue de Washington, à l'occasion de la publication de son livre de conseil en leadership *J'ai eu de la chance*, publié chez Odile Jacob. Je voulais évidemment en profiter pour le faire parler de son discours de l'ONU de février 2003. Cette déclaration urbi et orbi était la présentation de preuves prétendument irréfutables récoltées par la CIA sur les programmes irakiens d'armes de destruction massive.

L'idée des communicants de la Maison-Blanche était que Colin Powell reproduise l'exploit d'Adlai Stevenson à l'ONU en octobre 1962. Photos d'avion espion U2 à l'appui, Stevenson avait expliqué au monde pourquoi John Kennedy avait décidé le blocus de Cuba. Et il avait réussi. Sauf que les preuves de l'équipe Bush et de la CIA, elles, n'étaient pas aussi solides – elles étaient même tristement mensongères.

Le 5 février 2003, ai-je d'abord demandé à Colin Powell, *vous avez prononcé à l'ONU votre « célèbre » discours sur les armes de destruction massive en Irak, dans lequel vous énonciez des « preuves » qui, pour la plupart, se sont révélées inexactes. Dix ans plus tard, vous écrivez dans votre nouveau livre que ce discours restera une « tache » dans votre carrière et que vous vous souvenez de ce 5 février aussi « profondément » que du jour de votre naissance. Pourquoi ?*

---

1. « La CIA m'a trompé », propos recueillis par Vincent Jauvert, *Le Nouvel Observateur*, 28 février 2013.

Il est très dur d'oublier un tel moment, surtout quand on vous en parle chaque jour pendant dix ans ! Depuis que j'ai découvert qu'un grand nombre d'informations que l'on m'avait fournies étaient inexactes, je ne cesse de me demander : qu'aurais-je dû faire pour éviter cela ? Pour ma défense, je dirais que je n'ai eu que trois jours pour préparer cette présentation et que nous avions un très grand nombre de documents à analyser.

Pourquoi seulement trois jours ?

Le problème était le suivant : le président Bush m'a demandé de présenter nos preuves à l'ONU à partir d'un texte rédigé par un conseiller du vice-président Cheney. Or, quand j'ai demandé aux services de renseignement des éléments concrets pour étayer certaines parties de ce document, ils m'ont répondu qu'ils n'avaient jamais vu ces informations-là ! Il fallait donc repartir de zéro et écrire un autre discours. J'ai dit au Président que j'avais besoin de plus de trois jours, mais il m'a répondu qu'il avait déjà annoncé au monde entier la date de ce discours à l'ONU, qu'il ne pouvait pas la reculer.

Le fait que le texte écrit par le bureau du vice-président était si étrange ne vous a-t-il pas alerté ? Ne vous êtes-vous pas dit : on essaie de me manipuler ?

Non, pas vraiment. J'étais déçu, mais je ne paniquais pas : la CIA allait m'aider. Je suis allé au siège de l'Agence, et grâce aux informations fournies par son patron, George Tenet, j'ai pu bâtir le discours. Remarquez que j'y ai mis moins d'éléments controversés que le Président, Condi Rice ou Rumsfeld avaient déjà utilisés publiquement et à plusieurs reprises. Le bureau de Cheney, par exemple, insistait pour que je parle des liens supposés entre Saddam Hussein et Al-Qaida, que le vice-président avait souvent évoqués. Mais, comme les éléments n'étaient pas probants, je ne l'ai pas fait. J'ai également très peu parlé du programme nucléaire.

Mais sur le reste aussi, le chimique et le biologique, les « preuves » étaient fausses.

Oui, mais ce n'était pas un mensonge délibéré de ma part. Je croyais à ce que je disais. Tout le monde, le Président, les membres du gouvernement et le Congrès y croyaient. Le Président m'a choisi parce que j'étais le plus crédible vis-à-vis de la communauté internationale, mais, encore une fois, je ne faisais que transmettre ce que les seize agences de renseignement disaient. Et je pense que, si vous aviez été à ma place et que vous aviez vu les documents que l'on m'a présentés, vous auriez cru à tout cela, vous aussi.

Évidemment je pensais que la CIA avait vérifié ses informations. Aussi, quand, quelques semaines plus tard, l'Agence nous a dit que l'« information » sur les laboratoires biologiques ambulants venait d'Allemagne et qu'aucun agent américain n'avait interrogé la source principale de ce canular, j'ai été stupéfait.

George Tenet, le patron de la CIA, vous avait-il dit que les Allemands l'avaient prévenu du manque de fiabilité de cette source, nom de code « Curveball » ?

Non, et je ne sais toujours pas ce qu'il savait, en réalité. Plus tard, il est apparu qu'un certain nombre de personnes dans les services de renseignement étaient au courant de cette alerte des Allemands et d'autres mises en garde. Ils ont dit : « Nous sommes allés voir Tenet, mais il ne voulait pas nous écouter. » Est-ce vrai ? Je ne sais pas. En tout cas, lors de ma présentation à l'ONU, je voulais qu'il soit à mes côtés, que la présence du patron de la CIA signifie au monde que ce que je disais reflétait ses conclusions. Dix ans plus tard, Tenet n'a toujours pas reconnu que celles-ci étaient fausses ! Pas une fois il n'a expliqué pourquoi ses services avaient écrit, par exemple, que Saddam Hussein avait des centaines de tonnes d'armes chimiques, « dont la plupart avaient été fabriquées l'année passée », alors qu'il n'en possédait pas un gramme !

En me raccompagnant à l'ascenseur, Colin Powell semblait triste et désabusé. Il est mort du Covid-19 en 2021. La plupart des articles sur son décès mentionnaient longuement l'épisode de février 2003. Il n'aurait pas aimé les lire.

Voir : « Curveball ».

Pullach

Les chefs du parti nazi aimaient se retrouver dans la petite ville de Pullach, en banlieue de Munich. C'est là qu'en 1938 Rudolf Hess et Martin Bormann ont fait édifier un complexe de villas et de bunkers réservé à l'élite du régime hitlérien. Outre une centaine de résidences, il y avait là, répartis sur 68 hectares, à l'abri des regards derrière de hauts murs et des barbelés, des garages, des serres, des maisons pour les chauffeurs et les domestiques, une grande salle de conférences, un restaurant, une garderie pour enfants et une bibliothèque.

C'est dans ce refuge pour dirigeants du IIIe Reich que le BND, le service de renseignement de l'Allemagne fédérale, s'est installé après la guerre. Il y est resté jusqu'en... 2019 ! Une longévité symbolique de la profondeur des liens du BND avec une multitude d'anciens nazis.

À l'automne 1945, l'US Army qualifie le complexe de Pullach, qui a été peu bombardé, de « moderne et de première classe ». Comme il est sécurisé et bien protégé des curieux, elle y installe le service de censure du courrier civil. Puis il accueille une organisation clandestine créée en 1946 dans le plus grand secret par le service de contre-espionnage de l'armée américaine : la mystérieuse organisation Gehlen.

Ancien chef de service de renseignement de la Wehrmacht sur le front de l'Est, le lieutenant général Gehlen prend soin, après la capitulation, d'emporter ses fichiers d'agents en territoire contrôlé par les Soviétiques. Il les cache dans des caisses en acier et les enterre quelque part en Bavière. C'est son assurance vie. Il le sait, les services de renseignement américains n'ont aucune source dans la zone soviétique, alors que tout indique que l'URSS sera le prochain ennemi.

Gehlen se rend au patron du G2, le département du contre-espionnage de l'US Army. Il lui propose un marché : il accorde l'immunité à ses hommes et à lui-même, en échange de quoi il livre ses archives et crée un service de renseignement à la disposition de l'armée américaine. Le patron du G2 accepte et l'envoie à Washington, où, fin 1946, on lui confie une mission top secret : constituer une organisation, bientôt baptisée l'« Org », chargée de récolter le maximum de renseignements sur les activités des Soviétiques derrière le rideau de fer.

Gehlen et ses hommes se mettent au travail. Ils interrogent les prisonniers de guerre allemands de retour des camps en Union soviétique. Ils forment des groupes anticommunistes dans l'Europe contrôlée par l'Armée rouge et, en URSS même, des unités qui renseignent sur les armements, le moral et les déplacements des troupes soviétiques ainsi que sur l'état des infrastructures.

L'« Org » doit rester totalement secrète. Personne, même pas les Alliés, ne doit être au courant de son existence. Les Américains l'installent dans le complexe si bien protégé et si pratique de Pullach, sous un nom de couverture passe-partout dont la traduction en français est « Organisation pour le développement industriel de l'Allemagne du Sud ». Gehlen y fait venir trois cent cinquante ex-officiers. En 1947, l'« Org » et ses hommes sont transférés sous les ordres de la toute nouvelle CIA. En 1956, elle devient le BND, le service de renseignement de la RFA, qui reste installé à Pullach.

Qui sont ces premiers officiers de l'« Org » ? Dès les années 1950, des rumeurs circulent sur le passé de ses hommes. Le BND et la CIA minimisent. Dans la précipitation, assurent-ils, Gehlen a peut-être laissé entrer quelques anciens SS et des ex de la Gestapo, mais très peu. Il faut attendre 2004 et la publication du rapport d'une commission historique créée par la CIA pour découvrir l'ampleur de la compromission. Il y est dit : « L'idée selon laquelle la CIA et l'organisation Gehlen n'ont employé que quelques brebis galeuses ne tient pas au regard des nouveaux documents consultés. » En fait, il y en a eu au moins une centaine.

Quelques exemples parmi les plus odieux : le SS Emil Augsburg, qui planifiait le massacre des juifs en Pologne ; l'officier SS Konrad Fiebig, responsable du meurtre de onze mille juifs en Biélorussie ; Walter Kurreck, de l'Einsatzgruppe D, le commando de la mort qui a assassiné des dizaines de milliers de personnes ; le capitaine SS Johannes Clemens, surnommé le « tigre de Como », qui a participé au massacre de trois cent trente-cinq civils près de Rome, en 1944, l'un des pires en Italie. Ou encore Georg Wilimzig dont l'escouade de trois cents hommes a tué des milliers de femmes et d'enfants lors de l'invasion de la Pologne, en 1939. Sans parler d'Aloïs Brunner, le bras droit de Himmler, l'architecte de la « solution finale », dont tout porte à croire que, exilé en Syrie, il est devenu un informateur du BND (celui-ci assure qu'il a perdu sa fiche). Enfin, la presse allemande a découvert en 2018 que la propre fille de Heinrich Himmler avait travaillé au BND au début des années 1960.

Triste ironie de l'histoire : cette collaboration avec des criminels de guerre et des génocidaires n'a pas eu les résultats escomptés, au contraire. D'une part, écrivent les historiens qui ont étudié les documents de la CIA, « Reinhard Gehlen a utilisé des fonds américains pour créer une grande bureaucratie de renseignement qui a sapé la critique occidentale de l'Union soviétique en protégeant et en promouvant des criminels de guerre » ; mais, d'autre part, l'« Org » a été la moins efficace et la moins sûre de toutes celles de l'OTAN, puisque l'organisation Gehlen a servi de voie d'entrée à la pénétration soviétique dans l'Alliance atlantique.

Gehlen démissionne de la direction du BND en 1968 et meurt onze ans plus tard, juste après avoir publié ses Mémoires. Le siège du service secret reste à Pullach. Il y installe une grande station d'écoute bien visible, mais ne change pas le nom officiel du lieu : « Logements pour fonctionnaires ».

Aujourd'hui, ce passé honteux semble balayé, dépassé : le quartier général du service secret, qui emploie environ six mille cinq cents personnes (soit, à ce qu'on en sait, mille de plus que la DGSE) trône en plein centre de Berlin, au cœur du pouvoir allemand. Transféré de Pullach en 2019, il occupe une superficie équivalente à trente-six stades de football, qui pourrait englober à la fois la chancellerie et le Parlement, ce qui est en fait le plus grand siège de services secrets au monde, devant Langley et Iassenevo. Et à l'entrée, il y a bien écrit fièrement en lettres capitales : « Bundesnachrichtendienst » (Service fédéral de renseignement).

Selon un communiqué de presse officiel, les bâtiments de ce nouveau QG comportent quatorze mille fenêtres et douze mille portes. Trois mille personnes y travaillent, qui doivent laisser smartphones et ordinateurs portables personnels à l'entrée. Pour le reste, c'est le secret absolu. Lors de l'inauguration des bâtiments, en février 2019, quelques journalistes ont pu pénétrer jusque dans le hall d'entrée et une petite salle. Là, la chancelière Merkel leur a déclaré : « Je dois vous dire honnêtement ceci : cette modeste salle de conférences ne donne même pas une petite idée de ce qui est caché derrière ces portes. Je dirais que cela impressionnerait n'importe quel service de renseignement au monde. »

Les Allemands, eux, se méfient toujours de leur service secret, dont la cote de confiance est très basse. Il faut dire que, ces dernières années, le BND fait l'objet de multiples scandales. En 2013, il est éclaboussé par les révélations d'Edward Snowden. Les documents publiés par le lanceur d'alerte montrent que la NSA a partagé avec le BND son logiciel baptisé « Xkey Score », un outil d'espionnage d'une puissance considérable. Selon le journaliste Glenn Greenwald, il permet « une collecte quasi systématique des activités de tout utilisateur d'Internet dans le monde », qui permet ensuite d'opérer une recherche par mots clés (numéro de téléphone, adresse e-mail, adresse IP…). Sous la pression de l'opinion, le service secret a d'abord désactivé deux mille paramètres problématiques liés notamment à des entreprises telles EADS et Eurocopter. Par la suite, une commission parlementaire a identifié quarante mille paramètres rattachés à des individus, des ministères ou des sociétés de pays d'Europe de l'Ouest.

Un an plus tard, en 2014, d'autres révélations attestent qu'en fait le BND a passé un autre accord avec la NSA, encore plus problématique. Il s'agit de l'opération « Eikonal », qui prévoit un partage des écoutes téléphoniques et des interceptions de flux Internet réalisées en Allemagne (mais pas, en théorie, sur des citoyens du pays). L'agence américaine peut donc utiliser les stations d'écoute allemandes, très utiles notamment pour espionner des cibles en Europe. Et c'est ainsi qu'auraient été espionnés de hauts fonctionnaires et des industriels français à partir de sa base d'interception de Bad Aibling.

Ce n'est pas tout. En 2017, il apparaît qu'à partir de 1999 le BND a mis sur écoute les téléphones, les messageries et les fax d'une cinquantaine de médias étrangers. Et, en 2020, selon le *Washington Post* et la radio ZDF, le BND s'est allié, il y a plusieurs décennies, à la CIA pour racheter la firme Crypto AG, qui a vendu ses matériels de cryptologie à plus de cent vingt pays. Si bien que, pendant des décennies, les deux services ont pu déchiffrer une grande partie des communications codées d'un grand nombre d'États, y compris alliés.

Avec ses multiples révélations sur l'histoire du BND et sur ses liens secrets actuels avec la NSA, les citoyens allemands ne lui font donc aucune confiance. C'est pourquoi les autorités se sont senties obligées, en 2019, de démentir une curieuse rumeur, née après l'inauguration du nouveau siège du BND. Les Berlinois se demandaient pourquoi de drôles de palmiers en acier avaient été édifiés à l'extérieur des bâtiments. Certains assuraient qu'il ne s'agissait pas d'anodins éléments de décor mais de matériels d'interceptions pour espionner les passants. Malgré les multiples démentis officiels, la rumeur court toujours.

R

Roméo

C'est la plus vieille technique d'espionnage : séduire un homme ou une femme afin qu'il ou elle accepte de devenir un ou une agent. On surnomme ce type d'officiers séducteurs les « Roméo » ou les « *Ravens* » (« corbeaux ») en anglais, et leurs homologues féminines les « hirondelles », « *sparrows* » (« moineaux ») en anglais. Ces dernières sont plutôt la spécialité des Russes. L'affaire Dejean et bien d'autres prouvent l'efficacité de leur méthode très classique de recrutement, le chantage aux bonnes mœurs, « le piège à miel » ; « *honey trap* », disent les Anglo-Saxons, les Chinois préfèrent « le stratagème de la belle ». Pour les Roméo, en revanche, il s'agit moins de tendre un piège sexuel que de faire croire à la cible en un engagement sentimental de longue durée.

Cette technique a été particulièrement développée par les services secrets de l'Est. Le KGB a utilisé, par exemple, un ancien policier britannique au physique agréable, John Symonds. Mais la pratique a été systématisée par Markus Wolf, le légendaire patron de la HVA est-allemande. « Les raisons de l'intérêt de cette méthode de recrutement sont simples, explique-t-il dans son livre d'entretien *L'Œil de Moscou*. Une secrétaire ou une documentaliste, en poste dans un ministère, au BND ou au quartier général de l'OTAN, est mille fois plus utile [pour un service de renseignement étranger] que son chef de service ou quelqu'un de l'entourage du ministre. Tous les documents – notes, comptes rendus, rapports confidentiels – lui passent entre les mains et elle est la mieux placée pour les photocopier ou les photographier. Il en va de même dans l'armée, où il est préférable, à la limite, de recruter l'adjudant qui timbre les enveloppes que le colonel, qui, à ma connaissance, ne s'adonne que très rarement à ce genre de labeur. »

Le rapide succès des Roméo, de jeunes officiers de renseignement célibataires, est dû au fait que, dans les années 1950, il y a en RFA une pénurie de 4 millions d'hommes, tués pendant la Seconde Guerre mondiale ou prisonniers en Union soviétique. Souffrant de solitude, un grand nombre de secrétaires et d'assistantes, employées dans des organismes sensibles, constituent des proies faciles.

Pour trouver ses agents séducteurs, Wolf ne lésine pas sur les moyens. « Nous pratiquions un système de sélection très rigoureux, assure-t-il dans ses Mémoires, *L'Homme sans visage*. Sur cent candidats pris dans le Parti, dans les universités et les mouvements de jeunesse, dix étaient retenus pour un entretien, après examen de leur dossier. Sur ce nombre, nous n'en engagions parfois qu'un seul. »

À ces apprentis Roméo on enseigne à prendre leur temps. Ils doivent courtiser leurs proies longuement, faire croire à une vraie histoire d'amour avant de demander leur cible en mariage. Si possible, l'union doit être célébrée par un prêtre ou un pasteur à la solde de la HVA. Ce n'est qu'à ce moment-là que la jeune mariée entre dans l'engrenage de l'espionnage. Au début, son prince charmant lui demande un document anodin, puis ses requêtes se font de plus en plus précises et compromettantes, jusqu'à l'espionnage pur et simple, partout fortement réprimé.

On ne connaît pas l'identité du premier Roméo infiltré de l'autre côté du rideau de fer, seulement son nom de code, « Félix ». Sa mission se déroule dans les années 1950. Wolf lui demande de gagner la confiance de l'équipe du chancelier ouest-allemand, Konrad Adenauer. « Félix » repère l'une de ses secrétaires, une femme mûre aux cheveux châtain foncé, « Norma » pour la HVA. « Félix » se débrouille pour la rencontrer « par hasard » dans le bus qui, tous les matins, l'emmène à son bureau. Il réussit à la séduire, et, devenus amants, ils se marient quelques mois plus tard. La secrétaire commence alors à fournir une grande quantité d'informations puisées au cœur du pouvoir à Bonn. Un grand succès pour la HVA. Mais, au bout de quelques années, la taupe est repérée par le contre-espionnage ouest-allemand. Wolf décide de rapatrier « Félix » au plus vite derrière le rideau de fer. Le

Roméo est dévasté. Au fil du temps, il s'est épris de son espionne d'épouse !

Parfois, la tentative de séduction échoue. Pour parvenir à ses fins, l'officier de renseignement peut alors présenter un tout autre visage. La HVA voulait avoir des informations sur le haut commandement américain en Allemagne. Par une source interne, elle apprend qu'une certaine Christa Trapp, une jeune femme de 26 ans, secrétaire du directeur des affaires de l'Est, pourrait être recrutée. Elle vit avec sa mère, dont le mari est mort dans un camp de prisonniers soviétique. Pour améliorer l'ordinaire, Christa donne des cours privés d'anglais. L'une de ses voisines, une nouvelle, lui propose la place de théâtre que son mari, pris par son travail, ne pourra utiliser. Pendant l'entracte, les deux femmes rencontrent un ami de cette « voisine », un certain Henri Gerlach, apparemment un homme d'affaires à succès. Évidemment, la voisine comme le businessman sont, en réalité, des officiers de la HVA.

Après le spectacle, la « voisine » fait savoir à Christa que Gerlach voudrait prendre des leçons d'anglais avec elle. Elle accepte. Quelques semaines plus tard, l'élève invite sa professeure à dîner. Mais, contre toute attente, malgré sa belle prestance, le Roméo la laisse de marbre. Elle refuse. Plusieurs fois. De peur de perdre un client, elle finit par accepter. Gerlach vient la chercher en voiture. Mais au lieu d'un restaurant, il la conduit à la frontière est-allemande. Puisqu'il ne parvient pas à la séduire, le Roméo veut la contraindre à devenir son agent par la force. Comprenant qu'elle est kidnappée, la jeune femme saute de la voiture et court vers le secteur américain. L'opération échoue. La HVA n'aura pas d'espionne au sein du haut commandement américain.

Plus tragique est la fin de l'opération visant une certaine Leonore Heinz, une quadragénaire travaillant au ministère des Affaires étrangères à Bonn. Très seule, elle rencontre « par hasard » un certain Heinz Sütterling, un fort bel homme qui prétend militer en faveur d'un mouvement prônant la réunification allemande. C'est le coup de foudre puis le mariage en 1960. Amoureuse, Leonore accepte de livrer à son Roméo de mari tous les documents « secret-défense » qui lui passent entre les mains. Si bien que, grâce à elle, Moscou reçoit un grand nombre de documents diplomatiques de la RFA avant même leur destinataire, le ministre ouest-allemand. Mais quand, sept ans plus tard, le contre-espionnage les démasque et les arrête, Leonore comprend que le bel Heinz l'a épousée sur ordre. Dévastée, elle se pend dans sa cellule.

Au bout de quelques années, les contre-espions ouest-allemands parviendront à empêcher plusieurs opérations de séduction par des Roméo. Pour les repérer, ils fileront les voyageurs de 25-45 ans se déplaçant avec peu de bagages et une certaine coupe de cheveux, décrite par les transfuges.

Voir : Hirondelle ; Symonds, John ; Wolf, Markus.

Rosenberg, Ethel et Julius

Que savons-nous aujourd'hui de l'affaire Rosenberg, du nom des seuls Américains condamnés à mort pour espionnage pendant la guerre froide ? Dénoncés aux États-Unis par de nombreux intellectuels et artistes, leur procès et surtout leur exécution en 1953 ont fait l'objet, dans de nombreux pays, de grandes manifestations souvent organisées par les partis communistes locaux. Le débat sur la culpabilité de Julius et d'Ethel Rosenberg et sur la sévérité de la peine qui leur a été infligée a continué pendant des décennies.

Ces deux communistes ardents étaient-ils vraiment coupables ? Si oui, de quoi exactement ? Depuis la chute du mur de Berlin, en 1989, plusieurs archives cruciales ont été déclassifiées, et différents protagonistes directs encore en vie ont témoigné pour la première fois. Grâce à ces nouveaux éléments, on peut répondre de façon presque certaine à ces questions qui ont taraudé les Américains pendant si longtemps.

En 1990 paraît le dernier tome des Mémoires de l'ancien numéro un soviétique, Nikita Khrouchtchev. Elles ont été recueillies sur bandes magnétiques avant la mort de l'ex-chef du Kremlin en 1971 et conservées, depuis, en un lieu secret. Publiés en 1970 et 1974, les deux premiers volumes de ces Mémoires ne mentionnaient pas les Rosenberg. Le troisième si, et on ne peut plus clairement. « Je faisais partie du cercle de Staline quand il mentionna avec chaleur les Rosenberg, déclare Khrouchtchev. Je ne puis dire, de façon précise, le genre d'aide qu'ils nous ont apportée. Mais j'ai entendu dire tant par Staline que par Molotov, alors ministre des Affaires étrangères, que les Rosenberg nous ont fourni une aide importante qui nous a permis d'accélérer la production de notre bombe atomique. »

Cinq ans plus tard, en 1995, la NSA rend publique une partie des archives du projet « Venona », une opération américaine ultrasecrète lancée en 1943 qui consistait à intercepter puis à tenter de déchiffrer les messages secrets échangés entre Moscou et ses missions diplomatiques aux États-Unis. Or, dix-neuf de ces câbles, décodés en 1947, prouvent qu'un individu dont le nom de code est « Antenna », puis « Liberal », agit comme espion en faveur de l'URSS. En 1950, l'individu correspondant à ces noms de code est identifié formellement par le FBI : il s'agit de Julius Rosenberg. Dans l'un des dix-neuf messages, il est d'ailleurs question de sa femme « Ethel, 28 ans », avec laquelle il est marié « depuis cinq ans ». Ces éléments de preuves top secret n'ont pas été communiqués lors du procès, de peur de mettre en danger une opération d'espionnage décisive pour Washington dans sa guerre secrète contre le Kremlin.

En 1999, un autre témoin important publie ses souvenirs : Alexandre Feklissov. Cet officier du KGB a connu son heure de gloire en 1962, au moment de la crise des missiles de Cuba, quand il a joué un rôle significatif d'intermédiaire confidentiel entre Kennedy et Khrouchtchev. Vingt ans auparavant, à la fin des années 1940, il était l'officier traitant du savant atomiste Klaus Fuchs, principale source de renseignements sur la bombe atomique américaine. Il traitait aussi Julius Rosenberg.

Feklissov raconte que Julius a été recruté en 1942 et que son principal rôle a été de fournir des renseignements sur des armes conventionnelles, notamment les radars utilisés par l'US Army, informations qui auraient aidé l'armée soviétique pendant les guerres de Corée et du Vietnam. En ce qui concerne le nucléaire militaire, assure-t-il, les renseignements fournis par le réseau de Julius étaient de faible intérêt, si ce n'est confirmer ceux livrés précédemment par des espions beaucoup plus importants, tel Klaus Fuchs.

Selon Feklissov, le rôle de Julius Rosenberg dans l'espionnage nucléaire a essentiellement consisté à recruter en 1944 le frère d'Ethel, le sergent David Greenglass, lui aussi communiste convaincu. Il travaillait dans le site secret de Los Alamos, où des chercheurs mettaient au point l'arme atomique. Il s'était fait embaucher comme machiniste dans l'équipe qui préparait l'amorce de la bombe. Comme les mesures de sécurité dans ce laboratoire étaient très souples, Greenglass a pu mettre la main sur un grand nombre de documents. En 1945, il a, ainsi, remis à un courrier du NKVD, Harry Gold, un schéma grossier de l'arme et douze pages de détails techniques.

Dénoncé par ce Gold, Greenglass a avoué et désigné son beau-frère, Julius, comme chef du réseau. Il a aussi assuré que les documents à remettre aux Russes étaient retapés à la machine par sa sœur, Ethel Rosenberg. Grâce à ce témoignage à charge, il a sauvé sa tête et n'a été condamné qu'à dix ans de prison, tandis qu'Ethel, qui a toujours nié, et pour cause, a, elle, été condamnée à mort.

En 2001, un journaliste du *New York Times*, Sam Roberts, interroge David Greenglass pour sa biographie intitulée *Le Frère : l'histoire secrète de l'affaire Rosenberg*. Au cours des discussions, Greenglass, qui a passé dix ans en prison, admet que, pour protéger sa femme de toute poursuite, il a témoigné contre sa sœur à propos des notes tapées à la machine. « Je pense vraiment que c'est ma femme qui a retapé mais je ne m'en souviens pas. » Il ajoute qu'il n'a aucun regret : « Ma femme est plus importante pour moi que ma sœur. Ou ma mère ou mon père. Elle était la mère de mes enfants. »

Puis c'est Martin Sobell qui décide de parler. Condamné en même temps que les Rosenberg à trente ans de prison pour espionnage, et libéré en 1969, cet ancien camarade de classe de Julius Rosenberg a toujours nié avoir travaillé pour le NKVD. Mais, en 2008, dans une interview au *New York Times*, il fait machine arrière et reconnaît avoir été un espion aux côtés de Julius. Quant à Ethel, « elle savait ce qu'il faisait », dit-il, mais c'est tout. « Elle était coupable de quoi ? D'être la femme de son mari ? »

Sobell a accepté de parler après que l'association National Security Archives a obtenu la déclassification d'un document décisif : le témoignage de la femme de Greenglass, Ruth, devant le grand jury qui a condamné les Rosenberg. Selon le compte rendu, Ruth n'a jamais dit, comme son mari, qu'Ethel Rosenberg avait tapé à la machine les documents à livrer au KGB. En revanche, elle précise qu'elle-même l'a fait au moins une fois. Et qu'elle demandait à Ethel de sortir de la pièce quand son mari et elle parlaient d'affaires d'espionnage.

L'affaire est donc entendue : Julius était coupable, mais pas Ethel. Un avocat général adjoint du procès avouera plus tard que sa condamnation à mort a été prononcée dans le but de faire avouer Julius, qui a toujours nié. Mais le piège n'a pas fonctionné. Le président Eisenhower aurait pu la gracier. Mais il jugea qu'une telle décision serait une marque de faiblesse au moment même où se négociait la fin des affrontements militaires en Corée. Si bien que cette jeune femme de 37 ans, mère de deux jeunes enfants, a été exécutée – pour rien.

« Ryan », Opération

Au début des années 1980, le monde est passé, sans le savoir, tout prêt d'un affrontement nucléaire. Étrangement, c'est une opération d'espionnage qui a failli déclencher cette guerre nucléaire, et une autre qui a permis d'éviter cette déflagration.

En mai 1981, le numéro un soviétique, Leonid Brejnev, prononce un discours devant les hauts gradés du KGB. Il assure que la politique extérieure du président Reagan, investi depuis quelques mois, est une grande menace pour la paix et que « l'Amérique et l'OTAN se préparent activement à une guerre nucléaire ». Puis le patron du service secret, Youri Andropov, qui, quelques mois plus tard, remplacera Brejnev à la tête du pays, prend la parole. « Jamais depuis la Seconde Guerre mondiale, lance-t-il, la situation internationale n'a été aussi explosive que maintenant. » Plusieurs événements semblent justifier cette inquiétude. Ronald Reagan a qualifié l'URSS d'« Empire du Mal », il a décidé d'installer en Europe des missiles nucléaires de portée intermédiaire Pershing et il a lancé l'Initiative de défense stratégique, censée conférer un avantage stratégique définitif à l'Amérique.

À la stupéfaction des hauts gradés du KGB, Andropov révèle que la direction du pays a décidé de lancer une opération d'espionnage d'envergure mondiale. Pour marquer son importance, il annonce qu'elle sera réalisée pour la première fois conjointement par le KGB et le GRU, pourtant d'irréductibles frères ennemis. Nom de code de la gigantesque opération : « Ryan », l'acronyme de *Raketno-Yadernoye Napadenie*, qui signifie « attaque de missile nucléaire » en russe. Il s'agit de récolter tous les renseignements possibles et imaginables sur les préparatifs de frappes atomiques que, selon Andropov,

Reagan s'apprêterait à lancer contre l'Union soviétique. Début 1982, « Ryan » devient la priorité absolue des résidences du KGB dans le monde, la plus vaste opération soviétique d'espionnage lancée en temps de paix.

Tous les services du bloc soviétique aussi sont sollicités. Dans ses Mémoires, Markus Wolf, le patron de la HVA, le service de renseignement est-allemand, se souvient qu'au début des années 1980 les officiers de liaison soviétiques en poste à Berlin-Est étaient « obsédés » par « Ryan » et la menace d'une frappe nucléaire américaine. « La HVA avait reçu l'ordre de découvrir les plans de cette attaque-surprise. Nous avons constitué une équipe spéciale et un centre de crise », écrit-il, ajoutant que lui-même était plutôt sceptique.

Moscou ordonne à ses espions de rapporter tous les indices pouvant laisser penser qu'une telle frappe se prépare. Ainsi, ignorant que la collecte de sang est gratuite en Grande-Bretagne, il demande que soit noté chaque jour le prix du litre de sang prélevé à Londres. L'idée du KGB est que toute progression de ce prix signifierait que l'armée britannique se prépare au combat. De même, les officiers du service secret soviétique doivent-ils compter le nombre de lumières restées allumées le soir au Pentagone, ce chiffre étant lui aussi considéré comme un indicateur assez fiable de préparatifs en cours. Enfin, le QG du service secret est convaincu que des chefs de l'Église et les principaux banquiers ont été mis dans la confidence d'une attaque à venir. Il s'agit donc d'essayer d'enquêter dans ces deux milieux.

La Première Ministre britannique, Margaret Thatcher, est informée de l'opération « Ryan » en décembre 1982. C'est que le MI6 dispose depuis 1974 d'un formidable agent double au sein du KGB : Oleg Gordievsky, qui vient tout juste d'être nommé chef de la résidence du service secret soviétique à Londres. Il a transmis à ses officiers traitants britanniques toutes les directives de la direction du KGB sur « Ryan ». À part Margaret Thatcher, un seul ministre est mis dans la confidence : le secrétaire au Foreign Office, Geoffrey Howe. Dans ses Mémoires, celui-ci se souvient de « l'impression très forte » que lui procurent les documents de Gordievsky (dont il ignore encore le nom). « La direction soviétique croyait réellement l'essentiel de sa propre propagande, écrit-il, abasourdi. Ils avaient vraiment peur que "l'Ouest" complote à leur renversement – et serait prêt à tout pour y parvenir. »

En novembre 1983, la paranoïa du Kremlin atteint son paroxysme quand l'OTAN organise un exercice routinier de cinq jours, nom de code « Able Archer », qui, chaque année, simule le déclenchement de frappes nucléaires dans l'unique but d'améliorer les procédures de commandement. Dans ses Mémoires, Geoffrey Howe croit se souvenir que, grâce aux alertes de l'agent double Gordievsky, l'exercice a été modifié. « Gordievsky ne nous a laissé aucun doute sur l'extraordinaire mais bien réelle peur des Russes d'une attaque nucléaire en vrai, écrit-il. L'OTAN a délibérément changé certains aspects de l'exercice pour ne laisser aucun doute aux Soviétiques qu'il ne s'agissait bien là que d'un exercice. »

De fait, comme chaque fois, aucune tête atomique n'est déplacée, ni aucune troupe mobilisée. Mais le secrétaire au Foreign Office a oublié qu'« Able Archer 83 » a introduit plusieurs nouveautés : l'utilisation de bombardiers stratégiques B52, des silences radio, un système jamais utilisé de chiffrement des communications et l'intervention de plusieurs chefs d'État. Si bien qu'en ce début novembre, les Soviétiques et leurs alliés paniquent. Ils mettent leurs propres forces nucléaires en alerte. Par chance, l'un des responsables du renseignement aérien américain, Leonard Peroots, conseille à ses chefs de ne pas céder à l'escalade, de ne pas répondre à cette mise en alerte. Si bien que l'exercice se termine sans que rien se passe. Plus tard, les historiens internes du Pentagone écriront que ce jour-là le monde a été « à un cheveu » de la déflagration nucléaire.

Qu'en sera-t-il pour l'exercice suivant, « Able Archer 84 » ? Une nouvelle tension extrême peut, cette fois, se conclure par un échange de tirs de missiles atomiques. « Margaret Thatcher était très inquiète, écrit Ben Macintyre dans *L'Espion et le Traître* (De Fallois, 2019), sa formidable biographie de Gordievsky. La combinaison des peurs soviétiques et de la rhétorique reaganienne aurait pu se terminer par une guerre nucléaire. » Elle ordonne donc de tout faire pour « supprimer le danger qu'en interprétant mal les intentions occidentales l'Union soviétique ne surréagisse ». Elle demande donc au Foreign Office de prendre contact avec les Américains afin de partager avec eux « les révélations de Gordievsky ».

Quand Ronald Reagan découvre ces « révélations », il déclare : « Je ne vois pas comment [les Soviétiques] ont pu croire à cela, mais c'est une chose que l'on doit considérer. » Le soir, dans son journal, il écrit : « J'ai l'impression que les Soviétiques sont si paranoïaques à l'idée d'être attaqués que nous devrions leur dire que personne ici n'a l'intention de faire quelque chose comme cela. » Si bien que, « grâce à Gordievsky, écrit Ben Macintyre, Reagan et Thatcher savaient désormais que l'angoisse soviétique représentait un danger plus grand qu'une agression soviétique ». Et les exercices « Able Archer » suivants ont été profondément allégés.

Selon un rapport interne de la CIA sur « Able Archer », écrit des années plus tard « les renseignements de Gordievsky ont été une sorte d'épiphanie pour le président Reagan. Seul l'avertissement de Gordievsky à Washington via le MI6 a empêché que les choses n'aillent trop loin ».

Si elle a régressé, la peur des dirigeants soviétiques n'a pas disparu du jour au lendemain, si bien que l'opération « Ryan » a été poursuivie, sur un mode plus souple, pendant plusieurs années, avant d'être définitivement arrêtée en 1989.

S

Skripal, Sergueï

Dans le monde du renseignement russe, Sergueï Skripal n'était qu'« un petit poisson », assure le *New York Times*, un officier dont la carrière fut sans aspérité et la trahison sans conséquence. Pourtant, début 2018, le Kremlin donne l'ordre d'empoisonner cet ancien officier du GRU réfugié au Royaume-Uni. Les autorités russes tiennent même à signer cet attentat, qui a échoué par miracle, en faisant employer, par les tueurs, du Novichok, un agent neurotoxique produit uniquement dans les laboratoires militaires russes. Pourquoi une telle animosité meurtrière ?

Sergueï Skripal a 21 ans quand il devient parachutiste militaire, en 1972. Il passe une dizaine d'années en Afghanistan, jusqu'au départ des troupes soviétiques. Puis il est coopté au GRU, le service de renseignement militaire. Après la dislocation de l'Union soviétique, en 1991, on le dépêche à Malte puis à Madrid sous couverture d'adjoint à l'attaché militaire. Mais son travail ne l'intéresse plus. En pleine débandade du pouvoir et de l'économie russes, il ne sait plus ni pour qui ni pourquoi il espionne. Si ce n'est pour lui permettre d'accumuler un petit capital.

En 1995, il est « tamponné » par un certain Antonio Alvarez de Idalgo. Les deux hommes sympathisent. Skripal confie son désir de gagner suffisamment d'argent avant de quitter l'armée. L'Espagnol – qui s'appelle en réalité Pablo Miller – lui propose de monter une entreprise d'import-export de vin. L'officier du GRU accepte. Ferré par l'appât du gain, il ne bronche pas quand Alvarez lui avoue qu'en réalité il est un officier de renseignement britannique et que, grâce à lui, Skripal pourrait gagner pas mal d'argent. Il lui faudra vendre non pas du vin, mais des secrets militaires. L'ancien para dit oui et devient un agent double, nom de code : « Forthwith ».

À ce que l'on sait, le principal document livré par Skripal au MI6 est la liste de trois cents officiers du GRU travaillant sous couverture en Europe. Il y a accès lorsqu'il est nommé, en 1996, directeur du personnel du GRU à Moscou. Il prend sa retraite militaire quelques mois plus tard avec le rang de colonel. Mais, à peine quinquagénaire, il conserve une activité d'abord au département immobilier du ministère des Affaires étrangères puis à l'oblast de Moscou. Tout en continuant de renseigner le MI6, qui, pendant les huit ans de sa collaboration, lui donne au total 100 000 dollars et lui permet de profiter, à sa guise, d'une maison au bord de la mer en Espagne, propriété du service britannique.

Tout s'écroule en 2004 quand Sergueï Skripal est trahi par un officier de renseignement espagnol, lui-même retourné par le GRU. En décembre, il est arrêté à Moscou, puis un tribunal militaire lui retire son grade de colonel, ses décorations, et le condamne à quinze ans de colonie pénitentiaire, une peine que le juge réduit à treize du fait de la collaboration de Skripal avec les enquêteurs, auxquels il a tout dit.

Sa vie bascule de nouveau, dans le bon sens cette fois, en 2010, alors qu'il purge sa peine dans un camp de Mordovie. Le FBI vient d'arrêter dix « illégaux » russes dont la désormais célèbre espionne Anna Chapman. Le patron de la CIA, Leon Panetta, a appelé son homologue russe, le directeur du SVR, Mikhaïl Fradkov, pour lui proposer un échange. Fradkov a donné son feu vert. Le MI6 demande à la CIA d'inclure dans le troc son agent Skripal. Panetta est surpris par cette requête puisque, du fait des modestes exploits de cette taupe, il n'en a jamais entendu parler. Mais il a accepté. Si bien qu'en juillet 2010, Skripal se retrouve en Grande-Bretagne, dans la petite ville paisible de Salisbury, où le MI6 lui a trouvé une maison.

Interrogé à la télévision russe sur cet échange, Vladimir Poutine s'attarde sur le cas des taupes, tel Skripal. « Une personne consacre toute sa vie pour sa patrie, et un salaud quelconque arrive et le trahit, lance-t-il, ému comme chaque fois qu'il parle de son ancien métier. Comment ce porc sera-t-il capable de regarder ses enfants dans les yeux ? Quoi qu'ils aient reçu en échange, ces trente pièces d'argent qu'on leur a donné, ils vont s'en étouffer. » Il ajoute, menaçant : « Croyez-moi, ils devront se cacher toute leur vie ». Puis, lorsqu'un journaliste lui demande s'il les punira, il répond : « Les officiers de renseignement ont leur propre règle, des règles qui sont connues de tous dans le milieu. »

L'ancien officier du GRU n'est pas impressionné. Il a presque 60 ans et pourrait jouir tranquillement de sa retraite, à l'abri des regards. Pourtant, il accepte des missions de conseil auprès du MI6 mais aussi auprès des services de contre-espionnage tchèque et balte. Selon la presse britannique, il les aide notamment à démasquer des espions du GRU et leur révèle certaines techniques utilisées par son ancien employeur. Jusqu'à ce qu'en mars 2018 sa fille, Youlia, et lui soient découverts inconscients et pris de soubresauts sur un banc de Salisbury.

À l'hôpital, les médecins découvrent que le père et la fille ont été empoisonnés au Novichok, un agent neurotoxique extrêmement dangereux. Les tueurs ont transporté le poison dans un flacon de parfum *Premier Jour* de Nina Ricci avant d'en déposer quelques gouttes, une dose mortelle, sur la poignée de la porte d'entrée de la maison de Skripal.

Le scandale international est retentissant. En représailles à ce qui apparaît bien être un attentat exécuté par deux officiers du GRU, les pays occidentaux expulsent plus de cent cinquante diplomates russes soupçonnés d'être des espions sous couverture diplomatique. Tandis que Vladimir Poutine traite, lui, Skripal de « salaud » et de « traître à la patrie ».

Malgré les risques de tension avec l'Occident, le président russe a donc mis sa menace à exécution. Quelques jours après, un ancien haut responsable du contre-espionnage français m'explique pourquoi il n'est pas surpris par cette vengeance. « Une règle implicite régit les échanges d'espions, raconte-t-il. Après avoir bénéficié d'un tel troc, un officier de renseignement ne doit pas travailler contre son ancien service. Skripal, qui connaissait évidemment cette loi du milieu, l'a fait. C'est pourquoi cette tentative d'assassinat, tout à fait condamnable bien sûr, est logique. Elle correspond parfaitement aux pratiques du KGB. » En tout cas, le message a sûrement été entendu par ceux auxquels il était destiné...

À en croire la presse britannique, les Skripal vivraient aujourd'hui sous une nouvelle identité en Nouvelle-Zélande.

Voir : Chapman, Anna.

« *Slam dunk* »

Ces deux mots ont brisé la carrière et la réputation de George Tenet, directeur de la CIA de 1997 à 2004. Ils disent tout aussi l'incurie de l'agence américaine de renseignement dans l'affaire des armes de destruction massive en Irak.

À l'origine, « *slam dunk* » est une expression de basket qui décrit l'action spectaculaire de sauter en l'air pour attraper le ballon et le mettre dans le panier avec une ou deux mains. Au fil du temps, elle a été adoptée dans le langage courant pour signifier qu'une chose peut être réalisée sans difficulté. En français, l'équivalent pourrait être « c'est du gâteau » ou « c'est du tout cuit ».

Le vendredi 21 décembre 2001 au matin, George Tenet et son adjoint John McLaughlin retrouvent le président George W. Bush et ses principaux conseillers dans le Bureau ovale. Le chef de la Maison-Blanche veut que les plus hauts responsables de la CIA présentent leurs meilleures preuves de la présence d'armes de destruction massive en Irak, preuves qui doivent être suffisamment fortes et convaincantes pour justifier une invasion du pays de Saddam Hussein. C'est McLaughlin qui fait le « pitch », comme on dit en anglais. Il dévoile des plans de prétendus laboratoires mobiles, utilisés pour la fabrication d'anthrax, une arme biologique extrêmement dangereuse. Il assure qu'ils proviennent d'une source irakienne très fiable du BND allemand, dont le nom de code est « Curveball ».

Le numéro deux de la CIA fait aussi lire au président américain la transcription d'un échange radio crypté entre deux officiers irakiens. La très courte discussion semble indiquer que l'un ordonne à l'autre de retirer des agents neurotoxiques d'on ne sait où. Pour McLaughlin, ce serait là la preuve ultime que Saddam Hussein cache des stocks d'armes de destruction massive, malgré les résolutions des Nations unies qui lui ont ordonné de les détruire.

Quant aux armes atomiques, elles aussi interdites, McLaughlin évoque l'existence d'un groupe de hauts responsables irakiens que Saddam Hussein surnommerait « la mafia nucléaire ». Et quelques autres éléments récoltés auprès de transfuges.

« Bien essayé, dit Bush, mais je ne crois pas que Joe Public [surnom de l'Américain moyen] comprendra tout cela, et que cela augmentera significativement sa confiance. » Le Président se retourne alors vers George Tenet et lui lance : « On m'a parlé de tous ces renseignements sur les armes de destruction massive et ce sont les meilleurs que vous avez ? » Tenet, qui est un fan de basket-ball, se lève et lance : « *It's a slam dunk* [c'est du gâteau]. »

Selon le grand journaliste américain Bob Woodward, qui raconte cette scène en 2004 dans son livre *Plan of Attack*, George Bush revient à la charge : « George, jusqu'à quel point êtes-vous sûr de tout cela ? — Ne vous inquiétez pas, répond l'homme qui dirige la CIA depuis quatre ans. *It is a slam dunk !* »

On sait que cela ne le sera pas. Après l'invasion américaine et la chute du dictateur irakien, Tenet dépêche une équipe de la CIA qui doit mettre la main sur ces armes de destruction massive que l'armée n'a pas encore trouvées. En vain. Par la suite, plusieurs commissions parlementaires ont interrogé sous serment la plupart des acteurs et analysé toutes les « preuves » présentées par la CIA. Leur conclusion est unanime : l'agence de renseignement a voulu conforter le Président qui était déjà engagé sur la voie de la guerre – quitte à tordre la réalité et en tout cas la confiance que l'on pouvait avoir dans ces « preuves ».

Le plus incroyable est que, durant toute la montée en puissance de la guerre et le tintamarre sur les armes de destruction massive, Saddam Hussein savait pertinemment qu'il n'en possédait pas. Pourquoi alors a-t-il entravé jusqu'au dernier moment les inspecteurs de l'ONU ? Pourquoi leur a-t-il refusé l'accès à certains sites ? Le tyran s'expliquera en juin 2004, après sa capture, lorsqu'il sera longuement interrogé en prison par un officier du FBI, George Piro. Quand ce dernier lui demande pourquoi il a bloqué les inspecteurs de l'ONU, donnant ainsi un prétexte à George Bush pour attaquer, Saddam Hussein lui répond que « la menace de l'Iran a été le principal facteur » de ce refus. L'ancien dictateur, note Piro, redoutait d'abord et avant tout que l'Iran, contre lequel l'Irak avait mené, dans les années 1980, une guerre particulièrement meurtrière, ne découvre ses faiblesses et ses vulnérabilités et n'en profite pour attaquer. Un raisonnement on ne peut plus simple que personne à la CIA n'a deviné.

Devenu « M. Slam Dunk » pour les médias et l'establishment américain, George Tenet, humilié, démissionne de la CIA en 2004. Il sera le responsable qui est resté le plus longtemps à la tête de l'Agence, derrière le légendaire Allen Dulles. Malgré son fiasco à propos des armes de destruction massive, George Bush le décore de la plus haute distinction des États-Unis. À 51 ans, ce fils d'immigrés grecs qui a grandi dans le Queens, un quartier très populaire de New York, avant de suivre de brillantes études, entreprend une carrière d'enseignant en géopolitique à la prestigieuse université Johns-Hopkins à Washington, avant de prendre la direction d'une banque d'affaires.

Juste avant d'entrer dans les affaires, il publie en 2007 ses Mémoires, *At the Center of the Storm*. Il revient évidemment sur l'épisode « C'est du gâteau » qui a tant marqué l'opinion américaine. Il ne nie pas avoir lancé cette expression, mais il conteste l'interprétation qui en a été faite par Woodward. Selon lui, il voulait seulement rassurer le Président sur la capacité de la CIA de muscler sa présentation des armes de destruction massive en Irak destinée au grand public. C'est cela, plaide Tenet, qui était un « *slam dunk* », et non la découverte de nouvelles preuves. Il croit bien se défendre. Mais il s'enfonce. Car le rôle de la CIA et de ses analyses n'est pas de satisfaire le pouvoir en place, de l'aider à manipuler l'opinion, mais de l'informer. Ce témoignage est donc la preuve involontairement produite qu'en 2002 et 2003 Langley et son chef ont bien sciemment menti ou exagéré les preuves produites devant le Congrès des États-Unis, le peuple américain et à la face du monde – et cela dans l'unique but de justifier une guerre qui était décidée depuis longtemps.

Cet épisode a eu un effet dévastateur sur la CIA et la confiance que les Américains et les alliés des États-Unis pouvaient lui accorder. Il faudra attendre vingt ans et l'invasion russe de l'Ukraine en février 2022 pour que l'Agence redore son blason, en annonçant au monde les manœuvres à venir de Vladimir Poutine avec une précision époustouflante.

Voir : « Curveball ».

Snowden, Edward

Edward Snowden – le plus grand lanceur d'alerte de tous les temps – a eu son épiphanie le 21 juin 2012, jour de ses 29 ans, à Oahu, une île de l'archipel d'Hawaï. Le consultant informatique travaille là, dans une sorte de tunnel en béton creusé sous une colline luxuriante. Son employeur porte un nom imprécis : « Security Operations Center ». C'est une couverture.

Depuis six ans et son premier contrat à la CIA, Snowden est un agent secret d'un nouveau genre, un cyberespion : « Les gens de ma génération n'ont pas seulement repensé le travail des services de renseignement, ils ont entièrement redéfini la nature des renseignements, écrit-il dans son livre de souvenirs, *Mémoires vives* (Seuil, 2004). On n'avait pas affaire à des rencontres clandestines ou à des cachettes secrètes, mais à des données. »

Au début, en 2006, Snowden est spécialisé, à la CIA, dans les opérations défensives, la cybersécurité. À Genève, où il travaille sous couverture diplomatique, la mission permanente des États-Unis à l'ONU, il est chargé d'empêcher des attaques contre le réseau des communications diplomatiques. Quelques mois plus tard, au Japon, il est rattaché à une base de l'US Air Force pour former les pilotes à la lutte contre les hackers chinois et nord-coréens.

Puis, en 2011, il rejoint la Colline, le centre de recherche de la NSA, la gigantesque agence américaine d'interception, dans le Maryland. Il est sidéré par ce qu'il découvre, les capacités extraordinaires des services américains non seulement à repousser les attaques informatiques, mais aussi à pénétrer des réseaux de communication, à aspirer et analyser leurs trafics. Mais il ne perçoit pas tout de suite le projet global.

C'est donc un an après, le 1er juin 2012, lorsqu'il franchit les portiques du prétendu Security Operations Center à Oahu, une couverture de la NSA, qu'il est saisi d'une révélation. « Il a fallu que je me rende dans ce cadre paradisiaque pour saisir la logique qui sous-tendait ma mission : la mise en place d'un système de surveillance de masse global, confie-t-il dans *Mémoires vives*. Dans un tunnel creusé sous un champ d'ananas et qui abritait, à l'époque de Pearl Harbor, une usine où l'on construisait des avions, j'étais installé devant un terminal qui me donnait un accès quasi illimité aux communications de n'importe qui ayant composé un numéro de téléphone ou pianoté sur un ordinateur. Parmi eux, il y avait les 320 millions d'Américains, mes compatriotes, qui étaient quotidiennement épiés, en violation flagrante non seulement des principes de la Constitution américaine, mais aussi des valeurs fondamentales de toute société libre. »

Quand décide-t-il de franchir le pas, de révéler les secrets les plus effarants de la NSA et de la CIA en livrant à la presse internationale des centaines de milliers de documents secrets, y compris quelques rares classifiés « TOP SECRET//STLW//HCS/COMINT//ORCON/NOFORN », ce qui signifie, selon Snowden, que, « seules quelques dizaines d'individus dans le monde [sont] autorisés à en prendre connaissance » ? En mars 2013, quand le patron de toute la communauté du renseignement américain, James Clapper, ment éhontément devant le Sénat des États-Unis.

Un parlementaire demande à Clapper : « La NSA collecte-t-elle des données, quelles qu'elles soient, de millions ou de centaines de millions d'Américains ? » Clapper répond, sous serment : « Non, monsieur. » Et ajoute, pour se couvrir : « Il arrive peut-être que des données soient accidentellement collectées, mais jamais de manière volontaire. » Snowden sursaute. Sa décision est prise. Il démissionne de son job pour entrer dans une firme de consultants habilités au plus haut niveau de secret, Booz Allen Hamilton, où il pourra accumuler les preuves et les détails de cette surveillance mondiale.

Il découvre d'abord « Stellarwind », le premier programme de collecte et d'analyse systématique des communications des citoyens américains. Il a été décidé par George Bush après le 11-Septembre. C'est à ce moment-là, estime Snowden, que la mission de la NSA a été radicalement transformée : « L'informatique, destinée à l'origine à protéger les États-Unis, écrit-il, était désormais utilisée pour contrôler le pays, redéfinissant les communications Internet privées des citoyens comme du renseignement électromagnétique. »

Ensuite, Snowden trouve le programme « Prism », qui permet à la NSA de collecter régulièrement des données auprès de Microsoft, Yahoo !, Google, Facebook, Paltalk, YouTube, Skype, AOL et Apple, dont des e-mails, des photos, des chats audio et vidéo, des historiques de navigation, des historiques de recherches, « transformant, d'après lui, ces entreprises en complices ».

« Upstream Collection » est une autre opération de collecte encore plus invasive, opérée par une unité de la NSA appelée « Special Sources Operations ». Celle-ci a construit un équipement secret de mise sur écoute et l'a installé dans les locaux des fournisseurs d'accès à Internet partout dans le monde.

Avec ces deux programmes, tout est en place pour la Grande Surveillance. Snowden la décrit admirablement dans son livre, un récit technique mais si important que chaque citoyen du monde devrait le connaître.

« Imaginez-vous assis devant un ordinateur, alors que vous êtes sur le point de vous rendre sur un site Web, écrit Snowden. Vous ouvrez votre navigateur, tapez une URL et appuyez sur la touche "Entrée". L'URL est une requête, et cette requête est envoyée vers son serveur de destination. Mais quelque part au cours de son voyage, avant que la requête ne parvienne à son serveur, elle devra passer à travers "Turbulence", l'une des armes les plus puissantes de la NSA. »

En fait, elle est d'abord conduite vers « plusieurs serveurs noirs empilés les uns sur les autres », grands comme une bibliothèque « à quatre rayonnages ». Ces serveurs ont été installés dans des salles secrètes au sein de bâtiments non moins secrets, propriété des plus grands opérateurs télécoms privés dans des pays alliés des États-Unis. Il y en a aussi dans des bâtiments diplomatiques et des bases militaires américaines. Ces serveurs utilisent deux logiciels majeurs. « Le premier, "Turmoil", gère la "collecte passive", précise Snowden. Le second, "Turbine", est responsable de la "collecte active" – au sens où elle manipule activement les données de l'utilisateur. Vous pouvez imaginer "Turmoil" comme un garde posté devant un pare-feu invisible à travers lequel passe tout le trafic Internet. » Quand la requête arrive, il analyse ses métadonnées afin de ne retenir que les requêtes qui doivent, selon la NSA, faire l'objet d'une analyse plus fouillée. « Ces critères sont du ressort arbitraire de la NSA et relèvent de tout ce que l'Agence considère comme suspect », note Snowden. Ce peut être un numéro de carte de crédit, un numéro de téléphone, une adresse e-mail, mais aussi l'origine ou la destination de votre activité Internet ou des mots clés, tels que « manif ».

« Si "Turmoil" décide que votre navigation est suspecte, précise Snowden, il transmet l'information au programme "Turbine", qui redirige votre requête vers les serveurs de la NSA. Là-bas, des algorithmes décident quel programme – quel logiciel malveillant, ou malware – de l'Agence va être utilisé contre vous. Les programmes choisis sont renvoyés à "Turbine", qui les injecte dans le trafic et vous les refile en même temps que le site Web que vous cherchiez à visiter. Et voilà le résultat, conclut Snowden : vous avez eu le contenu que vous vouliez, avec la surveillance dont vous ne vouliez pas, le tout en moins de 686 millisecondes. Et complètement à votre insu. Une fois que les programmes sont sur votre ordinateur, la NSA n'a plus seulement accès à vos métadonnées, mais également à toutes vos données. Désormais, votre vie numérique lui appartient entièrement. » CQFD.

En livrant, à partir de 2013, à la presse internationale, les documents secrets prouvant cette surveillance globale, Snowden a changé non seulement notre vision d'Internet, mais aussi de nos États. Grâce à lui, nous avons découvert, ébahis et écœurés, le niveau de complicité entre les grandes agences d'écoutes du monde occidental, qui autorisent les unes à analyser les communications interceptées par les autres et qui s'entraident pour cibler des personnalités, des ministères et entreprises de pays alliés – le tout au mépris de la loi. Autrement dit, au lieu d'être poursuivi pour espionnage et risquer la prison à vie aux États-Unis, Snowden, oui, le plus grand lanceur d'alerte de tous les temps, devrait être reçu partout dans le monde avec les honneurs dus à un héros de la démocratie et de la vérité.

La preuve : le 20 septembre 2020, treize ans après ses premières révélations, la cour d'appel fédérale de Washington a déclaré que les programmes de surveillance qu'il a mis au jour étaient « illégaux » et probablement anticonstitutionnels. « Je n'aurais jamais imaginé que je verrais l'une de nos cours condamner les activités de la NSA et dans la même décision me rendre hommage pour les avoir rendues publiques », s'est réjoui Snowden sur Twitter. Pourtant, deux ans après cette décision historique, Snowden vit toujours en exil à Moscou, où, ravi de pouvoir l'exhiber de temps à autre, Poutine lui a, en septembre 2022, accordé la nationalité, par décret du Kremlin.

Sorge, Richard

Il est, sans conteste, le plus admiré des espions. Le créateur de James Bond, Ian Fleming, dit de Richard Sorge qu'il a été « le plus formidable espion de l'histoire ». L'écrivain Owen Matthews le qualifie d'« espion parfait », titre de l'excellente biographie qu'il lui a consacrée. Et le conseiller spécial du président Kennedy, l'historien Arthur Schlesinger, est plus dithyrambique encore : « Le XXe siècle a été celui de l'espionnage, écrit-il, et Richard Sorge en fut probablement l'exemple le plus fascinant, avec un charme incomparable, et une nonchalance, un courage, une impudence et un éclat sans précédents. »

À ce concert de superlatifs il faut ajouter l'étonnant éloge officiel posthume. En 1964, vingt ans après la mort de l'espion et alors que le premier *James Bond* triomphe sur les écrans occidentaux, les dirigeants soviétiques « panthéonisent » Richard Sorge à la fois comme héros de l'Union soviétique et comme anti-James Bond. Ils proclament : « Sorge n'était surtout pas l'un de ces agents secrets que certains auteurs de l'Ouest ont créés. Il ne forçait pas les coffres pour voler des documents. Les documents lui étaient montrés par leurs propriétaires en personne. Il ne tirait pas de coup de feu pour pénétrer dans les endroits qu'il devait investir : les portes lui étaient aimablement ouvertes par les gardiens du secret. »

Ils disent vrai. Une découverte récente résume à elle seule les prodiges de Sorge. En 2015, à Tokyo, un employé d'une librairie spécialisée dans les livres anciens déniche, entre deux pages d'un ouvrage, une lettre du ministre des Affaires étrangères de Hitler, Joachim von Ribbentrop, à Richard Sorge. Ce dernier est alors en poste à Tokyo, où, officiellement, il est le correspondant de plusieurs journaux du Reich et conseiller spécial de l'ambassadeur allemand. Dans cette missive manuscrite de mai 1938, Ribbentrop le félicite pour son 42e anniversaire. Surtout, il le remercie chaleureusement pour sa « remarquable contribution » à l'action de l'ambassade du Reich au Japon. Alors que le prétendu journaliste est en réalité un officier de renseignement soviétique, nom de code « Ramsay », envoyé à Tokyo pour découvrir les plans secrets des puissances de l'Axe.

Richard Sorge est né en 1895, à Bakou, dans l'Empire russe. Son père, Wilhelm, est un ingénieur allemand pour la société Nobel, qui exploite un gisement pétrolier à Bakou. Bien que sa mère soit russe, le jeune Richard se sent d'abord allemand. Lorsque la Première Guerre mondiale éclate, il s'engage dans l'armée impériale du Reich. Gravement blessé, il est soigné par une infirmière qui lui fait lire Marx et Engels. Une révélation. Si bien qu'en octobre 2017, lorsque la révolution d'Octobre éclate à Saint-Pétersbourg, il prend, à 22 ans, une décision radicale qui orientera tout le cours de sa vie : « Je résolus non seulement de soutenir ce mouvement sur un plan théorique et idéologique, mais aussi d'en devenir un élément à part entière », écrit-il dans ses Mémoires rédigés en prison.

La guerre finie, il passe un doctorat d'économie politique à Berlin et adhère au Parti communiste, ce qui lui vaut de se retrouver au chômage. Sa vie d'agent secret commence, il a 25 ans. Il file à Moscou et entre, en 1920, au Komintern, « l'état-major de la révolution mondiale », créé par Lénine. L'année suivante, le jeune Allemand revient à Berlin et participe à la tentative de coup d'État communiste contre la République, qui est matée dans le sang. La perspective d'une révolution en Europe s'éloigne. Le Komintern se choisit une nouvelle terre de mission : l'Extrême-Orient, qui bouillonne. Le patron du service secret de l'Armée rouge, Ian Berzine, envoie Sorge à

Shanghai, quartier général du communisme chinois. L'officier « Ramsay » devra soutenir les militants pourchassés par la police et développer un réseau d'espionnage sur l'armée japonaise.

À Shanghai, Sorge se fait passer pour un journaliste spécialisé dans les affaires agricoles. Il propose à la revue *Nouvelles céréalières allemandes* d'être son correspondant sur place payé à la ligne. Il écrira des articles sur les récoltes de soja, de riz et de haricots en Chine. Le rédacteur en chef est enchanté. Il rédige même une lettre de recommandation à l'attention des consuls allemands en poste en Chine. La mission secrète peut commencer.

Sorge recrute un opérateur radio, Max Clausen, qui enverra ses rapports cryptés à Moscou. Pour sa propre couverture, celui-ci monte, dans la concession internationale, un magasin d'articles ménagers via lequel il peut importer des pièces détachées de sa radio sans éveiller de soupçons. L'affaire prospère à ce point que Clausen, pourtant communiste internationaliste, voudra garder les bénéfices pour lui…

À Shanghai, Sorge, séducteur magnétique, multiplie les conquêtes parmi les militantes révolutionnaires. Il devient l'amant de la journaliste socialiste américaine Agnes Smedley, qui l'informe sur les responsables du Parti communiste chinois. Puis il rencontre la jeune espionne Ursula Kuczynski, qui sera connue sous son nom de code au GRU « Sonya ». C'est le coup de foudre. Comme nombre de femmes, « Sonya » le trouve « beau et charmant » avec « son visage allongé, sa chevelure épaisse et bouclée, et ses yeux enfoncés, d'un bleu éclatant », écrira-t-elle dans ses Mémoires.

Mais Shanghai n'est qu'une étape. Très vite, Moscou s'inquiète des visées expansionnistes de Tokyo. Forts de leur victoire facile en Mandchourie en 1932, les Japonais décideront-ils de se tourner vers le nord et d'envahir la partie extrême-orientale de l'Union soviétique, très peu peuplée et faiblement défendue ? Berzine dépêche « Ramsay » au pays du Soleil-Levant. Il va y rester jusqu'à sa mort et y bâtir sa légende.

Grâce à des copains d'université, Sorge parvient à se faire nommer correspondant au Japon de plusieurs journaux du Reich, où il se présente comme un fervent national-socialiste. Il adhère même au parti nazi. Tout en demeurant, secrètement, membre du Parti communiste de l'URSS. Il est la seule personne au monde dans ce cas.

À Tokyo, Sorge a un but précis : « Savoir si oui ou non le Japon envisageait d'attaquer l'Union soviétique, écrira-t-il dans ses Mémoires, était le seul objet de ma mission. » Son réseau d'informateurs est exceptionnel, deux en particulier. D'abord Hotsumi Ozaki, « le premier et le plus important de mes associés », dira Sorge. C'est un ancien journaliste, secrètement communiste, qu'il a connu à Shanghai. Devenu membre du conseil extérieur du Premier ministre, le prince Konoye, il copie tous les rapports militaires et diplomatiques auxquels il a accès.

L'autre source, involontaire celle-là, est Eugen Ott, attaché militaire à l'ambassade d'Allemagne, qu'il a connu aussi à Shanghai. Les deux hommes deviennent si proches que Sorge, séducteur compulsif, devient l'amant de la femme de Ott, sans que celui-ci, qui surnomme son ami « l'irrésistible », s'en offusque outre mesure. Il sait que son épouse n'est pas la seule. « Selon les services secrets américains, le plus grand espion du siècle aurait eu des aventures avec une trentaine de femmes au moins lorsqu'il était à Tokyo », écrit son biographe.

Eugen et Richard s'entraident. Croyant avoir affaire à un journaliste nazi, le militaire l'invite dans ses tournées sur le terrain et lui confie beaucoup de secrets auxquels il a accès. Tandis que le journaliste le met en valeur dans ses articles très lus à Berlin, où Sorge est bientôt considéré comme le meilleur spécialiste du Japon. À tel point que Ott est promu ambassadeur et demande à son ami Sorge de devenir son conseiller personnel ! L'espion soviétique accepte évidemment et, fort de cette fonction, se rend tous les matins aux aurores à l'ambassade fouiller dans les papiers des diplomates.

« Étrange combinaison de charme et de brutalité », selon John le Carré, Sorge est un fêtard cynique et invétéré. Il passe ses soirées dans les boîtes de nuit de la ville, il rentre très tard et ivre mort, parfois sur sa moto. Mais, d'après le journaliste américain Joseph Newman, du *New York Herald Tribune*, tout ceci n'est que mascarade. « Il donnait l'impression d'être un play-boy, presque un bon à rien, c'est-à-dire l'opposé même de l'espion enthousiaste et dangereux » – ce qu'il était aussi.

De fait, il travaille sans arrêt, y compris dans les lupanars où il festoie avec ses sources. Il est si bien informé qu'au printemps 1941, plusieurs mois avant le lancement de l'opération « Barbarossa », il rédige télégramme sur télégramme, annonçant une invasion imminente de l'URSS par l'armée hitlérienne. « J'ai discuté des relations germano-soviétiques avec l'ambassadeur et l'attaché naval, écrit-il le 2 mai. Ott m'a informé de la détermination de Hitler à détruire l'Union soviétique et à s'emparer de la partie européenne de son territoire afin de s'en servir comme base de matières premières et de grenier à céréales pour contrôler tout le continent européen. [...] Les généraux allemands jugent si insuffisantes les capacités de l'Armée rouge qu'à leur avis il suffira de quelques semaines pour l'anéantir. [...] C'est Hitler, et lui seul, qui prendra la décision de se lancer dans une guerre contre l'Union soviétique, soit dès le mois de mai, soit une fois la bataille d'Angleterre terminée. »

Le 30 mai, il est plus précis encore. Le soir, il emmène l'un de ses amis, le colonel Scholl, attaché militaire à l'ambassade d'Allemagne, dans les rues chaudes de Tokyo. Les deux hommes boivent énormément. Ivre, Scholl lui révèle que l'opération « Barbarossa » débutera au milieu du mois de juin (en réalité, ce sera le 22). La Wehrmacht, dit Scholl, a massé cent soixante-dix à cent quatre-vingts divisions le long de la frontière soviétique, qui fonceront sur toute la longueur du front, les principales forces d'attaque se dirigeant vers Moscou, Leningrad et Kiev. Après la beuverie, Sorge s'empresse de rédiger le télégramme qui détaille les propos de Scholl. C'est l'un des câbles les plus importants de sa carrière. Pourtant, il ne produit aucun effet à Moscou. C'est que Clausen, le radio, ne l'a pas envoyé en entier. En fait, depuis le début de l'année, il sabote la mission de l'espion. « À l'époque, j'avais déjà des doutes sur le communisme, alors je n'envoyais à Moscou qu'une petite partie des messages de Sorge, avoua-t-il par la suite. Et j'en ai déchiré la plupart… »

De toute façon, à Moscou, personne ne veut entendre les sombres prédictions de Sorge. Ni le patron du GRU ni, surtout, Staline, qui est certain que ces renseignements ne sont qu'une opération d'intoxication anglo-américaine. En marge du télégramme du 31 mai, tronqué par Clausen, le maître du Kremlin griffonne que ces renseignements émanent « d'un petit merdeux qui est devenu quelqu'un en créant quelques petites usines et bordels au Japon ». Sur le câble suivant, plus précis et alarmiste, que le radio a, cette fois, envoyé en entier, Staline écrit la mention : « Suspect. À mettre avec les télégrammes destinés à nous provoquer. »

Le 21 juin, Hitler lance ses divisions à l'assaut de l'ouest de l'URSS. À Moscou, on comprend que, si le Japon décide d'en faire autant à l'est, ni le régime stalinien ni même l'État soviétique n'y survivront. Il est donc crucial que Sorge découvre les intentions secrètes du pouvoir japonais. « Si nous pouvions prévoir deux mois auparavant une attaque des Japonais contre la Russie, il existait une possibilité de l'éviter par la voie diplomatique, écrit-il dans ses Mémoires. Si nous pouvions l'anticiper avec un mois d'avance, la Russie serait en mesure d'opérer des transferts de troupes jusqu'à la frontière et d'organiser complètement notre défense. Si nous ne disposions que de deux semaines, nous aurions au moins la possibilité d'assurer une défense en première ligne. Et avec une seule semaine, nous devrions pouvoir réduire les pertes. »

Dès le 12 juillet 1941, trois semaines après le début de l'opération « Barbarossa », il câble à Moscou que, selon l'ambassadeur Ott, Tokyo n'entreprendra rien contre l'URSS, à moins que celle-ci ne s'effondre totalement face à Hitler. En marge du télégramme, un responsable du GRU écrit, cette fois : « Considérant la grande fiabilité et la précision des informations antérieures ainsi que la compétence des sources, il est possible de se fier à celle-ci. »

Le 24 août, l'ancien journaliste Ozaki apprend de la bouche même du Premier ministre japonais que « le gouvernement et l'armée ont déjà décidé de ne pas déclarer la guerre » à l'Union soviétique. Sorge transmet la bonne nouvelle à Moscou. Suivie, le 14 septembre, par un télégramme que cette fois Clausen ne caviardera pas. L'espion y redit que le Japon n'attaquera pas tout de suite l'Union soviétique et que, donc, les divisions de l'Armée rouge stationnées à l'Est pour défendre le pays d'une éventuelle attaque japonaise peuvent être dépêchées sur le front de l'Ouest, face à l'armée allemande, si proche de prendre Moscou.

Cette fois, Staline croit Sorge et fait ce qu'il suggère. Et, grâce aux renforts venus en urgence de l'Est, la moitié des effectifs et du matériel, la capitale soviétique est sauvée. L'armée du Reich recule. C'est le premier tournant de la Seconde Guerre mondiale.

Sorge est arrêté en octobre 1941. « Je suis un nazi ! », se défend-il. Mais, quand il apprend que presque tous les membres de son réseau sont eux aussi sous les verrous et ont parlé, il craque. Il demande une feuille de papier et écrit en allemand : « Je suis communiste depuis 1925. » Il raconte tout. En échange, il obtient que sa dernière maîtresse, une Japonaise, ne soit pas inquiétée. Pour les protéger, il dit d'ailleurs à ses interrogateurs que, trop sensibles, les femmes ne sont pas faites pour l'espionnage.

Son charme opère même auprès de ses geôliers. « Il avait une personnalité extraordinaire, dira l'un d'eux. C'était un être ouvert et chaleureux. De toute ma vie, je n'ai jamais rencontré un aussi grand homme. » Condamné à mort, il espère être échangé contre des espions japonais arrêtés en Union soviétique. Mais le Kremlin assure ne pas le connaître. C'est qu'entre Moscou et Tokyo la tension est très forte. Admettre que Sorge a, sur ordre du GRU, monté un vaste réseau d'espionnage au sein du pouvoir japonais pourrait déclencher des hostilités que Staline veut éviter à tout prix.

Le 7 novembre 1944, Sorge est emmené devant son bourreau. Au moment où on lui passe la corde au cou, il lance en japonais : « *Sakigun*... [l'Armée rouge] *! Kokusaï kyosanto*... [l'Internationale communiste] *! Soviet kyosanto*... [le Parti communiste soviétique] *!* » Le gouverneur Ichijima dira qu'il n'avait « jamais vu quelqu'un se comporter avec autant de noblesse » que « Sorge à l'heure de la mort ».

Vingt ans plus tard, en 1964, le pouvoir soviétique décide de reconnaître Sorge et ses exploits. Il donne son nom à une rue de Moscou, dans laquelle on érige la statue d'un Sorge vêtu d'un imperméable, sortant de l'ombre. Un navire est aussi baptisé en son honneur et on imprime un timbre à son effigie.

À la fin des années 1970, nouveau regain de célébrité. Le KGB et son directeur, Youri Andropov, montent en puissance. Ils entendent prendre le pouvoir. Pour donner du KGB une image plus glamour, ils ont besoin d'un héros espion aussi populaire à l'Est que James Bond à l'Ouest. On commande une série de livres et d'articles sur Sorge. Et on encourage l'écrivain Julian Semenov à poursuivre sa saga du colonel Maxim Maximovitch Issaïev, alias Max Otto von Stierlitz, une taupe soviétique au sein des services secrets nazis à Berlin. Adaptée pour la télévision, elle devient une série culte en 1973. Selon Semenov, Richard Sorge a servi de modèle à son héros, dont les exploits convaincront, semble-t-il, Vladimir Poutine à entrer au KGB.

Voir : Stierlitz, Max Otto von.

Stierlitz, Max Otto von

En 1967, le président du KGB et futur numéro un soviétique, Youri Andropov, téléphone au jeune journaliste écrivain Julian Semenov, qui vient de publier un roman d'espionnage *Major Tourbillon*. Son héros, le colonel tchékiste Maxim Issaïev, alias Max Otto von Stierlitz, est un espion soviétique infiltré au sommet de la hiérarchie nazie. Le personnage plaît à Andropov, qui incite Semenov à poursuivre ses aventures. Il accepte de lui ouvrir certaines archives secrètes du NKVD pendant la guerre, celles ayant trait à l'opération « Sunrise », les négociations secrètes début 1945 entre le chef de l'OSS à Berne et certains hauts responsables nazis, qui servira de trame à l'auteur.

Semenov publie deux ans plus tard *La Taupe rouge*. Le roman est adapté à la télévision dans une série intitulée *Dix-Sept Moments de printemps*, diffusée en 1973 puis rediffusée à plusieurs reprises (on peut voir cette excellente série sous-titrée en français gratuitement sur YouTube). Mélangeant archives d'époque et scènes de fiction, elle devient vite culte en Union soviétique. Et Stierlitz s'avérera bientôt plus populaire en URSS que Bond à l'Ouest.

Lorsqu'il découvre à quel point Stierlitz est apprécié par ses compatriotes, le numéro un soviétique, le cacochyme Leonid Brejnev, exige, dit-on, de le décorer. Comme on lui explique que c'est impossible puisqu'il s'agit d'un personnage de fiction, il décide de se rabattre sur le comédien qui incarne l'espion, Viatcheslav Tikhonov. L'acteur est fait « Artiste du peuple de l'URSS », puis reçoit le prix du KGB.

Les autorités soviétiques veulent promouvoir la série et son héros, parce qu'elle met en valeur un tchékiste, un officier de renseignement soviétique. Et parce qu'elle raconte un épisode peu glorieux de la diplomatie secrète américaine. Début 1945, le représentant de l'OSS en Suisse et futur patron de la CIA, Allen Dulles, entame des négociations avec un haut responsable nazi afin d'obtenir la reddition de l'armée allemande basée en Italie. Malgré un accord avec les alliés américain et britannique, les Soviétiques ne sont pas tenus au courant. Lorsque le NKVD l'apprend, le Kremlin redoute qu'il ne s'agisse là d'une première étape vers une paix séparée entre Allemands et Américains. Contre l'Union soviétique. Le président américain, Truman, mettra vite un terme à cette opération « Sunrise », qui aurait pu déclencher les hostilités entre le Kremlin et la Maison-Blanche avant même la fin de la Seconde Guerre mondiale.

À partir de cette trame, le romancier Semenov imagine que les Américains sont en train de négocier la fin du conflit avec le régime nazi dans le dos des Soviétiques. Le chef des services secrets à Moscou confie au super-espion Issaïev, nom de code « Justas », devenu l'officier SS Max Otto von Stierlitz, la mission de découvrir qui est le haut responsable nazi qui discute avec les Américains et de faire avorter ces discussions immorales. Bien entendu, il y parvient.

Mais Stierlitz n'est pas Bond, il est même l'anti-Bond. Bel homme, à la voix grave, il pourrait, pendant les dix ans de sa mission à Berlin, multiplier les conquêtes comme le héros d'Ian Fleming. Il n'en fait rien. Au contraire. Son obsession est de revoir sa femme, qui vit en Russie, au moins une fois, même s'il ne peut lui parler. Il parvient à la faire entrer clandestinement en Allemagne. La scène de leurs retrouvailles silencieuses dans un bar est particulièrement émouvante. Elle est la plus longue scène silencieuse, cinq minutes, du cinéma parlant russe.

Symonds, John

Cet ancien sergent de la police londonienne est un cas unique dans l'histoire du KGB. En 1969, le *Times* publie les enregistrements de plusieurs policiers, dont John Symonds, en train de négocier avec des suspects. En échange de grosses sommes d'argent, ils promettent l'abandon de poursuites ou le sabotage des enquêtes les concernant. Recherché, le sergent s'enfuit au Maroc, puis, désargenté, il se rend à l'ambassade soviétique à Rabat et propose ses services. Le KGB accepte : au vu de son « apparence agréable », il décide d'en faire son premier Roméo britannique sous le nom de code « Scot ».

Ainsi que le raconte Christopher Andrew dans *The Mitrokhin Archive*, Symonds commence sa carrière de Roméo, en 1973, en Bulgarie, sur les rives de la mer Noire. Dans les stations touristiques très appréciées des vacanciers occidentaux, il cherche des recrues intéressantes. Il jette son dévolu sur l'épouse d'un haut fonctionnaire ouest-allemand, « sa plus importante conquête sexuelle », selon Andrew. L'historien précise que les renseignements fournis par la jeune femme sont si importants que les rapports de Symonds la concernant remontent jusqu'au patron du KGB, Youri Andropov.

La Loubianka expédie ensuite l'agent « Scot » un peu partout, en Afrique, en Inde, en Asie du Sud-Est, avec chaque fois la même mission : séduire. En 1976, une Israélienne, une Indienne et cinq Américaines tombent sous le charme et lui fournissent des renseignements. À Singapour, il craint d'être repéré par les services de contre-espionnage. Le KGB l'expédie en Nouvelle-Zélande pour qu'il s'y crée une légende.

Là, il se fait passer pour un Australien qui a perdu ses papiers. Il flirte avec une patronne d'agence de voyages basée à Sydney dans le but d'obtenir plus facilement un passeport. Mais la cible est insensible à ses charmes. Et, honnête, refuse de demander une procédure accélérée pour son « ami ». Si bien que l'ancien flic se retrouve seul et sans argent. Il doit passer quelques nuits dans un foyer de l'Armée du salut. Finalement, il parvient à ses fins, obtient un faux passeport australien et, après un long périple, se retrouve à Moscou.

Le patron du KGB lui fixe une nouvelle cible, nom de code « Erica » : une secrétaire à l'ambassade britannique auprès de laquelle il doit se faire passer pour un business-man canadien. Mais là encore le charme n'opère plus. Alors, épuisé, désargenté, il décide de retourner à Londres et de se rendre à la police. En 1981, il est condamné à deux ans de prison pour l'affaire de corruption qui l'a conduit à s'enfuir au Maroc. Mais quand il raconte son aventure avec le KGB, on lui rit au nez, on le prend pour un fantaisiste.

Jusqu'au moment où, quinze ans plus tard, ses dires sont corroborés par les archives du colonel Vasili Mitrokhin, publiées en 1999 avec l'aide de l'historien Andrew. La BBC l'interroge. Il assure qu'il a eu des relations sexuelles avec des centaines de femmes. « Avez-vous des regrets ? », lui demande le journaliste. « Qu'ai-je fait de mal ? répond-il. J'ai juste eu une belle vie. J'ai rejoint le KGB, vu le monde – en première classe. Je suis allé partout pour ces jobs et j'ai eu du bon temps. J'ai été dans les meilleurs hôtels, sur les plus belles plages, j'ai eu des femmes magnifiques, une nourriture sans limites, du champagne, du caviar, de tout… C'était cela, mon expérience du KGB. Je ne regrette pas une minute. » Ses innombrables conquêtes ne partagent sans doute pas son point de vue. En tout cas, l'ex-Roméo, qui a pris du ventre et perdu beaucoup de cheveux, ne sera jamais inquiété. Ni par les femmes ni par la justice.

Voir : Mitrokhin, Archives ; Roméo.

T

Taupe

Dans le monde du renseignement comme dans celui des jardiniers, une taupe est un être nuisible. Chez les espions, une taupe est un officier de renseignement d'un pays qui informe clandestinement un service secret d'un autre État. Le terme a été popularisé par le livre de John le Carré *La Taupe* (Robert Laffont, 1974) et son adaptation cinématographique éponyme. Dans le langage courant, on dit aussi « agent double ». Cela recouvre en fait deux situations différentes.

Il y a d'abord l'« agent de pénétration », un collaborateur d'un service chargé d'infiltrer un service adverse. Le cas le plus célèbre est évidemment « Kim » Philby, officier du NKVD (ancêtre du KGB), devenu l'un des pontes du MI6 britannique.

Il y a aussi l'« agent retourné », lorsqu'un officier de renseignement a été convaincu de transmettre des informations secrètes à un service adverse. Dans cette catégorie, on peut distinguer le cas particulier de ceux que les Américains appellent les « *walk-in* » : les officiers qui proposent d'eux-mêmes de travailler pour l'adversaire, comme Aldrich Ames ou Dmitri Poliakov. Ce sont peut-être les cas les plus nombreux.

Selon un ancien officier de la CIA devenu historien du renseignement, Pete Bagley : « Il faut une taupe pour dénicher une taupe. » Autrement dit, selon lui, ce type de traître n'est jamais découvert par hasard ou grâce aux efforts acharnés du contre-espionnage, mais parce qu'une autre source dans le camp ennemi l'a dénoncée. Ce fut effectivement le cas pour les « Cinq de Cambridge » comme pour George Blake, Dmitri Poliakov ou Aldrich Ames.

Voir : Ames, Aldrich ; Blake, George ; « Cinq de Cambridge », Les ; Le Carré, John ; Poliakov, Dmitri.

Temperville, Francis

C'est la dernière affaire d'espionnage du KGB en France – et la première du SVR, son successeur. Elle commence en 1987 par la parution d'une petite annonce dans un journal local : « Étudiant ingénieur, troisième cycle de physique nucléaire, donne cours de maths, physique, chimie. Expérience. » Le numéro de téléphone indiqué est celui d'un docteur en physique de 30 ans, Francis

Temperville, qui habite à Saclay, une banlieue bourgeoise au sud-ouest de Paris.

Quelques jours plus tard, un homme à l'accent anglais le contacte, il assure qu'il a besoin de se remettre à niveau en physique et en mathématiques. Il se dit britannique et ne donne que son prénom : Serge. Bien de sa personne, Serge vient plusieurs fois par semaine chez Temperville et paie cash à chaque fin de leçon.

Les deux hommes sympathisent. Francis raconte qu'il a fait un stage passionnant chez TechnicAtome, un département du Commissariat à l'énergie atomique (CEA), qui conçoit, dans le plus grand secret, des réacteurs nucléaires pour les sous-marins de la force stratégique française. Il confie aussi son rêve : ouvrir sa propre école, dont il a déjà inventé le nom, l'Institut de commerce supérieur (Icosup), projet pour lequel il a besoin d'argent.

Mais le rêve est repoussé, le 1er octobre 1989, quand Temperville rejoint la Direction des applications militaires (DAM) du CEA, là où sont conçues et construites les têtes nucléaires françaises, autrement dit, l'un des organismes les plus secrets et les plus protégés, du moins en théorie, de la République. La recrue est habilitée à un niveau très élevé de « secret-défense ». Il n'a pas le droit de décrire son travail à qui que ce soit, même pas à sa vieille mère, qui l'a élevé seule, à Dunkerque, après le décès de son mari ajusteur – il peut seulement lui dire qu'il occupe un poste « top secret ».

Il annonce pourtant la nouvelle à son nouvel ami, Serge. L'homme au fort accent anglais n'est pas né à Londres ou Manchester, mais à Saint-Pétersbourg. Officiellement il est, depuis 1986, deuxième secrétaire auprès de l'ambassade de Russie en France – une couverture : en réalité, Sergeï Jmyrev est un officier du KGB, dont il dirige la branche parisienne du département renseignement technologique. Il parle parfaitement français et son accent anglais lui permet de faire ses approches de sources potentielles sous « faux drapeau », comme on dit dans l'espionnage (l'une des techniques types du KGB en la matière), c'est-à-dire sous une nationalité fictive, ici britannique.

Tout pour plaire et passer inaperçu en même temps. Temperville va se faire dévorer par Serge, auquel rien n'échappe. C'est Serge qui a remarqué la petite annonce passée par Francis Temperville, obtenu les budgets nécessaires à sa mission d'approche, les leçons de physique n'étant bien sûr qu'un prétexte pour en savoir plus sur les activités professionnelles du professeur.

« Je ne sais comment Temperville entre dans son jeu, cela a relevé du non-dit jusqu'au bout, écrit l'ancien juge d'instruction Roger Le Loire, qui a instruit l'affaire, dans son livre de souvenir *Zonard, flic et juge* (Michel Lafon, 2022). Pressé par son nouvel ami et élève, le physicien accepte au fur et à mesure, sous des prétextes souvent futiles, comme les espions ont l'art et la manière de les trouver, de lui confier d'abord quelques polycopiés contenant des informations sans grande importance qui, néanmoins, n'auraient jamais dû franchir les grilles du CEA. [...] C'est ensuite l'escalade. »

Francis Temperville remet d'abord à son officier traitant des documents sur des institutions civilo-militaires stratégiques qui intéressent au plus haut point les Soviétiques : l'usine de retraitement des déchets nucléaires de La Hague et le réacteur expérimental « Phébus ». Puis il livre une centaine de documents concernant l'armement nucléaire français, en particulier des synthèses ultrasecrètes des essais effectués, de 1979 à 1991, sur l'atoll de Mururoa. « C'étaient des télégrammes codés dont j'avais obtenu le décodage par la secrétaire pour mon travail personnel », déclare benoîtement Temperville à Roger Le Loire. Ce n'est pas tout. Il fournit aussi au KGB rien moins que les plans de quatorze engins nucléaires testés. « Et seize papiers officiels permettant de se faire une idée précise du niveau technologique atteint par la France en 1990 dans le domaine du nucléaire militaire », écrit le juge, estomaqué.

Il l'est encore plus quand il apprend comment le jeune chercheur a opéré, sans être le moins du monde inquiété. Temperville travaille alors dans le saint des saints de la DAM, le bâtiment « X ». Il s'agit d'un lieu classé secret « Vulcain », l'un des plus élevés, situé dans une zone à sécurité renforcée, au milieu d'une enceinte entourée de dix rangées de barbelés électrifiés.

Les documents les plus confidentiels de la force de frappe française sont entreposés là. Ils ne peuvent être consultés que par des personnes autorisées. Il leur est strictement interdit de les photocopier. Des caméras de surveillance veillent au grain. Sauf que l'une de ces machines est installée dans un angle mort, donc invisible. C'est celle-là, bien entendu, que Temperville utilise.

Aussi incroyable que cela paraisse, de cette enceinte ultraprotégée, il sort les photocopies dans des sacs en plastique, sans que personne s'en émeuve. Pour les remettre à son traitant, il doit les placer dans un sac-poubelle dans lequel il ajoute des déchets qui ne se dégradent pas, mais dont l'odeur repousse les chiens, des mégots de cigarette, par exemple. Il dépose le sac dans un lieu défini lors de la rencontre précédente, toujours un terrain vague et dégagé pour pouvoir repérer les éventuelles filatures. Puis il jette au pied d'un poteau indicateur situé à 500 mètres environ des pelures d'orange, un code à l'intention de son traitant lui indiquant que le sac et les documents ont été déposés. « Trente minutes plus tard, un paquet de cigarettes d'une marque spécifique était déposé au pied d'un panneau de signalisation routière “Stop”, indiquant au physicien que la boîte aux lettres avait été relevée », raconte le juge Le Loire.

Pour fixer un rendez-vous avec son agent, Sergueï jette une poignée de pétales de rose au pied du viaduc de la gare RER d'Orsay, sur le trajet qu'utilise Temperville pour se rendre à son travail. Le traitant lui signifie ainsi qu'une rencontre aura lieu le mardi ou le jeudi suivant, dans un restaurant dont le physicien recevra la carte. C'est pour cette raison que l'affaire Temperville est parfois baptisée « affaire des pétales de rose ».

En octobre 1991, le KGB confie le physicien à un autre officier traitant : « René ». Il s'agit en réalité de Valentin Makarov, officiellement troisième secrétaire à la représentation permanente de la Russie auprès de l'UNESCO. Mais cette relation-là ne dure que quelques mois. Pendant ce temps, l'Union soviétique implose, le KGB aussi, dont la branche renseignement extérieur est désormais un service à part, le SVR. Et beaucoup d'anciens officiers cherchent à s'établir à l'Ouest, qui n'est plus l'ennemi et où l'on vit beaucoup mieux que dans la Russie en ruine de Boris Eltsine. L'un d'entre eux, le colonel Victor Otchenko, demande l'asile à la Grande-Bretagne. Pour l'obtenir, il livre des informations sur le département du KGB puis du SVR chargé du renseignement scientifique et technique qu'il a dirigé à Paris durant sept ans. Il donne le nom de ses sources françaises, dont la plus importante, Francis Temperville, « un agent encore actif », précise-t-il.

Arrêté, Temperville reconnaît les faits, assurant qu'il ignorait que ses bienfaiteurs étaient du KGB. « En confrontation avec moi, Temperville a justifié ses faits et gestes comme il a pu, écrit le juge Le Loire : "Mon rêve, c'était de fonder une école formant les étudiants à la physique nucléaire. C'est ma passion. Comme une obsession. Je l'ai fait, cela n'a pas marché comme je l'aurais voulu, il y a eu des déficits, ils se sont accumulés. J'ai renfloué les caisses vaille que vaille avec l'argent des Russes. Mais si j'avais su qu'ils étaient du KGB..." » Il admet aussi avoir reçu d'eux 160 000 francs, soit 24 000 euros. Le ministre de l'Intérieur Paul Quilès parle, lui, de 2 millions de francs.

Quoi qu'il en soit, après plusieurs années de prison préventive, Francis Temperville est condamné, en 1997, à neuf années de prison. Aux dernières nouvelles, il vit toujours à Orsay.

Thoulouze, Général André

C'est par un coup de téléphone de l'un de ses fils, Michel Thoulouze, fondateur avec d'autres de Canal+, que j'ai découvert le parcours extraordinaire du général André Thoulouze. Grâce à cet appel et aux rencontres qui ont suivi, j'ai pu révéler dans *L'Obs* que le père de l'homme de télévision fut l'un des espions les plus importants de la

Ve République – celui qui, en 1967, livra au Commissariat à l'énergie atomique le secret de l'arme thermonucléaire.

Michel Thoulouze m'appelait à la suite d'un article que j'avais écrit en 1996 dans *Le Nouvel Observateur*. Il était intitulé « Comment les Français ont volé les secrets de la bombe H ». Informé par une source de confiance, j'y racontais que, fin 1967, alors que les chercheurs du CEA ne parvenaient pas à mettre au point l'arme ultime, cet engin thermonucléaire dont les États-Unis, l'Union soviétique, la Grande-Bretagne et même la Chine arriérée de Mao étaient déjà dotés, et alors que de Gaulle piaffait d'impatience, une opération d'espionnage a permis de découvrir enfin le « truc » qui manquait aux savants atomistes français pour assembler une bombe H : le procédé Teller-Ulam, du nom de ses deux inventeurs américains, Edward Teller et Stanislaw Ulam.

Quels étaient les détails de cette entreprise secrète ? Mes informations étaient parcellaires. Dans l'article, il était question d'un savant nucléaire britannique francophile, d'un attaché à l'ambassade de France à Londres et d'une série de questions très techniques que le second transmettait discrètement au premier au cours de cocktails diplomatiques. Qui étaient ces deux hommes ? Pourquoi le Britannique trahissait-il son pays ? La source de mon article l'ignorait.

« L'attaché était mon père et le savant anglais, très célèbre au Royaume-Uni, sir William Cook », me dit tout de go au téléphone Michel Thoulouze. Il m'invite chez lui, rue Jacob à Paris, pour me parler de son père et me montrer les dernières archives qu'il a conservées. En 1967, me dit-il, son père, André Thoulouze, a 46 ans. C'est un pilote militaire, ancien de la France libre. Un grand gaulliste, un espion – et un play-boy. Officiellement, il est attaché de l'air à l'ambassade de France à Londres. Pourtant, il roule en voitures de luxe et s'habille chez les meilleurs tailleurs.

« En fait, c'était un espion hors normes, ajoute son fils. Bien après sa mort, j'ai découvert quelques-uns de ses faits d'armes. Dans les années 1950, quand il était attaché de l'air à Rome, mon père s'est fait passer pour un pilote italien et a livré en Égypte des avions de chasse vendus par le gouvernement italien à Nasser. Le but : photographier clandestinement les aéroports égyptiens, des clichés qui seront très utiles aux Israéliens lors du débarquement de Suez. Plus tard, il a dirigé la base aérienne de Lahr, en Allemagne, qui abritait des bombardiers nucléaires américains. Pendant la nuit, il faisait démonter en secret des bombes atomiques construites aux États-Unis pour étudier leur conception. »

Deux actions, parmi d'autres, toujours couvertes par le « secret-défense ». Comme l'opération « H » de 1967. Cette année-là, André Thoulouze rencontre régulièrement à Londres une importante figure de l'establishment britannique : sir William Cook, conseiller scientifique du ministre de la Défense. Les deux hommes sont mandatés pour affiner les grands projets aéronautiques que Paris et Londres sont en train de lancer : Airbus, Concorde et un moteur de bombardier. Mais, au bout de quelques mois, sir William intéresse le James Bond français pour un sujet plus important encore. Le Britannique est un ponte de la recherche militaire. Atomique, surtout. Quelques années plus tôt, il était numéro deux d'Aldermaston, le centre britannique de fabrication des têtes nucléaires. Sa mission : mettre au point la première bombe thermonucléaire du Royaume-Uni. Il y est parvenu en 1958. Il connaît donc le principe Teller-Ulam. C'est la cible idéale.

Afin de recruter le savant atomiste comme agent, André Thoulouze utilise toute la panoplie de l'officier traitant, avec fonds secrets et appartement conspiratif.

« Pour cette opération d'espionnage, mon père disposait de moyens illimités, raconte son fils. Il a même acheté un appartement à Cannes, un rez-de-chaussée doté de deux entrées, où Cook et lui se rencontraient en catimini pendant des heures. »

L'argent est débloqué par le conseiller militaire de De Gaulle, le général de Bordas. Dans un document daté du 11 avril 1968, portant le tampon de la présidence de la République et signé de la main de Bordas, il est écrit : « Au cours des années 1967-1968, le général Thoulouze s'est trouvé au centre d'une affaire concernant directement l'intérêt de l'État. À cette occasion, des moyens ont été mis à sa disposition personnelle, dont il a fait l'usage qui lui a été fixé pour atteindre les objectifs qui lui étaient assignés par la présidence de la République et le Commissariat à l'énergie atomique. » Outre l'appartement de Cannes, cet argent a-t-il servi à payer le savant britannique ? Mystère.

Cette affaire d'espionnage, parmi les plus importantes de l'histoire de France, restera secrète pendant trente ans. Elle ne sera connue que d'une petite poignée d'hommes, une confrérie qui gardera le silence bien après la mort de Cook en 1987. Ce n'est qu'à la fin des années 1990 que le retournement de celui-ci commence à s'ébruiter. On interroge ses amis sur les raisons de cette volte-face.

Tous jurent qu'il est impossible qu'il ait été stipendié de la France, qu'il a forcément agi en accord avec son gouvernement.

À l'époque, quand les archives de 1967 ne sont pas encore ouvertes, l'explication semble plausible. Aujourd'hui, on sait que le Premier Ministre Wilson tentait d'échanger le schéma Teller-Ulam contre l'entrée de la Grande-Bretagne dans la CEE. Il est donc fort improbable qu'il ait ordonné à sir William de livrer ce secret d'État pour rien à de Gaulle – qui finalement opposera un second veto en novembre 1967 (le Royaume-Uni n'entrera qu'en 1973, après le départ du Général).

Cook a donc forcément agi sans ordre. Telle est d'ailleurs l'opinion de Robert Dautray, qui fut patron du CEA au début des années 1990. Dans ses Mémoires, publiés en 2007, il révèle que quarante ans plus tôt il a été, en catimini, l'interlocuteur d'André Thoulouze au Commissariat, et de ce fait le premier récipiendaire des informations fournies par le savant britannique. Thoulouze lui aurait parlé des motivations de sir William. Selon l'espion, il aurait trahi de sa propre initiative et par… patriotisme : il aurait voulu aider la France à se doter de la bombe H, parce que « si le Royaume-Uni restait seul en Europe à posséder des armes thermonucléaires, il risquait de concentrer sur lui toute attaque nucléaire soviétique ».

Cette explication paraît bien courte. D'autant plus que, selon Dautray lui-même, sir William continuera d'informer Thoulouze jusqu'au milieu des années 1970. Il lui révélera des informations cruciales sur la miniaturisation des têtes thermonucléaires. Il paraît donc très improbable que, pendant toutes ces années, il ait fourni de tels secrets sans être payé par l'État français.

Ces révélations ont été décisives pour l'accomplissement du rêve de De Gaulle. Le 23 janvier 1968, le patron des armes nucléaires au CEA, Jacques Robert, fait son compte rendu au Général. Lors de leur précédent entretien à l'Élysée trois mois plus tôt, il s'est montré peu optimiste sur les avancées de ses ingénieurs, qui, selon lui, ne pourront pas mettre au point une bombe thermonucléaire avant 1969 et plus probablement 1970. Cette fois, il évoque « une nouvelle idée » – de toute évidence, le schéma livré par Cook en septembre 1967 –, qui semble « pouvoir fonctionner » ; mieux, il pense pouvoir tirer « un ou deux engins H à l'été 1968 ».

Et, de fait, le 24 août 1968, la France fera exploser sa première bombe thermonucléaire à Fangataufa. L'essai, baptisé « Canopus », dégagera une puissance de 2 mégatonnes, soit environ cent bombes d'Hiroshima. La France entre dans la cour des grands du nucléaire. De Gaulle peut quitter le pouvoir tranquille, quelques mois plus tard.

André Thoulouze meurt en 1978, dans un accident d'hélicoptère appartenant à l'Aérospatiale, son dernier employeur. Quand il apprend ce décès, l'ancien Premier ministre de De Gaulle, Michel Debré, écrit un courrier confidentiel au patron de l'Aérospatiale, le général Jacques Mitterrand. « Je suis du petit monde de ceux qui savent les services exceptionnels qu'il a rendus pour l'avancement de nos connaissances en matière thermonucléaire. Il a ainsi pris place dans la longue suite des hommes inconnus de l'Histoire, mais dont le rôle fut essentiel dans certaines circonstances », écrit Debré dans cette missive secrète que le général Mitterrand ne confiera à Michel Thoulouze que bien des années plus tard.

Thyraud, dit « de Vosjoli », Philippe

Même s'il l'a toujours nié, Philippe Thyraud de Vosjoli est, à ma connaissance, le seul officier de renseignement français à avoir fait défection à la CIA. Le scandale dont ce personnage fascinant a été à l'origine et qui a fait grand bruit trente ans auparavant a servi de trame au film d'Alfred Hitchcock *L'Étau*. On le retrouve sous les traits du personnage d'André Devereaux.

Son histoire, la vraie, cet homme chauve de petite taille et volubile me la raconte en 1998 dans sa villa cossue de Miami, autour d'un délicieux poulet en sauce préparé par Monique, sa femme, une Française qui a écrit un guide sur la meilleure façon de cuisiner le volatile. L'affaire de Vosjoli démarre en 1962 alors qu'il vient de franchir le seuil de la quarantaine. Depuis dix ans, Philippe Thyraud, alias de Vosjoli, son identité d'emprunt depuis la Résistance, est officiellement vice-consul de France à Washington, chargé du contrôle des visas. En réalité, il est le chef de poste du SDECE aux États-Unis, responsable de la liaison entre le service secret français et la CIA. À Langley comme à Mortier, on l'appelle avec un nom de code : « Lamia » (ce sera le titre du livre qu'il publiera en 1970 en anglais).

Il est d'abord une sorte de porte-parole, de *public relations*, des espions parisiens dans la capitale du monde libre. Il mène grand train. C'est un mondain de l'espionnage. À déjeuner et à dîner, il tient table ouverte à Rive Gauche, le *French* restaurant à la mode. Paris l'a gratifié d'une somptueuse villa où il reçoit le Tout-Washington de l'espionnage : Allen Dulles en personne, Frank Wisner, le responsable des opérations secrètes les plus tordues de la guerre froide, ou James Angleton, le chasseur de taupes.

En fait, la villa est un cache-misère. Le SDECE est pauvre. Entre deux cocktails, « Lamia » mendie pour sa maison mère. De ces puissants personnages, au nom du combat commun contre le communisme, il essaie d'obtenir du matériel sophistiqué ou des renseignements. En échange, il livre les meilleures informations du SDECE. Au début, les grands frères sont généreux, ils offrent même un porte-avions, le *Dixmude*.

Après la déroute de Diên Biên Phu, ils deviennent plus parcimonieux. Contre des renseignements, ils n'offrent plus que d'autres renseignements. C'est le principe, toujours en vigueur, de Totem, la grande Bourse des agents secrets de l'OTAN – un bien étrange bazar.

Ainsi, en 1958, le patron du SDECE, le général Grossin, écrit ceci à « Lamia » (qui m'a aimablement confié une copie de la missive) : « Cher Vosjoli, ci-joint le relevé des renseignements que vous avez reçus de la Centrale au cours de l'année 1957 ; il vous servira d'aide-mémoire pour établir votre position face à votre interlocuteur [de la CIA]. » Suit la liste d'une soixantaine de rapports secrets que le SDECE a discrètement confiés à l'agence américaine. Par exemple, « Le XIVe congrès du PCF », « Les liaisons entre les partis communistes » ou « Le mouvement de la paix au Moyen-Orient ». À « Lamia » d'en tirer le meilleur parti. C'était un broker de luxe dans la guerre secrète contre Moscou.

Mais de Vosjoli n'était pas qu'un James Bond de salon. Il a une autre mission, plus clandestine. Plusieurs fois par an, il quitte Washington et rejoint par avion La Havane. Officiellement, il vient contrôler le service des visas de l'ambassade. En réalité, il est là pour animer son réseau d'espionnage.

Pourquoi Cuba ? « Je m'y suis intéressé dès 1943 à Alger par amitié, m'a-t-il expliqué. Mon patron, Jacques Soustelle, le chef de la DGSS [le service secret de la France libre], m'a demandé de m'occuper de ses "amis" cubains, un petit réseau "France libre" qu'il avait constitué à La Havane au tout début de la guerre. Il m'a remis la liste de ses sources, essentiellement des notables francophiles, des avocats, des médecins, des propriétaires d'haciendas... »

Au début, Cuba, dirigée d'une main de fer par Batista, est une zone d'intérêt négligeable pour la France. Mais quand Fidel Castro prend le pouvoir et noue des liens avec le PCF, la Centrale demande à de Vosjoli d'étendre son réseau. Il y parvient en recrutant une importante source dans l'entourage de Raúl, le frère de Fidel. Si bien qu'après le désastre de la baie des Cochons Allen Dulles lui demande de bénéficier en temps réel de toutes les informations du service français sur Cuba. Mortier est d'accord.

Durant l'été 1961, la CIA fournit donc à de Vosjoli un minuscule émetteur radio, dernier cri de la technologie de la Centrale américaine. « Il pouvait envoyer une quinzaine de lignes de texte en un dixième de seconde », se souvient « Lamia », qui fait installer l'émetteur dans l'ambassade de France à La Havane. Puis il écrit au général Grossin, le patron du SDECE : « J'ai organisé avec les services américains une liaison radio avec La Havane, le but recherché est de créer à peu de frais une monnaie d'échange nous permettant d'obtenir du service américain des renseignements de première importance pour la France. »

Lesquels ? Tout ce qui concerne la mise au point de l'arme atomique, une obsession du général de Gaulle. Le deal est on ne peut plus clair dans une missive de Vosjoli à la Centrale dont il m'a fait la copie. « Lors de la dernière liaison à Paris que j'ai effectuée, écrit-il, le général Grossin m'a donné pour instruction d'obtenir de la CIA, en échange des renseignements sur Cuba, tous les renseignements possibles sur les fabrications atomiques soviétiques. » Mission accomplie.

Plus tard, il rapporte, très satisfait : « M. McCone [le nouveau directeur de la CIA] m'a donné son accord personnel pour me fournir toutes les informations que son service possède sur les fabrications soviétiques dans le domaine des engins thermonucléaires et des vecteurs. » En échange, outre les renseignements français sur « les barbudos », la CIA, qui prépare une autre invasion de l'île, aura le droit d'utiliser l'antenne du SDECE à La Havane pour faire passer des messages à ses agents. À Paris comme à Washington, la cote de Vosjoli atteint le firmament.

Mais les renseignements atomiques fournis par la CIA en échange des informations sur Cuba ne permettent pas aux ingénieurs français de construire une bombe H, l'arme ultime dont de Gaulle entend doter la France coûte que coûte. Alors, comme je le révèle dans *L'Amérique contre de Gaulle* (Seuil), violant toutes les règles de non-agression entre alliés, le chef de l'État ordonne au SDECE de lancer une vaste opération d'espionnage atomique aux États-Unis. Et, fin 1962, « Lamia » est sommé de monter un réseau de renseignement nucléaire à Washington. Il est stupéfait. Depuis dix ans, il est le correspondant habituel de l'agence américaine, son obligé aussi, et voilà qu'il est sommé d'agir contre elle. Il refuse.

Est-ce à ce moment-là qu'il bascule ? Une autre affaire le convainc-t-il définitivement de trahir le SDECE au profit de la CIA ? Toujours en 1962, un transfuge du KGB, Anatoliy Golitsyn, affirme que Moscou a établi un réseau de taupes au sein du service français sous le nom de code « Saphir ». Or, après qu'il a refusé d'espionner contre les États-Unis, de Vosjoli est sommé de livrer le nom de ses sources à La Havane. Il accepte et, quelques jours plus tard, l'une de ses informatrices est arrêtée par la police politique et exécutée. La preuve d'une infiltration du SDECE par le KGB ? « Lamia » en est certain.

Du coup, « toutes ses options se fermant, de Vosjoli a commis une grave erreur de jugement, écrit Tom Mangold dans sa biographie de James Angleton. Il a permis que sa relation étroite avec Angleton devienne un peu trop proche ». Un assistant du directeur de la CIA, Walt Elder, confie au journaliste américain que « Lamia » a été recruté par Angleton plusieurs mois auparavant. Sa mission : espionner le SDECE « sur place », comme on dit dans le jargon. Une ancienne de l'équipe d'Angleton livre quelques détails supplémentaires : « De Vosjoli restait dans l'ambassade après les heures de travail et faisait entrer Jim Angleton et toute son équipe. Une équipe de "serruriers" du FBI étaient également là, au cas où il serait nécessaire d'ouvrir les coffres de l'ambassade. » Une opération elle aussi contraire aux usages entre alliés, qui a nécessité l'autorisation expresse du président Kennedy en personne.

Autour du poulet de Monique, Philippe Thyraud de Vosjoli me dit que tout cela est absurde. Il assure qu'il a démissionné du service et a fui au Mexique pour échapper aux tueurs du SDECE, aux ordres de certains chefs membres du réseau clandestin « Saphir ».

Quoi qu'il en soit, dans une station balnéaire mexicaine, le fuyard rencontre le romancier Leon Uris, auteur du best-seller *Exodus*. L'espion lui confie sa mésaventure. Un livre en sort fin 1967 : *Topaz* (un clin d'œil au réseau « Saphir »), une version romancée de l'affaire, dont Hitchcock rachète les droits. Le succès de *Topaz* est tel que de Vosjoli décide d'apparaître au grand jour. Il témoigne dans un long article qui fait la couverture du magazine américain *Life*. En France, le scandale est retentissant mais de courte durée. Mai 68 commence, les journaux français changent de sujet… La sortie, quelques mois plus tard, des Mémoires de Vosjoli, intitulés *Lamia*, ne rencontre que peu d'écho.

Philippe Thyraud de Vosjoli ne reviendra en France qu'en 1978. Avec un passeport américain. Il mourra en avril 2000 en niant toujours avoir été un agent double.

Voir : Angleton, James Jesus ; Langley ; Mortier.

Tolkachev, Adolf

Le 15 janvier 1981, cinq jours avant son investiture comme 40e président des États-Unis, Ronald Reagan reçoit le directeur de la CIA, Stansfield Turner, venu l'informer des secrets les mieux gardés de l'Agence. Turner décrit le programme de soutien aux moudjahidine afghans dans leur guerre contre l'envahisseur soviétique. Il relate comment la marine américaine a réussi à poser au fond des océans des systèmes permettant d'intercepter les communications transitant par les câbles sous-marins soviétiques.

Et puis, il y a « le joyau des joyaux » : une source qui travaille dans un institut de recherche militaire à Moscou. « Cet ingénieur en armement est notre meilleur agent en

URSS depuis vingt ans, confie Turner. Grâce à ses renseignements sur les radars soviétiques, nous avons pu modifier nos avions de chasse et nos missiles de croisière qui leur sont désormais "invisibles", ce qui nous donne un avantage considérable. La source nous a aussi donné les détails des recherches à dix ans sur les nouvelles armes. Des informations qui valent des "milliards de dollars" », précise Turner.

Tout commence trois ans auparavant, en février 1978. Ainsi que le raconte le journaliste David Hoffman dans *The Billion Dollar Spy*, l'ingénieur Adolf Tolkachev tente, une fois encore, de faire parvenir une lettre à l'ambassade américaine à Moscou. Il s'installe près de la station-service réservée aux étrangers et attend. Il remarque la plaque d'une voiture, celle d'un diplomate américain. Il vérifie que personne aux alentours ne l'observe puis s'approche d'une vitre entrouverte du véhicule. Il glisse une enveloppe en chuchotant : « Donnez-la, s'il vous plaît, à votre ambassadeur. »

Par hasard, le diplomate en question s'appelle Gardner « Gus » Hathaway et il est, en réalité, le chef de l'antenne de la CIA dans la capitale soviétique. Il ouvre la lettre et comprend que son auteur est le même qui, l'année précédente, a essayé, de la même façon, d'entrer en contact avec les autorités américaines. Mais, comme l'atmosphère paranoïaque instaurée par l'ancien chef du contre-espionnage de la CIA, James Angleton, règne toujours à Langley, le patron de l'Agence n'a pas donné suite, par peur d'une provocation du KGB.

Cette fois, « Gus » Hathaway est décidé à voir de quoi il retourne. Cela fait des années que l'Agence n'a pas d'agents d'importance à Moscou. Il convainc le directeur de la CIA de le laisser entrer en contact avec le mystérieux Soviétique. Dans sa missive manuscrite, celui-ci a indiqué un numéro de téléphone sans les deux derniers chiffres. Il ajoute qu'il sera, à un jour et une heure donnés, à l'arrêt d'un bus dont il donne les coordonnées. Il portera un bout de carton sur lequel il aura écrit les deux chiffres manquants. On pourra alors lui téléphoner et fixer un rendez-vous.

Tout se passe comme prévu par Tolkachev, qui, quelques jours plus tard, croise Hathaway dans un lieu fixé lors d'un premier coup de fil très rapide. L'ingénieur glisse quelques feuilles dans la main de l'officier de la CIA et continue son chemin comme si de rien n'était.

Dans ce texte tapé à la machine, il révèle son nom, son lieu de travail, l'Institut de recherche scientifique sur les radars, connu sous le nom de NIIR, et sa position, ingénieur en chef. À la note il a joint plusieurs copies de documents top secret sur les radars militaires soviétiques. Il se dit prêt à en fournir beaucoup d'autres.

Plus tard, quand son officier traitant lui demande pourquoi il prend de tels risques, il répond qu'il est « un dissident de cœur », que sa femme, elle, est très anti-régime, qu'elle transmet des samizdats et conserve à la maison des livres interdits, comme ceux de Pasternak. Lui-même se dit bouleversé par la lecture d'*Une journée* d'Ivan Denissovitch*, d'Alexandre Soljenitsyne. Si bien que, depuis l'attribution en 1974 du prix Nobel de la paix au physicien nucléaire et dissident Andreï Sakharov, Tolkachev se demandait quoi faire pour lutter contre le système. Jusqu'au jour où les autorités ont ordonné à son institut de redessiner le radar du futur avion de chasse soviétique, le MiG-25. Il a alors décidé qu'il devait absolument en fournir les plans aux Américains afin que ces derniers sortent victorieux d'une éventuelle guerre contre l'Union soviétique.

Pour transmettre ses informations, la CIA, qui lui attribue le nom de code « Cksphere », lui donne plusieurs moyens de communication. Du plus rudimentaire, une carte postale à l'encre invisible, aux derniers des gadgets de l'Agence : une caméra miniature Tropel dissimulée dans un simple porte-clés et un système portable qui permet d'envoyer des messages codés par satellite directement à Langley. Mais Tolkachev préfère les face-à-face avec son officier traitant, il y en aura vingt et un en six ans, soit près d'un tous les trimestres.

À partir de 1979, il remet à la CIA des documents parmi les plus secrets de l'armée soviétique. Il copie à la main les plans du futur chasseur Soukhoï 27 qui sera mis en service en 1985 et dont les Occidentaux ne savent rien. Il livre les notes détaillant le missile sol-air Shtora, conçu pour ne pas être repérable par les avions ennemis grâce un système complexe de brouillage. Autant d'informations cruciales qui sont immédiatement communiquées aux pilotes en formation à l'école d'élite de Miramar, en Californie, surnommée « Top Gun ». Au total, selon une étude de l'US Air Force de 1979, révélée par David Hoffman dans *The Billion Dollar Spy*, les renseignements fournis par Tolkachev permettent à l'armée américaine de faire 2 milliards de dollars d'économie, une somme considérable.

En échange, la CIA ouvre un compte à Washington pour Tolkachev sur lequel elle transfère 300 000 dollars. Il pourra les utiliser quand il viendra s'installer aux États-Unis. En attendant, elle ne veut pas lui donner les 10 000 roubles par mois qu'il réclame, la même somme, pourtant que, selon les journaux, la CIA donne au pilote du MiG-25 qui a fait défection au Japon. Une telle aisance soudaine attirerait forcément l'attention du KGB. La rétribution mensuelle est fixée à 1 000 roubles par mois – ce qui est l'équivalent d'un haut salaire à Moscou.

En plus, l'officier traitant de Tolkachev lui apporte régulièrement les cadeaux qu'il réclame pour son fils : des tee-shirts, des cassettes de hard-rock avec partitions et paroles en anglais (des objets que l'Agence fait, par précaution, venir d'Europe de l'Est et non d'Amérique), un casque, des livres d'architecture et des stylos à bille souple français (probablement des Bic). Le fiston est aux anges. Le papa également, qui demande aussi des médicaments français contre les maux de dents.

Cette aventure, l'une des affaires d'espionnage les plus importantes de la guerre froide, dure six ans, donc. Mais, en 1985, un ancien de la CIA, Edward Lee Howard, fait défection en Union soviétique, c'est le premier à le faire. Il a des choses à vendre. Avant d'être remercié par Langley, il devait venir à Moscou comme officier traitant d'un ingénieur en armement soviétique de l'institut IINR. Heureusement, il ne connaît pas son nom. Alors que le KGB est sur le point d'interroger Adolf Tolkachev, un haut gradé de la CIA écrit au consulat soviétique à Washington. Il s'appelle Aldrich Ames et dirige le contre-espionnage de l'Agence. En échange de beaucoup d'argent, il livre le nom de plusieurs agents de l'Agence en Union soviétique, dont celui d'Adolf Tolkachev.

L'ingénieur est arrêté et exécuté. Quatre ans plus tard, en 1990, sa veuve, Natacha, s'adresse à l'ambassade américaine à Moscou. Elle a besoin d'aide pour faire face à son cancer. Mais les diplomates répondent qu'ils ont trop de demandes et qu'ils ne peuvent accepter. Et elle meurt quelques semaines plus tard, en mars 1991. La direction de la CIA affirme que le département d'État ne l'a pas prévenue de la situation médicale désespérée de Natacha Poliakova et qu'elle ne découvrira sa requête de 1990 qu'après son décès.

L'attitude des autorités américaines vis-à-vis de Natacha Poliakova est d'autant plus scandaleuse qu'elles vont très vite mesurer l'apport de son mari à l'aviation des États-Unis. Grâce aux renseignements que Poliakov a fournis, l'Amérique a, de la fin des années 1980 aux années 2000, imposé sa maîtrise du ciel lors de toutes les guerres impliquant des chasseurs de fabrication soviétique. Le meilleur exemple est la première guerre d'Irak, au cours de laquelle quarante-huit MiG-25 de Saddam Hussein ont été abattus par la chasse américaine contre zéro côté chasseurs américains !

Pour rendre hommage à cet espion qui a tant aidé les États-Unis, les responsables de la CIA feront accrocher un portrait d'Adolf Tolkachev dans le hall du nouveau siège de l'Agence, inauguré à Langley en 1999.

Voir : Ames, Aldrich ; Angleton, James Jesus ; Howard, Edward Lee.

V

Villiers, Gérard de

En était-il ou pas ? Gérard de Villiers, le très prolifique auteur de la série de romans d'espionnage « SAS », un ancien journaliste particulièrement bien renseigné sur les affaires du monde et reçu comme un chef d'État dans nombre de capitales et d'ambassades à travers le monde, travaillait-il pour les services secrets français ? La question s'est posée dès la parution, en 1965, de son premier livre, *SAS à Istanbul*. La réponse, et encore celle-ci n'est-elle que partielle, n'est venue que près d'un demi-siècle plus tard, en 2013, année de la mort du créateur du personnage désormais légendaire Son Altesse Sérénissime Malko Linge, prince autrichien et contractuel de la CIA.

On savait que Gérard de Villiers, ancien reporter à *France Dimanche* qui, tel un métronome de l'édition, publiait un livre par trimestre, était un intime du général Rondot, le maître-espion qui a arrêté le terroriste Carlos au Soudan et seul officier de renseignement à avoir travaillé à la fois pour la DGSE et pour la DST. Les deux compères étaient si proches que, durant tout le procès Clearstream, Rondot venait chaque soir se réfugier dans le luxueux appartement de son ami de Villiers, sis avenue Foch, à Paris. Et le romancier ne cachait pas que, pour son 165e « SAS », *Dossier K*, consacré à la traque de l'ancien dirigeant serbe en fuite, le criminel de guerre Radovan Karadžić, son informateur principal avait été son ami Rondot, justement chargé par le ministère de la Défense de coordonner cette chasse à l'homme.

On savait aussi que le très réac et richissime Gérard de Villiers, qui a vendu plus de 200 millions d'exemplaires à travers le monde et qu'un article du *New York Times* a qualifié d'auteur le mieux renseigné de la planète, avait eu, depuis les années 1970, table ouverte chez la plupart des dirigeants successifs de la DGSE – que ce soit le très droitier amiral Pierre Lacoste, auprès duquel il dînait le soir même où a éclaté le scandale du *Rainbow Warrior*, ou l'ami de François Hollande, le diplomate Bernard Bajolet.

Mais quels étaient les liens exacts du romancier aux amitiés viriles et fort en gueule avec les services secrets ? On en sait un peu plus depuis la publication de deux articles l'année de sa mort, en 2013, à l'âge de 83 ans. Pour dresser le portrait de l'écrivain à succès au crépuscule de sa vie, dont les personnages féminins « feulent » pendant leurs torrides nuits d'amour avec Malko « aux yeux d'or », les journalistes du *Monde* Ariane Chemin et Judith Perrignon ont interrogé un homme de l'art, Michel Roussin, ancien directeur de cabinet d'Alexandre de Marenches, patron du SDECE de 1970 à 1981.

Sa réponse a été sans ambiguïté : « Villiers était au service Action, a confié l'ancien préfet aux reporters du magazine du *Monde*. Je me souviens que c'est le colonel Gaigneron de Marolles – on disait "Alain" – qui l'avait présenté à Marenches. L'officier traitant de Villiers était le colonel de Lignières, adjoint au service Action. Le SDECE utilisait "SAS" pour faire de la désinformation, c'était la mode à l'époque. Par lui, on faisait passer des messages. Marenches raffolait de ça. » Il ajoute : « Villiers n'était pas dupe. Il ne cramait jamais ses sources. Il sait que c'est donnant-donnant. C'est un malin – tout sauf un naïf. »

Ce deal, dont de Villiers a mollement démenti l'existence en lançant « je n'ai jamais dit des choses que je ne devais pas dire », a duré jusqu'à quand ? Jusqu'à la fin ? En tout cas, l'auteur des « SAS » s'est toujours gardé de situer l'action de ses romans en France. Au fil des deux cents livres que compte la collection, il ne l'a jamais fait. Le dernier, publié en 2013, s'intitule, de façon prophétique, *La Vengeance du Kremlin*.

Après la mort de son ami, le général Rondot a, dans un article au *Point*, précisé le rôle du romancier auprès des services secrets. Le général, qui décédera à son tour quatre ans plus tard, en 2017, reconnaît que le créateur de « SAS » était bien un « honorable correspondant », c'est-à-dire un collaborateur occasionnel du SDECE puis de la DGSE. « J'ai souvent sollicité cet homme au courage physique à la limite de l'inconscience, car il se rendait dans des pays d'accès difficile qui m'intéressaient, explique l'officier. Par ses contacts, son intelligence des situations, ses descriptions précises de différents terrains, il m'a évité quelques pièges et quelques rencontres hasardeuses. » Rondot ajoute : « Je ne lui ai jamais parlé de mes activités. Et lui n'a jamais demandé d'argent ou de décoration. Rien ! Il ne souhaitait obtenir que des éléments d'ambiance, des éclairages. Mais il ne voyait pas que moi dans les services. » Les autres interlocuteurs secrets de De Villiers n'ont pas encore parlé.

Voir : Marenches, Alexandre de.

W

West, Nigel (alias de Rupert Allason)

Le plus célèbre historien britannique du renseignement est un personnage excentrique, souvent détesté, mais toujours admiré pour la qualité de ses ouvrages. Il y a deux Rupert Allason. Le premier est un fils de la bonne société conservatrice britannique, dont le père fut officier supérieur puis membre du Parlement jusqu'à sa mort, en 2011, à 98 ans. Il est une sorte de dandy, qui raffole des voitures de sport, des vacances aux Bahamas et, bien sûr, du White's, le plus sélect et le plus ancien des clubs de Londres, celui de Charles III et de l'ancien Premier Ministre David Cameron. Arrogant et très à droite, il est lui-même élu au Parlement en 1987 et sera le seul conservateur à voter contre le traité de Maastricht.

Et puis, il y a Nigel West, son nom de plume. Depuis 1980, il a écrit pas moins d'une quarantaine d'ouvrages sur l'espionnage, dont quelques romans. Ses livres sur les opérations du MI6, de la CIA ou du KGB pendant le second conflit mondial et la guerre froide sont si bien informés, à défaut d'être toujours simples à lire, que la rumeur a décidé qu'il est, de fait, l'historien officiel du MI6, ce qu'il ne dément pas.

Lui-même n'a jamais été, semble-t-il, un espion. Il découvre le monde du renseignement et l'action clandestine très jeune, en pension chez des moines bénédictins. L'un d'entre eux est un ex-officier du MI6 qui a démissionné. Aux pensionnaires il raconte ses exploits et présente l'un de ses amis, David Cornwell, alias John le Carré, qui fascine le jeune Rupert. Nigel West est né.

Voir : Le Carré, John.

Wolf, Markus

On l'appelait « l'homme sans visage » (c'est le titre de son autobiographie), parce que, pendant les vingt premières années de son règne à la tête de la HVA, le puissant service de renseignement de l'Allemagne de l'Est, les contre-espions de l'Ouest ignoraient, disait-on, à quoi il ressemblait. Ce mystère a nourri, tout au long de la guerre froide, l'immense prestige de Markus « Misha »

Wolf, une légende dans le monde de l'espionnage, univers dont il a été l'un des acteurs principaux pendant vingt-huit ans, de 1958 à 1986, une longévité inégalée.

Ce n'est qu'en 1978 à Stockholm, en Suède, que le BND, service secret de la RFA, a réussi à le photographier pour la première fois. Après la chute du mur de Berlin, Markus Wolf racontera comment il s'est fait piéger. « J'étais en mission à Stockholm dans un but que je ne révélerai pas, dit-il au journaliste Maurice Najman dans *L'Œil de Berlin*. À l'occasion de ce voyage, que je réalisai sous le pseudonyme de Kurt Werner, accompagné de ma femme, Christa, j'avais prévu de rencontrer Friedrich Cremer, un député du SPD au parlement régional de Bavière et membre du Conseil national du Parti, qui collaborait avec nous. Le type même de ces hommes politiques qui nous servaient de source. Vu le caractère improvisé de cette rencontre, nos hommes à l'ambassade avaient prévu qu'elle aurait lieu dans un appartement que nous utilisions de temps en temps, pour les courriers par exemple, et qui appartenait à notre mission diplomatique. J'ai beaucoup hésité, car une des règles les plus élémentaires de notre métier consiste précisément à ne pas utiliser deux fois le même endroit pour des rendez-vous importants. »

Il ajoute : « Bien entendu, le manège n'avait pas échappé au service de contre-espionnage suédois, qui s'est empressé d'avertir le BND. C'est ainsi que j'ai été photographié ! Le plus étonnant est que les agents suédois et allemands ne savaient pas qui ils avaient photographié. Ce n'est que plus tard, lorsque Stiller [un transfuge est-allemand] s'enfuit en RFA, qu'il me reconnut parmi des centaines de portraits qu'on lui présenta au cours de son “débriefing” à Pullach, quartier général du BND, près de Munich... »

Outre cet épisode, le prestige de Wolf a été alimenté par le succès de certains livres de John le Carré. On prétendait que le romancier s'était inspiré du maître-espion est-allemand pour un ou peut-être deux de ses personnages. Markus Wolf pensait que son double littéraire était Mundt, l'odieux espion pour l'Allemagne retourné par le MI6 dans *L'espion qui venait du froid*. D'autres, les plus nombreux, penchaient plutôt pour Karla, le fanatique officier de renseignement soviétique, à la fois ennemi et double de George Smiley, l'antihéros britannique de le Carré. Le romancier, lui, a toujours assuré que tout cela était faux. « Wolf ? C'est seulement la marque de ma tondeuse à gazon », avait-il l'habitude de plaisanter.

Quoi qu'il en soit, Wolf en imposait. Comme quelques journalistes spécialisés dans les affaires de renseignement, je l'ai rencontré à Paris en 1995, six ans après la chute du mur de Berlin. Grand, mince, élégant, parlant de manière posée, « Karla » était l'invité de la rédaction du *Nouvel Observateur*.

Il était déjà venu en France une fois, nous a-t-il raconté. C'était en 1933, il avait 10 ans. Avec son père, juif et militant communiste comme lui, dramaturge célèbre aussi, il avait passé quelque temps sur l'île de Bréhat chez Paul Vaillant-Couturier, l'un des fondateurs du Parti communiste français, avant que la famille Wolf ne s'exile à Moscou.

Soixante-deux ans plus tard, « Misha » était donc de retour en France. Il faisait la tournée des capitales européennes pour promouvoir son livre. Il était enfin libre de voyager à l'étranger. La Cour constitutionnelle ouest-allemande venait de lui donner raison contre un tribunal qui l'avait condamné à six ans de prison pour haute trahison. Il avait plaidé que, pendant près de trois décennies, lui, l'ancien des jeunesses communistes à Berlin, recruté à 20 ans par les services secrets soviétiques et bombardé patron de la HVA à 29, n'avait fait que son devoir envers sa patrie, l'Allemagne soviétisée. Ni plus ni moins, assurait-il, que le chef de la CIA pour les États-Unis ou celui de la DGSE pour la France. Impuni, Wolf, qui a été l'un des derniers élèves de l'école du Komintern à Alma-Ata, ne l'a pas été complètement. En 1997, il est condamné à deux ans de prison avec sursis pour avoir ordonné le rapt en Autriche de l'un de ses hommes qui avait fui à l'Ouest.

Sa réputation, Wolf la doit aussi à son extraordinaire efficacité. Dans les années 1970, fanfaronnait-il devant les journalistes du *Nouvel Observateur*, « j'aurais pu créer mon propre groupe au Bundestag [le Parlement ouest-allemand]. J'avais tellement de taupes parmi les députés... ». Sa méthode favorite, sa signature même : les Roméo, ces agents masculins bien faits de leur personne, infiltrés à l'Ouest en vue de séduire et si nécessaire d'épouser des « sources » féminines potentielles. Leurs cibles étaient souvent « des secrétaires, parce qu'elles ont accès à tout », expliquait-il.

C'est de cette façon que Markus Wolf, qui a toujours traité lui-même une dizaine de sources, a créé un important réseau d'espionnage au siège de l'OTAN à Paris au milieu des années 1950. « Nous n'avions, à cette époque, personne en son sein, raconte-t-il dans son livre. Il fallait donc trouver le moyen d'infiltrer quelqu'un dans les lieux. » Wolf a envoyé en France un certain Peter Kranick, alias Bruno, dont la première mission fut de charmer puis de recruter une jeune femme proche des milieux procommunistes. Il y réussit rapidement. Pour la faire embaucher à l'OTAN, il s'est renseigné sur les besoins en main-d'œuvre de l'organisation militaire en multipliant les rencontres avec des employés de base. Finalement, en 1955, la conquête de « Bruno » s'est retrouvée petite main au service de presse. « C'était notre premier succès, se souvient Markus Wolf. À partir de ce moment, il devenait possible d'envisager la constitution d'un véritable réseau. » Celui-ci fut démantelé onze ans plus tard par la DST.

Dès sa création, la cible principale de la HVA est évidemment le jumeau occidental de la RDA, la RFA. Markus Wolf est parvenu à infiltrer les instances dirigeantes ouest-allemandes au-delà de ses espérances, ce qui explique probablement son extraordinaire longévité à la tête du service secret. À droite, il a ainsi recruté Hans Adolf Kanter, un proche de Helmut Kohl, qui, pour la HVA, a rédigé cent vingt rapports sur son ami devenu chancelier. Mais son succès le plus éclatant fut l'infiltration de Günter Guillaume.

Dans les années 1950 et 1960, cet agent de la HVA parvient à gravir les échelons du SPD ouest-allemand, jusqu'à devenir le secrétaire du chancelier Willy Brandt. L'affaire tourne cependant au fiasco pour la RDA, quand Guillaume, en 1974, est démasqué. Wolf perd une source sans égale ; et le pouvoir communiste, le plus grand champion du rapprochement interallemand, Brandt, contraint de démissionner.

Dernière raison de la fascination exercée par Markus Wolf : ses relations avec le monde terroriste. Carlos vivait souvent au Palasthotel de Berlin-Est tandis que la bande à Baader venait régulièrement se réfugier en RDA. Wolf justifiait ainsi ses liens avec eux : « Nous les gardions sous surveillance pour leur interdire de faire de notre territoire une base arrière. Mais nous voulions en quelque sorte les ménager afin de nous protéger. C'est pourquoi nos services ont souvent, trop souvent peut-être, fermé les yeux. » Beaucoup de spécialistes affirment qu'en réalité Wolf était l'officier traitant de ces hommes et ces femmes, auteurs de plusieurs attentats et meurtres à Paris et Berlin.

Après sa mort, en 2006, sa légende a été un peu écornée : on a appris que la CIA possédait, depuis les années 1950, une photo de lui. Elle avait été prise en 1945 quand, apprenti reporter, le jeune Markus, parfaitement bilingue en russe et en allemand, suivait le procès de Nuremberg pour la radio de Berlin-Est. C'était juste avant qu'il ne retourne à Moscou et ne disparaisse dans le trou noir de l'espionnage.

Voir : *Espion qui venait du froid, L'* ; Guillaume, Günter ; Pullach ; Roméo.

Liste des abréviations

BND (Bundesnachrichtendienst) : service de renseignement extérieur de l'Allemagne fédérale créé en 1956.

CIA (Central Intelligence Agency) : service de renseignement extérieur des États-Unis créé en 1947.

DGSE (Direction générale de la Sécurité extérieure) : nom du service français de renseignement extérieur depuis 1982.

DGSI (Direction générale de la Sécurité intérieure) : nom du service français de renseignement intérieur depuis 2014. Il s'est substitué à la DCRI (Direction centrale du renseignement intérieur), elle-même créée en 2008 de la fusion de la DST et de la Direction centrale des renseignements généraux.

DIA (Defense Intelligence Agency) : service américain de renseignement militaire créé en 1961.

DST (Direction de la Surveillance du territoire) : nom du service français de contre-espionnage de 1944 à 2008.

FBI (Federal Bureau of Investigation) : service américain de contre-espionnage et de sécurité intérieure créé en 1908.

FSB (sigle russe signifiant « Service fédéral de sécurité de la Fédération de Russie ») : service russe de contre-espionnage et de sécurité intérieure créé en 1995.

GCHQ (Government Communications Headquarters) : service britannique d'interception des communications.

GRU (sigle russe signifiant « Direction générale des renseignements de l'état-major des forces armées ») : service de renseignement militaire de la Russie.

HVA (Hauptverwaltung Aufklärung) : service de renseignement extérieur de l'Allemagne de l'Est créé en 1955 et dissous en 1990.

KGB (sigle russe signifiant « Comité pour la sécurité de l'État ») : principal service de renseignement intérieur et extérieur de l'Union soviétique. Créé en 1954, il remplace le MGB (ministère de la Sécurité de l'État), qui a été formé en 1946 à la place du NKVD.

MI5 (Military Intelligence 5) : service britannique de contre-espionnage et de contre-terrorisme créé en 1909, dont le nom exact est Security Service.

MI6 (Military Intelligence 6) : nom d'usage du Secret Intelligence Service (SIS), le service britannique de renseignement extérieur.

MOSSAD (sigle en hébreu signifiant « Institut pour les renseignements et les affaires spéciales ») : service israélien de renseignement extérieur créé en 1949.

NKVD (sigle russe signifiant « Commissariat du peuple aux Affaires intérieures ») : ancêtre du KGB, créé en 1934.

Il remplace l'OGPU, qui lui-même a, en 1923, remplacé le GPU, qui lui-même a, en 1922, remplacé la Tchéka créée en 1917.

NSA (National Security Agency) : service américain d'interception des communications créé en 1952.

OSS (Office of Strategic Services) : service américain de renseignement extérieur créé en 1942 et remplacé en 1947 par la CIA.

SDECE (Service de documentation extérieure et de contre-espionnage) : service français de renseignement extérieur créé en 1945 et remplacé par la DGSE en 1982.

SIS (Secret Intelligence Service) : nom officiel du MI6, le service britannique de renseignement extérieur créé en 1909.

StB (sigle tchèque signifiant « Sûreté de l'État ») : service de renseignement tchécoslovaque de 1945 à 1990.

SVR (sigle russe signifiant « Service des renseignements extérieurs de la Fédération de Russie ») : service russe de renseignement extérieur qui a remplacé la première direction principale du KGB, en 1991.

Table

DANS LA MÊME COLLECTION

Ouvrages parus

Philippe ALEXANDRE
Dictionnaire amoureux de la politique

Albert ALGOUD
Dictionnaire amoureux de Tintin

Claude ALLÈGRE
Dictionnaire amoureux de la science

Metin ARDITI
Dictionnaire amoureux de la Suisse
Dictionnaire amoureux de l'esprit français
Dictionnaire amoureux d'Istanbul

Pierre ASSOULINE
Dictionnaire amoureux des écrivains et de la littérature

Jacques ATTALI
Dictionnaire amoureux du judaïsme

Alain BARATON
Dictionnaire amoureux des jardins
Dictionnaire amoureux des arbres

Christophe BARBIER
Dictionnaire amoureux du théâtre

Jean-Baptiste BARONIAN
Dictionnaire amoureux de la Belgique

Alain BAUER
Dictionnaire amoureux de la franc-maçonnerie
Dictionnaire amoureux du crime

Anne-Laure BÉATRIX
Dictionnaire amoureux des musées

Olivier BELLAMY
Dictionnaire amoureux du piano
Dictionnaire amoureux de Chopin

Yves BERGER
Dictionnaire amoureux de l'Amérique (épuisé)

Laurent BINET et Antoine BENNETEAU
Dictionnaire amoureux du tennis

Adam BIRO
Dictionnaire amoureux de l'humour juif

Patrice Blanc-Francard
Dictionnaire amoureux du jazz

Denise Bombardier
Dictionnaire amoureux du Québec

Éric Bouhier
Dictionnaire amoureux de San-Antonio

Hervé Bourges
Dictionnaire amoureux de l'Afrique

Allain Bougrain Dubourg
Dictionnaire amoureux des oiseaux

Jean-Claude Carrière
Dictionnaire amoureux de l'Inde
Dictionnaire amoureux du Mexique

Jean des Cars
Dictionnaire amoureux des trains
Dictionnaire amoureux des monarchies

Michel del Castillo
Dictionnaire amoureux de l'Espagne

Antoine de Caunes
Dictionnaire amoureux du rock

Patrick Cauvin
Dictionnaire amoureux des héros (épuisé)

Jacques Chancel
Dictionnaire amoureux de la télévision

Malek Chebel
Dictionnaire amoureux de l'Algérie
Dictionnaire amoureux de l'islam
Dictionnaire amoureux des Mille et Une Nuits

Jean-Loup Chiflet
Dictionnaire amoureux de l'humour
Dictionnaire amoureux de la langue française

Catherine Clément
Dictionnaire amoureux des dieux et des déesses

Richard Collasse
Dictionnaire amoureux du Japon

André Comte-Sponville
Dictionnaire amoureux de Montaigne

Gérard de Cortanze
Dictionnaire amoureux des Sixties

Xavier Darcos
Dictionnaire amoureux de la Rome antique
Dictionnaire amoureux de l'école

Bernard Debré
Dictionnaire amoureux de la médecine

Jean-Louis Debré
Dictionnaire amoureux de la République

Alain Decaux
Dictionnaire amoureux d'Alexandre Dumas

Didier Decoin
Dictionnaire amoureux de la Bible
Dictionnaire amoureux des faits divers

André Deledicq et Mickaël Launay
Dictionnaire amoureux des mathématiques

Jean François Deniau
Dictionnaire amoureux de la mer et de l'aventure

Bertrand Dicale
Dictionnaire amoureux de la chanson française

Alain Duault
Dictionnaire amoureux de l'opéra

Alain Ducasse
Dictionnaire amoureux de la cuisine

Vincent Duluc
Dictionnaire amoureux de la Coupe du monde

Benoît Duteurtre
Dictionnaire amoureux de la Belle Époque et des Années folles

Jean-Paul et Raphaël Enthoven
Dictionnaire amoureux de Marcel Proust

Nicolas d'Estienne d'Orves
Dictionnaire amoureux de Paris
Dictionnaire amoureux du mauvais goût

Vladimir Fédorovski
Dictionnaire amoureux de Saint-Pétersbourg

Dominique Fernandez
Dictionnaire amoureux de la Russie
Dictionnaire amoureux de l'Italie
(deux volumes sous coffret)
Dictionnaire amoureux de Stendhal

Franck FERRAND
Dictionnaire amoureux de Versailles

Luc FERRY
Dictionnaire amoureux de la philosophie

Élisabeth DE FEYDEAU
Dictionnaire amoureux du parfum

Jean-Louis FOURNIER
Dictionnaire amoureux du Nord

Patrice FRANCESCHI
Dictionnaire amoureux de la Corse

José FRÈCHES
Dictionnaire amoureux de la Chine

Max GALLO
Dictionnaire amoureux de l'histoire de France

René GUITTON
Dictionnaire amoureux de l'Orient

Claude HAGÈGE
Dictionnaire amoureux des langues

Hervé HAMON
Dictionnaire amoureux des îles

Daniel HERRERO
Dictionnaire amoureux du rugby
Dictionnaire amoureux de l'Ovalie

HOMERIC
Dictionnaire amoureux du cheval

Francis HUSTER
Dictionnaire amoureux de Molière

Gilles JACOB
Dictionnaire amoureux du Festival de Cannes

Vincent JAUVERT
Dictionnaire amoureux de l'espionnage

Daniel JOUANNEAU
Dictionnaire amoureux de la diplomatie

Serge JULY
Dictionnaire amoureux du journalisme
Dictionnaire amoureux de New York

Alain JUPPÉ
Dictionnaire amoureux de Bordeaux

Christian Laborde
Dictionnaire amoureux du Tour de France

Jacques Lacarrière
Dictionnaire amoureux de la Grèce
Dictionnaire amoureux de la mythologie (épuisé)

André-Jean Lafaurie
Dictionnaire amoureux du golf

Pierre et Olivier de Lagarde
Dictionnaire amoureux du patrimoine

Mathieu Laine
Dictionnaire amoureux de la liberté

Jack Lang
Dictionnaire amoureux de François Mitterrand

Gilles Lapouge
Dictionnaire amoureux du Brésil

François Laroque
Dictionnaire amoureux de Shakespeare

Michel Le Bris
Dictionnaire amoureux des explorateurs

Bernard Lecomte
Dictionnaire amoureux des papes

Anne Lehoërff
Dictionnaire amoureux de l'archéologie

Nicole Le Douarin
Dictionnaire amoureux de la vie

Jean-Yves Leloup
Dictionnaire amoureux de Jérusalem

Pierre Lemaitre
Dictionnaire amoureux du polar

Évelyne Lever
Dictionnaire amoureux des reines

Mathilde Levesque
Dictionnaire amoureux de l'éloquence

Paul Lombard
Dictionnaire amoureux de Marseille

Peter Mayle
Dictionnaire amoureux de la Provence

Michel Meyer
Dictionnaire amoureux de l'Allemagne

Christian Millau
Dictionnaire amoureux de la gastronomie

Richard Millet
Dictionnaire amoureux de la Méditerranée

François et Valentin Morel
Dictionnaire amoureux de l'inutile

Pierre Nahon
Dictionnaire amoureux de l'art moderne et contemporain

Alexandre Najjar
Dictionnaire amoureux du Liban

Henri Pena-Ruiz
Dictionnaire amoureux de la laïcité

Gilles Perrault
Dictionnaire amoureux de la Résistance

Jean-Christian Petitfils
Dictionnaire amoureux de Jésus

Loïck Peyron
Dictionnaire amoureux de la voile

Jean-Robert Pitte
Dictionnaire amoureux de la Bourgogne

Bernard Pivot
Dictionnaire amoureux du vin

Gilles Pudlowski
Dictionnaire amoureux de l'Alsace

Yann Queffélec
Dictionnaire amoureux de la Bretagne
Dictionnaire amoureux de la mer

Christiane Rancé
Dictionnaire amoureux des saints

Alain Rey
Dictionnaire amoureux des dictionnaires
Dictionnaire amoureux du diable

François Rollin
Dictionnaire amoureux de la bêtise

Pierre Rosenberg
Dictionnaire amoureux du Louvre

Jean-Marie Rouart
Dictionnaire amoureux de Jean d'Ormesson

Élisabeth Roudinesco
Dictionnaire amoureux de la psychanalyse

Marcel Rufo
Dictionnaire amoureux de l'enfance et de l'adolescence

Ève Ruggieri
Dictionnaire amoureux de Mozart

Danièle Sallenave
Dictionnaire amoureux de la Loire

Elias Sanbar
Dictionnaire amoureux de la Palestine

Jérôme Savary
Dictionnaire amoureux du spectacle (épuisé)

Jean-Noël Schifano
Dictionnaire amoureux de Naples

Alain Schifres
Dictionnaire amoureux des menus plaisirs (épuisé)
Dictionnaire amoureux du bonheur

Robert Solé
Dictionnaire amoureux de l'Égypte

Philippe Sollers
Dictionnaire amoureux de Venise

Michel Tauriac
Dictionnaire amoureux de De Gaulle

Frédéric Thiriez
Dictionnaire amoureux de la montagne

Denis Tillinac
Dictionnaire amoureux de la France
Dictionnaire amoureux du catholicisme
Dictionnaire amoureux du Général

Trinh Xuan Thuan
Dictionnaire amoureux du ciel et des étoiles

André Tubeuf
Dictionnaire amoureux de la musique

Jean Tulard
Dictionnaire amoureux du cinéma
Dictionnaire amoureux de Napoléon

Mario Vargas Llosa
Dictionnaire amoureux de l'Amérique latine

Hubert Védrine
Dictionnaire amoureux de la géopolitique

Dominique Venner
Dictionnaire amoureux de la chasse

Jacques Vergès
Dictionnaire amoureux de la justice

Pascal Vernus
Dictionnaire amoureux de l'Égypte pharaonique

Frédéric Vitoux
Dictionnaire amoureux des chats

Olivier Weber
Dictionnaire amoureux de Joseph Kessel

Jean-Michel Wilmotte
Dictionnaire amoureux de l'architecture

Denis Zervudacki
(sous la direction de)
Dictionnaire amoureux de l'entreprise et des entrepreneurs

À paraître

Adrien Goetz
Dictionnaire amoureux de la Toscane

Régis Jauffret
Dictionnaire amoureux de Flaubert

Achevé d'imprimer en mars 2023
par Normandie Roto Impression s.a.s.
61250 Lonrai
N° d'impression : 2300648
Imprimé en France